融媒体版

河北省“十四五”普通高等教育本科规划教材

U0854383

高等院校小学教育专业融媒体教材
GAODENG YUANXIAO XIAOXUE JIAOYU ZHUANYE RONGMEITI JIAOCAI

教育政策与法规

修订版

苏艳霞　孟宪景　贾晓静
/主　编

JIAOYU
ZHENGCE
YU FAGUI

北京师范大学出版集团
BEIJING NORMAL UNIVERSITY PUBLISHING GROUP
北京师范大学出版社

图书在版编目(CIP)数据

教育政策与法规/苏艳霞，孟宪景，贾晓静主编．—修订版．—北京：北京师范大学出版社，2024.3(2025.7重印)

(高等院校小学教育专业融媒体教材)

ISBN 978-7-303-29877-8

Ⅰ．①教…　Ⅱ．①苏…　②孟…　③贾…　Ⅲ．①小学－教育政策－中国－高等学校－教材　②小学－教育法－中国－高等学校－教材　Ⅳ．①D922.16

中国国家版本馆 CIP 数据核字(2024)第 060108 号

出版发行：北京师范大学出版社 https://www.bnupg.com
北京市西城区新街口外大街 12-3 号
邮政编码：100088

印　　刷：北京虎彩文化传播有限公司
经　　销：全国新华书店
开　　本：787 mm×1092 mm　1/16
印　　张：20.75
字　　数：380 千字
版　　次：2024 年 3 月第 2 版
印　　次：2025 年 7 月第 4 次印刷
定　　价：43.00 元

策划编辑：王建虹　　　　责任编辑：林山水
美术编辑：李向昕　　　　装帧设计：焦　丽
责任校对：段立超　王志远　　责任印制：马　洁

丛书编委会

总　序

PREFACE

20 世纪 90 年代以来，随着社会发展水平的提高，社会对高质量教育的需求越来越强烈，为顺应社会需求，我国对教师培养体系进行了重大变革——小学教师的培养由原来的中等师范学校改由专科学校和本科院校培养。1998 年南京师范大学晓庄学院首次尝试开设小学教育(本科)专业，开创小学教师本科化培养的先河。1998 年教育部颁布的《普通高等学校本科专业目录》中，小学教育专业以“经教育部批准同意设置的目录外专业”出现，标志着小学教育专业开始纳入高等教育体系中。2012 年，小学教育专业以教育学二级学科的身份，正式纳入教育部颁布的《普通高等学校本科专业目录》。经济发达的地区把小学教师的学历提升到专科或本科水平，并在全国范围内扩招教育硕士。

自小学教育纳入高等教育体系以来，小学教育专业取得了一定的成效，为我国输送了大批本专科学历的小学优秀教师。

为了保证教师的培养质量，教育部于 2011 年 10 月 8 日颁布了《教育部关于大力推进教师教育课程改革的意见》，其附件《教师教育课程标准(试行)》是国家对教师教育课程改革提出的建议和要求，也是认定教师资格的重要依据。这对我国小学教师教育类课程结构调整和优化提出了新的要求；对深化教师教育改革，规范和引导教师教育课程与教学，培养和造就高素质专业化教师队伍具有纲领性的作用。

小学教育专业被纳入高等教育体系的时间短，在专业建设的过程中需要解决的问题很多，尤需亟待解决的是小学教育专业的课程及教材建设问题。河北省教育学教学指导委员会组织全省教育学、心理学相关领域专家进行了充分的调研，分析了小学教育专业人才培养存在的问题，针对目前权威教材匮乏的现状，组织专家编写了目前河北省小学教育专业的系列教材，并于 2016 年正式出版。经过近 7 年的使用，河北省教育学教学指导委员会审时度势，根据《深化新时代教育评价改革总体方案》要求，坚持以习近平新时代中国特色社会主义思想为指导，坚持社会主义办学方向，全面落实立德树人根本任务，牢记为党育人、为国育才的使命，并根据《义务教育课程标准(2022 版)》对小学教育专业系列教材进行修订。

此次教材编写既维持理论的系统性与前沿性，也注重解决教育实践问题的应用性与操作性；既注重编写过程的学术性，也注重教材形式上的趣味性等特点，又强调了新时期对教师专业成长的要求及对学生全面发展的评价观。希望成为小学教育专业学生喜读、乐读的基本学习素材。

本套小学教育专业系列教材共包括十几种，分别是《教育学》《教育政策与法规》《教育测量与评价》《教育科研方法》《现代教育技术应用》《课程与教学论》《小学教育管理》《小学语文课程与教学论》《小学数学课程与教学论》《小学英语课程与教学论》《小学科学课程与教学论》《教育心理学》《儿童心理学》《小学生心理健康教育》《小学综合实践活动》《小学班主任工作原理与实践》和《小学教师专业技能训练》。

本套教材编写参与人员较多，涉及学科较广，是一项艰巨的工程，能顺利付梓得益于所有参编人员的辛勤工作、密切配合；也得益于北京师范大学出版社王剑虹女士的积极协调与沟通。在此向所有参与此次编写活动的作者及编辑人员表达我们的敬意。

教材编写过程中由于编者的学术视野及学术能力的限制难免会出现不足之处，我们将在教材使用中进一步总结反思，不断修订和完善。同时，也欢迎广大学界同人及读者予以批评指正。

郭健

前　言

FOREWORD

本书为“高等院校小学教育专业融媒体教材”之一，由北京师范大学出版社组织编写。本书是为适应高等师范院校学生学习“教育政策与法规”课程而编写的，同时也可以作为学生参加教师资格证考试的培训教材和广大教师学习教育法律法规知识的相关读物。

编写此教材的目的主要有两点。一是增强学习者的教育法律意识和观念。党的十五大报告提出“依法治国”之后，党的十八届四中全会提出了全面依法治国。2020 年 11 月，中央全面依法治国工作会议将习近平法治思想明确为全面依法治国的指导思想。习近平法治思想深刻回答了新时代为什么实行全面依法治国、怎样实行全面依法治国等一系列重大问题。习近平在党的二十大报告中强调：“弘扬社会主义法治精神，传承中华优秀传统法律文化，引导全体人民做社会主义法治的忠实崇尚者、自觉遵守者、坚定捍卫者。”这些都对学生的法律意识、观念提出了更新、更高的要求。二是指导学习者依法执教的实践。适应依法治国基本方略的要求，必然要求在教育活动中实行依法治教、依法治校、依法执教，为适应这一要求，教师必须具有相关的教育法律知识指导自己的教育教学实践，从而使自己的合法权益得到保护，使学生的合法权益得到维护和尊重。

本书在编写中力图突出几个特点：一是理论性，系统地介绍了教育法律基础知识和相关的教育法律规范，使读者对教育法律法规有一个系统的、整体的认识，形成完整的知识体系；二是时代性，对最新的教育政策法规进行了介绍；三是实践性，着重对学校、教师、学生在教育教学活动中的权利、义务进行了介绍和分析，并引用适当的案例，达到指导教育教学实践的目的；四是服务性，教材对我国的主要教育政策法规进行了介绍，服务于教育教学活动，帮助人们形成依法治校、依法执教的观念、思想和意识。

本书共八章。第一章主要介绍了教育法规的基本原理问题；第二章主要介绍了我国的教育政策体系结构和教育法规体系结构及其他重要的教育法规；第三章主要介绍了教育政策、法规制定的程序、原则及教育政策执行的特点、程序和教育法规执行的原则等问题；第四章主要介绍了教育法律关系和教育法律责任两个主要内容；第五章主要介绍了教育法律救济的含义、特征、原则、途径及主要形式；第六章主要介绍了学校的法律地位、教育法律关系中学校应享有的权利和应履行的义务，同时，强调了依法治校问题；第七章主要介绍了教师的法律地位、权利和义务、国家教师制度、教师依法执教的必要性及教师的法治教育；第八章主要介绍了教育法律关系中学生的法律地位、学生的权利与义务；未成年学生法律保护的主要内容。

课程教材是学生学习知识的重要载体，发挥着培根铸魂、启智增慧的作用。进入新时代，在习近平新时代中国特色社会主义思想指导下，适应新时代、新需要，教材进行了更新。一方面，根据教育部要求，2022 年秋季要开始执行新修订的《义务教育课程方案》和各科课程标准(2022 年版)，为适应这一形势需要，本教材进行了相应的修订；另一方面，在习近平法治思想的指导下，中国特色社会主义法律体系在不断完善，教育法律法规如《中华人民共和国教育法》《中华人民共和国高等教育法》《中华人民共和国义务教育法》《中华人民共和国职业教育法》《中华人民共和国未成年人保护法》都进行了修正、修订，《中华人民共和国教师法(修订草案)(征求意见稿)》和《中华人民共和国学前教育法》已公开在全社会征求意见。为保证和体现教材的时代性和先进性，给读者提供最新的知识，教材编写组对教材的内容又进行了认真的修订，一律采用了最新的教育政策和教育法规。

本书的编写有赖于几位老师的共同努力和通力合作。本书各章编写的分工如下：第一章、第七章由廊坊师范学院的贾晓静老师编写；第二章、第四章和第六章由邢台学院的苏艳霞老师编写；第三章、第五章、第八章由邢台学院的孟宪景老师编写。全书由苏艳霞老师主编并统稿。

本书在编写的过程中参考、借鉴和引用了许多专家、学者的研究成果和大量的文献资料，在书后和页下进行了标注。在此谨对这些专家表示最诚挚的谢意！

受作者水平、能力所限，虽然在编写中我们尽了最大的努力，但仍难免会有不足之处，敬请各位读者、专家批评、指正，提出宝贵意见，我们表示衷心的感谢。

苏艳霞

目　录

CONTENTS

第一章　教育政策、法规概述

学习目标

1. 掌握教育政策、教育法规的含义。
2. 理解教育政策和教育法规二者的联系和区别。
3. 了解教育政策、教育法规的地位、功能。
4. 了解我国教育政策和教育法规的历史沿革。

对于初学者而言，学习教育政策与法规这门课程会提出一系列的疑问：教育政策是什么？教育法规又是什么？二者有何异同？教育政策与教育法规在教育行政部门、学校、教师和学生等主体共同参与的教育活动，以及在教育活动过程中形成的教育关系中发挥何种功能？我国教育政策和教育法规经历了哪些历史发展阶段？本章将引导大家走近教育政策与法规这门陌生但又重要的课程，主要介绍教育政策与法规的基本原理知识，为学习本课程奠定基础。

第一节 教育政策概述

一、教育政策的含义

我国学者从不同视角提出了对教育政策含义的理解和认识，其中有代表性的观点主要有以下五种。(1)教育政策是负有教育的法律或行政责任的组织及团体为了实现一定时期的教育目标和任务而规定的行动准则。① (2)教育政策是一个政党或国家为实现一定时期的教育任务而制定的行为准则。② (3)教育政策是一种有目的、有组织的动态发展过程，是政党政府等政治实体在一定历史时期，为实现一定的教育目标和任务而协调教育的内外关系所规定的行动依据和准则。③ (4)教育政策是有关教育的政治措施，是有关教育的权力和利益的具体体现。④ (5)应从现象形态、本体形态、过程特点和特殊性质四个视角来全面认识和理解教育政策的含义。在现象形态上，教育政策是教育领域政治措施组成的政策文本及其总和；在本体形态上，教育政策是关于教育利益的分配；在过程方面，教育政策是一个动态连续的、主动选择的过程；在特殊性质方面，教育政策在活动过程和利益分配方面具有不同于一般公共政策的特殊性。⑤

纵观上述学者的观点，前四种观点中，虽然第三种观点强调教育政策是动态发展过程，但大多数是从静态的角度把教育政策的含义理解为某种“文本”或各种文件的总和，即一种或多种行为准则、行为依据或政治措施。第五种观点认为教育政策不能仅仅理解为静态的某种政策文本或政策文本的总和，并且教育政策的本质体现为分配教育利益。教育政策是由制定、实施、评价组成的动态、持续的过程，教育政策活动与教育政策利益分配表现出与一般公共政策不同的特殊性。比较之下，第五种观点对教育政策的含义认识和理解更为全面、深入。在已有学者的观点基础之上，本书认为教育政策的含义可以理解为由教育政策制定、教育政策实施、教育政策评价组成的持续、动态的过程，是作为政策主体的国家或政府在不同的利益主体之间分配教育利益所制定和实施的具有特殊性的政策文本或政策文本的总和。

---

① 成有信等. 教育政治学[M]. 南京：江苏教育出版社，1993：201.
② 袁振国. 教育政策学[M]. 南京：江苏教育出版社，1996：115.
③ 孙绵涛. 教育政策学[M]. 武汉：武汉工业大学出版社，1997：10.
④ 张新平. 简论教育政策的本质、特点及功能[J]. 江西教育科研，1999(1).
⑤ 刘复兴. 教育政策的四重视角[J]. 清华大学教育研究，2002(4).

二、教育政策的地位

教育政策的地位主要是指教育政策在公共政策中所处的位置。有学者认为“公共政策是政府制定和执行的政策，而政府在政治法理上被定义是全体国民委托管理国家公共事务的机构。因此，政府对全体国民负责构成了现代民主国家宪法的基本原则之一，为国民服务相应成为政府的基本职能，进而成为政府一切公共政策的出发点”①。另有学者提出公共政策的分类，“按照政策所涉及的社会生活领域的不同，可以将公共政策划分为政治政策、经济政策、社会政策和文化政策。文化政策是国家在一定时期的总目标下，为了促进和调节科学技术及文教事业的发展而制定的基本原则和规范，它包括科技政策、教育政策、卫生政策等”②。可见，教育政策是一个国家公共政策系统的有机组成部分。教育政策与一般公共政策一样具有公益性的特点，符合国家和社会的公共利益。

但是，教育政策并不是一般公共政策的简单演绎，教育政策与一般公共政策相比，具有自身的特殊性。教育政策的特殊性主要体现在教育政策活动和教育政策利益分配两个方面：第一，教育政策以教育活动及其问题为对象，而教育活动是培养人的社会活动，决定了教育政策的制定和实施依赖于教育活动中人的积极、能动地参与；第二，教育政策分配教育利益与其他社会领域公共政策有所区别。教育利益的分配尤其是利用政府机制来分配的、义务教育领域的教育利益是无偿性和非营利性的，并且教育利益不是表现为经济、权力、地位等，而是表现为个人身心发展的机会、发展的条件和资格认定，这关系到个人在现代社会中未来的发展。因此，公众对教育政策比其他社会政策更为关注，这也决定了教育政策在公共政策中处于不可替代的重要地位。

三、教育政策的功能

教育政策的功能，就是通常所说的教育政策的作用，是指教育政策在动态过程中为实现一定的教育目的所发挥的效力或所起的作用。由于分析的视角不同，我国学者对教育政策功能的观点见仁见智。一般来说，教育政策主要具有导向、协调和控制三种功能。③

(一)导向功能

教育政策的导向功能，是指教育政策对教育教学活动及人们的行为具有引导作用。教育政策的导向功能通常从两个方面表现出来。一方面，教育政策为教育事业的发展提出明确的目标。以 21 世纪我国第一个中长期教育规划纲要《国家中长期教

---

① 张国庆．现代公共政策导论[M]．北京：北京大学出版社，1997：41.
② 陈振明．政策科学——公共政策分析导论(第 2 版)[M]．北京：中国人民大学出版社，2003：55.
③ 张新平．简论教育政策的本质、特点及功能[J]．江西教育科研，1999(1).

育改革和发展规划纲要(2010—2020年)》(以下简称《教育规划纲要》)为例,《教育规划纲要》提出我国教育改革与发展的战略目标"到2020年,基本实现教育现代化,基本形成学习型社会,进入人力资源强国行列。实现更高水平的普及教育,形成惠及全民的公平教育,提供更加丰富的优质教育,构建体系完备的终身教育,健全充满活力的教育体制"。同时,《教育规划纲要》提出了各级各类教育发展和体制改革的具体目标。明确的目标确定,有助于党和国家能够始终坚持优先发展教育的战略,从而全面推动我国教育事业的改革与发展。另一方面,教育政策涉及一整套旨在促进教育改革与发展的重大措施。为了实现总战略目标及各级各类教育发展和体制改革的具体目标,《教育规划纲要》明确提出一系列保障措施,主要包括加强教师队伍建设,保障经费投入,加快教育信息化进程,推进依法治教、重大项目和改革试点,加强组织领导。同时,中央要求各地区要围绕《教育规划纲要》确定的战略目标、主要任务、体制改革、重大措施和项目等,提出本地区实施的具体方案和措施,分阶段、分步骤组织实施。各有关部门要研究制定切实可行、操作性强的配套政策,尽快出台实施。

(二)协调功能

教育政策的协调功能,是指教育政策在社会和教育发展过程中能起到协调和平衡各种教育关系的作用。教育政策的本体形态就是作为政策主体的国家或政府在不同的利益主体之间分配教育利益,教育政策是有关教育的权力和利益的具体体现,作为利益的"显示器"和"调节器",所有教育政策都具有协调功能。教育事业是一个庞大而复杂的系统工程,教育政策的协调功能主要体现为两个方面:一方面,教育政策既要协调教育系统内部各个子系统之间的关系;另一方面,又要协调教育系统与其他社会子系统之间的关系。各种教育政策之间只有相互协调和补充,而不是相互矛盾和抵触,教育政策才有可能发挥其协调教育关系和均衡教育利益的功能。

(三)控制功能

任何教育政策都是为了解决或者预防一定的教育问题而制定的,具有约束和规范人们行为的作用。教育政策本身的规范性决定了教育政策具有控制功能。一方面,教育政策的贯彻执行离不开及时有效的控制。理论和实践都表明,教育政策出台后的贯彻执行往往并非一帆风顺。教育政策制定者及政策对象的错误思想和消极行为,会在相当大的程度上影响政策的贯彻落实。因此,教育政策控制功能体现了具有强制性和惩罚性两个明显的特点,对各项教育改革与发展状况进行广泛的监督检查,违反了教育政策就必须受到谴责和惩罚,及时发现和纠正教育事业发展中的不合理因素,以保障教育事业的正常运转和发展。另一方面,教育政策的适时调整也离不开控制。教育政策在付诸实施的过程中,随着外界情况的变化,所要解决的问题的性质可能随之发生变化或者出现新的问题,这就要求教育政策以新问题为起点及时地进行调整和更新。

四、我国教育政策的历史沿革

我国教育政策从中华人民共和国成立尤其是改革开放以来，伴随着中国社会的发展，走过了一条从无到有、从不完备到逐渐完善的历程。梳理改革开放以来我国具有重要意义的教育政策，可以将其大致分为三个阶段。

(一)恢复与探索时期的教育政策(1978—1989 年)

1977 年 10 月 12 日，国务院批转了教育部《关于 1977 年高等学校招生工作的意见》，对高等学校招生制度进行改革，废除推荐制度，恢复统一考试制度。凡是工人、农民、上山下乡和回乡知识青年、复员军人、干部和应届高中毕业生，符合条件者均可报考。招生办法是自愿报名，统一考试，地(市)初选，学校录取。录取原则是德智体全面衡量，择优录取。1978 年 6 月 6 日，国务院又批转了教育部《关于 1978 年高等学校和中等专业学校招生工作的意见》，取消了对于录取高中毕业生比例的限制。高等学校招生恢复考试录取制度是“文化大革命”后教育界拨乱反正，恢复教育秩序的重要标志之一，它对提高教育质量，培养社会主义现代化建设所需要的合格人才具有重要的意义。中国教育和人才培养由此走上了健康的轨道。

1985 年 5 月 27 日，中共中央发布的《中共中央关于教育体制改革的决定》(以下简称《决定》)，确定了“教育体制改革的根本目的是提高民族素质，多出人才、出好人才”，指出了我国教育事业的落后和教育体制的弊端主要反映在教育事业管理权限的划分，教育结构和教育思想、教育内容、教育方法上。中共中央认为，要从根本上改变这种状况，必须从教育体制入手，有系统地进行改革。改革管理体制，在加强宏观管理的同时，坚决实行简政放权，扩大学校的办学自主权；调整教育结构，相应地改革劳动人事制度。还要改革同社会主义现代化不相适应的教育思想、教育内容、教育方法。经过改革，要开创教育工作的新局面，使基础教育得到切实的加强，职业技术教育得到广泛发展，高等学校的潜力和活力得到充分发挥，学校教育和学校外、学校后的教育并举，各级各类教育能够主动适应经济和社会发展的多方面需要。为实现这一目标，《决定》提出了教育体制改革的具体内容：(1)把发展基础教育的责任交给地方，有步骤地实行九年制义务教育；(2)调整中等教育结构，大力发展职业技术教育；(3)改革高等学校的招生计划和毕业生分配制度，扩大高等学校办学自主权；(4)加强领导，调动各方面积极因素，保证教育体制改革的顺利进行。《决定》是我国教育发展史上一个重要的里程碑，它的实施标志着我国教育改革与发展进入了对教育体制进行全面改革的探索时期。

(二)初步建立与社会主义市场经济体制相适应的教育政策(1990—1999 年)

党的十四大提出“必须把教育摆在优先发展的战略地位，努力提高全民族的思想道德和科学文化水平，这是实现我国现代化的根本大计”。为了实现党的十四大所确定的战略任务，1993 年 2 月 13 日，中共中央、国务院印发了《中国教育改革和发展纲要》(以下简称《纲要》)。《纲要》明确了到20世纪末，我国教育发展的总目标是“全民受教育水平有明显提高；城乡劳动者的职前、职后教育有较大发展；各类专门人才的拥有量基本满足现代化建设的需要；形成具有中国特色的、面向21世纪的社会主义教育体系的基本框架。再经过几十年的努力，建立起比较成熟和完善的社会主义教育体系，实现教育的现代化”。同时，《纲要》提出了20世纪90年代，在保证必要的教育投入和办学条件的前提下，各级各类教育发展的具体目标。为了实现上述目标，提出了“应采取深化教育改革、坚持协调发展、增加教育投入、提高教师素质、提高教育质量、注重办学效益、实行分区规划、加强社会参与的发展战略”。并且，《纲要》进一步确立初步建立起与社会主义市场经济体制和政治体制、科技体制改革相适应的教育新体制。可见，《纲要》是适应20世纪90年代中国经济社会发展和建立社会主义市场经济体制要求的一个纲领性教育文件，开启了中国教育改革与发展的一个新的历史时代。

中国共产党第十五次全国代表大会提出了跨世纪社会现代化建设的宏伟目标与任务，对落实科教兴国战略做出了全面部署。1998年12月24日，教育部印发的《面向21世纪教育振兴行动计划》(以下简称《行动计划》)是在贯彻落实《中华人民共和国教育法》(以下简称《教育法》)及《纲要》的基础上提出的跨世纪教育改革和发展的蓝图。《行动计划》的主要目标是：“到2000年，全国基本普及九年义务教育，基本扫除青壮年文盲，大力推进素质教育；完善职业教育培训和继续教育制度，城乡新增劳动力和在职人员能够普遍接受各种层次和形式的教育与培训；积极稳步发展高等教育，高等教育入学率达到11%左右；瞄准国家创新体系的目标，培养造就一批高水平的具有创新能力的人才；加强科学研究并使高校高新技术产业为培育经济发展新的增长点做贡献；深化改革，建立起教育新体制的基本框架，主动适应经济社会发展。到2010年，在全面实现‘两基’目标的基础上，城市和经济发达地区有步骤地普及高中阶段教育，全国人口受教育年限达到发展中国家的先进水平；高等教育规模有较大扩展，入学率接近15%，若干所高校和一批重点学科进入或接近世界一流水平；基本建立起终身学习体系，为国家知识创新体系及现代化建设提供充足的人才支持和知识贡献。”为实现上述目标，《行动计划》提出十二项主要措施，一、实施“跨世纪素质教育工程”，提高国民素质；二、实施“跨世纪园丁工程”，大力提高教师队伍素质；三、实施“高层次创造性人才工程”，加强高等学校科研工作，积极参与国家创新体系建设；四、继续并加快进行“211工程”建设，大力提高高等学校的知识创新能力；五、创建若干所具有世界先进水平的一流大学和一批一流学科；六、实施“现代远程教育工程”，形成开放式教育网络，构建终身学习体系；七、实施“高校高新技术产业化工程”，带动国家高新技术产业的发展，为培育经济新的增长点做贡献；八、贯彻《高等教育法》，积极稳步发展高等教育，加快高等教育改革步伐，提高教育质量和办学效益；九、积极发展职业教育和成人教育，培养大批高素质劳动者和初中级人才，尤其要加大教育为农业和农村工作服务的力度；十、深化办学体制改革，调动各方面发展教育事业的积极性；十一、依法保证教育经费的“三个增长”，切实增加教育的有效投入；十二、高举邓小平理论的伟大旗帜，加强高等学校党的建设和思想政治工作，把高等学校建设成为社会主义精神文明建设的重要阵地。

（三）21 世纪具有中国特色社会主义的教育政策（2000 年至今）

2004 年，为了贯彻党的十六大精神，在顺利实施《面向 21 世纪教育振兴行动计划》的基础上，国务院批转了教育部制订的《2003—2007 年教育振兴行动计划》（以下简称《计划》），这是我国进入 21 世纪的第一个五年计划。《计划》明确提出了 21 世纪初我国教育改革与发展的目标“要高举邓小平理论伟大旗帜，以‘三个代表’重要思想为指导，坚持教育为人民服务的宗旨，巩固成果，深化改革，提高质量，持续发展，办好让人民满意的教育。努力实现党的十六大提出的历史性任务，构建中国特色社会主义现代化教育体系，为建立全民学习、终身学习的学习型社会奠定基础；培养数以亿计的高素质劳动者、数以千万计的专门人才和一大批拔尖创新人才，把巨大的人口压力转化为丰富的人力资源优势；加强教育同科技与经济、同文化与社会的结合，为现代化建设提供更大的智力支持和知识贡献”。《计划》还提出了十四项具体内容，一、重点推进农村教育发展与改革；二、重点推进高水平大学和重点学科建设；三、实施“新世纪素质教育工程”；四、实施“职业教育与培训创新工程”；五、实施“高等学校教学质量与教学改革工程”；六、实施“促进毕业生就业工程”；七、实施“教育信息化建设工程”；八、实施“高素质教师和管理队伍建设工程”；九、加强制度创新和依法治教；十、大力支持和促进民办教育持续健康协调快速发展；十一、进一步扩大教育对外开放；十二、改革和完善教育投入体制；十三、加强党的建设和思想政治工作；十四、构建和完善中国特色社会主义现代化教育体系。

根据党的十七大关于“优先发展教育，建设人力资源强国”的战略部署，为了促进教育事业科学发展，全面提高国民素质，加快社会主义现代化进程，2010 年 7 月 29 日，中共中央、国务院正式颁布施行《教育规划纲要》，这是我国进入 21 世纪的第一个中长期教育规划纲要。《教育规划纲要》的内容除序言外分为总体战略、发展任务、体制改革、保障措施四大部分加以阐释。（1）总体战略部分是整个纲要的灵魂，明确了我国教育改革与发展的指导思想和工作方针，工作方针是“优先发展、育人为本、改革创新、促进公平、提高质量”。其中优先发展是战略，育人为本是目的，促进公平和提高质量是任务，改革创新是保证。纲要还提出了“到 2020 年，基本实现教育现代化，基本形成学习型社会，进入人力资源强国行列”的战略目标和“坚持以人为本、全面实施素质教育”的战略主题。（2）发展任务部分，结合各级各类教育的特点，分别指出了学前教育、义务教育、高中阶段教育、职业教育、高等教育、继续教育、民族教育和特殊教育的具体发展任务。(3)体制改革部分，针对我国教育体制改革中存在的问题，分别提出了人才培养体制改革、考试招生制度改革、建设现代学校制度、办学体制改革、管理体制改革和扩大教育开放。(4)保障措施部分，为了确保实现战略目标和完成各级各类教育任务和体制改革，提出了加强教师队伍建设，保障经费投入，加快教育信息化进程，推进依法治教，重大项目和改革试点，加强组织领导具体保障措施。《教育规划纲要》是现阶段指导我国教育改革与发展的纲领性文件，绘制了符合中国国情、体现时代要求的教育发展规划蓝图，将有力地推动我国实现教育现代化、建设人力资源强国的宏伟目标。

2017 年 10 月，党的十九大报告提出，中国特色社会主义进入新时代，我国社会主要矛盾已经转化为人民日益增长的美好生活需要和不平衡不充分的发展之间的矛盾。在教育领域，这一新的主要矛盾表现为人民日益增长接受公平而有质量教育的需求和教育发展不平衡不充分之间的矛盾。强国必先强教，党的十九大报告明确指出，保障和改善民生要抓住人民最关心最直接最现实的利益问题，并把优先发展教育事业放在民生的首位，充分体现了党中央对教育事业的高度重视。党的十九大报告强调，“建设教育强国是中华民族伟大复兴的基础工程，必须把教育事业放在优先位置，深化教育改革，加快教育现代化，办好人民满意的教育”。这为新时代我国教育改革与发展确立了新方位。十九大报告还提出“要全面贯彻党的教育方针，落实立德树人根本任务，发展素质教育，推进教育公平，培养德智体美全面发展的社会主义建设者和接班人。推动城乡义务教育一体化发展，高度重视农村义务教育，办好学前教育、特殊教育和网络教育，普及高中阶段教育，努力让每个孩子都能享有公平而有质量的教育。完善职业教育和培训体系，深化产教融合、校企合作。加快一流大学和一流学科建设，实现高等教育内涵式发展。健全学生资助制度，使绝大多数城乡新增劳动力接受高中阶段教育、更多接受高等教育。支持和规范社会力量兴办教育。加强师德师风建设，培养高素质教师队伍，倡导全社会尊师重教。办好继续教育，加快建设学习型社会，大力提高国民素质”。十九大报告聚焦我国教育公平与质量的重大问题，回应人民的教育期盼，明确我国教育的根本任务，对学前教育、义务教育、高中教育、职业教育、高等教育、民办教育、特殊教育和教师队伍建设进行全面部署，为推动我国各级各类教育协调发展和教师队伍建设指明了方向。

2018 年 9 月 10 日，党中央召开进入新时代第一次教育大会。习近平总书记在教育大会做了重要讲话，深刻总结了党的十八大以来教育改革发展的成就与经验，对我国教育进行全面论述，具有时代性、前瞻性、全局性、战略性。习近平总书记讲话内容主要包括以下五个方面。第一，习近平总书记在讲话中强调教育对新时代坚持和发展中国特色社会主义的战略意义，要求把教育放在优先发展的地位，加快教育现代化，建设教育强国，办人民满意的教育。第二，习近平总书记提出教育改革的新理念、新思想、新观念，可以概括为“九个坚持”，即坚持党对教育事业的全面领导，坚持把立德树人作为根本任务，坚持优先发展教育事业，坚持社会主义办学方向，坚持扎根中国大地办教育，坚持以人民为中心发展教育，坚持深化教育改革创新，坚持把服务中华民族伟大复兴作为教育的重要使命，坚持把教师队伍建设作为基础工作。第三，习近平总书记指出，培养什么人、怎样培养人、为谁培养人是教育的根本问题。他提出社会主义教育要培养德智体美劳全面发展的社会主义建设者和接班人，明确加上了劳动教育。第四，习近平总书记高度重视教师队伍建设，他指出教师是人类灵魂的工程师，是人类文明的传承者，承载着传播知识、传播思想、传播真理，塑造灵魂、塑造生命、塑造新人的时代重任。全党全社会要弘扬尊师重教的社会风尚，努力提高教师政治地位、社会地位、职业地位，让广大教师享有应有的社会声望，在教书育人岗位上为党和人民事业作出新的更大的贡献。第五，习近平总书记指出，要深化教育体制改革，健全立德树人落实机制，扭转不科学的教育评价导向，坚决克服唯分数、唯升学、唯文凭、唯论文、唯帽子的顽瘴痼疾，从根本上解决教育评价指挥棒问题。习近平总书记关于教育的重要论述，开启了习近平新时代中国特色社会主义思想在教育领域的新思想、新作为、新篇章，是新时代我国教育改革与发展的指导思想，在我国教育发展史上具有里程碑的意义。

为了深入贯彻落实党的十九大精神和全国教育大会精神，加快推进我国教育现代化，2019 年 2 月，中共中央、国务院印发《中国教育现代化 2035》。《中国教育现代化 2035》分为战略背景、总体思路、战略任务、实施路径和保障措施五个部分，系统地勾绘了我国教育现代化的宏伟蓝图。《中国教育现代化 2035》提出了八个“更加注重”的基本理念，即以德为先、全面发展、面向人人、终身学习、因材施教、知行合一、融合发展、共建共享，既深化了对教育现代化发展规律的认识，又丰富了教育现代化的内涵。《中国教育现代化 2035》明确提出推进教育现代化的两个阶段目标：到 2020 年，全面实现“十三五”发展目标，教育总体实力和国际影响力显著增强，劳动年龄人口平均受教育年限明显增加，教育现代化取得重要进展，为全面建成小康社会作出重要贡献。在此基础上，再经过 15 年努力，到 2035 年，总体实现教育现代化，迈入教育强国行列，推动我国成为学习大国、人力资源强国和人才强国，为到本世纪中叶建成富强民主文明和谐美丽的社会主义现代化强国奠定坚实基础。并且，《中国教育现代化 2035》聚焦我国教育发展的突出问题和薄弱环节，重点部署了面向教育现代化的十大战略任务，具体包括：一是学习习近平新时代中国特色社会主义思想，二是发展中国特色世界先进水平的优质教育，三是推动各级教育高水平高质量普及，四是实现基本公共教育服务均等化，五是构建服务全民的终身学习体系，六是提升一流人才培养与创新能力，七是建设高素质专业化创新型教师队伍，八是加快信息化时代教育变革，九是开创教育对外开放新格局，十是推进教育治理体系和治理能力现代化。教育优质化、普及化、公平化、终身化和创新服务能力体现了教育现代化的主要内涵，教师队伍专业化、信息化、国际化和治理现代化是教育现代化的重要支撑。《中国教育现代化 2035》是我国第一个以教育现代化为主题的中长期战略规划，具有全局性、前瞻性、引领性，是新时代推进教育现代化、建设教育强国的纲领性文件，为我国教育改革与发展提供了根本遵循，必将产生重要的现实意义和深远的历史意义。

第二节　教育法规概述

一、教育法规的含义

教育法规是法律的一种，理解教育法规的概念须先了解法律的概念。法律是由国家制定或认可，并由国家强制力保障实施的行为规范的总和。法律分为广义和狭义的法律。广义的法律包括宪法、法律及行政机关制定的法律文件。狭义的法律指拥有立法权的国家权力机关依照立法程序制定的法律，在我国主要是指由全国人民代表大会及其常务委员会所制定的法律。

教育法规是指国家制定或认可，并由国家强制力保证实施，调整教育活动中各种教育法律关系的行为规范的总和。教育法规的制定主体是一切具有立法权的国家机关，不仅有最高立法机关，还有地方立法机关和行政机关。因此，教育法规是一个泛指的概念。在我国，既包括全国人民代表大会及其常务委员会所制定的教育法律，也包括国务院制定的教育行政法规和国务院所属各部委制定的部门规章，还包括地方权力机关和地方行政机关制定的地方性教育法规和行政规章。教育法规的含义可以从以下几个方面来理解。

(一)教育法规是国家制定或认可

由国家制定或认可是创制教育法规的两种不同方式。制定是由国家机关依据法定的权限和程序，制定具有不同法律效力的规范性文件。认可是指国家机关赋予某些早已存在的行为规则，如某些风俗习惯、判例以法律效力。我国的教育法规是由全国人民代表大会和其他具有立法权的国家机关制定的。国家机关制定或认可的教育法规对全社会的成员具有法律约束力，设定教育权利和义务规范人们的教育行为和调整教育法律关系，维护社会成员的教育利益。

相关链接

布朗诉托皮卡教育局案

20 世纪 50 年代早期，琳达·布朗是一位住在堪萨斯州托皮卡的学生。她和她的姐姐每天都要走 1 英里的路程到公共汽车车站，然后搭车到离家 5 英里远的黑人学校蒙罗小学。琳达·布朗尝试取得离她家较近的萨姆纳小学的入学许可(该学校离家里只有几个街区远)，以免通勤之苦，却被托皮卡教育局基于种族的原因驳回入学申请，萨姆纳小学是一个只给白人孩子读书的学校。在托皮卡地区的全国有色人种促进协会带领之下，当地有相同背景的家长们参加诉讼，以奥利弗·布朗(琳达的父亲)作为第一原告对托皮卡教育局提起集体诉讼，要求校区停止种族隔离的政策，主张种族隔离的学校已经侵害了琳达·布朗依据宪法第14条修正案所保障的同等保护权。他们指出，尽管教育当局设置了隔离但“平等”的学校，但是这些措施实际上的目的，是对黑人实施永久的次等待遇，只提供次等的设备与服务，以达成压迫黑人的效果。地方法院引用了“隔离但平等”的原则，认为教育局的种族隔离措施不违反宪法第14条修正案的同等保护权。之后，布朗诉托皮卡教育局案，上诉到最高联邦法院。最高法院判决因为隔离的措施本身即是一种不平等(inherently unequal)，因此在公立中小学中“隔离但平等”的法律原则不再适用。隔离教育违反了宪法第14条修正案的“同等保护权”，因此违宪，黑人学童进入白人学校就读的权利不得被拒绝。布朗诉托皮卡教育局案是一件美国史上具有指标意义的诉讼案。种族隔离的法律因为剥夺了黑人学童的入学权利而违反了美国宪法第14条修正案中所保障的同等保护权，学童不得基于种族原因被拒绝入学。因为本判决的缘故，终止了美国社会中存在已久的白人和黑人必须分别就读不同公立学校的种族隔离现象。

由于美国属于判例法国家，法律主要存在于法院的判例中。本判例被赋予了法律效力，本案的法律原则在此后发生的类似案件判决中同样扩张适用，美国的大学中原本存在的种族隔离政策也因此被解释为违宪。本案对美国社会的影响是相当巨大的，随后有许多黑人都对不公平的种族隔离措施提起诉讼，并且引用本案作为理由，常常获得胜诉。

(二)教育法规是国家强制力保证实施

经国家机关制定或认可形成的教育法规如果不加以实施，如同一纸空文。因此，教育法规必须由专门的国家强力机关以强制力保证实施。这些专门的国家强力机关指军队、警察、法庭、监狱等有组织的暴力部门。教育法规不同于道德、宗教依靠人们的道德价值观、社会舆论和宗教教义等非强制性规范约束人们的行为，任何人不管是否愿意都必须遵守教育法规，违反教育法规就要受到法律强制力的制裁。

(三)教育法规是规范和调整教育活动和教育关系的规则

教育法规是教育主体在教育活动中的行为规则体系，它以权利和义务的表现形式，规范参与教育活动中的国家、政府、学校、其他教育机构、教育者、受教育者及其家长、社会等各主体的教育行为和调整在教育活动中形成的教育法律关系，确保教育活动能够有序进行。

二、教育法规的地位

法律体系是由不同法律部门的现行法律规范所组成的有机统一整体。教育法规的地位主要是指教育法规在法律体系中所处的位置。任何一种划分法律部门的方法都必须以一定的标准和原则作为基本依据。“一是考虑法律所调整的社会关系的不同领域；二是考虑法律调整的不同方法，其中包括确定法律制裁的不同方法、法律关系的不同主体及法律关系主体之间的不同权利和义务关系的形成。”①根据法律部门的划分标准，分析教育法规所调整的社会关系和调整方法从而确定其法律地位。

第一，教育法规调整的社会关系具有广泛性和复杂性，主要涉及学校与行政机关的关系、学校与教职员工的关系、学校与学生的关系、学校与社会的关系等。这些关系尽管错综复杂，但依据其特征的不同可以分为两类，即具有纵向隶属性特征的教育行政关系和具有横向平等性特征的教育民事关系。就所调整的教育行政法律关系而言，不能完全等同于一般的行政法律关系。这是由于它虽然具有一般行政法律关系的共同特征，但也明显具有区别于一般行政法律关系的独特特征。我国有学者主张，“教育行政关系与一般行政管理之间的领导与服从、命令与执行的隶属关系不同，它必须同时体现教学民主和学术民主。实现这种关系主要通过国家宏观指导的管理运作机制来达到，国家通过制定大政方针、培养目标、规划教育事业的发展规模、拨发教育经费及对学校工作的评估、督导等措施来调控指导学校工作。学校则成为具有自主办学地位的独立实体，具有人事、财政乃至专业设置、教材选用等实权。同时学校必须依靠广大师生和社会各个方面，实行民主办学。教育行政关系的上述特征，是教育活动客观规律的体现，它要求法律在调整这方面的关系时，不能将它与一般的行政关系同等对待”②。

教育法规调整的社会关系并不局限于教育行政法律关系，不具有行政隶属关系的学校与行政机关、企事业组织、社会团体、教师、学生和学生家长在教育活动中形成法人和公民之间的财产关系和人身关系，其中相当一部分社会关系应当由民法加以确认和调整。但也有一些具有明显教育特征的民事关系，例如在办学体制上，除了国家办学外，鼓励集体、个人和其他社会力量办学，往往并不属于民法的调整范围。为了维护学校的合法权益，解决学校与其他法人、公民之间的民事纠纷，仅有民法是不够的。以上可以说明，教育法规调整的社会关系主要是教育领域所特有。

第二，法律调整的方法也是划分法律部门的重要标准之一，法律调整的方法是对违法行为采取的制裁形式。目前我国教育法规的调整方法，即对违法行为采取批评教育、行政处罚、行政处分为主的制裁形式，主要通过国家行政权的形式进行调整，但也绝不仅仅限于行政调整方式。教育法规的调整方法具有综合性的特点，即

---

① 沈宗灵．法理学[M]．北京：高等教育出版社，1994：328.

② 劳凯声．论教育法在我国法律体系中的地位[J]．北京师范大学学报(社会科学版)，1993(4).

对不同性质的教育法律责任相应采取不同的追究法律责任的方式。对于教育行政法律责任就应采用行政命令的调整方式和行政制裁方法；对于教育民事法律责任就应采用民事调解方式和民事制裁方法；对于教育刑事法律责任就应采用刑事调整方式和刑事制裁方法。有时在一个教育违法案例中，就反映出多种法律责任并存，违法的主体据其违法的具体情节和有关法律规范的规定，分别承担刑事责任、行政责任或民事责任。

综上所述，教育法规虽然与行政法、民法其他法律部门有着密切的联系，但是教育法规调整的社会关系和调整的方法具有区别于其他的部门法律的独特性，并且我国教育法规迅速发展，已经初具规模。因此，教育法规在法律体系中作为一个相对独立的法律部门，既具有可能性，也具有必然性。

三、教育法规的功能

法的功能是法本身所固有、稳定的内在的属性。法具有调整社会关系、指引主体行为和保障主体权利的基本功能。①教育法规是法律在教育领域中的具体体现，教育法规也应具有法的调整、指引和保障功能。

(一)调整社会关系功能

国家、政府及其教育行政机关、学校及其他教育机构、教师、学生、学生家长在教育活动中形成复杂、多样的社会关系，社会关系从本质上反映诸多教育相关主体的利益关系。利益关系分别表现为教育相关主体的利益要求和利益冲突，教育法规以权利和义务为机制来表达教育主体的利益要求，协调各教育相关主体之间的关系。同时，由于教育资源有限，教育相关主体容易产生利益冲突和纠纷，教育法规通过法律调解、仲裁、申诉、诉讼等机制解决利益冲突和调整利益关系。

(二)指引主体行为功能

教育法规功能最直接的表现就是指引教育法律主体的教育行为。教育法规在内容上由教育法律规范构成，教育法律规范作为构成教育法规的基本要素，通过义务性规范、禁止性规范和授权性规范明确规定主体的教育权利和义务，指引和规范主体的教育行为，从而维持教育秩序。具体表现为义务性规范、禁止性规范都属于强制性规范，义务性规范是要求主体必须作为一定行为的法律规范，例如《中华人民共和国教育法》第四条："全社会都应当尊重教师。"禁止性规范是要求主体必须不作为一定行为的法律规范，例如《中华人民共和国义务教育法》(以下简称《义务教育法》)第十四条："禁止用人单位招用应当接受义务教育的适龄儿童、少年。"授权性规范是规定主体有权为或不为某种行为的法律规范，例如《中华人民共和国教育法》第五十条："学校、教师可以对学生家长提供家庭教育指导。"

---

① 周旺生．法的功能和法的作用辨异[J]. 政法论坛，2006(5).

（三）保障主体权利功能

教育法规是由国家制定或认可并由国家强制力保障实施的法律规范，是国家意志性、强制性的集中体现，具有普遍约束力。教育法规保障主体权利功能具体体现在以下两个方面。

一方面，教育法规明确规定教育主体的权利和义务，并且对各种违反教育法规的行为追究法律责任。义务主体依据相关法律规定能够预见其行为的法律后果，从而自觉承担相应的法律义务，确保权利主体实现其权利。例如，《义务教育法》第十一条规定："凡年满六周岁的儿童，其父母或者其他法定监护人应当送其入学接受并完成义务教育；条件不具备的地区的儿童，可以推迟到七周岁。"同时，第五十八条规定："适龄儿童、少年的父母或者其他法定监护人无正当理由未依照本法规定送适龄儿童、少年入学接受义务教育的，由当地乡镇人民政府或者县级人民政府教育行政部门给予批评教育，责令限期改正。"通过明确规定父母或者其他法定监护人的法定义务及其不履行义务应承担的法律责任，从而保障义务教育阶段学生的受教育权利。

另一方面，现代社会权利的授予或剥夺，都离不开法律程序，并受制于程序规则的调节。程序规定关系到政府公共权力的行使方式，关系到学校尤其是教师、学生的基本权利实现途径。因此，通过合理的程序限制和权力制约，促进教育行政机关依法行政和学校依法治校，可以保障权利主体的权利实现。例如，我国《普通高等学校学生管理规定》第五十四条规定："学校给予学生处分，应当坚持教育与惩戒相结合，与学生违法、违纪行为的性质和过错的严重程度相适应。学校对学生的处分，应当做到证据充分、依据明确、定性准确、程序正当、处分适当。"第五十五条规定："在对学生作出处分或者其他不利决定之前，学校应当告知学生作出决定的事实、理由及依据，并告知学生享有陈述和申辩的权利，听取学生的陈述和申辩。处理、处分决定以及处分告知书等，应当直接送达学生本人，学生拒绝签收的，可以以留置方式送达；已离校的，可以采取邮寄方式送达；难于联系的，可以利用学校网站、新闻媒体等以公告方式送达。"第五十六条规定："对学生作出取消入学资格、取消学籍、退学、开除学籍或者其他涉及学生重大利益的处理或者处分决定的，应当提交校长办公会或者校长授权的专门会议研究决定，并应当事先进行合法性审查。"该规定中学校处分学生的法定程序能够制约学校权利，避免学校对学生作出各种处分尤其是开除学籍的随意性，切实保障学生受教育权免受非法侵害。

四、我国教育法规的历史沿革

回顾中华人民共和国成立后我国教育法规所经历的由无到有，由零散到系统的发展历程，结合我国学者的研究①，可以将我国教育法规的历史沿革大致划分为五个发展阶段。

---

① 劳凯声，覃壮才，郭志成．中国教育法制评论(第 1 辑)[M]．北京：教育科学出版社，2002：151—155.

（一）建设的开端（1949—1956 年）

1949 年后，在废除旧法和总结我国革命根据地立法经验的基础上，我国开启了教育法规发展的新开端。国家曾经根据当时的需要制定了教育法规、法令，如 1950 年 12 月，政务院颁布《关于处理接收美国津贴的文化教育救济机关及宗教团体的方针的决定》。1951 年 10 月，政务院颁布《关于改革学制的决定》。1952 年 9 月，颁布《关于接办私立中、小学的指示》，还陆续颁布了幼儿园、小学、中学、中等专业学校、专科学校和高等学校的暂行规程。这些法规内容包括教育事业的计划管理、中小学教育的改进与发展、课程改革、学校领导关系、师资的培养与管理等方面。这些教育法规有利于完成新中国成立初期旧学校的接管与改造以及高等学校院系调整为中心的教育改革。

（二）低谷时期（1957—1976 年）

1958 年，在全国开展了以勤工俭学、教育与生产劳动相结合为中心的教育革命。这场改革出现了“左”的错误，必要的法规制度遭到破坏。从 1961 年起，中央对教育事业进行了调整、巩固、充实、提高，通过总结经验，纠正实际工作中的失误。1961 年发布了由教育部草拟的《教育部直属高等学校暂行工作条例》《全日制中学暂行工作条例》《全日制小学暂行工作条例》，为各级学校制定了明确的工作规程。从 1966 年开始，“文化大革命”导致国家的立法工作完全停顿，已有的法律、法规也丧失了权威性。总的来说，我国尚未有由国家权力机关制定的全国性教育法规，教育法规不完善。

（三）恢复和发展时期（1978—1984 年）

1978 年，为了恢复学校的教学秩序，教育部对 1961 年的大、中、小学《工作条例》进行修订并重新颁布。尤其是党的十一届三中全会召开，确立了教育在社会主义建设事业中的战略地位，我国的教育法规建设发生划时代转折，进入了恢复和发展新时期。

1980 年 2 月 12 日，第五届全国人民代表大会常务委员会第十三次会议通过了《中华人民共和国学位条例》，这是 1949 年以来最高权力机关制定的第一部有关教育的法律。制定本条例是为了促进我国科学专门人才的成长，促进各门学科学术水平的提高和教育、科学事业的发展，以适应社会主义现代化建设的需要。

1982 年 12 月 4 日，第五届全国人民代表大会第五次会议制定了新的《中华人民共和国宪法》，这是我国法制建设最重要的里程碑。宪法作为我国一切法律的“母法”，宪法有关教育的规定，为教育法规的制定和依法治教提供了最高的宪法依据，为教育法规的发展奠定最重要的基础。

（四）初步探索时期（1985—1994 年）

1985 年发布的《决定》，指出“必须加强教育立法的工作”，我国教育法规的发展开始步入新的发展阶段。

根据《决定》中提出“需要制定义务教育法”的要求，1986 年 4 月 12 日，第六届全国人民代表大会第四次会议通过了《中华人民共和国义务教育法》。它以法律的形式规定国家实施九年义务教育，对提高民族素质，推进社会主义现代化建设，加强教育法制都有重要的影响。2006 年 6 月 29 日，第十届全国人民代表大会常务委员会第二十二次会议修订并通过了新《义务教育法》(以下简称《义务教育法》)。该法中明确了国家实行九年免费义务教育制度，主要对义务教育阶段的学生、学校、教师、教育教学、经费保障、法律责任等内容作出了规定，为维护适龄儿童、少年接受义务教育的权利，实施义务教育和提高全民族素质提供了法律保障。

1993 年 10 月 31 日，第八届全国人民代表大会常务委员会第四次会议通过了《中华人民共和国教师法》(以下简称《教师法》)。《教师法》以保障教师的合法权益、建设具有良好思想品德修养和业务素质的教师队伍、促进社会主义教育事业的发展为目的。这部法律明确了教师在我国社会主义现代化建设中的重要地位，对教师的权利、义务、任用、考核、培训和待遇等方面作了全面的规定，为教师群体提供了有力的法律保障，推动我国教师队伍建设走上规范化、法治化的轨道。

(五) 初步形成了有中国特色社会主义的教育法规体系(1995 年至今)

1995 年 3 月 18 日，第八届全国人民代表大会第三次会议审议通过了《中华人民共和国教育法》(以下简称《教育法》)，我国教育法制建设迈出了关键性的一步，是全面依法治教的法律基础，具有里程碑的意义。《教育法》成为教育领域的基本法律，主要规定我国教育的基本性质、地位、任务、基本法律原则、基本教育制度、学校及其他教育机构、教师和其他教育工作者及受教育者依法享有的权利和履行的义务等内容，是协调教育部门内部及教育部门与其他社会部门相互关系的基本准则。同时，《教育法》作为全部教育法规的母法，也是制定教育领域不同部门的单行法律及行政法规、规章的依据。2015 年 12 月 27 日，第十二届全国人大常委会第十八次会议表决通过了关于修改《教育法》的决定，对《教育法》的第五条、第六条、第十一条第一款、第十二条、第十九条、第二十五条、第六十六条、第六十一条第一款、第七十六条、第七十九条十处条款进行修改，涉及教育方针、教育公平、学校或者其他教育机构违规招生、考试作弊、学历造假等，并增加一条作为第十八条：“国家制定学前教育标准，加快普及学前教育，构建覆盖城乡，特别是农村的学前教育公共服务体系。”“各级人民政府应当采取措施，为适龄儿童接受学前教育提供条件和支持。”为贯彻落实党的十九大精神、全国教育大会精神的重要举措，进一步完善《教育法》。2021 年 4 月 29 日，第十三届全国人民代表大会常务委员会第二十八次会议通过修改《教育法》的决定，修订了《教育法》的第三条、第四条、第五条、第七条和第七十七条，丰富了教育的指导思想、凸显了教育的重要地位、完善了教育方针、充实了教育内容。新修订后的教育方针完善了“培养什么人、怎样培养人、为谁培养人”的法律规范，强调培养德智体美劳全面发展的社会主义建设者和接班人。同时，新修订的《教育法》依法完善了对在招收学生工作中滥用职权、玩忽职守、徇私舞弊违法行为的处罚规定和冒名顶替违法行为的处罚规定，加大对违法违规行为的查处力度，切实维护我国考试招生秩序和教育公平正义。

1996 年 5 月 15 日，第八届全国人民代表大会常务委员会第十九次会议通过《中华人民共和国职业教育法》(以下简称《职业教育法》)，在职业教育领域实现有法可依。该法制定的目的是实施科教兴国战略，发展职业教育，提高劳动者素质，促进社会主义现代化建设。该法全文共五个章节四十条，我国职业教育包括各级各类职业学校教育和各种形式的职业培训。该法调整的主要内容包括我国职业教育的体系、职业教育的实施、职业教育的保障条件三方面，具体规定了职业学校教育和职业培训的基本原则、管理体制，职业学校教育的层次，设立职业学校和职业培训机构的基本条件，学历证书、培训证书的颁发，职业教育经费的投入及保障条件等。2022 年 4 月 20 日，第十三届全国人大常委会第三十四次会议表决通过新修订的《职业教育法》，这是《职业教育法》颁布 26 年来首次“大修”。新修订的《职业教育法》完善体系结构，丰富法律内容，新增第四章、第五章和第七章，扩充为八个章节六十九条，原有法律条款的内容也有不同程度的修订。《职业教育法》明确规定职业教育与普通教育具有同等重要地位，为建立具有中国特色的现代职业教育体系提供法律保障，有利于提升职业教育的吸引力和社会认可度，推进我国职业教育与普通教育协调发展。

1998 年 8 月 29 日，第九届全国人民代表大会常务委员会第四次会议通过《中华人民共和国高等教育法》。该法主要规定了高等教育基本制度、高等学校组织和活动、高等学校教师和其他教育工作者的管理制度、高等学校的学生依法享有权利和履行义务、高等教育投入和条件保障等内容。明确了高等教育发展的方向，为高等学校的办学自主权和高等学校内部管理提供了法律保障。2015 年 12 月 27 日，第十二届全国人大常委会第十八次会议表决通过了关于修改《中华人民共和国高等教育法》的决定，对高等教育法的第四条、第五条、第二十四条、第二十九条、第四十二条、第四十四条、第六十条第一款等七处进行了修改，涉及高等教育办学方针、人才培养、高校设立、学术委员会职责、评价制度、经费筹措等方面。

2002 年 12 月 28 日，第九届全国人民代表大会常务委员会第三十一次会议通过《中华人民共和国民办教育促进法》(以下简称《民办教育促进法》)，弥补我国民办教育立法领域的空白，确立民办教育的合法性，标志着我国民办教育走上规范化发展的道路。该法调整的主要有民办学校及其他教育机构的设立、民办学校的组织与活动、民办学校的教师与受教育者、民办学校资产与财务管理、国家对民办学校及其他教育机构的管理与监督、国家对民办教育的扶持和奖励、民办学校的变更与终止等。为维护民办学校和受教育者的合法权益提供法律保障，促进民办教育事业的健康发展，为实施科教兴国战略提供有力的支持。党的十九大和十九届四中全会提出“支持和规范社会力量兴办教育”。2016 年 11 月 7 日，第十二届全国人民代表大会常务委员会第二十四次会议审议通过了《关于修改〈中华人民共和国民办教育促进法〉的决定》，本次修订坚持支持与规范并重，修订的内容主要包括：加强民办学校党的建设，确立民办学校分类管理，明确保障举办者合法权益，完善师生权益保障机制，完善国家对民办学校扶持优惠政策，健全民办学校治理机制，加强对民办学校的规范管理和保障实现平稳过渡的基本要求。本次修改对于构建公办民办教育共同发展的办学格局，促进民办教育健康发展，满足人民群众日益增长的多样化教育需要，具有深远的意义。

党和政府高度重视学前教育，将"幼有所育"写入党的十九大报告。为贯彻党的十九大和十九届二中全会、十九届三中全会、十九届四中全会精神，落实全国教育大会和习近平总书记关于教育的重要论述精神，促进学前教育事业健康发展，健全学前教育法律制度。2020 年 9 月 7 日，教育部发布《中华人民共和国学前教育法草案(征求意见稿)》(以下简称《草案》)，向社会公开征求意见。《草案》共九章七十五条，分为总则、学前儿童、幼儿园的规划与举办、保育与教育、教师和其他工作人员、管理与监督、投入与保障、法律责任和附则。《草案》确立了以保护儿童权益为核心的立法理念，改变了我国学前教育无法可依的窘境，推动我国学前教育走上依法治教的轨道，为学前儿童健康成长提供法律保障。

2021 年 10 月 23 日，第十三届全国人民代表大会常务委员会第三十一次会议通过了《中华人民共和国家庭教育促进法》(以下简称《家庭教育促进法》)，在我国教育法制建设历史上具有深刻和长远意义。家庭教育由关乎未成年人全面发展和人民福祉的"家事"，上升为关乎国家发展、民族复兴和社会和谐的"国事"。《家庭教育促进法》共六章五十五条，分别为总则、家庭责任、国家支持、社会协同、法律责任和附则。法律明确了父母或者其他监护人是家庭教育的责任主体，规定家庭教育的根本任务与主要原则、主要内容与方式方法。同时，法律强调各级政府、教育行政部门、妇女联合会、中小学校、幼儿园、家庭教育指导机构、儿童福利机构、未成年人救助保护机构等组织在家庭教育指导与服务的工作内容与法律责任，指导、促进父母或者其他监护人科学实施家庭教育，与学校教育、社会教育协同育人。《家庭教育促进法》为父母或者其他监护人"赋能"，开启"依法带娃"新篇章，标志着我国家庭教育步入法治化的轨道。

为贯彻落实习近平总书记关于教育的重要论述特别是关于教师队伍建设的重要指示批示精神，完善教师法律制度。2021 年 11 月 29 日，教育部正式发布《中华人民共和国教师法(修订草案)(征求意见稿)》(以下简称《征求意见稿》)，面向社会公开征求意见，《教师法》修订取得了阶段性进展。《征求意见稿》共九章五十七条，分别为总则、权利和义务、资格和准入、聘任和考核、培养和培训、保障和待遇、奖惩和申诉、法律责任、附则。《征求意见稿》紧扣我国教师队伍建设的时代脉搏，回应新时代建设高素质专业化创新型教师队伍的需要，以保障教师合法权益为主线，为我国教师队伍建设保驾护航，加快推动我国教师队伍建设法治化进程。

国务院制定了《扫除文盲工作条例》《幼儿园管理条例》《残疾人教育条例》《普通高等学校设置暂行条例》《教师资格条例》《民办教育促进法实施条例》等教育行政法规。各地有权制定地方性法规的人民代表大会及其常务委员会，根据本地区教育发展的需要，颁布地方性法规。国务院各部委以及省级人民政府也制定一大批有关教育的政府规章，丰富了教育法规的内容。

法律是治国之重器，良法是善治之前提。纵观中华人民共和国成立后 70 余年我国教育法规发展历程，自《教育法》颁布以来，我国教育立法进入蓬勃发展阶段，初步形成了以宪法为基础，以《教育法》为核心，以教育单行法和教育行政法规为主体的中国特色社会主义教育法规体系，取得了令人瞩目的成绩。但是，目前我国的教育法规体系仍存在现行法律的部分条款与社会、教育发展现实相脱节，适用于教育领域的某些单行法律缺位等突出问题。因此，《教育规划纲要》的第二十章提出“推进依法治教”，“完善教育法律法规。按照全面实施依法治国基本方略的要求，加快教育法制建设进程，完善中国特色社会主义教育法律法规。根据经济社会发展和教育改革的需要，修订教育法、职业教育法、高等教育法、学位条例、教师法、民办教育促进法，制定有关考试、学校、终身学习、学前教育、家庭教育等法律。加强教育行政法规建设。各地根据当地实际，制定促进本地区教育发展的地方性法规和规章”。因此，一方面，我国结合新的历史时期经济社会发展和教育改革的需要，对《教育法》《高等教育法》《民办教育促进法》《职业教育法》等及时地加以修订；另一方面，2021 年 10 月 23 日，我国颁布《家庭教育促进法》，标志着我国家庭教育领域实现了有法可依。同时，教育部相继发布了《中华人民共和国学前教育法草案(征求意见稿)》和《中华人民共和国教师法(修订草案)(征求意见稿)》，向社会公开征求意见。我国教育法制建设迈上一个新台阶，标志着我国教育法规体系日趋完善。但是，目前我国尚未制定学校法、终身学习法和考试法等法律，在相关教育领域仍然无法可依。2019 年，中共中央、国务院印发《中国教育现代化 2035》提出，“提高教育法治化水平，构建完备的教育法律法规体系”。教育法治应以良法善治为目标，中国特色社会主义教育法治体系建设道路仍然任重而道远，需要不断修订、完善现行教育法律法规，同时制定学校法、终身学习法和考试法等法律，弥补我国在相关教育领域的立法空白，加快推进我国教育法治现代化。

第三节　教育政策与教育法规的关系

一、教育政策与教育法规的联系

(一)具有共性

教育政策与教育法规本质是一致的。第一，教育政策与教育法规具有共同的目的，即为了调整在教育活动中形成的复杂多样的教育关系，规范教育关系主体的教育行为，平衡教育关系主体的教育利益，保障教育事业能够有序地发展。第二，教育政策与教育法规具有共同的指导思想，体现国家和人民的教育意志。

(二)相互依存

教育政策与教育法规之间密切联系，是一种相互依存、相互影响的关系。一方面，教育政策是制定教育法规的依据，它指导教育法规的制定与实施。例如，为贯彻落实《教育规划纲要》中提出的有关教育改革发展的要求，2015 年 12 月 27 日，第十二届全国人大常委会第十八次会议表决通过了关于修改《教育法》和《中华人民共和国高等教育法》的决定。同时，那些具有长期稳定性，对全局具有重大影响并在实践中被证明是行之有效的成熟教育政策，经由国家权力机关的法定程序审议后可法律化为教育法规。如我国实施的免费义务教育政策成熟后经法律化程序上升为新《中华人民共和国义务教育法》。可见，教育政策是教育法规的重要来源，教育法规又是教育政策的条文化和定型化。另一方面，教育政策经由国家权力机关的法定程序审议法律化为教育法规后，教育法规就具有了权威性，教育政策的制定和实施都应遵守教育法规，不能与教育法规相抵触。

二、教育法规与教育政策的区别

(一)制定主体不同

教育法规是由国家立法机关或行政机关依照一定的法定权限和程序制定，如《教育法》是由全国人民代表大会审议通过。而教育政策既可以由国家机关制定，也可以由政党制定。政党在教育政策制定过程中起着重要作用，如《中国教育改革和发展纲要》由中共中央、国务院印发的。

(二)执行方式不同

教育法规的执行是以国家强制力为后盾，具有普遍约束力，任何组织和个人必须遵守，违反了教育法规需要承担教育法律责任，按照法律规定予以制裁。而教育政策的执行则主要依靠行政力量或党的纪律，运用号召、宣传、教育、解释、鼓动等方式来贯彻落实，启发人们自觉遵循，强制性有一定的限度。

(三)表现形式不同

教育法规的表现形式有宪法中的教育条款、教育法律、教育行政法规、地方性教育法规和教育行政规章，在内容上明确而具体地规定相关组织或个人的权利、义务以及违法行为承担的法律责任。而教育政策主要以决定、指示、决议、纲要、通知、意见等形式出现，内容比较广泛，带有原则性、号召性的特点。

(四)稳定程度不同

教育法规的稳定程度较高，教育法规一经法定程序制定，在一定时期内不能随意改动。教育政策根据社会政治、经济和教育发展过程中出现的亟待解决问题加以调整，体现出较强的及时性和灵活性。

本章小结

1. 教育政策的含义应理解为持续、动态的过程，是政策主体在不同的利益主体之间分配教育利益所规定的具有特殊性的政策文本或政策文本的总和；教育政策的地位体现在公共政策中独特的地位；教育政策主要具有导向、协调和控制的功能。

2. 教育法规是指国家制定或认可，并由国家强制力保证实施，调整教育活动中各种教育法律关系的行为规范的总和；教育法规的地位体现为在法律体系中作为一个相对独立的法律部门；教育法规具有调整社会关系、指引主体行为、保障主体权利的功能。

3. 教育政策与教育法规二者关系体现为既相互联系，又有所区别。教育政策与教育法规的联系体现在：具有共性和相互依存。教育政策与教育法规的区别体现在：制定主体、执行方式、表现形式和稳定程度的不同。

4. 我国教育政策和法规历史沿革体现为经历了由无到有，由零散到较为系统的不同发展阶段。

关键术语

教育政策　教育法规　教育政策和教育法规的关系

思考题

1. 教育政策、教育法规的含义是什么？
2. 如何理解教育法规作为独立部门法的地位？
3. 教育政策和教育法规之间的关系是什么？

拓展阅读

1. 黄崴．教育法学[M]. 北京：高等教育出版社，2007.

分析了教育法规的含义、地位、功能，以及与教育政策的关系等基本原理问题。

2. 劳凯声．中国教育改革 30 年：政策与法律卷[M]. 北京：北京师范大学出版社，2009.

介绍了改革开放 30 年的中国教育政策与法规问题。

3. 劳凯声．中国教育法制评论(第 1 辑)[M]. 北京：教育科学出版社，2002.

介绍了中华人民共和国成立后我国教育法制建设五十年的回顾与展望。

4.《国家中长期教育改革和发展规划纲要(2010—2020 年)》[EB/OL]. [2022-12-21]. http://www.moe.gov.cn/srcsite/A01/s7048/201007/t20100729_

171904. html.

这是我国进入 21 世纪第一个中长期教育规划纲要。

5. 申素平等. 从法制到法治——教育法治建设之路[M]. 上海：华东师范大学出版社，2018.

介绍了改革开放 40 年的中国教育法治建设征程。

6. 余雅风，蔡海龙等. 中国教育改革 40 年：政策与法律卷[M]. 北京：北京师范大学出版社，2019.

介绍了改革开放 40 年的中国教育政策与法规问题。

第二章　教育政策、法规的体系结构

学习目标

1. 了解教育政策的表现形式。
2. 掌握教育政策、教育法规的纵横体系结构。
3. 理解主要教育法规的立法目的和基本内容。

第一节　教育政策的体系结构

教育政策的体系结构是指政党、国家和社会团体制定的有关教育政策的存在及其表现形式。① 各个国家在不同的时期都会制定自己的教育政策。不同层次、类型的教育政策构成一定的体系，并在不断发展和完善的过程中形成一定的政策体系结构。

在我国，现行的教育政策体系是中国共产党领导下的社会主义教育政策规范的具体体现。我们可以从教育政策的表现形式和教育政策的纵横结构两个角度对我国教育政策的体系结构进行分析。

一、教育政策的表现形式

教育政策的表现形式，是指教育政策是以怎样的样式表现出来的。我国的教育政策通常体现在党和政府作出的决议、决定、纲领、通知、报告、声明、号召、口号等政策性文件中；有时则以党报、党刊、社论等形式进行发布。我国教育政策性文件的种类、内容极为丰富。它可以表述党和国家在教育问题上的大政方针，也可以是针对某一事件或某一现象的处理性文件。具体形式如下。

(一)党的政策性文件

党的政策性文件主要指中国共产党中央委员会和省、市、县地方委员会发布的各种纲领、决议中有关教育的内容，以及就教育工作作出的决定和通知等。这类政策主要反映在党的以下各类文件中。

(1)《中国共产党章程》。党章是一个政党为实现自己的纲领，开展党的活动，规定党内事务，处理个人与组织、组织与组织关系的行为规范。党章是党内具有最高效力的法规，是党的根本大法。党章中确立的关于教育的政策是我们党最根本的教育政策，它对社会主义教育事业的性质、地位、原则等一系列重大问题作了明确的规定。

(2)中国共产党全国代表大会的决议。在中共中央主持召开的党的全国代表大会上作出的有关教育工作的决议，是党的重要教育政策。在党的历次全国代表大会的决议和报告中，都提出了一些重要的教育政策和主张，指导我国各时期教育事业的改革和发展。例如，党的二十大报告中就有关于新时期党的教育政策的重要表述。

---

① 张乐天．教育政策法规的理论与实践(第三版)[M]. 上海：华东师范大学出版社，2015：30.

相关链接

党的二十大报告中对教育的有关论述①

实施科教兴国战略，强化现代化建设人才支撑教育、科技、人才是全面建设社会主义现代化国家的基础性、战略性支撑。必须坚持科技是第一生产力、人才是第一资源、创新是第一动力，深入实施科教兴国战略、人才强国战略、创新驱动发展战略，开辟发展新领域新赛道，不断塑造发展新动能新优势。

我们要坚持教育优先发展、科技自立自强、人才引领驱动，加快建设教育强国、科技强国人才强国，坚持为党育人、为国育才，全面提高人才自主培养质量，着力造就拔尖创新人才，聚天下英才而用之。

我们要办好人民满意的教育，全面贯彻党的教育方针，落实立德树人根本任务，培养德智体美劳全面发展的社会主义建设者和接班人，加快建设高质量教育体系，发展素质教育，促进教育公平。完善科技创新体系，坚持创新是我国现代化建设全局中的核心地位，健全新型举国体制，强化国家战略科技力量，提升国家创新体系整体效能，形成具有全球竞争力的开放创新生态。加快实施创新驱动发展战略，加快实现高水平科技自立自强，以国家战略需求为导向，积聚力量进行原创性引领性科技攻关，坚决打赢关键核心技术攻坚战，加快实施一批具有战略性全局性前瞻性的国家重点科技项目，增强自主创新能力。深入实施人才强国战略，坚持尊重劳动、尊重知识、尊重人才、尊重创造，完善人才战略布局，加快建设世界重要人才中心和创新高地，着力形成人才国际竞争的比较优势，把各方面优秀人才集聚到党和人民事业中来。

(3)党中央制定和批准的文件。在中国共产党的全国代表大会闭会期间，由中国共产党中央委员会制定和批准发布的有关教育工作的文件，也是党的重要的教育政策。如 1985 年，经中共中央政治局讨论通过的《中共中央关于教育体制改革的决定》，就是运用政策手段指导中国教育体制改革的纲领性文件。2010 年 6 月 21 日中共中央政治局召开会议，审议并通过《教育规划纲要》。《教育规划纲要》是 21 世纪我国制定的第一个中长期教育改革和发展规划，是指导全国教育改革和发展的纲领性文件。2019 年 2 月，中共中央、国务院印发《中国教育现代化 2035》，它是我国第一个以教育现代化为主题的中长期战略规划，是新时代推进教育现代化、建设教育强国的纲领性文件。

(4)中国共产党的地方各级领导机关的决议、决定。党的各级领导机关及其代表

---

① 习近平．高举中国特色社会主义伟大旗帜 为全面建设社会主义现代化国家而团结奋斗——在中国共产党第二十次全国代表大会上的报告[EB/OL].[2022-12-21]. http://www.qstheory.cn/yaowen/2022－10/25/c_1129079926.htm.

大会讨论本地区范围内教育上的重大问题并形成的决议、决定及其批准的有关教育工作的文件，形成适用于本地区的教育政策。如为促进河北省教育科学发展，提高全民素质，更好地服务河北省现代化建设，根据《教育规划纲要》，结合河北省实际，制定的《河北省中长期教育改革和发展规划纲要(2010—2020年)》，就是适用于河北省的教育政策。

(5)中央直属领导机关和党的地方各级领导机关所属部门制定或批准的文件。这类机关与部门在自身职权范围之内，可以制定或批准有关教育政策性文件。如中共中央宣传部或者省委宣传部可以发布有关规范学校德育工作的文件。

相关链接

"十四五"规划和2035年远景目标纲要(节选)①

第十三篇　提升国民素质　促进人的全面发展

把提升国民素质放在突出重要位置，构建高质量的教育体系和全方位全周期的健康体系，优化人口结构，拓展人口质量红利，提升人力资本水平和人的全面发展能力。

第四十三章　建设高质量教育体系

全面贯彻党的教育方针，坚持优先发展教育事业，坚持立德树人，增强学生文明素养、社会责任意识、实践本领，培养德智体美劳全面发展的社会主义建设者和接班人。

第一节　推进基本公共教育均等化

巩固义务教育基本均衡成果，完善办学标准，推动义务教育优质均衡发展和城乡一体化。加快城镇学校扩容增位，保障农业转移人口随迁子女平等享有基本公共教育服务。改善乡村小规模学校和乡镇寄宿制学校条件，加强乡村教师队伍建设，提高乡村教师素质能力，完善留守儿童关爱体系，巩固义务教育控辍保学成果。巩固提升高中阶段教育普及水平，鼓励高中阶段学校多样化发展，高中阶段教育毛入学率提高到92%以上。规范校外培训。完善普惠性学前教育和特殊教育、专门教育保障机制，学前教育毛入园率提高到90%以上。提高民族地区教育质量和水平，加大国家通用语言文字推广力度。

第二节　增强职业技术教育适应性

突出职业技术(技工)教育类型特色，深入推进改革创新，优化结构与布局，大力培养技术技能人才。完善职业技术教育国家标准，推行"学历证书+职业技能等级证书"制度。创新办学模式，深化产教融合、校企合作，鼓励企业举办高质量职业技术教育，探索中国特色学徒制。实施现代职业技术教育质量提升计划，建设

---

① http://www.gov.cn/xinwen/2021-03/13/content_5592681.htm.

一批高水平职业技术院校和专业，稳步发展职业本科教育。深化职普融通，实现职业技术教育与普通教育双向互认、纵向流动。

第三节 提高高等教育质量

推进高等教育分类管理和高等学校综合改革，构建更加多元的高等教育体系，高等教育毛入学率提高到60%。分类建设一流大学和一流学科，支持发展高水平研究型大学。建设高质量本科教育，推进部分普通本科高校向应用型转变。建立学科专业动态调整机制和特色发展引导机制，增强高校学科设置针对性，推进基础学科高层次人才培养模式改革，加快培养理工农医类专业紧缺人才。加强研究生培养管理，提升研究生教育质量，稳步扩大专业学位研究生规模。优化区域高等教育资源布局，推进中西部地区高等教育振兴。

第四节 建设高素质专业化教师队伍

建立高水平现代教师教育体系，加强师德师风建设，完善教师管理和发展政策体系，提升教师教书育人能力素质。重点建设一批师范教育基地，支持高水平综合大学开展教师教育，健全师范生公费教育制度，推进教育类研究生和公费师范生免试认定教师资格改革。支持高水平工科大学举办职业技术师范专业，建立高等学校、职业学校与行业企业联合培养"双师型"教师机制。深化中小学、幼儿园教师管理综合改革，统筹教师编制配置和跨区调整，推进义务教育教师"县管校聘"管理改革，适当提高中高级教师岗位比例。

第五节 深化教育改革

深化新时代教育评价改革，建立健全教育评价制度和机制，发展素质教育，更加注重学生爱国情怀、创新精神和健康人格培养。坚持教育公益性原则，加大教育经费投入，改革完善经费使用管理制度，提高经费使用效益。落实和扩大学校办学自主权，完善学校内部治理结构，有序引导社会参与学校治理。深化考试招生综合改革。支持和规范民办教育发展，开展高水平中外合作办学。发挥在线教育优势，完善终身学习体系，建设学习型社会。推进高水平大学开放教育资源，完善注册学习和弹性学习制度，畅通不同类型学习成果的互认和转换渠道。

(二)人民代表大会制定和批准的教育政策性文件

人民代表大会制定和批准的教育政策性文件是指全国人民代表大会、省级人民代表大会和有立法权的市级人民代表大会及其常务委员会作为国家和地方的权力机构，制定或批准的有关教育的政策性文件，即通常所说的教育法律法规。比如，《中华人民共和国学位条例》(以下简称《学位条例》，1980年)、《中华人民共和国义务教育法》(1986年)、《中华人民共和国教师法》(以下简称《教师法》，1993年)、《中华人民共和国教育法》(以下简称《教育法》，1995年)、《中华人民共和国职业教育法》(以下简称《职业教育法》，1996年)、《中华人民共和国高等教育法》(以下简称《高等教育法》，1998年)、《中华人民共和国民办教育促进法》(以下简称《民办教育促进法》，

2002年)。

(三)国家行政机关制定、发布的有关教育的政策性文件

国务院及其所属部委制定或批准的有关教育的政策性文件。教育部作为教育的行政主管部门，主要的教育政策都是由它制定和批准的。比如，1993年6月国家教委、人事部、财政部联合印发的《特级教师评选的规定》；2014年9月4日，国务院印发《关于深化考试招生制度改革的实施意见》，全面启动新一轮考试招生制度改革；2015年6月1日国务院办公厅关于印发《乡村教师支持计划(2015—2020年)》的通知。2021年12月10日教育部第3次部务会议审议通过《中小学法治副校长聘任与管理办法》，经最高人民法院、最高人民检察院、公安部、司法部同意，自2022年5月1日起施行。

县级以上(含县级)地方各级人民政府及其有关部门依照法律、法规规定的权限制定的有关教育的政策性文件。

在实际工作中，这类由国家教育行政机关作出的有关教育的行政决定，构成了现行教育政策的主体，在指导、规范、协调、促进教育工作方面起着十分广泛而又重要的作用。

(四)党中央和党的地方各级领导机关所属有关部门与国务院和地方人民政府所属各部门共同制定和批准的有关教育的政策文件

中共中央、国务院于1993年2月印发《中国教育改革和发展纲要》，1999年6月又印发了《关于深化教育改革、全面推进素质教育的决定》，这是面向21世纪教育改革和发展的纲领性政策。这些有关教育的政策性文件就是党中央与国务院共同制定的。

(五)党和国家领导人有关教育问题的讲话和指示

按照《中国共产党章程》规定：“党员个人代表党组织发表重要主张，如果超出党组织已有决定的范围，必须提交所在的党组织讨论决定，或向上一级党组织请示。”根据这一规定精神，党和国家领导人有关教育工作的重要主张，是在党的全国代表大会或者全国人民代表大会等全国性会议上公布的(如党中央领导在党的全国代表大会上所作的重要讲话、报告等)，或经过党或国家的有关组织批准的，或在党的机关报刊等正式出版物上公开发表的，都应当列入政策的范畴，都具有政策性作用。这一点大家的认识可能不一致，但我们认为党和国家领导人有关教育问题的讲话和指示可以看作教育政策的一种表现形式。

二、教育政策的纵横结构

教育政策的结构是指教育政策体系是由哪些具体政策构成的，以及它们之间相互组合的关系是如何确定的。对此可以从纵向和横向两个方面进行分析。

(一)教育政策的横向结构是指不同领域的教育政策，依照横向并列关系加以排列形成的组合方式和秩序

教育政策的横向结构可以分为：高等教育政策、普通教育政策、职业和成人教育政策、少数民族教育政策和残疾人教育政策等。需要注意的是，按照横向结构形成的教育政策体系，也是由相互关联的各个领域的教育政策组成的，相应的教育政策之间要相互协调，而不能相互抵牾。

(二)教育政策的纵向结构是指依照教育政策的内在逻辑关系作出的纵向排列，从不同角度出发，则会产生不同的排列方式

1. 依照空间等级系列可以划分为纲领性教育政策、基本教育政策和一般教育政策

纲领性教育政策又称教育总政策，是对我国的整个教育事业进行指导的政策，它主要在宏观上对我国整个教育事业及其在国民经济建设和社会发展中总的利益关系进行调控，是党和国家教育在特定时期的总方针、总政策。

纲领性教育政策既是党和国家重点政策在教育方面的体现和具体化，又是制定教育基本政策和一般政策的依据。我国的教育总政策主要体现在党和国家关于教育的重要报告、决议和纲要中，有的还被进一步法律化为《中华人民共和国宪法》及《教育法》条文。宪法和教育基本法的教育法律原则，也会反映到党和国家关于教育的重要报告、决定、决议和纲要中，成为教育的纲领性政策。

我国教育的纲领性政策主要包括教育的性质、教育方针、公民的受教育权、教育地位、教育基本原则、教育基本制度、教育基本内容和公民素质要求等方面。

相关链接

我国教育基本制度

《中华人民共和国教育法》第二章　教育基本制度

第十七条　国家实行学前教育、初等教育、中等教育、高等教育的学校教育制度。

国家建立科学的学制系统。学制系统内的学校和其他教育机构的设置、教育形式、修业年限、招生对象、培养目标等，由国务院或者由国务院授权教育行政部门规定。

第十八条　国家制定学前教育标准，加快普及学前教育，构建覆盖城乡，特别是农村的学前教育公共服务体系。

各级人民政府应当采取措施，为适龄儿童接受学前教育提供条件和支持。

第十九条　国家实行九年制义务教育制度。

各级人民政府采取各种措施保障适龄儿童、少年就学。

适龄儿童、少年的父母或者其他监护人以及有关社会组织和个人有义务使适龄儿童、少年接受并完成规定年限的义务教育。

第二十条　国家实行职业教育制度和继续教育制度。

各级人民政府、有关行政部门和行业组织及企业事业组织应当采取措施，发展并保障公民接受职业学校教育或者各种形式的职业培训。

国家鼓励发展多种形式的继续教育，使公民接受适当形式的政治、经济、文化、科学、技术、业务等方面的教育，促进不同类型学习成果的互认和衔接，推动全民终身学习。

第二十一条　国家实行国家教育考试制度。

国家教育考试由国务院教育行政部门确定种类，并由国家批准的实施教育考试的机构承办。

第二十二条　国家实行学业证书制度。

经国家批准设立或者认可的学校及其他教育机构按照国家有关规定，颁发学历证书或者其他学业证书。

第二十三条　国家实行学位制度。

学位授予单位依法对达到一定学术水平或者专业技术水平的人员授予相应的学位，颁发学位证书。

第二十四条　各级人民政府、基层群众性自治组织和企业事业组织应当采取各种措施，开展扫除文盲的教育工作。

按照国家规定具有接受扫除文盲教育能力的公民，应当接受扫除文盲的教育。

第二十五条　国家实行教育督导制度和学校及其他教育机构教育评估制度。

（资料来源：《中华人民共和国教育法》）

基本教育政策是对教育工作具有普遍指导意义、为解决教育改革和发展的基本问题而制定的教育政策。教育基本政策是一个国家教育政策的基本构架。根据国家教育改革和发展的需要，基本教育政策一般应包括教育质量政策、教育体制政策、教育经费政策和教师政策等。

一般教育政策是根据纲领性教育政策和基本教育政策，对教育事业和教育活动中具体的利益关系和政策问题进行处理和安排的一系列教育政策文件、规定、条例等。

2. 依照政策阶段性过程划分，可以分为长期教育政策、中期教育政策、短期教育政策和即时教育政策四类

长期的教育政策一般指在相当一段历史时期内起作用的根本政策、宏观政策或战略性政策，如科教兴国战略、人才强国战略。中短期教育政策是相对于长期政策而言，是对长期政策目标、措施作出的阶段性分解。如《教育规划纲要》，就是国家教育在十年内的发展计划。即时政策是针对个别情况、特殊问题采取的个别政策。

第二节　教育法规的体系结构

2022年10月，习近平总书记在党的二十大报告中强调，完善以宪法为核心的中国特色社会主义法律体系。目前，我国教育法规的体系结构的框架已经基本形成。它是一个遵循一定的原则建立起来的，门类齐全、结构严谨、内部和谐、体例科学、协调发展的系统。本节将对我国的教育法规的体系结构进行分析说明。

教育法规体系指教育法规作为一个专门的法律部门，按照一定的横向联系和纵向联系，将具有不同内容的教育法律规范有机地结合为一个具有内在协调关系的、和谐统一的法律规范体系。它是中国特色社会主义法律体系的一个子系统，是调整教育系统内外诸多法律关系的各种法律规范的总和。一个国家的教育立法，在很大程度上取决于是否有一个完善、有效的教育法规体系。

一、教育法规的纵向结构

法律体系的纵向结构指依据法的效力、级别和适用范围进行划分，使所有法律形成高低不同的层次，由不同层次的法律构成的体系就是法律体系的纵向结构。

教育法规的纵向结构指一个国家的所有教育法规按照效力、级别和使用范围进行划分，形成的不同层次。我国教育法规，从高到低分为以下六个层级。

(一)《中华人民共和国宪法》中的教育条款

宪法是国家的根本大法。《中华人民共和国宪法》是由我国的国家最高权力机关——全国人民代表大会制定，它具有最高的法律地位和法律效力，是制定其他法律法规的立法依据。百年大计，教育为本。教育关系着国家的发展和未来。因此，世界上绝大多数国家的宪法中都对教育作出了专门的规定，有专门针对教育的条款。在我国的宪法中，第十九条、第四十六条、第四十七条、第八十九条、第一百零七条、第一百一十九条等涉及教育的内容，这些条款对国家发展教育事业的目的，公民受教育的权利，父母在教育方面的义务，各级政府管理教育工作的权限等作了根本的规定。这些规定是我国教育立法的根本依据，是教育法规的最高层次，其他任何形式的教育法都不得同宪法的这些内容相抵触。

相关链接

《中华人民共和国宪法》中的教育条款

第十九条　国家发展社会主义的教育事业，提高全国人民的科学文化水平。

国家举办各种学校，普及初等义务教育，发展中等教育、职业教育和高等教育，并且发展学前教育。

国家发展各种教育设施，扫除文盲，对工人、农民、国家工作人员和其他劳动者进行政治、文化、科学、技术、业务的教育，鼓励自学成才。

国家鼓励集体经济组织、国家企业事业组织和其他社会力量依照法律规定举办各种教育事业。

国家推广全国通用的普通话。

第四十六条　中华人民共和国公民有受教育的权利和义务。

国家培养青年、少年、儿童在品德、智力、体质等方面全面发展。

第四十七条　中华人民共和国公民有进行科学研究、文学艺术创作和其他文化活动的自由。国家对于从事教育、科学、技术、文学、艺术和其他文化事业的公民的有益于人民的创造性工作，给以鼓励和帮助。

第八十九条　国务院行使下列职权：

（七）领导和管理教育、科学、文化、卫生、体育和计划生育工作；

第一百零七条　县级以上地方各级人民政府依照法律规定的权限，管理本行政区域内的经济、教育、科学、文化、卫生、体育事业、城乡建设事业和财政、民政、公安、民族事务、司法行政、计划生育等行政工作，发布决定和命令，任免、培训、考核和奖惩行政工作人员。

乡、民族乡、镇的人民政府执行本级人民代表大会的决议和上级国家行政机关的决定和命令，管理本行政区域内的行政工作。

省、直辖市的人民政府决定乡、民族乡、镇的建置和区域划分。

第一百一十九条　民族自治地方的自治机关自主地管理本地方的教育、科学、文化、卫生、体育事业，保护和整理民族的文化遗产，发展和繁荣民族文化。

（资料来源：《中华人民共和国宪法》）

（二）教育基本法

我国的教育基本法律是1995年第八届全国人民代表大会第三次会议通过的《教育法》，它是与宪法相配套，对整个教育全局起宏观调控作用的法律，被称为“教育宪法”或“教育母法”。《教育法》是我国教育改革与发展的根本大法，是由全国人民代表大会制定并通过。在这部法律中对我国教育的基本方针、任务、制度都作了总体规定。

（三）教育的单行法律

教育的单行法律是指针对教育的某一领域或某一方面教育工作而作出的法律规定，由全国人民代表大会或全国人大常委会制定并通过。我国由全国人大通过的教育法律有《义务教育法》，它是我国小学教育法规体系的核心内容；由人大常委会通过的教育法律有《中华人民共和国国家通用语言文字法》《中华人民共和国学位条例》《中华人民共和国教师法》《中华人民共和国职业教育法》《中华人民共和国高等教育法》《中华人民共和国民办教育促进法》，与教育有关的其他法律，如《中华人民共和国未成年人保护法》

《中华人民共和国家庭教育促进法》等。

此外，经全国人大常委会审议、批准，我国同其他国家、国际组织签订的有关教育的国际条约，或某些国际条约中有关教育的条款，与现行教育法规中的教育单行法律具有同等的效力。

相关链接

我国其他法律中有关教育的条款

《中华人民共和国民法典》中有关教育的条款：

第一千零五十七条 夫妻双方都有参加生产、工作、学习和社会活动的自由，一方不得对另一方加以限制或者干涉。

第一千零五十八条 夫妻双方平等享有对未成年子女抚养、教育和保护的权利，共同承担对未成年子女抚养、教育和保护的义务。

第一千零六十八条 父母有教育、保护未成年子女的权利和义务。未成年子女造成他人损害的，父母应当依法承担民事责任。

第一千零七十二条 继父母与继子女间，不得虐待或者歧视。

继父或者继母和受其抚养教育的继子女间的权利义务关系，适用本法关于父母子女关系的规定。

第一千零八十四条 父母与子女间的关系，不因父母离婚而消除。离婚后，子女无论由父或者母直接抚养，仍是父母双方的子女。

离婚后，父母对于子女仍有抚养、教育、保护的权利和义务。

《中华人民共和国兵役法》中的有关教育的条款：

第三十八条 根据军队建设的需要，军队院校可以从青年学生中招收学员。招收学员的年龄，不受征集服现役年龄的限制。

第三十九条 学员完成学业达到军队培养目标的，由院校发给毕业证书；按照规定任命为现役军官或者军士。

第四十条 学员未达到军队培养目标或者不符合军队培养要求的，由院校按照国家和军队有关规定发给相应证书，并采取多种方式分流；其中，回入学前户口所在地的学员，就读期间其父母已办理户口迁移手续的，可以回父母现户口所在地，由县、自治县、不设区的市、市辖区的人民政府按照国家有关规定接收安置。

第四十一条 学员被开除学籍的，回入学前户口所在地；就读期间其父母已办理户口迁移手续的，可以回父母现户口所在地，由县、自治县、不设区的市、市辖区的人民政府按照国家有关规定办理。

第四十二条 军队院校从现役士兵中招收的学员，适用本法第三十九条、第四十条、第四十一条的规定。

此外在《中华人民共和国残疾人保障法》《中华人民共和国民族区域自治法》中也有一些有关教育条款。

(四)教育行政法规

教育行政法规是由国家最高行政机关(即国务院)依据宪法和教育法律制定的关于教育行政管理的规范性文件，其效力与地位都比教育法律低。它是在全国范围内具体实施教育法律的重要法律依据。具体来说，教育行政法规是国务院实施教育基本法和部门法而制定和批准的条例、规定、办法等行政性法规。“办法”“细则”是对某一项教育行政工作作出比较具体的规定，如《中华人民共和国义务教育法实施细则》(1992 年 2 月 29 日国务院批准 1992 年 3 月 14 日国家教育委员会令第 19 号发布)；“规定”是对某一项行政事务做部分规定，如《禁止使用童工规定》；“条例”是对某一方面教育行政工作做较为全面、系统规定。如《残疾人教育条例》(1994 年 8 月 23 日国务院发布)、《学校体育工作条例》(1990 年 2 月 20 日经国务院批准，国家教育委员会令第 8 号发布，根据 2017 年 3 月 1 日《国务院关于修改和废止部分行政法规的决定》修订)、《学校卫生工作条例》(1990 年 6 月 6 日经国务院批准，国家教育委员会令第 10 号发布)、《教师资格条例》(1995 年 12 月 12 日国务院发布)、《校车安全管理条例》(2012 年 3 月 28 日国务院第 197 次常务会议通过 2012 年 4 月 5 日中华人民共和国国务院令第 617 号公布自公布之日起施行)、《未成年人网络保护条例》(2023 年 9 月 20 日国务院第 15 次常务会议通过，自 2024 年 1 月 1 日起施行)等。

(五)地方性教育法规

地方性法规是指省、自治区、直辖市的人大或人大常委会，依据宪法和法律，结合本地实际制定的地方性法律文件。地方性法规须报全国人大常委会备案，一般称作条例、规定、实施办法、补充规定等。地方性教育法规是指省、自治区、直辖市的人大或人大常委会，依照宪法第一百条、《地方各级人民代表大会和地方各级人民政府组织法》第七条规定，可在不与宪法、法律和行政法规相抵牾的前提下，根据本地情况和实际需要制定和颁布的地方性教育规范文件。地方性教育法规只在本行政区域内有效。目前我国各省(自治区、直辖市)都制定了一定数量的地方性教育法规，随着教育管理权限的不断下放，这类教育法规会越来越多。比如，结合河北省教育实际，制定的《河北省实施〈中华人民共和国义务教育法〉办法(2009 年修正本)》《河北省终身教育促进条例》《河北省民办教育条例》《河北省学校安全条例》；结合上海市实际制定的《上海市实施〈中华人民共和国教师法〉的若干规定》等。

(六)教育行政规章，包括部门教育规章和地方性教育规章

部门教育规章是指国务院所属各部门根据法律和行政法规，在本部门权限范围内单独或与其他部、委联合发布的有关教育工作的命令、指示、实施细则等规范性文件。其效力虽低于国务院制定的行政法规，但在全国有效。部门教育规章通常以教育部令的形式签发，或由教育部会同国务院其他部门联名发布。部门教育规章是执行教育法律、行政法规的具体办法，具有一定的强制性。教育规章的调整范围极其广泛，数量也很大，在管理教育中发挥了十分重要的作用。截至 2020 年 12 月 31 日，教育部现行有效规章一共 47 项。2021 年 5 月 25 日教育部第 1 次部务会议审议通过《未成年人学校保护规定》，自 2021 年 9 月 1 日起施行。此部门教育规章对落实

学校保护职责，保障未成年人合法权益，促进未成年人德智体美劳全面发展、健康成长发挥重要作用。

地方性教育规章是政府教育规章，是指省（自治区、直辖市）的人民政府及省、自治区、直辖市所在地的市和国务院批准的较大的市人民政府制定的教育规章。地方政府规章只在本行政区域内具有法律效力。

但是，由于在我国的宪法和组织法中没有对地方性教育法规、部门教育规章、地方政府教育规章三者之间的关系作出明确规定。因此，在教育法规实施过程中，如果出现地方性教育法规 、部门教育规章、地方政府教育规章对同一事项规定不一致的状况，则按照法制统一的原则进行如下处理。地方性教育法规与部门教育规章对同一事项的规定不一致，需要改变或撤销地方性法规的，由全国人大常委会依法裁定；需要撤销部门规章的，由国务院依法决定。地方性教育法规与地方政府教育规章的关系，依据宪法中关于地方人民政府是同级人民代表大会执行机关的精神，从法理上说是从属关系，即省级政府的教育规章应与同级人大或人大常委会制定的教育法规相一致，不得相抵牾。

案例 2-1 上海“孟母堂”事件①

“孟母堂”是一家成立于 2005 年的全日制私塾学校，是由家长们自愿组成的现代家庭教育模式，并由家长代表延请教师授课。2006 年 7 月 17 日上海市松江区教育局下发告知单（沪松教[2006]94 号），告知单指出：孟母堂属非法教育机构，从事的是非法教育活动，应立即停止非法行为。上海市教委发言人又于 2006 年 7 月 24 日对此发表谈话，列举出孟母堂的所谓“错误”：1. 违反办学许可的有关规定；2. 违反《义务教育法》第二条、第四条和第三十五条的有关规定；3. 违反有关教育收费的规定。而孟母堂负责人则声称，孟母堂并没有违反《义务教育法》第二条、第四条和第三十五条的有关规定，教育部门的告知书和公开发言无法律依据，并准备以行政诉讼和民事诉讼分别起诉上海市松江区教育局和上海市教委，通过法律手段维护其合法权利。学生家长认为，孟母堂不属于教育机构，而只是家庭自主学习。孟母堂的所有开支属于家庭开支，不需要物价部门审核。“孟母堂”事件经过媒体报道后，争议纷纷扬扬，上海本地的媒体、中央电视台《今日说法》栏目、《南方周末》及各大有影响力的门户网站都有了对这一事件的评论，大概也就分了两派，一派支持上海有关教育行政部门的意见，认为“孟母堂”办学确实有违现行的义务教育法，义务教育具有强制性、公益性、统一性的特征，而另一派则认为这是教育多元化的体现，公民应该具有在家受教育的权利。

【评析】我们认为，更深层次争论核心在于对宪法第四十六条第一款的理解上。宪法第四十六条第一款规定：“中华人民共和国公民有受教育的权利和义务。”究竟家长对子女受教育权的选择是否可以绕开国家举办的教育机构而自行完成成为教育法

---

① 徐建平，茅锐，江雪梅．教育政策与法规[M]．重庆：重庆大学出版社，2013：52—53.

研究领域的前沿问题。当前在家上学、留学低龄化现象逐渐盛行，公民的受教育权如何依法实现需要进行更多的法律解读。

二、教育法规的横向结构

法律体系的横向结构指按照所调整的社会关系的性质、范围或社会关系的构成要素(主体、客体和内容)的不同，划分出若干处于同一层次的部门法，形成法律调整的横向覆盖范围。但是，由于对构成教育关系要素的认识不同，人们对教育法规的横向结构的表现形式作出了不同的划分。

划分教育法规的横向结构是一个较为复杂的问题，划分的关键在于充分兼顾相互关系的协调，并能够涵盖教育主体关系的主要部类和方面。一般教育法规的横向结构中部门法之间存在两种关系：一是并列关系，二是交叉关系。交叉关系主要由于有时一种教育法规的内容作用于几个领域，也导致教育法规横向结构的分类的交叉重复现象。

在各国的教育法规体系中，主要的教育法律有：教育基本法、义务教育法、教育行政组织法、教师法、教育经费法、职业技术教育法、高等教育法、师范教育法、社会教育法、特殊教育法、成人教育法等各种基本法和部门法。

目前，有的学者将我国教育法规按横向结构的表现形式分为以下几大类。

(1)教育基本法。教育基本法是我国教育法体系的第一个层次。《教育法》是我国教育的基本法，是制定其他教育法律法规的依据。

(2)基础教育法。基础教育法是对基础教育中的法律关系进行调整的教育法。包括学前教育、初等教育、中等教育、义务教育及未成年人教育等方面的教育法。

(3)职业教育法。职业教育法指调整各种职业教育涉及的法律关系的教育法。

(4)高等教育法。高等教育法指对高等教育中的法律关系进行调整的教育法。

(5)终身教育法或社会教育法。

(6)学位法。

(7)教师法。教师法指调整教育教学活动中教师的权利、义务关系的教育法。

(8)教育投入法或教育财政法。教育投入法或教育财政法指调整教育经费的投入、分配和使用关系的教育法。

其中，我国目前还没有对学前教育法、社会教育法、教育投入法三类进行全国统一的教育立法。2022 年 3 月 8 日提请十三届全国人大五次会议审议的全国人大常委会工作报告显示，2022 年预安排审议 40 件法律案中包括《学前教育法》，这意味着学前教育领域的法律空白将被填补。

本书则认为我国教育法规按横向结构的表现形式可以分为以下几大类①：

(1)教育基本法。

(2)规范教育行政管理权限和运作方式的教育行政组织法。

---

① 张乐天．教育政策法规的理论与实践(第三版)[M]．上海：华东师范大学出版社，2015：36.

(3)规范学校举办者行为的学校教育法；学校教育法可以具体分为：基础教育法、职业教育法、高等教育法、成人教育法或称社会教育法、特殊教育法等。

(4)规范教师职工、学生行为的教职学员法。

(5)规范实施教育的经费保障的教育经费投入法。

(6)规范学校设备必需额度及其标准的教育设备法。

总之，在我国，构建完整的教育法规体系结构是一个系统工程，需要较长的时间，它会随着我国教育事业的不断发展，随着对教育立法力度的不断加强，得到不断的发展和完善。这对中国特色社会主义法律体系的完善和发展，对引导、规范、促进和保障我国教育改革的深入进行和教育事业的发展，都将发挥重要的作用。

三、我国的主要教育法规

改革开放以来，随着我国教育事业的快速发展，教育立法的步伐日益加快，我国教育法规作为一个独立的法律部门体系，其结构框架已经基本形成。以下介绍几部我国主要的教育法规。

(一)《教育法》

《中华人民共和国教育法》作为我国教育领域的"母法"，由第八届全国人大第三次会议通过，自 1995 年 9 月 1 日起施行。这是一部在我国教育法制进程中具有里程碑意义的教育法律，它改变了我国依据政策文件管理教育的局面，标志着我国进入了依法治教的新阶段。而且随着我国教育事业的不断发展，教育法也得到了不断的完善，先后进行了三次修正。根据 2009 年 8 月 27 日第十一届全国人民代表大会常务委员会第十次会议《关于修改部分法律的决定》第一次修正、根据 2015 年 12 月 27 日第十二届全国人民代表大会常务委员会第十八次会议《关于修改〈中华人民共和国教育法〉的决定》第二次修正。根据 2021 年 4 月 29 日第十三届全国人民代表大会常务委员会第二十八次会议《关于修改〈中华人民共和国教育法〉的决定》第三次修正。

1.《教育法》的立法目的

《教育法》第一条规定："为了发展教育事业，提高全民族的素质，促进社会主义物质文明和精神文明建设，根据宪法，制定本法。"这条规定明确地指出了教育法的立法目的，为我国教育事业的发展指明了方向。

2.《教育法》的立法原则

(1)坚持社会主义方向。《教育法》第三条规定："国家坚持中国共产党的领导，坚持以马克思列宁主义、毛泽东思想、邓小平理论、"三个代表"重要思想、科学发展观、习近平新时代中国特色社会主义思想为指导，遵循宪法确定的基本原则，发展社会主义的教育事业。"这一规定既指明了我国教育的指导思想、基本原则和性质，又指明了我国教育应当坚持的社会主义方向。此外，在《教育法》第七条中规定："教育应当继承和弘扬中华优秀传统文化、革命文化、社会主义先进文化，吸收人类文明发展的一切优秀成果。”这一规定体现了我国教育法在坚持教育的社会主义方向原则的同时，还高度重视中华民族优秀的历史文化传统和人类文明发展的一切优秀成果。

（2）教育的公共性原则。在《教育法》第八条第一款中规定：“教育活动必须符合国家和社会公共利益。”这一规定确立了我国教育的公共性原则。教育事业是国家、民族乃至全世界的共同事业。从教育的功能来看，教育不仅对个人的身心健康发展有利，而且对社会的政治、经济、文化、人口素质等方面的发展发挥着积极的促进作用。因此，教育事业的发展不仅是个体发展的需要，也是全社会、全人类发展的共同需要。坚持国家和社会公共利益的原则体现在《教育法》的具体规定中。如《教育法》第二十六条第四款规定：“以财政性经费、捐赠资产举办或者参与举办的学校及其他教育机构不得设立为营利性组织。”这说明，教育法要求任何组织和个人在中国境内举办学校及其他教育机构，都应以促进学生的身心发展和教育事业的发展为主要目的，坚持教育要符合社会的公共利益。《教育法》第八条规定：“教育活动必须符合国家和社会公共利益。国家实行教育与宗教相分离。任何组织和个人不得利用宗教进行妨碍国家教育制度的活动。”这一规定要求教育要对国家、人民和社会公共利益负责，保证教育制度的正常运转。《教育法》第十二条规定：“国家通用语言文字为学校及其他教育机构的基本教育教学语言文字，学校及其他教育机构应当使用国家通用语言文字进行教育教学。”“民族自治地方以少数民族学生为主的学校及其他教育机构，从实际出发，使用国家通用语言文字和本民族或者当地民族通用的语言文字实施双语教育。”“国家采取措施，为少数民族学生为主的学校及其他教育机构实施双语教育提供条件和支持。”将国家通用语言文字规定为我国学校及其他教育机构的基本教学语言文字，能够满足我国大多数人和地区的教学需要，也有利于教育的普及和教育事业的发展。同时，允许少数民族学生为主的学校及其他教育机构，使用国家通用语言文字和本民族或者当地民族通用的语言文字实施双语教育，并且国家采取措施，为其实施双语教育提供条件和支持。这是对少数民族的尊重，给予其发展自己语言文字的自由。对教学语言文字的法律规定也体现了教育的公共性原则。

（3）教育的平等性原则。《教育法》第九条规定：“中华人民共和国公民有受教育的权利和义务。”“公民不分民族、种族、性别、职业、财产状况、宗教信仰等，依法享有平等的受教育机会。”这一规定确定了公民受教育机会平等的基本原则。在我国民族地区和边远地区，由于经济发展较为落后，其教育水平也相对较低，为体现教育的公平性，《教育法》则作出了国家对这些地区及人群给予特殊的帮助和扶持的规定。《教育法》第十条规定：“国家根据各少数民族的特点和需要，帮助各少数民族地区发展教育事业”；“国家扶持边远贫困地区发展教育事业”；“国家扶持和发展残疾人教育事业”。《教育法》第十一条第二款规定“国家采取措施促进教育公平，推动教育均衡发展”。通过这些法律的规定保障教育的平等性原则的具体实施。

(4)教育的终身性原则。随着现代生产科技的迅猛发展，以及知识的爆炸性增长，对人类提出了终身教育的要求。这就使得人们不可能只通过一段时间的学习，就获得所有知识，因此，每个人都必须通过不断学习补充、更新知识，促进自我的完善和发展。

3.《教育法》的主要内容

《教育法》共10章，86条。包括总则、内容和附则三个组成部分。这部法律内容广泛、丰富，对我国教育的有关重大事项都作了具体规定。包括我国教育的性质和方针、教育基本制度、学校及其他教育机构、教师和其他教育工作者、受教育者、教育与社会、教育投入与条件保障、教育对外交流与合作、法律责任等。

在总则中，《教育法》对我国教育的性质、方针和教育活动原则作了法律规定。第三条确立了我国教育的社会主义性质，第五条规定了我国的教育方针，为了全面贯彻教育方针，《教育法》规定了教育活动应当遵循的基本原则。

在总则中，《教育法》对我国教育管理体制作出了明确的法律规定："国务院和地方各级人民政府根据分级管理、分工负责的原则，领导和管理教育工作。"第十四条、第十五条、第十六条对教育工作的分级管理、分工负责体制进行了具体划分。

《教育法》第二章对我国教育的基本制度作了法律规定。从第十七条到第二十五条分别规定了学校教育制度、学前教育、义务教育制度、职业教育和继续教育制度，国家教育考试制度、学业证书制度和学位制度、扫除文盲制度及教育督导制度和评估制度。

《教育法》第二十六条规定了学校集体教育机构的设置条件。

此外，《教育法》还规定了教育关系主体的权利和义务、教育的社会责任、教育的投入渠道和保障机制、教育对外交流与合作的基本原则和主要方式及违反教育法规应承担的法律责任。

(二)《义务教育法》

《义务教育法》是国家实行九年义务教育制度的根本大法。义务教育是国家统一实施的所有适龄儿童、少年必须接受的教育，是国家必须予以保障的公益性事业。义务教育阶段，不向学生收取学费和杂费。国家建立义务教育经费保障机制，保证义务教育制度实施。

《义务教育法》1986年4月12日由第六届全国人民代表大会第四次会议通过，1986年7月1日起施行。新《义务教育法》由第十届全国人民代表大会常务委员会第二十二次会议于2006年6月29日修订通过，自2006年9月1日起施行。1986年《义务教育法》的起草，是根据《决定》提出来的。由于时间仓促，再加上立法经验不足，只有原则性的18条法律条文。新的《义务教育法》从原来的18条增加到63条，体现了我国在教育立法水平、立法技术和立法质量等方面有了质的飞跃。它总结了我国《义务教育法》实施20年来的经验教训，是我国教育事业发展的一个新的里程碑。根据2015年4月24日第十二届全国人民代表大会常务委员会第十四次会议《关于修改〈中华人民共和国义务教育法〉等五部法律的决定》第一次修正。根据2018年12月29日第十三届全国人民代表大会常务委员会第七次会议《关于修改〈中华人民共和国产品质量法〉等五部法律的决定》第二次修正。

1.《义务教育法》的立法目的和重要地位

(1)《义务教育法》的立法目的。《义务教育法》第一条中明确规定了该法的立法目的是："为了保障适龄儿童、少年接受义务教育的权利，保证义务教育的实施，提高全民族素质，根据宪法和教育法，制定本法。"这一规定包含三层含义。一是将义务教育作为适龄儿童、少年的一项重要的权利，体现了立法"以人为本"、重视权利保护的精神。二是保证义务教育制度的实施。义务教育与基础教育有着十分紧密的联系，但在年限、强制性等方面都有不同，保证义务教育制度的实施这一表述更准确。三是关于提高全民族素质的提法是对《教育法》立法宗旨的延续。

(2)义务教育法的重要地位。《义务教育法》是教育法律之一，是关于教育的单行法，也是我国历史上第一部关于基础教育的法律。它的颁布意味着我国将开始实施九年制义务教育，使我国普及义务教育事业开始走上依法治教的轨道。义务教育制度的确立，对于落实教育优先发展的战略地位和义务教育"重中之重"的地位，提高全民族的素质具有十分重要的现实意义和深远的历史意义。

2.《义务教育法》的基本内容

新《义务教育法》共8章，63条，包括第一章总则、第二章学生、第三章学校、第四章教师、第五章教育教学、第六章经费保障、第七章法律责任、第八章附则。把握本法的基本内容要注意以下几点。

(1)教育的义务性。《义务教育法》第二条规定："义务教育是国家统一实施的所有适龄儿童、少年必须接受的教育，是国家必须予以保障的公益性事业。实施义务教育，不收学费、杂费。国家建立义务教育经费保障机制，保证义务教育制度实施。"这一规定对我国的义务教育制度进行了全面规定，体现了教育的义务性。新的《义务教育法》回归了义务教育免费的本质。普及教育、强制教育和免费教育是义务教育的本质特征，免费的步骤可以根据国情来分步实施，但必须坚持免费的特点。公益性是整个教育事业的特征，义务教育要更彻底一些。义务教育不仅是普及的、强制的，更应该是免费的。

(2)义务教育的任务。《义务教育法》第三条规定："义务教育必须贯彻国家的教育方针，实施素质教育，提高教育质量，使适龄儿童、少年在品德、智力、体质等方面全面发展，为培养有理想、有道德、有文化、有纪律的社会主义建设者和接班人奠定基础。"这一规定明确了提高教育质量是我国义务教育的一项基本任务。我国的义务教育不仅是坚持教育年限的义务教育，而且也是注重教育质量的义务教育。

(3)坚持均衡发展的原则。《义务教育法》第六条规定："国务院和县级以上地方人民政府应当合理配置教育资源，促进义务教育均衡发展，改善薄弱学校的办学条件，并采取措施，保障农村地区、民族地区实施义务教育，保障家庭经济困难的和残疾的适龄儿童、少年接受义务教育。”“国家组织和鼓励经济发达地区支援经济欠发达地区实施义务教育。”这些规定体现了义务教育发展的方向和原则，即教育要坚持均衡发展这个根本的方向。由于我国各地区在经济发展、文化水平方面存在着差异，致使我国的义务教育在地区之间、城乡之间乃至学校之间出现了较大的差距。而且随着我国经济的进一步发展，还出现了差距越拉越大的趋势。新《义务教育法》将义务教育的均衡发展纳入了法制的轨道，将均衡教育思想作为新《义务教育法》的根本指导思想，对缩小教育间的差距，实现教育的均衡发展将会发挥重要作用。我国的义务教育从过去的各自发展走上均衡发展的道路是新《义务教育法》里程碑意义最重要和最突出的体现。

(4)义务教育的主体。义务教育的主体指由《义务教育法》规定的，在实施义务教育过程中享有一定权利(职权)和承担一定义务(职责)的人或组织，通常包括国家、社会、学校、家庭和适龄的儿童、少年等。

(5)义务教育的管理体制。新《义务教育法》进一步完善了义务教育的管理体制，强化了省级的统筹实施。新《义务教育法》的一大亮点就是在“以县为主”管理体制的基础上，进一步加大了省级政府的统筹和责任，实现了从“人民教育人民办”到“义务教育政府办”的转变。比如发展教育需要巨大的资金投入，因此，教育事业的发展必须加大省级的责任。省级统筹在对教育的均衡发展、加大对农村教育经费保障的力度、加强对贫困地区的支持方面都非常重要。

(6)义务教育经费保障。经费保障是发展义务教育的基础。《义务教育法》第六章“经费保障”，规定了义务教育经费保障的各项措施；提出了义务教育经费保障明确的目标、明确了投入体制和来源、对义务教育经费的使用和管理也作了进一步的规范；规定了通过一些渠道，建立起比较完善的义务教育经费保障机制。如明确了义务教育经费的“三个增长”；建立农村义务教育经费的分担机制，分项目、按比例分担；义务教育经费预算单列；规范义务教育的专项转移支付；设立义务教育的专项资金等。

(7)法律责任。法律责任是指由于实施的行为违反了法律规定而引起的必须承担具有强制性的法律上的义务(责任)。法律责任根据违法的性质和危害程度不同，可以分为刑事责任、民事责任和行政责任。《义务教育法》第七章“法律责任”，对违反《义务教育法》的行为必须承担的责任进行了规定，主要是行政责任和刑事责任。新《义务教育法》中有 10 条关于义务教育法律责任的规定，它全面规定了而且规范了 22 种违反《义务教育法》的违法行为及应该承担的法律责任，增强了《义务教育法》的执法性、操作性。

(三)高等教育法

《中华人民共和国高等教育法》(以下简称《高等教育法》)由第九届全国人民代表

大会常务委员会第四次会议于1998年8月29日通过，自1999年1月1日起施行，并根据第十二届全国人民代表大会常务委员会第十八次会议《关于修改〈中华人民共和国高等教育法〉的决定》进行了修正，2016年6月1日起施行。根据第十三届全国人民代表大会常务委员会第七次会议《关于修改〈中华人民共和国电力法〉等四部法律的决定》第二次修正。

1.《高等教育法》的立法目的

《高等教育法》第一条明确规定："为了发展高等教育事业，实施科教兴国战略，促进社会主义物质文明和精神文明建设，根据宪法和教育法，制定本法。"此规定包含了三方面的意思。

(1)发展高等教育事业。"本法所称高等教育，是指在完成高级中等教育基础上实施的教育。"习近平曾说："实现中华民族伟大复兴，人才越多越好，本事越大越好。知识就是力量，人才就是未来。"中华人民共和国成立以来，中国高等教育走过了从小到大、从弱到强的极不平凡历程。特别是党的十八大以来，中国高等教育创造了举世瞩目的发展成就。如今，随着中国开启全面建设社会主义现代化国家新征程，高等教育在国家发展中扮演的角色越来越重要。发展高等教育事业是《高等教育法》的立法目的之一。通过制定《高等教育法》，使我国高等教育领域的基本制度得以确立，使高等教育领域内各行为主体之间的法律关系得到进一步的规范，实现促进高等教育事业有序发展的目的。

(2)实施科教兴国战略。实施科教兴国战略，要求对我国的科教体系进行全面改革，建立或改革国家知识创新体系、知识传播体系和知识运用体系。高等教育是国家创新体系的重要组成部分，为使高等教育的发展适应实施"科教兴国"战略的要求，必须制定《高等教育法》。

知识链接

科教兴国战略是指在科学技术是第一生产力思想的指导下，坚持教育为本，把科技和教育摆在经济、社会发展的重要位置，增强国家的科技实力和科学技术向现实生产力转化的能力，提高科技对经济的贡献率，提高全民族的科技文化素质，把经济建设转移到依靠科技进步和提高劳动者素质的轨道上来，加速实现国家的繁荣昌盛。

(3)促进社会主义物质文明建设和精神文明建设。高等教育的实施对社会生产力的发展发挥着巨大的促进作用，同时在舆论宣传、思想传播、人才培养等方面对社会主义精神文明建设的作用也是巨大的。因此，为了更好地促进社会主义精神文明建设和物质文明建设，制定《高等教育法》。

2.《高等教育法》的适用范围

《高等教育法》第二条明确规定："在中华人民共和国境内从事高等教育活动，适用本法。”根据这一规定，《高等教育法》的适用对象包括一切在中华人民共和国境内从事高等教育活动的个人和组织。其中，个人也包括符合我国规定的条件并办理有关手续，进入中国境内高等学校学习、研究，进行学术交流或者任教的外国人。组织包括高等学校和经批准承担研究生教育任务的科学研究机构和其他高等教育机构。

3.《高等教育法》的基本内容

《高等教育法》共 8 章，69 条，在这部法律中对高等教育的活动原则、高等教育基本制度、高等学校设立、高等学校的权利和义务、高等学校的内部管理体制、高等学校的教师和学生等方面均作出了具体的规定。

（1）高等教育活动的原则。高等教育活动的原则是在高等教育实践的基础上概括出来的，是高等教育活动中必须遵循的基本要求和行为准则。它主要有社会主义方向性原则、教育机会均等原则、社会参与原则、高等学校依法自主办学原则、高等学校依法民主管理原则、学术自由原则、民族性与国家性相结合的原则。

（2）高等教育的任务。《高等教育法》第五条明确规定：“高等教育的任务是培养具有社会责任感、创新精神和实践能力的高级专门人才，发展科学技术文化，促进社会主义现代化建设。”把培养高级专门人才的社会责任感增加为高等教育的任务，凸显作为未来中国特色社会主义建设者身负的社会责任。

（3）高等教育的基本制度。高等教育的基本制度指的是高等学校教育系统，它规定高等教育的教育形式、学业标准、入学条件、修业年限及它们之间的衔接和关系。《高等教育法》第十五条规定：“高等教育包括学历教育和非学历教育。高等教育采用全日制和非全日制教育形式。”《高等教育法》第十六条规定了高等学历教育分的学业标准：专科教育应当使学生掌握本专业必备的基础理论、专门知识，具有从事本专业实际工作的基本技能和初步能力；本科教育应当使学生比较系统地掌握本学科、专业必需的基础理论、基本知识，掌握本专业必要的基本技能、方法和相关知识，具有从事本专业实际工作和研究工作的初步能力；硕士研究生教育应当使学生掌握本学科坚实的基础理论、系统的专业知识，掌握相应的技能、方法和相关知识，具有从事本专业实际工作和科学研究工作的能力。博士研究生教育应当使学生掌握本学科坚实宽广的基础理论、系统深入的专业知识、相应的技能和方法，具有独立从事本学科创造性科学研究工作和实际工作的能力。《高等教育法》第十七条和第十九条对学历教育的修业年限和入学条件作出了明确的规定。高级中等教育毕业或者具有同等学力的，经考试合格，由实施相应学历教育的高等学校录取，取得专科生或者本科生入学资格。专科教育的基本修业年限为二至三年，本科教育的基本修业年限为四至五年；本科毕业或者具有同等学力的，经考试合格，由实施相应学历教育的高等学校或者经批准承担研究生教育任务的科学研究机构录取，取得硕士研究生入学资格。硕士研究生教育的基本修业年限为二至三年；硕士研究生毕业或者具有同等学力，经考试合格，由实施相应学历教育的高等学校或者经批准承担研究生教育任务的科学研究机构录取，取得博士研究生入学资格。博士研究生教育的基本修业年限为三至四年。非全日制高等学历教育的修业年限应当适当延长。高等学校根据实际需要，报主管的教育行政部门批准，可以对本学校的修业年限作出调整。

此外，《高等教育法》第三章对设立高等学校的基本要求、基本条件、基本材料、基本程序都作出了规定。第四章就高等学校作为面向社会自主办学的法人实体，对其享有的权利和履行的义务进行了规定；对学校内部的领导分工、机构设置、管理权限以及相互关系进行了规定。第五章、第六章对高等教育的主体教师和学生的权利和义务进行了规定；第七章对高等教育的投入和条件保障进行了规定。

本章小结

1. 教育政策的体系结构指政党、国家和社会团体制定的有关教育政策的存在及其表现形式。本章从教育政策的表现形式和教育政策的纵横结构两个方面对教育政策的体系结构进行了分析。

2. 教育法规体系指教育法规作为一个专门的法律部门，按照一定的横向联系和纵向联系，将具有不同内容的教育法律规范有机地结合为一个具有内在协调关系的、和谐统一的法律规范体系。我国的教育法规体系，按适用范围和效力的大小划分，可以分为宪法中的教育条款、教育法、教育单行法律、教育行政法规、地方性教育法规、教育行政规章等。

3. 本章对我国的几部重要教育法规《教育法》《义务教育法》《高等教育法》进行了介绍。

关键术语

教育政策的表现形式　教育政策体系的结构　教育法规体系的结构

思考题

1. 教育政策的表现形式有哪些？
2. 教育法规的纵向结构可以分为哪几个层级？
3.《教育法》对我国教育基本制度作了怎样的法律规定？
4. 谈谈你对促进基础教育均衡发展的认识和思考。
5. 简述《高等教育法》的立法宗旨。

案例研究/实训练习

研读《教育法》《义务教育法》《高等教育法》三部法律规范，了解它们的立法目的和主要内容。记住与自己密切相关的法律条文。

拓展阅读

1. 张乐天．教育政策法规的理论与实践(第三版)[M]. 上海：华东师范大学出版社，2015.

本书系教师教育的教材用书，理论篇系统、简明地介绍和阐释教育政策法规的基础知识和基本理论，反映了教育政策法规理论研究的新进展和新成就；实践篇系统、简明地考察了中华人民共和国成立以来教育政策法规建设的历程，分析了教育政策法规建设的进展和成就，同时也反思了教育政策法规建设的问题。

2. 杨颖秀．教育法学[M]. 北京：中央广播电视大学出版社，2006.

从教育法的基本原理、教育法律关系主体的权利与义务、教育法律责任等不同层面探讨了教育法学的理论与现实问题。明晰教育法学的体系在于追求教育法学的科学性，教育法的体系划分能够为读者的学习提供清楚的思路。

3. 劳凯声．教育法学[M]. 沈阳：辽宁大学出版社，2000.

本书比较系统地介绍了教育法的一般原理，其中第二章“教育法的结构”一节全面系统地介绍了教育法的横向、纵向及文本结构，“教育法的法源”一节则总体上概括了我国教育法的法源。

第三章　教育政策、法规的制定和执行

学习目标 ▶

1. 了解我国教育政策、法规制定与执行的基本程序。
2. 掌握教育政策执行的特征与教育执法的原则等。
3. 懂得在教育领域中政策与法律的重要性。

案例 3-1 广东河源惩处高考作弊师生 7 名涉案人员受处分①

组织考试作弊罪——组织他人参与多项考试作弊[河南省永城市人民法院][(2021)豫 1481 刑初 1049 号]2020 年 7 月至 8 月，被告人丁某在某市组织的 2020 年教师招聘考试、某省年三支一扶考试、某省年特岗教师招聘考试、某市组织的河南省年特岗教师招聘考试中先后向多人发放考试作弊器，由他人通过发射器向考生宣读答案。

本院认为，被告人丁某伙同他人在法律规定的国家考试中多次组织作弊，情节严重，其行为已构成组织考试作弊罪。根据被告人丁某犯罪的事实、犯罪的性质、情节和对社会的危害程度及认罪态度，依据《中华人民共和国刑法》第二百八十四条之一第一款、第二十五条第一款、第六十八条、第六十七条第三款、第五十二条、第五十三条，《中华人民共和国刑事诉讼法》第十五条之规定，判决如下：

被告人丁某犯组织考试作弊罪，判处有期徒刑一年十个月，并处罚金人民币一万元。

【评析】这是一起严重违反《教育法》的案件。此案件中，涉案人员的行为已严重违反了《教育法》。任何组织或者个人在国家教育考试中有下列行为之一，有违法所得的，由公安机关没收违法所得，并处违法所得一倍以上五倍以下罚款；情节严重的，处五日以上十五日以下拘留；构成犯罪的，依法追究刑事责任；属于国家机关工作人员的，还应当依法给予处分：(一)组织作弊的；(二)通过提供考试作弊器材等方式为作弊提供帮助或者便利的；(三)代替他人参加考试的；(四)在考试结束前泄露、传播考试试题或者答案的；(五)其他扰乱考试秩序的行为。高考是重要的国家教育考试，涉案人员违反国家法律，应当依法处理。2015 年 10 月 30 日，最高人民法院、最高人民检察院在联合发布的《关于执行〈中华人民共和国刑法〉确定罪名的补充规定(六)》中，新增了 20 个罪名，其中包括：组织考试作弊罪，非法出售、提供试题、答案罪、代替考试罪。国家刑法将严厉打击考试舞弊行为。

案例 3-2 国家奖学金是否应该被二次分配②

“为了倡导一种团结友爱、互帮互助的精神”，某师范学院日前“建议”对该校 35 名国家奖学金获得者的奖学金进行“二次分配”，以资助更多的未获奖的贫困生。为达目的，该学院、系领导“亲自”出马，拿着已经填好了“建议捐款数额”的“自愿捐款协议书”对获奖学生进行“动员”，终于使除家庭特别困难、所得奖学金不够交清所欠

① https：//www.163.com/dy/article/H9C17G7O05535IUH.html，最后浏览 2022-2-15。

② http：//www.people.com.cn/GB/jiaoyu/1055/1987737.html，最后浏览 2022-2-15。

学费的 3 名学生之外的其他 32 名学生捐出 10.4 万元奖金。你认为某师范学院的这一做法是否妥当？

【评析】第一，某学院此举的出发点是为了让更多的贫困生得到资助，这是应当肯定的。但问题是那些获得国家奖学金的学生本身就是贫困学生，有的甚至连基本生活费都没有着落。他们通过自己的努力赢得了获取国家奖学金的机会，本来可以借此摆脱困境，现在却因为捐出了"数额巨大"的奖金，使自己在经济上再次陷入困境，这显然不合情理，也不公平。

第二，由于获奖者对奖学金的支配权得不到保证，必将打击贫困大学生竞争国家奖学金的积极性，这违背了设立国家奖学金的初衷。《教育法》第四十二条规定：受教育者享有"按照国家有关规定获得奖学金、贷学金、助学金"的权利。某师范学院的做法显然侵犯了获得国家奖学金的学生的这一权利。教育机构、教育工作者的工作必须在遵循相关的法律法规的基础上进行，依法保证教育的公平性原则的实现。

上面的案例都涉及教育政策和教育法规的执行问题。谁对国家的教育政策和教育法规漠视，不认真执行，必将付出代价。本章将重点学习教育政策与教育法规的制定和执行问题。

第一节　教育政策的制定和执行

一、教育政策的制定

教育政策的制定有确定的程序。教育政策的制定指判定教育政策问题和对政策方案进行选择并最终制定出切实可行的教育政策的过程。其程序大致分为认定教育政策问题、确定教育政策目标、拟订教育政策方案、选择政策教育方案和教育政策合法化等几个具体环节与阶段。

（一）认定教育政策问题

认定教育政策问题是发现教育问题，形成政策议案的过程。认定教育政策问题又称教育政策问题诊断，它是以一定的理论和政策评价体系为指导，对教育政策问题的存在形式、范围和性质进行系统分析，找出产生问题的原因，并把问题纳入政策讨论的范围内，由此形成政策议案的过程。

1. 发现教育政策问题

认定教育政策问题首先是从发现问题开始的，一般可通过这么几个途径来发现教育政策问题。

通过调查研究发现教育政策问题。深入教育第一线，发现公众最关心的教育问题，找出教育的主要矛盾点。为解决问题，制定教育政策奠定基础。如 20 世纪三四十年代，著名的教育家晏阳初先生通过深入细致的社会调查，发现当时的中国农民中普遍存在着“贫、愚、弱、私”的弊病，因而提出“生计教育以救贫，文艺教育以救愚，卫生教育以救弱，公民教育以救私”的对策，并掀起了轰轰烈烈的“乡村教育”运动。

通过研究各类信息提出教育政策问题。如我国20世纪80年代到90年代的教育体制改革，就是在深刻分析经济、科技体制改革的基础上提出来的。再比如当前我国全面推行的中小学教师职称改革，也是在深入研究广大教师对以前职称中存在的问题提出的很多批评与建议基础上展开的。

通过预测分析找出教育政策问题。通过对社会前瞻性的预测，也可以发现教育政策问题。

2. 界定教育政策问题

发现问题后还要对问题进行界定。并不是所有发现的问题都能作为政策问题的，能够作为政策问题的，往往是有普遍意义并迫切需要解决，现实条件又有可能解决的那些问题。这样，就需要政策制定者认真分析问题，探明问题的性质，以确定是一般的问题还是政策性的问题。那么，什么样的教育问题能纳入政策议题呢？这取决于问题的特性。

(1)影响教育全局的问题。成为政策议题的教育问题，应该是带有本质性的、全局性的，对教育改革与发展有重大或重要影响的问题。比如，关于普及义务教育的问题，就是对教育和社会发展有重大影响的问题。以前我国普及的是九年义务教育，即小学和初中阶段。2015年10月党的十八届五中全会决定，我国将普及高中阶段教育，逐步分类推进中等职业教育免除学杂费，率先对建档立卡的家庭经济困难学生实施普通高中免除学杂费，实现家庭经济困难学生资助全覆盖。

(2)具有严重性的问题。教育政策必须着眼于解决现实教育问题。它总是关注现实的教育发展并为解决现实的教育问题服务。作为需要通过制定教育政策去解决的教育问题，应是十分突出的且严重到非得制定政策解决不可的现实问题，是牵动社会公共利益的问题。不具有严重性的问题不会纳入教育政策解决的范围。比如大学生的就业问题就是一个突出的教育和社会问题，需要制定积极的就业政策去促进大学生就业。

(3)社会影响度巨大的问题。教育问题的社会影响度决定着问题纳入何种层级的政策议题。所谓问题的社会影响度是指教育问题在多大范围内对教育改革与发展产生影响，即这一教育问题是全国性的、普遍性的问题，还是省级的、市级的、区域性的、特殊性的问题。问题影响的空间范围决定着这一问题应该纳入何种层级的政策议题。如有全国范围的教育政策，也有省级的教育政策。

(4)可以衡量价值的问题。解决教育问题付出的价值需要全面衡量、综合考虑。价值观念应是制定现代政策的思维基点之一。一方面要看教育问题本身的价值大小，即事大事小；另一方面要考虑解决这一教育问题需要耗费多少资源。教育问题一旦纳入政策议题，应当是为了通过制定并实施政策以求得对问题及时有效的解决。而解决教育问题又需要消耗一定的资源，即需要消耗人力、物力等教育资源。如果尚未解决的教育问题需要付出的资源过多，或一时还无力解决，那么这样的问题能否及时纳入政策议题便需要认真考虑。所以，解决教育问题付出的资源需要全面衡量、综合考虑。要考虑到国家经济的发展水平及承受能力。

(5)可以评估的问题。纳入教育政策议题的教育问题应该是一种可予评估并应予评估的问题。这里所谓的问题评估，是指这一教育问题纳入政策议题之后，便应形成明确的政策目标，并有目标达成的指标，与此同时亦应有明确的可供操作的实施方案。

综上所述，我们认为所谓教育政策问题，是指教育决策部门认为有责任、有必要加以解决并且有可能予以解决的教育问题。① 明确了教育政策问题，形成了议案，就为下一步的工作奠定了基础。

(二)确定教育政策目标

教育政策目标是通过制定与实施政策想要达到的结果，是对教育政策活动的方向和水平的具体规定，是整个教育政策制定的第二步。它是教育政策制定者希望通过制定与实施政策所达到的结果。教育政策问题明确及对教育问题的正确分析，是确定政策目标的基础。教育政策目标可分为价值目标和可评估目标两个。价值目标是指一项教育政策“在价值理念上崇尚和追求的目标”，也就是对为什么制定这项教育政策的回答。可评估目标是指该项教育政策所指向的数量目标、质量目标、组织目标和保障措施等。

良好的教育政策目标，应具有如下特征。

1. 目标具有针对性

教育政策目标的针对性是指教育政策目标必须针对教育的实际问题，有的放矢、切中要害，能够解决实际教育问题。比如，为持续做好校外培训治理工作，严防学科类培训机构开班，规范非学科类培训机构培训，切实减轻学生假期负担，保障广大中小学生度过平安、愉快、有意义的假期作出工作安排，教育部专门下发了《教育部办公厅关于做好 2022 年暑期校外培训治理有关工作的通知》。

2. 目标具有先进性

教育政策目标的先进性指教育政策目标针对的实际问题，是一种带有方向性的问题，是发展中的问题。所以教育政策目标具有导向作用，它通过确立目标引导教育事业健康地向前发展。因此，教育政策目标对教育事业的发展应具有引领作用。

3. 目标具有可行性

教育政策目标的可行性是指所确立的目标通过奋斗是可以实现的。可行性包含

---

① 张乐天．教育政策法规的理论与实践[M]. 上海：华东师范大学出版社，2009：57.

着基于现实展望未来的意思，体现着现实与未来的辩证关系，对未来具有导向作用。

4. 目标具有规范性

教育政策目标的规范性指教育政策起着规范教育事业发展的作用，这种规范性首先是目标的规范性。这种规范性主要表现在："其一，政策目标要体现和反映广大人民群众的根本利益和教育愿望；其二，教育目标应当符合《宪法》和教育基本法的精神与规定；其三，政策目标要符合社会道德规范和行为准则；其四，下级教育政策目标要服从上级教育政策目标，地方、部门的教育政策目标要服从党和国家的教育总政策、总目标。"①也就是说，教育政策目标既符合道德规范，又符合法律规范，自身具有高度的规范性，这样的教育政策目标才是可行的。

(三)拟订教育政策方案

教育政策方案拟订是政策决定的中心环节。教育政策目标确定之后，就要考虑拟订教育政策方案。作为政策决定的中心环节，教育政策方案拟订对于政策决定具有特别重要的意义，没有方案就没有政策的出台。拟订教育政策方案时要注意：方案应估计到全部的正、负效果，并对可能产生的问题提出解决对策；应尽可能量化；应提出两个以上的政策方案供选择。拟订政策方案时，必须有专家参与，以保证方案的科学性和合理性。

拟订教育政策方案一般遵循以下几个原则。

1. 整体性原则

整体性原则指在教育政策方案设计时要进行综合分析。设计教育政策方案要将整体利益和局部利益结合起来，将教育的内部条件与外部条件结合起来，将教育的眼前利益与长远利益结合起来。与此同时，要考虑到不同层次教育政策之间的纵横协调，以使各项政策形成一个有机的整体，从而产生良好的整体效应。

2. 科学性原则

科学性原则指要以科学的精神、态度、方法并遵循科学的程序进行教育政策方案设计。这里强调的科学性主要有两层含义。一是教育政策方案设计要立足于科学预测。二是教育政策方案设计既要面向未来，又要准确地把握现实；从现实性出发，使未来与现实有机地结合在一起，使设计的方案真正合理和切实可行，符合社会发展的基本规律。

3. 民主性原则

民主性原则指教育政策方案设计要广泛听取基层群众意见，争取多方力量参与设计。尊重民意是一个良好政策方案形成的基础。

4. 创新性原则

创新性原则指教育政策方案的设计要紧紧把握社会和教育发展的时代脉搏，具有与时俱进的特点，体现新颖性、独特性的特征。创新是时代的要求，也是政策的

---

① 张乐天．教育政策法规的理论与实践[M]．上海：华东师范大学出版社，2009：65.

生命力之所在。

5. 刚柔相济的原则

刚柔相济原则指政策方案的设计既要考虑到确立严格的具有权威性的政策法规，同时又要给政策留有余地，使之具有适当的可以调节的弹性。体现原则性与灵活性的统一。

教育政策方案要有多样性，以作出最优选择。同时，对政策实施结果应作出预测与评估，特别是要设计出政策方案实施的关键技术和核心措施，以保证政策切实得到落实。

(四)选择教育政策方案

拟订好教育政策方案后，就需要选择教育政策方案。选择教育政策方案，需要制定者对教育问题有深刻的理解，同时又对教育的条件有充分的认识。在通常的情况下，决策者总希望追求最佳的决策，如最好是实施完全免费的义务教育，最好高等教育完全大众化，最好教育经费达到国内生产总值的多少个百分点，但在实际情况下，由于种种条件的限制，人们作出的选择大多只是一种满意选择，而非最佳选择，在这种时候，政策实施的条件是否成熟，就成为政策选择时所要考虑的首要因素。

上述政策制定的过程是一般意义上的程序，而由于不同的人、不同的地区，以及在不同的情况下还会形成不同的、相对稳定的、具体的选择程序与步骤，于是就出现了教育政策的选择模式。

1. 政策选择模式的含义

政策选择模式在于促进决策的合理性和目标的达成。政策选择的模式指政策制定的机构和人员从他们的价值观出发，通过一定的途径和方法去应对或解决面临的政策问题，选择最优的政策方案的方式。政策选择模式的研究在于促进决策的合理性和目标的达成。现实问题是复杂多样的，针对不同问题制定政策，显然必须采用不同的方法，因此政策制定的模式也不是唯一的。有学者根据戴伊(P. R. Dye)、艾兹厄尼(A. Etzioni)与德罗尔(Y. Dror)的分类和观点，将公共政策制定的基本模式分为8类，即理性模式、渐进模式、综合模式、组织模式、团体模式、精英模式、竞争模式、系统模式。

2. 几种常见的方案选择模式

(1)教育政策选择的理性模式(Rational Model)。

理性模式指政策制定者根据一套近似完美的、合乎理性的政策制定程序来制定政策。崇尚该模式的人认为，政策制定应该有一套程序，借此程序，决策者就能制定出一个有最大净价值成效的合理政策，即用最小的投入(包括时间、人力及其他资源)来实现最大的收获。效率是理性模式的最终目的。

具体来说，理性模式的决策过程可分为以下几个步骤：第一，确认可操作的政策目标，第二，准备完整的政策方案，第三，建立各种价值标准及社会资源，第四，预测每一政策方案的成本与效益，第五，估计每个方案的净效益情况，第六，比较每个方案的优劣次序，第七，制订出理性和优化的政策方案。

虽然按照理性模式能够制定出最优化的政策，但实现这一目标需要满足下列条件：知道所有的社会价值及其相对的重要性，知道所有可能的政策方案，知道每一政策方案可能产生的结果，能估计政策方案所能得到的与失去的社会价值的比值，能选择最经济、有效的政策方案。满足了这些条件，理性模式无疑是政策制定的最理想模式。然而在现实生活中，这种情况几乎是不存在的，因此理性模式受到人们的广泛批评，这些批评主要集中在：第一，世界上任何国家都不存在绝对中立的价值，即不存在整个社会共同认定、追求的价值目标，例如，在制定教育发展政策时无法衡量追求公平与追求效益的价值比值；第二，政策目标难以操作化和量化，因为环境不断变化，不可预测；第三，资料难以收集齐全，为收集及分析资料所花费的代价极其高昂，而且决策者用于决策上的时间及分析资料的能力都非常有限。

(2)教育政策选择的渐进模式(Incremental model)。

渐进模式是在现有政策基础上实现渐进发展、小范围的调整。渐进模式指制定新政策时只对过去的政策做局部的调整和修改，使新政策成为过去政策的延伸和发展。这一模式认为：一种和以往政策越不同的方案，就越难预测其后果，也越难获得大众的支持，其政治可行性也越低。所以，决策者不必每年都对现行政策进行全面审查，只要根据以往经验，在现有政策基础上实现渐进发展、小范围调整就可以了。总的来说，渐进模式有优点，也有其局限性。优点在于政策制定较为稳妥可靠，决策者不必花很多时间调查和寻找所有的政策方案，决策时目标也比较单一，只要注重纠正、减少现行政策的缺陷就行了，不必做整体上的调整，执行起来阻力也比较小。局限性在于它主要用于变动不大的环境，用于对总体上尚好的现行政策的补充和修改。但当环境发生巨变，需对政策加以彻底修改时，它就束手无策了，有时甚至会成为前进的障碍。从这个意义上说，渐进模式是比较保守的模式。在大力推进改革与创新的今天，这个模式似乎不太适应社会发展的需要。

(3)教育政策选择的团体模式(Group Model)。

团体模式是一种具有妥协性质的政策选择模式。团体模式又叫政治协商模式，是指决策者在制定政策时，广泛听取各政党、团体及不同职业的人的意见，在充分讨论、对话和协商的基础上，协调各方的利益关系，最终达成具有妥协谅解色彩的决定。按照团体模式的理解，政策就是团体之间在目标与利益的冲突中达到的一种平衡。政治协商模式中的均衡点取决于各个团体的相对影响力，各个团体的相对影响力则由成员的多寡、财富的多少、组织力量的强弱、团体内部的团结性、领导者能力的高低、团体与决策者的亲疏等因素决定。

在教育政策制定过程中，团体模式是一种经常运用的方法。因为教育涉及千家万户的利益，因此其政策大多是代表不同利益的团体斗争、协调、妥协的结果。如教育财政政策，作为教育系统内部的教师团体希望教育投资越多越好，对家长而言希望自己出的钱越少越好，有些社会团体则认为应先发展经济，再解决教育发展问题。政府总是在多方听取意见、反复权衡利弊、尽可能照顾到各阶层利益的基础上，最后才制定出国家的教育财政政策的。

在制定教育政策时采用何种选择模式，必须视具体情况而定。没有一定之规，有时可以同时使用几种模式，有时可以以一种模式为主，关键是何种方式更有效。在教育政策决策过程中，特别应该强调决策的民主化与科学化。

（五）教育政策的合法化

在政策方案选择之后，而在其付诸实施之前，仍有一个值得重视的关于教育政策制定的必要环节，这就是教育政策的合法化。

1. 政策合法化

教育政策是国家政策的一个组成部分，教育政策的合法化来源于政策的合法化要求。什么是政策的合法化？迄今为止，还没有一个被普遍接受的定义。虽然对政策合法化的解释多种多样，但综合各家解释，我们认为，政策合法化这一概念在其内涵与外延上有如下稳定的特质：(1)政策合法化是使公共政策具有法律确认的效力并能使之合法实施的行为；(2)政策合法化有着法定的主体和权限；(3)政策合法化有法定的程序与过程；(4)政策合法化有不同层级的政策合法化和合法化的不同形式。①

2. 教育政策合法化

教育政策合法化是指将政策制定得到的教育政策方案上升为法律或获得合法地位的过程。它包括两个方面的含义：一是教育政策的法律化，是指国家有关的政权机关依据法定权限和程序所实施的一系列立法活动，即教育政策的法律化；二是教育政策的合法化，是指国家有关的政权机关遵循已确立的原则或一般所接受的标准，对教育政策方案的审查活动。教育政策方案经审查通过后即获得了合法性。②

3. 行政机关教育政策合法化

行政机关是我国教育政策的重要制定者。从国务院到各省、市人民政府都有一定的制定教育政策的权力。行政机关制定的教育政策，也存在合法化问题。

(1)行政机关教育政策合法化的基本形式。

行政机关教育政策合法化的基本形式是授权立法与职权立法。

①授权立法。授权立法指各级行政机关经立法机关的授权而进行的一种立法活动。这是泛指政府制定一般的教育行政法规。

②职权立法。职权立法是行政机关依据宪法和行政机关组织法规定的职权或行

---

① 张乐天．教育政策法规的理论与实践[M]．上海：华东师范大学出版社，2009：69.

② 袁振国．教育政策学[M]．南京：江苏教育出版社，1996：114.

政权所进行的立法。

(2)行政机关教育政策合法化的基本程序。

行政机关制定教育政策必须遵循法定程序，一般是四个程序，即提出教育行政法规草案、审议草案、批准草案、公布法规。

①提出教育行政法规草案。法规草案首先要经历一个起草的过程。教育法规的起草一般有两种形式：一是由国家教育部或地方教育行政机关起草，二是由几个政府部门联合起草。教育法规的起草过程是一个民主参与、集思广益的过程。草案起草之后，需要遵循法律规定，在适当的时候向具有授权立法或职权立法资格的行政机关提出。

②审查教育行政法规草案。对法规草案的审查，一般先由各级政府专门的法制工作机构进行。教育行政法案审查内容一般包括：方案是否符合国家总政策和教育的基本法，是否在授权范围或职权范围内立法，方案体系、结构及文字是否符合规范，方案是否可行等。

③通过(批准)教育行政法规草案。教育行政法规草案接受审查之后，要提交到制定机关的正式会议上讨论通过。我国教育行政法规的通过有法定的程序与规定。草案通过之后，还要由制定法规的行政机关首先签署并报上级机关审批或备案，得到上级机关批准或认可后，才能生效。

④公布教育行政法规。教育行政法规草案获得通过及批准实施后，方成为正式法规。正式法规实施前还必须经历公布这一环节。一般通过新闻媒体和政府公报以政府文件的形式予以公布。

总之，教育政策的制定有着严格的法定程序，只有这样才能保证教育政策的科学性、民主性、合法性。我们对此要有一定的了解。只有全面认真贯彻国家的教育政策，我国的教育事业才能继续健康发展。

二、教育政策的执行

教育政策制定出来以后，执行就显得非常重要。因为，再好的政策如果不执行或者执行不到位，都会影响教育事业的发展。所以，教育政策的执行直接决定着教育政策的目的能否实现。接下来我们就学习教育政策执行的有关知识。

(一)教育政策执行的含义

教育政策执行是一种将教育政策精神与内容转化为现实效果，从而实现教育政策目标的动态行动过程。[①] 完整理解教育政策执行的含义，需要明确执行的基本要素。这些基本组成要素包括以下内容。

1. 教育政策执行的主体

教育政策执行主体指教育政策的主要执行者。每一种教育政策均有其特定的执

① 张乐天．教育政策法规的理论与实践[M]．上海：华东师范大学出版社，2009：77.

行主体。教育政策的执行主体包含执行机构与执行人员。在我国，教育政策的执行主体主要是各级政府、教育主管部门和各级各类学校。此外，其他社会团体、机构及各种政策利益相关者在政策执行中也发挥着重要作用。执行者的政策水平对教育政策的执行有重大影响。

2. 教育政策执行的方案

取得合法地位的教育政策本身就是一种被批准的行动方案。对行动方案的实施，要求其自身有明确的实施方案。一个完好的教育政策实施方案需要清晰地回答如下问题：其一，此项教育政策的执行者是谁？其二，这一教育政策的实施时间有多长，空间范围有多大？其三，这一教育政策实施的近期目标、中期目标或远期目标是什么？其四，这一教育政策怎样分步骤地实施？其五，如何面对实施过程中可能出现的问题及如何对问题采取应对策略？

3. 教育政策施行对象

教育政策的施行对象也叫目标群体，即受政策影响的人群。任何教育政策都是在特定的对象中实施并且最直接地影响着一定人群的利益。一项教育政策如果没有得到它所指向的人群的充分理解与认可，缺乏他们积极的回应与参与，那么它在执行中就会遇到障碍。因此，政策施行对象即目标群体的参与度与接受度是一个至关重要的要素。

4. 教育政策执行的条件与环境

教育政策执行离不开必要的条件，同时也受到各种环境因素的影响与制约。政策执行的条件是能保障政策顺利运行的社会资源。它包括物质层面的资源，也包括精神层面的资源。环境因素与政策执行所需要的条件保障既相联系也相区别。这些环境因素包括社会政治环境、经济环境、社会心理环境与文化教育自身的环境等。正确分析环境，认清环境因素中的利与弊，充分利用积极的环境因素，尽可能地克服不利因素的影响，对于保障教育政策的顺利实施同样具有重要意义。

(二)教育政策执行在教育政策制定过程中的地位与作用

1. 教育政策执行是实现教育政策目标的决定性环节

制定教育政策，总是指向特定的政策目标，而政策目标的实现必须依赖政策的执行。离开了执行，再好的政策目标也不会落地。因此，在整个教育政策的制定过程中，教育政策的执行是具有决定性意义的环节。

2. 教育政策执行是对教育政策进行检验的根本途径

实践是检验真理的唯一标准。制定的教育政策是否正确要在实践中接受检验。一种教育政策质量水平如何，可接受性如何，这一切均依赖于实践检验。实践就是执行，实践的检验就是通过执行进行检验。一项教育政策通过认真的贯彻执行，如果能有效地解决政策问题并能顺利地实现政策目标，从而促进了教育和社会的发展，那它就是好的政策。所以教育政策的执行是对政策进行检验的根本途径，也是唯一途径。

3. 教育政策执行也是教育政策制定过程中的中介环节

任何教育政策都不可能完美无缺。在执行过程中会出现与教育实践某种不适应性甚至存在诸多问题，这意味着政策需要修改、补充与完善。教育政策还具有时效性。政策的时效性也就意味着当政策执行达到预定的时限或超过这一时限时，便需要对既往的政策予以重新考虑。这一切均需要通过教育政策执行，得到执行效果的信息反馈，或通过执行掌握教育发展的新情况、新变化，从而反思政策的修订与完善。所以，教育政策的执行在整个教育政策制定过程中起着一种承上启下的作用，它是政策过程的中介环节。

(三)教育政策执行过程的基本环节

一般说来，教育政策执行主要包括以下五个有内在逻辑联系的基本环节。

1. 进行教育政策宣传

教育政策宣传是教育政策执行的起始环节，同时也贯串于政策执行的全过程中。一项教育政策制定完成后，要得到政策执行者及受政策影响人群对于政策的理解与认同，这就需要宣传。教育政策宣传有多种渠道，如组织学习政策文件，利用各种新闻媒体宣传，组织宣讲队伍深入民众进行政策宣讲等。政策宣传的形式也可以多种多样。

2. 制订政策执行计划

制订执行计划也叫政策分解，是指将文本的政策方案变成具体的行动计划。制订执行计划是实现政策目标的必经之路，也是实施政策的重要步骤。一项好的教育政策的执行，必须有计划分步骤地执行，必须分阶段有重点地执行。

一般来说，制订教育政策的执行计划，需要遵循如下要求：其一方向正确、目的明确，其二全面完整、重点突出，其三分工落实、留有余地。

3. 教育政策的实施

教育政策实施是教育政策执行过程的中心环节，是实现教育政策目标的根本手段。政策实施首先需要良好的组织准备。这里讲的组织准备是指合理地组合政策实施的人力、物力、财力，优化政策实施的资源配置，以力求取得政策实施的良好效果与效益。

教育政策的实施应该是分步骤进行的。实施的具体步骤因具体政策而定。一般可考虑采用先行开展政策实验，取得经验后全面推广的方式进行。教育政策的全面推广与实施，是教育政策执行过程中涉及面最广、操作性最强，同时也是产生最大政策影响的环节。

4. 教育政策执行的协调

协调是解决教育政策执行过程中矛盾的需要。教育政策执行的协调是贯串政策执行全过程的一项重要的功能活动。协调的必要性源于政策执行过程中各种功能要素可能会存在问题与矛盾。而要有效地解决问题、化解矛盾，保证各种功能要素处于较佳的结合状态，形成真正的合力，就必须在政策执行过程中注意及时地协调各种关系。需要协调的关系大致包括：协调执行主体与政策实施对象的关系，协调执行者之间的关系，协调政策资源的配置关系，协调政策执行的总体目标与具体目标之间的关系，协调政策执行的进度与效果之间的关系等。政策执行的协调还需要有把握政策的水平与适当的耐心，因为协调的重点是政策执行过程中人与人之间的关系，要协调好人际关系没有足够的耐心是做不到的。

5. 教育政策执行的总结

政策执行总结是对一定阶段政策执行状况的总体回顾与反思。同时总结也是为政策的持续执行或新的政策执行创设更好的基础。政策执行总结报告既可以看成政策执行过程的终结环节，也可以看成中继环节。政策执行总结需要对执行情况全面检查、总结经验、查找问题、分析原因。对执行机关与执行个人要有客观的实事求是的评价。总之，政策执行总结是为了发扬成绩、吸取教训、修订与完善政策方案，更好地协调政策执行过程中的各种利益关系，以使教育政策能更健康地运行。

(四)教育政策执行的基本特征

1. 教育政策执行过程需要良好的互动关系

在教育政策执行过程中，政策执行者执行政策的力度与政策施行对象对政策的回应度始终是制约执行过程并影响执行效果的两个关键因素。政策执行过程是两者紧密配合、和谐互动的过程。一方面，政策执行者需要深入理解政策，并向施行对象大力宣传政策；另一方面，政策施行对象需要认同政策、顺应政策。

教育政策执行过程的互动性还体现为两者在执行过程中的相互调适。这种相互调适的过程，是彼此处于平等地位的双向交流过程，而非执行者命令施行对象执行的单向流程。两者的相互调适使得政策执行过程呈现出良性互动的局面。

2. 教育政策的执行过程需要良好的环境与条件

环境因素是教育政策执行的基本组成要素。这里所讲的环境因素可分为三大类：一是政策问题的可解决程度，二是政策本身的能力或条件，三是影响政策执行的外部条件。这三大类因素的各个方面会多向性地或交叉性地影响教育政策的执行过程，并使政策执行过程呈现出环境因素影响的不确定性的特点。

3. 教育政策的执行过程要体现原则性与灵活性的统一

政策执行的原则性指执行政策必须严格按政策要求去做，维护政策的权威性、严肃性，以保证政策目标的实现。

政策执行的灵活性指在不违背政策原则精神和保持政策方向的前提下，采取灵活多样的方式方法，使政策目标得以实现。执行教育政策在坚持原则性的前提下，还要坚持必要的灵活性，这是因为政策实施的时空范围多种多样，政策所具有的普遍性必须与此时此地的具体实际结合起来。同时，任何教育政策都不是完美无瑕的，它需要根据执行状况予以修正与完善。在政策执行过程中还总会遇到新情况、新问题，这就需要执行者根据实际，对政策执行进行灵活把握。灵活性的核心是具体问题具体分析，其着眼点乃是有创造性。总之，政策执行过程中原则性与灵活性的结合与统一是执行过程的内在要求与属性。

相关链接

教育部办公厅关于做好2022年暑期校外培训治理有关工作的通知

教监管厅函〔2022〕12号

各省、自治区、直辖市教育厅(教委)，新疆生产建设兵团教育局：

2022年暑期是"双减"后的第二个暑期。前期校外培训治理已取得阶段性成效，但仍存在学科类培训"隐形变异"、非学科类培训缺乏规范等问题，特别是受新冠肺炎疫情等因素叠加影响，深化治理还面临很多风险挑战。各地要充分认识到治理成果还很脆弱，极易反弹反复，必须坚定持之以恒的决心，增强从严从紧、抓早抓小的意识，抓反复、反复抓，直至最后取得成功。为持续做好校外培训治理工作，严防学科类培训机构开班，规范非学科类培训机构培训，切实减轻学生假期负担，保障广大中小学生度过平安、愉快、有意义的假期，现就有关工作通知如下。

一、专门作出安排部署。各地教育行政部门要充分利用"双减"工作专门协调机制，发挥牵头统筹作用，暑期前会同协调机制有关部门召开专门会议，就暑期校外培训治理工作做好谋划、作出部署。要结合当地疫情防控工作要求，周密制定暑期工作方案，明确各项任务措施，细化时间表、责任书，精心组织实施，确保暑假校外培训治理工作有序、有力、有效。

二、严防学科类机构违规开班。各地要依托街道网格化治理体系，建立健全"街乡吹哨、部门报到"联合检查工作机制，在暑期采取"日查＋夜查""联检＋抽检"等方式，广泛动员街道、居委会、社区等力量，对学科类培训机构开展拉网式巡查检查，严防学科类培训机构隐形变异违规开班、面向3至6岁学龄前儿童的培训机构违规开展学科类培训、非学科类培训机构超范围开展学科类培训等问题发生。各省级教育行政部门要联合网信等相关部门，利用信息技术持续扩大线上监管覆盖面，对线上学科类培训机构和重点网站平台全天候巡查。

三、加强非学科类机构监管。定期或不定期开展暑期非学科类培训材料和从业人员抽查巡查，尤其是对培训内容及材料的政治性、思想性、科学性进行从严审核把关，确保正确育人方向和价值导向。要坚持公益公平，加强暑期非学科类培训价格监督检查，指导机构实行明码标价，将培训内容、培训时长、收费项目、收费标准等信息向社会公开。要全面落实预收费资金监管，防止"卷钱跑路"等问题的发生。要联合有关部门净化市场环境，加强暑假培训广告管控，防止虚假宣传、恶意炒作。

四、加强监督举报查处力度。各地要公布举报电话和电子信箱信息，畅通线索获取举报渠道，提高群众参与监督的主动性。对各类违法违规培训行为要依法依规严肃查处，及时更新机构“黑名单”，对典型案例公开曝光，强化警示震慑。加快推进监管平台全面应用，指导机构及时上架更新，引导家长学生认证使用，降低培训风险。教育部将对暑假期间培训机构问题频发、履责不到位的地区进行通报。

五、严防安全风险隐患。各地教育行政部门要会同公安等部门强化培训机构人防、物防、技防设施建设，建立健全培训机构门卫保安管理和安全巡逻制度，严防培训机构发生学生伤害案件。全面落实《校外培训机构消防安全管理九项规定》，压实培训机构安全管理责任，要求培训机构在暑期前至少开展1次安全自查，全面整改安全隐患。要联合消防等部门在暑期前至少对机构开展1次安全检查，确保机构符合国家以及行业规定的场地、设施、消防等安全风险防范要求，存在安全隐患的立即停业整改。强化安全日常管理，要求培训机构在暑期营业期间每2小时要开展不少于1次的防火巡查，及时发现排除安全隐患。各地要常态化开展校外培训机构“爆雷”“冒烟”监测，妥善处理退费、欠薪、从业人员安置等问题，从根本上防范化解风险，如发生安全风险须第一时间向当地党委和政府报告，并协调各部门积极协同处理。

六、营造假期良好氛围。各地要丰富宣传载体，在暑期前后持续通过小视频、文章、宣讲、公益广告等多种形式，引导广大家长树立科学教育观、成才观，积极承担起家庭教育责任，为孩子科学安排暑假学习生活，主动拒绝参加暑假违规学科类培训，合理选择参加非学科类培训，增进暑期亲子沟通，让孩子度过一个有意义的暑假。

请各省级教育行政部门定期梳理本地暑期校外培训治理工作进展，有关情况及时报教育部校外教育培训监管司。

教育部办公厅

2022年6月22日

第二节　教育法规的制定和执行

教育法规的制定也叫教育立法，教育立法是国家立法活动的重要组成部分。教育立法的含义、意义、形式、程序等与教育政策决定又有明显不同。本节我们专门学习教育立法的相关知识。

一、教育法规的制定

(一)教育立法的含义

教育立法指国家立法机关依照法律程序制定有关教育的法律的活动。结合我国国情，教育立法就是由国家的立法机关和其他有关机关把全国各族人民关于国民教育的共同意志集中起来，按照社会主义原则和社会发展的需要，把有利于国家和社会的教育秩序，人们在教育活动中的权利、义务关系，用法的形式固定下来，使之具有在全社会一体遵行的效力，从而有效保障教育事业的发展。①

(二)教育立法的意义与作用

1. 教育立法是加强法治国家建设的重要体现

加强法制化建设是现代社会发展的一条重要规律，也是现代社会发展的必然要求与趋势。社会的法制化是社会各项事业的法制化，当然也包括教育的法制化。从另一角度看，教育立法的加强乃是国家法治化的重要表现。依法治国也必须体现在依法治教上。依法治教首先就要有法可依，教育立法就是为了满足依法治教的需要。

2. 教育立法保障教育事业在社会发展中的重要地位

百年大计，教育为本。教育的基础地位需要通过立法予以保障。对教育进行立法，并逐步构建起系统的法律体系，这本身表明了对教育事业的高度重视。教育立法使教育事业的发展在目标上有法可依。从而使教育事业的发展获得强有力的法律支持。

3. 教育立法可以规范教育发展的环境

教育立法使得教育发展所需要的环境与条件在法律上得到确定与规范。这样教育发展的必要条件就能得到法律保证。如教育体制、教育投资、办学条件等，这些方面都可以通过立法加以规范，从而调整各种教育关系，优化教育发展环境，保证社会对教育的重视与支持。

4. 教育立法可以规范教育系统内部的管理

教育立法可使教育系统内部管理有章可循、有法可依。教育内部管理涉及的管理体制、职责、权限、教育人员资格、条件等，都可以通过立法来规范。

(三)教育立法的基本程序

教育立法是国家立法活动的组成部分。我国立法一般分四道程序，即提出法律议案，讨论法律草案，通过法律，公布法律。国家立法程序自然规范着教育的立法行为。所以，教育立法也有四个环节。

1. 提出教育立法议案

提出教育立法议案是在经历一系列立法准备活动的基础上进行的。这些立法准备活动包括：其一，确定立法项目；其二，采纳立法建议；其三，作出立法决策。

---

① 张乐天．教育政策法规的理论与实践[M]. 上海：华东师范大学出版社，2009：71.

教育法律议案由有提案权的机构和人员向教育立法机关提出，使之列为立法机关的议事日程，成为立法机关的讨论对象。根据《中华人民共和国全国人民代表大会组织法》第九条、第十条、第三十二条规定，在中国享有向全国人民代表大会提出议案权的机关和人员有全国人民代表大会主席团、全国人民代表大会常务委员会、全国人民代表大会各专门委员会、国务院、中央军事委员会、最高人民法院、最高人民检察院，以及一个代表团或30名以上的代表；享有向全国人民代表大会常务委员会提出议案权的机关和人员是全国人民代表大会各专门委员会、国务院、中央军事委员会、最高人民法院、最高人民检察院，可以向常务委员会提出属于常务委员会职权范围内的议案，常务委员会组成人员10人以上可以向常务委员会提出属于常务委员会职权范围内的议案。

2. 审议教育法律草案

审议教育法律草案指在立法机关中对列入议题的法律草案进行正式的审查和讨论。我国全国人大根据各部门和代表提出的意见对草案进行修改和审议，再由主席团决定提交大会审议，由全国人民代表大会决定是否通过。全国人大教科文卫专业委员会在讨论教育法律草案中具有重要作用。它负责研究、审议和拟订有关教育的议案。

3. 通过教育法律

通过教育法律指教育立法机关对教育立法草案正式表决同意。通过法律草案意味着教育法律草案正式成为了教育法律。这一程序在教育立法程序中具有特别重要的价值和意义。它标志着一部新法律的诞生。一般草案在人大会议表决时获得代，即获得通过。

4. 公布教育法律

教育法律通过后，为了付诸实施，必须向全社会公民予以公布。公布法律是教育立法活动的终结环节，它意味着一个完整的立法程序的完成。宪法规定，我国法律由国家主席根据全国人大的决定和全国人大常委会的决定发布主席令予以公布。

(四)教育立法的基本要求

教育立法有一套严格的要求，需要把握与遵循。

1. 宪法是教育立法的根据

宪法是国家的根本大法，它规定了国家教育发展的总政策与基本原则。各种教育法规制定都不得与宪法的精神相背离，不得与宪法的任一条款相冲突。

2. 各种专项教育法规的制定，在遵守宪法的同时，也必须依据《教育法》

《教育法》是国家教育的基本法。在国家教育法规体系中处于第一层次，具有母法的作用，起着统领与规范其他教育法律法规制定的作用。教育部门法规、专项法规及地方性教育法规的制定在依据国家宪法的同时，也必须依据《教育法》，与其基本原则、基本精神相一致。

3. 教育法规的制定，要参照相关法规的精神与原则，以协调好教育法规与其他法规的关系

现代教育是一个开放的体系，教育法规与其他法规存在着相互交叉、渗透、补充的关系，如与《中华人民共和国劳动法》《中华人民共和国经济法》《中华人民共和国国旗法》等，都存在相互渗透的关系。所以，教育法规的制定不能孤立地进行，要参照相关法规的有关规定，吸取相关法规的成功经验与有益成果。

4. 教育法规的制定，要遵循民主性与科学性的原则

教育立法活动有民主与科学的要求。按照法定程序进行教育立法活动，在一定程度上恰恰是为了保障教育法规制度的科学性与民主性。所以在教育立法过程中，要充分吸收广大人民群众的意见和建议，体现人民的意志，更好地保护和激发人民参与教育的积极性。

二、教育法规的执行

教育法规的执行专指教育法律的执行，即教育执法。下面我们分析教育执法的问题。

（一）教育法规执行的特点

1. 教育法规执行是具有特殊规范性的行为

法律的构成要素以法律规范为主。就教育执法而言，教育法律同样以严格的准则规定着人们的教育行为。教育执法更强调规范性，还表现在它规定着人们必须履行的教育义务和应予承担的教育责任。而对于违反教育法律的行为，需要依法追究责任。故教育法规的执行有更强的操作性。

2. 教育法规执行手段及过程具有强制性

教育法律的执行如同其他法律执行一样，都是由国家强制力作保证，以国家强制力为后盾的。相对于一般的教育政策而言，教育法律更具有权威性、普遍性，是必须要遵守的。不履行相关教育法律规范，就要承担法律后果。当然教育法律的执行也不是仅靠强制性，它也依靠说服、教育的途径，也需要道德、人性、救济、文化的配合。

3. 教育法规执行有明确的执法主体

教育法规执行有特定的执法主体。执法主体与法律权利主体相统一，它是法律规定享有权利和承担义务的个人和组织。执法主体在教育执法过程中在法律许可范围内可以独立地行使自己的权利，不受他人干涉。由于教育法律大部分表现为专项法，它具有更特定的调整对象与适用范围，故有更明确的执法主体。如《义务教育法》的执法主体就是义务教育阶段适龄的儿童和青少年，也包括法律规定的对义务教育承担义务的各级组织和个人。

4. 教育法规执行过程需要监督以体现法律的公平性

教育执法监督是法定监督主体根据法律程序对教育法律行为进行调控、纠偏、

审查和监督，并能产生一定法律后果的一种法律制度。教育执法离不开法律监督。国家权力机关、国家行政机关、上级教育主管部门、政府监察部门、检察院、法院、纪委、民主党派、社会舆论、公众等都有进行法律监督的权力。

(二)教育法规执行的基本原则

教育执法有较严格的要求，有必须遵守的执法原则。

1. 严格依法办事原则

严格依法办事原则是指教育执法主体在执法过程中要遵守法的规定，要有法的依据并严格依法办事。这是“有法必依”的法制基本原则的要求与体现。

贯彻严格依法办事的原则基本要求是：其一，教育执法主体必须符合法的规定，不能超越法定权限，不具备合法的主体资格就不能行使执法权力；其二，教育执法必须要有法律依据，没有法律授权教育执法机关不能剥夺相对人的权利，也不能为相对人设定义务；其三，教育执法要符合法定程序，违背执法程序将导致执法的无效。

2. 公平正义原则

公平正义原则是指教育执法主体在执法过程中应客观、适度、不持偏见、不徇私情，符合法律和社会正义的要求。

贯彻公平正义原则有如下基本要求。其一，教育执法主体必须严格按法律条文规定办事。执法主体在执法过程中必须考虑那些与法律相关的因素，不能考虑不相关的因素。比如人情就是不相关的因素，讲人情就会破坏执法的公正性。其二，教育执法主体应按法律规定独立行使执法权。不受各种外部因素的影响与干扰。其三，教育执法人员不能徇私枉法，要自觉抵制各种歪风邪气的干扰。其四，教育执法主体不能有故意拖延的执法行为，涉及法律问题要认真调查，及时处理。

3. 公开监督原则

公开监督原则是指教育执法主体的执法活动应公之于众，有适当的透明度，以接受社会的监督。坚持执法的公开监督原则是社会主义民主的要求，它为教育执法监督提供了条件，有利于防止执法者偏私，并有利于保护当事人的合法权益。

贯彻公开监督原则的基本要求是：其一，教育法律、法规应及时向社会公布，未经公布的教育法律不能作为执法依据；其二，教育执法机关的办事规则、标准应向社会公开；其三，教育执法的内容、依据和理由应向当事人公开，执法处理结果应向社会公布，接受社会大众的监督。

(三)教育法规执行存在的主要问题

教育执法的过程中存在着一些问题，其主要表现在以下几方面。

1. 教育执法存在有法不依的问题

有些部门与个人对教育法规采取一种轻慢的态度，对教育法规知之甚少，甚至置若罔闻。实践中，对教育法规的有法不依表现为：一是将某项或某种教育法规束之高阁；二是在教育执法过程中存在着不完全依法办事的现象，即部分依法、部分不依法。

2. 教育执法存在执法不严和违法追究不力的问题

同其他法律执法相比较，教育执法的严肃性、严格性不够。表现为：一是一些教育行政机关不能严格按照法定职权和程序，正确适用教育法律法规，有随意性、任意性；二是教育执法的个体不能严格执法；三是对教育违法的追究不严不力。

3. 教育执法监督存在力度不够的问题

教育执法监督虽然有多种形式，但从实际情况看，教育执法监督力度不够，监督的权威性还没有真正有效地确立。有些监督流于形式。这必然出现不作为、乱作为等问题。

导致教育执法存在诸多问题的原因是复杂的。教育执法问题是社会执法问题在教育中的反映。但是，就教育本身而言，其执法问题存在的最重要原因是教育法治意识与观念还比较淡薄，依法治教的思想还需要加强。相信这些问题会随着国家法治化进程的不断深入、习近平法治思想的贯彻实施逐步得到解决。

他山之石

德国教育政策的制定
——主体、过程与特点(节选)①

教育政策是指由“执政党和政府制定与颁布的用以指导、规范教育事业发展的一切价值标准与行为规范的总称。广义上教育政策不仅包括教育行政法规、教育行政规章，而且还包括了教育法律”。

教育政策既是一国教育制度的重要组成部分，也在不断生成和改变着教育制度、影响着教育实践，对一个国家的教育发展具有举足轻重的意义。因此，对教育政策的研究历来是比较教育研究的一个重点。著名的比较教育学者埃德蒙·金曾在《别国的学校和我们的学校》一书中表示：比较教育的研究，实际就是对教育政策的研究。

在我国针对德国的比较教育研究中，对具体教育政策的介绍和分析不少，但是鲜见对其教育政策的制定机制的分析。为了弥补我国在德国教育研究方面的这一缺陷，本文在下面重点分析一下德国教育政策的制定机制及其特点。

这里需要首先指出的是，德国是一个联邦制国家，由16个联邦州组成。根据德国宪法《基本法》(Grundgesetz)的规定，各联邦州享有广泛的文化主权，可以自主决定本州的文教事务，联邦的权限被限定于一些特定的涉及全国的教育事务(如科研资助和教育补助等)。与德国这种联邦制结构相适应，德国在教育政策的制定方面，形成了联邦政府和州政府两级教育决策体制。

一、德国教育政策制定的主体

研究者认为，西方国家参与教育政策制定的主体通常可分为官方与非官方两

---

① 孙进．德国教育政策的制定——主体、过程与特点[J]．苏州大学学报(教育科学版)，2014(2)．

大类。官方的教育政策主体主要包括五个方面：第一个方面是属于国家层次的，主要包括国家元首、国会、政府首脑、执政党、内阁；第二个方面是教育部长、教育主管部门及其下属机构；第三个方面是负责考试、课程设置与发展等活动的其他教育机构；第四个方面是咨询机构；第五个方面是中介组织。非官方的教育政策主体主要包括利益集团、在野党派和大众传媒组织。这一分类也适用于德国。因篇幅所限，本文这里主要介绍一下德国的教育政策制定主体。

（一）德国联邦层面的教育政策制定机构

联邦层面的教育政策制定机构主要有联邦总理及联邦政府、联邦议院、联邦参议院、联邦总统。他们在立法方面的关系是：联邦总理及联邦政府作为行政机构向立法机构——联邦议院和联邦参议院——提出法律草案由其进行表决。据统计，德国大约75%获得通过的法律都出自政府方面的提议。联邦议院和联邦参议院均有权提出法律草案。从这二者的关系来看，联邦议院是最主要的立法机关，有些法律需要得到联邦参议院的批准，有些法律则不需要。德国联邦总统则负责最终签署法律使之生效。此外，当涉及非法律类的教育政策时，联邦教育与科研部可以独立或者和各州政府合作以行政规定或者行政协定的形式出台教育政策。

（二）德国州层面上的教育政策制定机构

州层面的教育政策制定机构主要包括州议会和州政府。二者之间的关系是立法机关和行政机关的关系。州议会可以通过制定学校法对涉及教育体制的根本性问题作出规范。这些根本性的问题涉及教育目标、教育体制的组织结构、教育管理机构、学校类型、学校的设立和撤销、教师的身份和地位、毕业证书等。州政府及其隶属的行政管理机构通过颁布法律规章和行政规定将学校法中的目标和任务加以具体化和落实。有研究者指出，德国政府更多的是通过行政规定（而非法律）来规范教育事务的。这也是为了提高教育政策的效率，因为教育立法的时间长，而且一旦公布之后修改起来也比较烦琐和耗时。与此相比，通过行政规定规范教育发展更能够灵活地应对新出现的问题和发展趋势。

二、德国教育政策制定的过程

（一）德国联邦层面教育政策制定的过程

在德国，教育法律的制定过程包括：第一，提出教育法律议案，既可以由议会的党团或者议员群体提出，也可以由政府部门（主要是联邦教育与科研部）提出。第二，审议法律议案，联邦议会对法律议案进行审议，认为有问题的话可以要求作出修改。第三，表决与通过法律议案。如果法律议案被联邦议院表决通过，但是联邦参议院却不予通过，那么，联邦参议院有权要求联邦议会修改。为了协调两个立法机构之间的分歧，也可以成立协调委员会进行斡旋直至达成妥协。第四，公布法律。通常由联邦总统签署和公布。德国的许多联邦法律都是这么制定的，涉及教育的有《联邦培训促进法》和2008年已经失效的《高等学校总纲法》（HRG）。

非法律类教育政策(如行政法规和行政规定)的制定过程是：教育政策方案的提出，行政法规草案的审查，行政法规草案的批准，行政法规草案的颁布。在联邦层面，此类教育政策主要是由联邦教育与科研部制定或者牵头推动，不过，因为涉及各州的负责领域，所以大多数情况下，需要和各州进行协调。德国文教部长联席会议(KMK)在此发挥着重要的作用。

(二)德国联邦州层面教育政策制定的过程

在联邦州层面上的教育政策制定过程与上面描述的基本一致，不过在州层面上的立法机构只有一个，即州议会，另外主管教育事务的是各州文教部。

三、德国教育政策制定的特点

研究者通常认为教育政策的制定模式有以下三种：自上而下、自下而上以及自上而下与自下而上相结合。当然，这也只是一种理想类型式的划分，现实中的教育政策制定可能比三种模式所说的更为复杂。但在教育政策形成的过程中，上面的政府机构与下面各个利益团体的代表机构则是在互动之中不断协调和修改政策方案。鉴于德国政府机构是绝大多数教育政策的倡议者和提出者。所以，自上而下、上下互动与合作应该是德国主流的教育政策制定模式。这是德国教育政策制定的第一个特点。

第二个特点。作为联邦制国家，德国各州自主负责本州的教育事务。德国教育政策主体主要在于州和地方层面，联邦政府只是起到补充和平衡的作用。这一结构让各州可以根据当地的情况探索符合本州情况的教育政策，有助于产生创新性的教育政策方案，供各州相互参考和借鉴，也有助于提升教育政策的针对性和适切性，便于教育政策得到落实。

第三个特点。德国对联邦政府、州政府和地方政府的教育管理权限和范围的划分十分明确和细致，对各个社会群体利益代表机构参与教育政策制定过程有明确的规定，并且均通过法律条文加以制度化。教育政策的主体在形成和制定教育政策时有法可依、有章可循，使得德国教育政策的形成具有高度制度化和规范化的特点。

第四个特点。在德国教育政策制定和形成的过程中，决策者十分重视进行实证调查或者请专家与学者进行充分的论证，例如本文提到的“高等教育协定 2020”的提出以德国文教部长联席会议的调查和科学预测为基础。另外，德国在引入国家教育标准前，先请相关领域的专家完成了一份十分详尽的评估。这说明，德国教育政策制定具有明显的科学决策的导向。

第五个特点。德国教育政策制定重视让不同的政党和多方利益相关者民主参与，具有民主化的特点。首先，德国联邦政府和州政府通常都是联合执政政府，因为没有任何一个政党有力量单独执政，另外议会内外有多个反对党。每个政党都有自己的价值取向，例如在柏林学校结构改革中，社会民主党和左派党更加看重社会公平，照顾社会中下层的利益，因此，不愿意在择校方面采用精英化的筛选机制，而基民盟和自由民主党则比较保守，偏重维护社会中上层家庭的利益，主张按照成绩原则择优录取，对学生进行分化。因此在教育政策形成过程中，不可避免地会出现执政党和反对党之间的博弈。特别是当利益难以通过谈判协调时，执政党往往会谋求通过获得议会多数支持将其教育政策合法化，而不再顾及反对党的意见。其次，除了政党之外，经济界、家长、学生、工会、教师、校长等相关利益群体的代表机构也被纳入教育决策或咨询的过程之中。此外，在有关政策的公开讨论中，教育研究机构和教育咨询机构、社会知名人士及媒体也都积极参与，表达自己的见解，提出自己认为合适的教育政策方案。不同层次的政府机构、政党和不同社会群体利益群体民主地参与教育政策的制定有助于改革方案最终可以照顾到各个群体的利益，避免形成偏向一端的教育政策，有助于增强教育政策制定的科学性。但是，他们在教育政策方案方面的分歧也常常令教育政策制定的过程变得很长，导致许多教育政策方案最终偏离了提出时的目标和初衷，甚至中途夭折。因此，德国现有的教育政策制定机制既有优势，也有问题。

因为两国的政治制度不同，德国教育政策制定的模式对于我国可能仅具有有限的借鉴性，但是向地方政府“放权”令其探索符合本地情况的教育政策、基于科学论证的教育决策导向、重视多方利益群体民主参与教育决策等做法，我们却不妨学习和参考一下。

最后需要指出的是，对于德国教育政策制定机制的研究不仅是在中国，而且在德国也属少数。笔者在德国既没有找到教育政策学方面的专著和教科书，也没有看到相关的文章。德国研究者黑普(Hepp)最近出版的《德国教育政策导论》一书也只是分析了具体的德国教育政策，而非教育政策的制定机制。所以，对德国教育政策制定机制的研究只是刚刚开始。

本章小结

在本章，我们学习了教育政策的制定与执行，教育法律的制定与执行。教育政策制定是指判定教育政策问题和对政策方案进行选择并最终制定出切实可行的教育政策的过程。其程序大致分为认定政策问题、确定政策目标、拟订政策方案、选择方案和政策合法化等几个具体环节与阶段。所谓教育政策执行，是一种将教育政策精神与内容转化为现实效果，从而实现教育政策目标的动态行动过程。教育立法指国家立法机关依照法律程序制定有关教育的法律的活动。教育法规的执行专指教育法律的执行，即教育执法。

我们应该把重点放在学习教育政策与法律的执行问题上，对执行的原则、特点、手段及执行中存在的问题等要有一定把握，最终达到自觉遵守教育政策与法律的目的。

关键术语

教育政策　教育政策制定　教育政策执行　教育立法　教育法规执行

思考题

1. 教育政策是如何制定出来的。
2. 教育政策执行在教育政策制定过程中的地位与作用是什么？
3. 教育法规执行的特点有什么？
4. 教育法规执行中存在哪些问题？你认为应该怎么解决这些问题。

拓展阅读

1. 张乐天．教育政策法规的理论与实践(第二版)[M]．上海：华东师范大学出版社，2009．

本书理论性较强，也有一定的实践内容。

2. 袁振国．中国教育政策评论[M]．北京：教育科学出版社，2004.

本书是我国新时期教育政策分析和评论的权威著作。

3. 阮成武．小学教育政策与法规[M]．北京：高等教育出版社，2006.

本书在内容与呈现方式上有创新，读者可参考。

4. 李晓燕．教育法学(第 2 版)[M]．北京：高等教育出版社，2006.

本书较系统地介绍了我国教育法学的系统知识。

5. 劳凯声．中国教育改革 30 年：政策与法律卷[M]．北京：北京师范大学出版，2009.

本卷对我国 30 年来教育政策与法律的变化有详细介绍，比较全面。

第四章　教育法律关系和教育法律责任

学习目标 ▶

1. 了解、掌握教育法律关系的含义、特点、分类和构成。
2. 理解教育法律关系产生、变更和消灭的条件。
3. 了解教育法律责任的含义和类型。
4. 掌握教育法律责任的归责原则、构成要件及责任形式。

未成年人属于弱势群体，容易受到伤害，但是不是孩子在学校、幼儿园受到了伤害，学校和幼儿园都必须承担法律责任呢？这就涉及教育法律关系和教育法律责任的问题。在案件中只有确定相关的法律关系，明确法律责任，才能使法律关系主体的权益得到更好的保护。本章将对教育法律关系和教育法律责任的相关内容作详细的阐述。

第一节　教育法律关系

人们为了生产、生活，相互之间要结成一定的关系，这种关系包括人与人的关系、人与物的关系，还有人与自然的关系。人与人之间的社会关系是多种多样的，比如经济关系、政治关系、道德关系、法律关系、家庭关系、职业关系等，教育法律关系是其中一个重要的方面，下面我们来了解一下。

一、教育法律关系概述

(一)法律关系的含义和特征

1. 法律关系的含义

法律关系是“以法律规范为基础形成的、以法律权利与法律义务为内容的社会关系”①。法律规范调整的是人与人的关系。但要注意，并不是人与人之间所有的关系都是法律关系。比如，在不存在法律的社会中，人与人的关系不可能成为法律关系。即使在法律存在的社会中，人与人之间的关系也不全是法律关系，只有当某一社会关系是在法律规范的基础上产生，并在这一关系的参加者之间形成一定的权利和义务关系时，这种社会关系才构成法律关系。

2. 法律关系的特征

法律关系是一种特殊的社会关系。它与一般社会关系相比所具有的特殊属性就是法律关系的特征。法律关系的特征主要有以下几点。

法律关系是建立在法律规范基础之上的社会关系。法律关系是由于法律规范的存在而建立的社会关系，没有法律规范的存在，也就不可能形成与之相应的法律关系。法律关系与法律规范之间的关系可以从两个方面来理解。一方面，法律规范是法律关系存在的前提，没有相应的法律规范的存在就不可能产生相应的法律关系。比如朋友之间的友谊，由于不存在相应的法律规范，因此也就不可能产生相应的法律关系。另一方面，任何一种法律规范只能在具体的法律关系中才能得以实现。在法律规范中，规定了人们的权利、义务、责任和相应的法律后果，这种规定是针对同一类对象、同一类行为，而不是针对某一特定的对象或行为。因此，法律关系具

---

① 张文显．法理学(第五版)[M]．北京：高等教育出版社，2018：152.

有普遍适用性。只有当人们按照法律规范的行为模式，或者说符合一定的法律事实时，才会形成针对于个人之间的权利义务的法律关系。例如，我国宪法规定我国公民有受教育的权利和义务。这种抽象的权利义务要在现实生活中获得实现，只有通过一定的法律程序，如就近入学、注册学籍等法律事实，才能转变为学生与国家、社会及学校之间的具体的权利义务关系。然后再由具体主体将法律关系中的权利义务变成自己的行为，即享受权利和履行义务。这时法律规范中的一般要求就得到了最终实现。

法律关系是以法律上的权利、义务为内容的社会关系。法律关系与其他社会关系的重要区别，就在于它是法律化的权利义务关系，是一种明确的、固定的权利义务关系。这种权利和义务可以是由法律明确规定的，也可以是由法律授权当事人在法律的范围内自行约定的。法律规范中的权利义务只是一种可能性，并且是以一定的假定事实为前提的；而法律关系的权利义务都是现实的、具体的，法律规范所假定的事实已经发生在现实领域中。

法律关系是以国家强制力作为保障手段的社会关系。法律关系是建立在法律规范基础上的社会关系，法律规范是国家意志的体现，它的实施由国家强制力作为保障，因此法律关系具有强制性和较强的稳定性。而那些靠道德和纪律的约束而实现的社会关系往往具有不稳定性和非强制性。法律关系中的权利义务，反映了国家对社会秩序的一种维持态度。当法律关系受到破坏时，就意味着国家意志所授予的权利受到侵犯，意味着国家意志所设定的义务被拒绝履行。这时，权利受侵害一方就有权请求国家机关运用国家强制力，责令侵害方履行义务或承担未履行义务所应承担的法律责任，即对违法者予以相应的制裁。由此可见，当一种社会关系被纳入法律调整的范围之内，就意味着国家对它实行了强制性的保护，这种强制力主要体现在国家对法律责任的规定上。

(二)教育法律关系的含义和分类

1. 教育法律关系的含义

教育法律关系指由教育法律规范确认和调整的人们在教育活动中形成的权利与义务关系。

教育法律关系既是一种教育关系，也是一种法律关系。教育法律关系首先是一种教育关系，是人们在教育活动中，由教育活动主体之间结成的各种关系，如教与学的关系，教师与家庭、社会的关系等。但并非所有的教育关系都会转化成为教育法律关系，只有适用教育法律规范调整的教育关系，才会转化成为教育法律关系。教育法律关系与其他教育关系的区别就在于它是一种由具有法律强制性的行为规则所规范或调整的教育关系。可见，教育法律关系的产生以教育法律规范的存在为前提，只有适用教育法律规范调整的教育关系才能转化成为教育法律关系。

2. 教育法律关系的分类

教育法律关系从不同角度可以分为不同类别。

(1)教育内部的法律关系和教育外部的法律关系。依据教育法律关系主体的社会角色不同，可以分为教育内部的法律关系和教育外部的法律关系两类。

教育内部的法律关系主要指由教育法律规范调整的教育系统内部各类教育机构、教育工作人员、教育对象之间的关系，如学校与教师的关系、教师与学生的关系等。教育外部的法律关系主要指适用教育法律规范调整的教育系统与其外部社会各方面之间发生的法律关系，这种联系的具体表现也是多种多样的。如学校与政府的关系、学校与企事业单位的关系。这两类教育法律关系的划分是相对的，在教育活动中常常同时发生，甚至交织在一起。如教师和学生家长既有共同教育学生的权利和责任，又有相互配合的义务。

(2)隶属型教育法律关系和平权型教育法律关系。依据主体之间关系的类型，可以区分为隶属型教育法律关系和平权型教育法律关系。

隶属型教育法律关系是以教育管理部门为核心向外辐射，与其他主体之间形成的教育法律关系。这类教育法律关系属于管理主体与管理对象之间的关系，具有纵向隶属的特征。隶属型教育法律关系通常指教育行政法律关系，但具有区别于一般行政法律关系的独特特征。如一般行政管理之间是领导与服从、命令与执行的关系，行政法律关系的形成或变更取决于具有法定职权的行政机关一方的决定，即行政机关可以不考虑其行政相对人的意愿单方面作出处置决定。行政相对人对行政机关作出的决定或下达的行政命令，必须无条件服从，否则行政机关就可追究其行政法律责任。虽然在教育行政法律关系中也存在着这种“强迫型”的行政法律关系，如教育行政部门对教育事业的宏观调控权力等，但其强迫程度明显弱于其他类型的行政法律关系，即教育行政机关在作出某些决定时还需要在一定程度上考虑其行政相对人的意愿。尤其是在扩大学校的办学自主权以后，教育行政机关与学校的关系就更是如此。而且由于行政自由裁量权的存在，这在实践中也是做得到的。因此，隶属型教育法律关系在领导与服从、命令与执行的关系基础上，还应体现教学民主和学术民主。

平权型教育法律关系是两个具有平等法律地位的教育关系主体之间产生的教育法律关系，通常视为教育民事法律关系。与一般民事法律关系相同的是具有横向的平等性。但这类教育法律关系与一般民事法律关系也有区别，其具有明显的教育特征。由于教育活动的特殊性，其主体双方享有权利和履行义务的方式与状况很难用一般的民法规则来确定和衡量。因此，它们虽然具有民事法律关系的平等特征，但却不属于民法的调整范围，确切地说，这是一类具有教育特征和民事性质的教育法律关系。随着教育民主化的发展，平权型的教育法律关系的范围将会逐步扩大。

教育法律关系之所以会与其他法律关系产生种种差别，是因为在制定教育法律规范、设定教育法律关系的一般模式时，必须充分考虑教育自身的特点和规律。

(3)调整性教育法律关系和保护性教育法律关系。根据教育法律规范发挥的作用，可以分为调整性教育法律关系和保护性教育法律关系两类。

调整性教育法律关系是按照调整性教育法律规范所设定的教育关系模式，主体的教育权利能够正常实现的教育法律关系。如学生按照规定入学，教师按照《教师法》允许或要求的限度行使教育职权等。调整性教育法律关系以主体的合法行为作为成立基础，不需要适用法律制裁手段，它是实现教育法规的规范职能的表现。

保护性教育法律关系是在教育主体的权利和义务不能正常实现的情况下，通过保护性教育法律规范，采取法律制裁手段而形成的教育法律关系。保护性教育法律关系以主体的违法行为作为产生基础，由国家行使制裁的权力，要求违法者承担相应的责任，它是实现教育法规的保障职能的表现。由于保护性教育法律关系与制裁手段相联系，而法律制裁的方式主要有行政制裁、民事制裁和刑事制裁等，因而可以将保护性教育法律关系分为教育行政法律关系、教育民事法律关系和教育刑事法律关系，其违法主体则分别承担教育行政责任、教育民事责任和教育刑事责任。这也表明，教育法律关系的上述分类是交叉出现的。掌握教育法律关系的不同分类及其关系有利于正确认识教育法律关系的性质，也有助于我们在实践中处理好教育法律关系。

在教育活动中，具体教育法律关系主要包括：政府与学校的关系，学校与社会的关系，学校与老师、学校与学生、教师与学生、教师与学生家长的关系等。

二、教育法律关系的构成要素

教育法律关系是由教育法律关系的主体、教育法律关系的客体和教育法律关系的内容三个要素构成。教育法律关系主体、客体和内容三者之间相互联系、相互制约、缺一不可，其中任何一个要素的改变，都会导致原有法律关系的变更。

(一)教育法律关系主体

1. 教育法律关系主体的含义和特点

教育法律关系主体指教育法律关系的参加者或当事人，即在具体的教育法律关系中享有权利或承担义务的人，包括教育权利主体或教育义务主体。其中享有权利的一方称为权利人，承担义务的一方称为义务人。每一种教育法律关系必须有享有一定的权利和承担一定的义务的主体参加，否则法律关系不成立。

教育法律关系主体具有多样性的特点。参与教育活动、按照教育法律规范的规定享有权利和承担义务的公民、组织都是教育法律关系的主体。由于教育活动是多种多样的，具有多样性，如兴办教育、管理教育、实施教育、接受教育、参与和支持帮助教育等诸多方面，也就决定了教育法律关系主体也是多种多样的，具有多样性。教育法律关系主体包括教育行政机关、其他国家机关、社会组织(包括企业、事业单位、农村集体组织)、学校、社会团体、家庭和公民等。这些公民、法人、组织在教育活动中享有广泛的权利和承担着多方面的义务。因此，教育法律关系主体既包括教育行政机关、学校及其他教育机构、教育者、学生及其他受教育者，也包括其他一些个人和组织。

2. 教育法律关系主体的种类

我国教育法律关系主体的种类繁多，概括起来主要分为三类。

(1)自然人，即个人主体。公民是自然人中最基本的、数量上占绝对优势的主体。教师、学生、学生家长及其他公民等皆可在教育法律关系中成为个人主体。此外，在我国的外国人和无国籍人也可以作为教育法律关系的主体，但只能参加我国的部分教育法律关系，其范围由我国法律及我国与其他国家签订的条约和国际公约规定。

相关链接

《中华人民共和国国籍法》关于确定国籍的有关规定

三条原则：一是国籍平等；二是不承认双重国籍；三是采取混合主义。

第四条　父母双方或一方为中国公民，本人出生在中国，具有中国国籍。

第五条　父母双方或一方为中国公民，本人出生在外国，具有中国国籍；但父母双方或一方为中国公民并定居在外国，本人出生时即具有外国国籍的，不具有中国国籍。

第六条　父母无国籍或国籍不明，定居在中国，本人出生在中国，具有中国国籍。

第七条　外国人或无国籍人，愿意遵守中国宪法和法律，并具有下列条件之一的，可以经申请批准加入中国国籍：1. 中国人的近亲属；2. 定居在中国的；3. 有其他正当理由的。

第十一条　申请退出中国国籍获得批准的，即丧失中国国籍。

第十二条　国家工作人员和现役军人，不得退出中国国籍。

（资料来源：《中华人民共和国国籍法》）

(2)集体主体。集体主体大体包括两类：一类是国家机关，包括权力机关、行政机关、审判机关和检察机关等，它们在职权范围内活动，能够成为宪法关系、行政法关系、诉讼法关系等多种法律关系的主体，其特点具有权力特征；另一类是社会组织，如学校、社会团体、企事业单位等，这些组织参加的教育法律关系广泛，无论是在教育民事法律关系中，还是在教育行政法律关系中，都可以依法成为教育法律关系的主体。

(3)国家。国家是作为一个整体参加某些重要法律关系，成为教育法律关系的主体的。一方面，国家主体可以以国际法主体的名义参与国际教育活动、签署国际教育协议等；另一方面，国家主体主要通过权力机关、司法机关、行政机关等来行使国家的教育立法权、教育司法权和教育行政权，从而成为具体的教育法律关系主体。

3. 成为教育法律关系主体的条件

要成为教育法律关系的主体，在具体的教育法律关系中享有权利、承担义务，就需要具备享有权利和承担义务的资格，即要具备权利能力和行为能力。

（1）具备权利能力。权利能力亦称法律人格，是法律关系主体依法享有权利和承担义务的能力或资格。这是教育法律关系主体参加任何教育法律关系都必须具备的前提条件。在我国的《中华人民共和国民法典》（以下简称《民法典》）中对自然人和法人的权利能力作出了明确的规定。第十三条规定："自然人从出生时起到死亡时止，具有民事权利能力，依法享有民事权利，承担民事义务。"第五十九条规定："法人的民事权利能力和民事行为能力，从法人成立时产生，到法人终止时消灭。"法人权利能力的内容和范围由有关法律和法人组织的章程加以规定。

（2）具备行为能力。行为能力指能够以自己的行为依法行使权利和承担义务的能力，它是由法律予以规定的。

教育法律关系主体除了应具备权利能力，还要具备行为能力。比如受教育权，儿童都有受教育的权利能力，但只有达到一定年龄才能具有接受学校教育的行为能力。行为能力是权利得到实现的条件。只有具有行为能力，才能使权利能力落到实处。但并不是所有的法律关系中，法律关系主体都必须同时具有权利能力和行为能力。在某些特殊的法律关系中，主体只要具备权利能力就可以了。比如继承法律关系、代理法律关系中，婴儿、精神病人都可以作为法律关系的主体。也就是说，在特殊情况下，有的法律关系中行为能力和权利能力是可以分离的。

自然人的行为能力是由法律予以规定的。在法律上，主要依据主体的意志自由确定其行为能力，即主体能够理解自己行为的社会意义并能够控制自己的行为。通常情况下，自然人的意志自由状态从年龄和精神健康状况两个方面来确定。根据《民法典》，自然人的民事行为能力可分为三类：完全民事行为能力人、限制民事行为能力人、无民事行为能力人。完全民事行为能力人是指达到一定法定年龄、智力健全、能够对自己的行为负责的自然人（公民）。18 周岁以上的公民是成年人，具有完全民事行为能力，可以独立进行民事活动，是完全民事行为能力人。16 周岁以上的未成年人，以自己的劳动收入为主要生活来源的，视为完全民事行为能力人。限制行为能力人，是指行为受到一定限制，只具有部分行为能力的公民。《民法典》第十九条规定："八周岁以上的未成年人为限制民事行为能力人，实施民事法律行为由其法定代理人代理或者经其法定代理人同意、追认；但是，可以独立实施纯获利益的民事法律行为或者与其年龄、智力相适应的民事法律行为。"第二十二条规定："不能完全辨认自己行为的成年人为限制民事行为能力人，实施民事法律行为由其法定代理人代理或者经其法定代理人同意、追认；但是，可以独立实施纯获利益的民事法律行为或者与其智力、精神健康状况相适应的民事法律行为。"不满 8 周岁的未成年人，不能辨认自己行为的成年人为无民事行为能力人。

法人的行为能力与自然人的行为能力有所不同，由于法人是法律拟制的人，因此，法人的权利能力与行为能力是相伴随的，即权利能力和行为能力都自法人成立之日起同时产生，随法人的终止而消灭。同时，二者也是统一的，即法人不得进行违背其成立宗旨、任务、目的和范围以外的活动。另外，法人的行为能力是通过法人的代表人来实现的，这与自然人的行为能力是通过自己来实现的也是不同的。

与行为能力相关的还有责任能力。责任能力指行为人对自己的违法行为后果承担法律责任的能力，它是行为能力的一种特殊形式。①一般说来，对责任能力的规定与关于行为能力规定的精神健康状况是一致的，即有行为能力就具备责任能力，无行为能力就不具备责任能力。同样，完全行为能力人就是完全责任能力人，限制行为能力人是限制责任能力人，而无行为能力人也就是无责任能力人。

但行为能力与责任能力在不同法律中的关于年龄的规定是有差别的，这就造成了有时违法主体和承担法律责任主体是不统一的。在《中华人民共和国刑法》中，不满 12 周岁的未成年人和精神病人被视为无刑事责任能力人。精神病人在不能辨认或者不能控制自己行为的时候造成危害结果，经法定程序鉴定确认的，不负刑事责任。在《民法典》中，“自然人不分年龄和精神状态，都具有责任能力，负有赔偿等义务，但是在未成年人或精神病人造成他人人身或财产损害的案件中，往往是由具有监护职责的监护人承担实际的赔偿义务”②。

法人的责任能力与其行为能力相对应，同时法人对一些特殊的犯罪行为具有刑事责任能力。

（二）教育法律关系的客体

1. 教育法律关系客体的含义

教育法律关系客体指教育法律关系主体的权利与义务所指向的对象。教育法律关系客体是将主体间权利和义务联系起来的桥梁，是主体之间形成的权利和义务的重要载体。没有客体，教育权利和义务就会失去依附，在教育法律关系主体之间就不可能形成教育法律关系。因此，客体是构成任何教育法律关系都不能缺少的一个必备要素。但并不是一切独立于主体而存在的客观对象都可以成为法律关系的客体。要想成为法律关系的客体必须是既能满足主体利益需要，又得到国家法律确认和保护的客观对象。这样的客观对象才能成为主体的权利与义务所指向的对象，才能成为法律关系的客体。比如在买卖假币的行为中，买方与卖方也发生一定的关系，但这种关系不被法律确认和保护，故不构成法律关系，买卖假币的行为、假币等也不能构成法律关系的客体。

2. 教育法律关系客体的种类

教育法律关系的客体一般包括物质财富、非物质财富、行为三大方面，教育领

---

① 陈大伟．师德修养与教育法规[M]. 北京：北京师范大学出版社，2012：165.

② 张光杰．法理学导论[M]. 上海：复旦大学出版社，2006：165.

域中存在的法律纠纷，往往都是由它们引起的。

（1）物质财富。物质财富简称物，是教育的物质基础。一方面可以表现为自然物，如土地、河流、山川、自然资源等；另一方面也可以表现为人的劳动产物，如房屋建筑、机器设备、各种产品等。物既可以是国家和集体的财产，也可以是公民个人的私有财产。作为教育法律关系客体的物一般可分为动产与不动产两类。不动产包括土地、房屋和其他建筑设施，如学校的操场、办公室、教室、实验用房及其必要的附属建筑物和其他的教学用地。但要注意学校及其他教育机构的用地所有权都是属于国家和集体的，学校及其他教育机构只享有使用权。动产指教育资金和教学中的仪器设备等。教育资金包括国家教育财政拨款、社会捐资等，其表现形式为货币及其他各种有价证券，如支票、汇票、存折、债券等。这些资金必须用于教育，不允许任何单位和个人以任何借口挪用和克扣。

（2）非物质财富。非物质财富指人们进行创作活动中生产的产品即智力成果，以及其他与人身相联系的非财产性的财富。在教育领域中，智力成果主要指各种教材、著作、有独创性的教案、教法、教具、课件、专利、发明等；非财产性的财富，包括公民（如教师、学生和其他个人主体）或组织（如教育行政机关、学校和其他组织）的姓名或名称，公民的肖像、名誉、身体健康、生命等。如《教师法》第四条第二款规定：“全社会都应当尊重教师。”第三十五条规定：“侮辱、殴打教师的，根据不同情况，分别给予行政处分或者行政处罚；造成损害的，责令赔偿损失；情节严重，构成犯罪的，依法追究刑事责任。”在这些规定中，教师的人格利益就是教育法律关系的客体。同样，学生的隐私权作为一种人身利益也可以成为教育法律关系的客体。

相关链接

如何协调教师的教育教学权与学生的隐私权[①]（节选）

学生是未成年人，他们的隐私权具有特殊性，我们必须照顾到这种特殊性，才能更好地保护他们的隐私权，促使其健康发展。

一是隐私支配权的有限性。一个具有完全民事行为能力的成年公民可以对自己的隐私信息进行自由处置，尤其是可以合法地利用自己的隐私来谋取经济利益。而对于限制民事行为能力特别是无民事行为能力的未成年学生来说，情况则有所不同。由于他们的心智成熟水平低、社会经验不足，他们对隐私的支配权具有有限性。

二是隐私权的冲突性。作为未成年人，其隐私权经常会与父母作为监护权人的监护权发生冲突。未成年人的生理和心理发育尚不完全，可塑性极强，过于放任就意味着对他们不负责任，极易使他们走向邪路。因此，未成年人的隐私权与父母对他们隐私的知情权容易发生冲突。

---

① 孟俊红．如何协调教师的教育教学权与学生的隐私权[J]．河南教育（基教版），2009(5)．

另外，学生的隐私权经常也会与教师的教育教学权发生冲突。教师因工作关系，或多或少都会掌握到学生的个人信息，如班主任对学生档案的管理，教师在教学中接触到学生的考试分数，教师家访了解到学生家庭情况，等等。教育必须做到因材施教，要教育好学生，教师就必须先了解学生，尽可能全面深入且不断了解和研究学生，如学生的身体情况、行为习惯、智力水平、情感世界、家庭背景、父母职业及社会关系等，这些都可能成为教育学生的契机。可以说，有效的教育教学工作是以了解学生为基本前提的，只有如此，教师的教育才能有的放矢。为此，教师的教育教学权很可能与学生的隐私权发生冲突。

三是隐私权内容的复杂性。学生的许多信息从法律角度来说应当属于隐私，但是鉴于其学生的身份，许多信息能否作为隐私又值得商榷。如许多人认为考试分数、名次是隐私，特别是不允许排名。但是从学生个人来说，不知道自己的名次，何以确定下一步的学习目标？如果家长不知道孩子的学习成绩及其在班级的情况，何以对学生行使监护管理权？假如说教师为了尊重学生的隐私权，每次都对家长说：你的孩子考得不错。而等到关键考试时，教师却对家长说：你的孩子已经没有挽救的可能了。这无异于医生一直对患者隐瞒病情，直到最后才突然对患者说：你是癌症晚期，只有一个月的期限了。我们能说这是尊重隐私权吗？这是教师的渎职，为师者放弃了教学管理的义务，是对学生不负责任的表现。

• 学生隐私权与教师教育教学权的协调

《中华人民共和国教师法》明文规定了教师的教育教学权，而法律同时也规定了学生的隐私权，二者都有合法的权利来源。那么，教师该如何行使教育教学权，才能既提高教育效果，又不侵犯学生的隐私权呢？这既牵涉学生隐私权的“度”，又涉及教师教学活动的“度”。一言以蔽之，就是学生隐私权与教师教育教学权的协调问题。笔者认为，这种协调可以从教师获取隐私信息的手段与对信息的使用两方面着手。

其一，教师获取学生个人信息的手段应合法。教师获取信息的手段受到的制约应该更多，在这方面教育教学权要让位于学生的隐私权。教师可以通过谈心的方式，让学生主动说出相关的信息，或者通过与家长的交流获取相关信息。以本文开头的案例为例，教师要获得影响学生学习的信息，就要特别注意获得隐私信息的手段，可以采用谈心、告知家长的方式，而不是私拆、扣押信件的方式。案例中教师的做法不管是自己亲力亲为，还是通过班规班约来行使，都是侵犯学生隐私权的行为。

其二，教师对隐私信息的使用要合法。教师接触到、获得的学生隐私信息，如果与教育教学权无关，就应当保密。即使要服务于教育教学权，教师也应当尽可能地注意使用方式与范围，在必要的范围内公布，使隐私权与知情权达到一定程度的协调。如满足家长的知情权，可以向家长披露；满足教学群体的知情权，可以向相关任课教师披露。以考试分数为例，教育部 1994 年公布的《关于全面贯彻教育方针减轻中小学生过重课业负担的意见》明确规定“学校、教师不得按学生考分高低排列名次，张榜公布”。考试分数与名次虽然是学生的隐私范畴，但是教师可以向家长告知，可以向教授同一个班级的教师告知，而不适合在班里公布，更不适合张榜公布或网络公布。

(3)行为。行为指教育法律关系主体在教学活动中的各种教学和科研活动。一定的行为可以满足权利人的利益和需要，是教育法律关系客体的重要组成部分。教育法律关系赖以存在的最基本的行为主要有教育行政机关的行政行为、学校的管理行为和教师、学生的教育教学行为等。

知识链接

行政机关的行政行为主要指的是具体的教育行政行为，是各级政府及其教育行政机关为实现教育事业的管理，根据有关法律行使具体行政职能，直接或者间接产生行政法律后果的行为。

学校及其他教育机构的管理行为是指学校根据有关法律的规定实现其权利和义务，依照学校章程进行自主管理的行为。

教育者与受教育者的教育教学行为包括教育者的教育教学行为和受教育者的受教育行为。它是教育法律关系中最基本的行为，是教育法律关系得以存在的重要条件。①

由此可见，学校、教师、学生的物质财富、非物质财富及这些主体依法进行的教育行为和教育活动都受法律的承认和保护，都是教育法律关系的重要客体。

(三)教育法律关系的内容

教育法律关系的内容是指在一定条件下，教育法律关系主体依照法律规定或主体间的约定所享有的权利和承担的义务，即教育法律关系的主体依法应当享有的权益和履行的责任。确定法律关系参加者的权利和义务是法律的实质所在。权利与义务构成法律关系的内容，是法律关系的核心，没有法律关系主体的权利和义务为内容，就无法构成法律关系。教育法律关系的内容包括国家的权利、义务，教育行政机关的权利、义务，学校的权利、义务，校长和教职工的权利、义务，学生的权利、义务，以及其他社会组织的权利、义务等。

1. 教育法律权利

法律权利是指法律关系主体在法律活动中依法享有的某些利益或某种资格。对于法律关系主体来说，法律权利具有选择性的特点，表现为权利人可以根据自己的意志作出一定的行为或不作一定的行为，或权利人可以要求义务人实施一定的行为或不作为。一切法定的权利，都以国家强制力作为保障，当法定的权利受到不法侵害时，权利人有权向有关国家机关请求法律保护。

教育法律权利可以表现为行为权、要求权和请求权。

(1)行为权。教育法律关系主体的行为权是自己作出或不作出某种行为的权利。教育法律关系主体通过作为或不作为来实现自己的权益。如学校依法对本学校的教室、宿舍、图书资料、仪器设备等进行管理是作为；家长送适龄子女入学的行为也

---

① 杨颖秀．教育法学[M]．北京：中央广播电视大学出版社，2006：65.

是一种作为。学校违反国家有关规定向学生收取费用被学生家长拒绝，学生家长拒绝交费的行为，就可以视为对其利益维护的一种不作为。

(2)要求权。教育法律关系主体还有权要求义务人作出或者不作出某种行为。设置这一权利的目的是保证权利人权利的实现。权利人可以要求义务人停止侵害，使自己的利益得到维护；也可以要求义务人作出一定的积极行为以满足自己的利益要求。比如，学校有维护教育教学正常秩序的权利，当有人或者组织扰乱正常的教育教学秩序时，学校就有权利要求义务主体停止侵害教育教学正常秩序；义务教育阶段的子女有受教育的权利，当他们的父母不送他们上学时，他们就有权利要求父母履行义务送自己上学，维护其受教育的权利。

(3)请求权。当教育法律关系主体的法律权利受到不法侵害时，权利人有请求国家提供法律保护的权利。这一权利主要体现在诉讼教育法律关系中，体现了国家的强制力，是对受侵害者的权利的一种法律救济。权利人的请求权可以通过申诉、控告等不同途径实现。

2. 教育法律义务

法律义务是指法律关系主体在法律活动中依法应该承担的责任。所有的法定义务都由国家强制力来保证实现。义务人在法律义务面前没有选择的自由，必须依法实施一定行为或不作一定行为。当义务人拒绝履行其应尽的法律义务时，国家的司法机关或其他有关机关有权采取措施强制其履行，甚至有权要求义务人承担相应的法律责任。

教育法律义务是指按照教育法规的要求，教育法律关系主体应履行的有关教育方面的责任。一方面，教育法律义务表现为教育义务主体有不作一定行为的责任。如《义务教育法》第四十九条规定：“任何组织和个人不得侵占、挪用义务教育经费，不得向学校非法收取或者摊派费用。”第二十五条规定：“学校不得违反国家规定收取费用，不得以向学生推销或者变相推销商品、服务等方式谋取利益。”第二十九条规定：“教师应当尊重学生的人格，不得歧视学生，不得对学生实施体罚、变相体罚或者其他侮辱人格尊严的行为，不得侵犯学生合法权益。”这些条款中所提出的行为都是不允许义务人做的行为。义务的履行是权利实现的前提和保证，只有义务人不作为才能构成权利人权利实现的条件。另一方面，教育法律义务还表现为义务人积极的作为，即义务人按照教育法律的规定或教育法律关系权利人的要求，努力去做一定的行为以满足权利人的利益要求。如《义务教育法》第十五条规定：“县级以上地方人民政府根据本行政区域内居住的适龄儿童、少年的数量和分布状况等因素，按照国家有关规定，制定、调整学校设置规划。新建居民区需要设置学校的，应当与居民区的建设同步进行。”在这里，制定、调整学校设置规划就属于地方各级人民政府应该积极履行的义务。义务人义务的不履行或不完全履行就会引起权利人要求权的行使。教育义务无论是积极地作为还是不作为都具有不可选择性，义务人必须依法接受，如果义务人不履行义务，就会受到国家强制力的约束，承担相应的法律责任。

3. 教育法律权利和教育法律义务的关系

教育法律权利是指受法律保护的某种利益，教育法律义务是指人们必须承担的某种责任，教育法律权利和教育法律义务构成了教育法律关系内容的核心，二者有着密切的关系。

教育法律权利和教育法律义务是相互联系、相互制约、不可分割的统一体。没有无义务的权利，也没有无权利的义务。在任何一种法律关系中，权利人权利的享有都有赖于义务人对义务的承担和履行，否则权利人的权利就会受到侵害。教育法律权利和教育法律义务的统一性表现在两者表现的是同一行为、指向同一对象。对一方当事人来讲是权利，对另一方来讲就是义务。如《义务教育法》第五条第二款规定："适龄儿童、少年的父母或者其他法定监护人应当依法保证其按时入学接受并完成义务教育。"在这一规定中，上学对适龄儿童、少年来说是权利，而对其父母来说就是义务。权利与义务的统一性还表现在任何一个法律关系主体在享受权利的同时也必须承担相应的义务。此外，在有些法律关系中，权利与义务具有交叉性，如学校校长依法管理学校，这既是校长的法定权利也是校长的法定义务。再如适龄儿童接受九年制义务教育，既是其权利，又是其义务。这是教育权利与教育义务统一性的特殊表现。

教育法律权利和教育法律义务存在结构相关、数量相当、功能互补和价值主从关系。结构相关是指任何一项教育法律权利的获得都必须有相对应的教育法律义务。数量相当主要表现在教育法律权利和教育法律义务在总量上是大体相等的。否则，如果教育权利的总量大于教育义务的总量，有些教育权利的实现就没有保障，就形同虚设；如果教育义务总量大于教育权利的总量，就会出现教育特权现象。教育法律权利表征利益，教育法律义务表征负担。教育法律规范调整教育社会关系是通过教育法律权利和教育法律义务双向机制来实现的，二者在功能上相互补充。所以我们不能只强调自己的教育权利而忽视履行教育义务，也不能只强调履行教育义务而忽视教育权利的行使。在教育法律关系中，主体之间通过教育权利和教育义务的互动形成良好的教育秩序。教育法律权利与义务在价值选择上有主从之分。在我国社会主义条件下，社会主义法将权利本位与社会主义原则相结合，在规定权利义务关系上体现出的原则有：在法律面前人人平等；权利与义务之间的平衡；有关权利的实现与国家的经济发展相适应，不能超越特定的历史发展阶段；特别是公民和政治权利的实现需要一个长期的渐进过程；权利的实现必须制度化、法律化。① 因此，在教育法律关系中，在对教育法律权利和义务的价值选择上，"是或应当是权利本位的"②，我们更应注重权利的实现和研究。③

---

① 沈宗灵．法理学[M]．北京：北京大学出版社，2001：76－77.

② 公丕祥．法理学[M]．上海：复旦大学出版社，2002：198.

③ 谭晓玉．研究权利——中国教育法学的新发展．载劳凯声：中国教育法制评论（第一辑）[M]．北京：教育科学出版社，2002：403－414.

三、教育法律关系的产生、变更和消灭

教育法律关系随着社会生活的不断发展、变化具有某种动态性，即教育法律关系有一个产生、变更与消灭的过程。

教育法律关系的产生是指教育法律关系主体之间出现了法律上的权利、义务关系，比如用人单位与学校签订了委托培养合同，合同的签订就使得用人单位与学校及学生之间产生了权利义务关系。教育法律关系的变更是指教育法律关系的主体、客体或内容中的任何一项发生了变化，引起了教育法律关系的变化。主体变更是指主体的增加、减少和改变。如学校与企业间的委托培养学生因原委托企业破产而改变委托方。再如几所学校合并为一所学校也会使法律关系发生变更。客体的变更是指标的变化，如学校基建合同的地点、面积的变更。内容的变更是指权利、义务的变更，如学校之间签订的协作合同，经过协商后修改某些法定义务或履行期限及条件等。教育法律关系的消灭指的是主体间权利、义务关系完全终止。如学校向某公司借款就形成了民事法律关系中的债权债务关系，学校为债务人，公司为债权人。当学校依照合同还清了借款后，学校与该企业的债权债务民事关系则归于消灭。

（一）教育法律关系的产生、变更与消灭的条件

教育法律关系的产生、变更与消灭不是随意的，一般要遵从两个条件——教育法律规范和教育法律事实。教育法律规范是教育法律关系形成、变更与消灭的前提和依据。它是抽象的条件，是法律上比较抽象的规定，只是设定了教育法律关系的一般模式，其本身并不创造教育法律关系。教育法律事实是具体的条件，它是教育法律规范中假定部分所规定的各种情况，现实中一旦规定情况出现，教育法律规范中有关权利和义务的规定及有关行为法律后果的规定就发挥作用，从而使一定的教育法律关系产生、变更或消灭。所以，真正能够引起教育法律关系的产生、变更和消灭的是符合教育法律规范所设定的条件的法律事实。

（二）教育法律事实

法律事实是指依据有关法律的规定能够引起法律关系产生、变更和消灭的客观情况。教育法律事实是指依据有关教育法律规范的规定能够引起教育法律关系形成、变更与消灭的各种客观情况的总称。

教育法律事实是一种规范性事实。教育法律事实是教育法律规范的产物，没有教育法律规范，教育法律事实就不可能产生。教育法律事实是一种能用证据证明的事实。这意味着教育法律事实不仅是客观事实，而且还应是能用证据证明的客观事实，不能仅凭法律推定得到证实。教育法律事实是一种具有法律意义的事实。如果事实没有对法律产生任何影响就不能称为法律事实。

根据不同的标准可以对教育法律事实进行多种分类，以下是几种最常见的划分方法。

1. 事件和行为

教育法律事实按照是否与当事人的意志有关进行划分，可以分为事件和行为两类。这是教育法律事实最基本、最重要的分类。

教育法律事件是指与当事人意志无关，能够引起教育法律关系形成、变更或消灭的事实。导致事件发生的原因，既可以来自社会，如战争等，也可以来自自然，如火山爆发、地震、海啸等，另外也可能来自时间的流逝，如各种时效的规定等。[①]如某教师的退休或者死亡，会导致一系列法律关系的变化。它使该教师与学校、学生之间原有的权责关系变更或消灭。

行为是指人的活动，是在人的意志支配下产生的客观情况。教育法上所说的行为，仅指与当事人意志有关且能够引起教育法律关系后果的活动。行为一旦作出，就会产生事实，引起教育法律关系的产生、变更或者消灭。当事人的主观意志是引发事实的原因，这也是事实与事件的区别所在。因此，如果没有当事人的主观因素，而是由于不可抗力或不可预见的原因而引起的某种法律后果的活动，在法律上则不被认为是行为，而被归入意外事件。

行为依据不同的标准，可以分为不同的类型。如按其性质可分为积极行为(作为)和消极行为(不作为)两类，如高考舞弊、挪用教育经费、体罚学生、聘任教师、父母送适龄子女接受义务教育等，均是积极行为或者作为；而校舍失修倒塌伤人，明知某种事物或活动可能对学生产生伤害但不采取预防或制止措施等，是消极行为或不作为。如按行为是否符合法律规范的要求，可分为合法行为和违法行为两类。合法行为是符合法律规范规定的行为，它引起肯定性的法律后果；违法行为是不符合法律规定的行为，它引起否定性的法律后果。

由此可以看出，法律规范、法律事实、法律关系三者之间有着密切的联系。法律规范是判定法律事实是否成立的依据；法律事实是引起法律关系发生、变更或消灭的直接原因；法律关系是法律事实导致的结果，也是法律规范作用于社会关系的表现。

2. 单一的教育法律事实和教育事实构成

按照引起法律后果所需要的法律事实是一个还是多个，教育法律事实可分为单一的教育法律事实和教育事实构成两类。

单一的教育法律事实是指可以单独引起的某种法律后果的法律事实。如出生、死亡是单一的法律事实，它的出现，就可能引起相关教育法律关系的产生、变更或消灭。

教育事实构成是指由几个事实同时出现才能引起法律后果的法律事实。多数教育法律关系的形成、变更或消灭，必须以同时具备数个事实为条件，缺一不可。例如，设立学校就需要同时具备：有组织机构和章程；有合格的教师；有符合规定标

---

① 杨颖秀．教育法学[M]．北京：中央广播电视大学出版社，2006：70.

准的教学场所及设施、设备等；有必备的办学资金和稳定的经费来源等条件。这些条件是学校成立的事实构成。①

第二节　教育法律责任

社会生活中如果没有责任，权利就受不到约束，义务就得不到履行，整个社会将混乱不堪。因此，只要有社会存在，就必然有责任存在。维持社会有序运行的责任，包括政治责任、法律责任、道德责任、纪律责任等。在这些责任中，法律责任在我们的社会生活中是最重要的责任之一。教育法律关系主体如果不能正确地行使法律权利，规避或疏于履行教育法律义务，就要承担相应的教育法律责任。

一、法律责任的含义、特征及分类

(一)法律责任的含义

法律责任可以从广义和狭义两方面理解。就广义上而言，法律责任包含着两方面的意思。一是指根据法律的规定，人们所应当履行的义务。责任即义务，要求人们主动、自觉地履行，如赡养父母、抚养子女、依法纳税、依法服兵役等。二是指行为人所实施的行为违反了有关法律法规的规定而必须承担的法律后果。责任是对后果的承担，是具有强制性的责任。例如，教师体罚学生造成伤害的，必须承担赔偿损失等相应的民事责任，情节严重的依法接受刑事处罚。狭义上所讲的法律责任仅指广义法律责任的后一种含义，即行为人所实施的行为违反了有关法律法规的规定而必须承担的法律后果。一般情况下，人们是从狭义的角度理解、把握和适用法律责任。

因此，我们给法律责任下的定义为：法律责任是由于法律关系主体实施了违反法律法规规定的某种行为，应依法承担的惩罚性法律后果。

(二)法律责任的特征

与其他社会责任相比较，法律责任具有以下特征。

1. 法律规定性

法律责任是由法律规范事先明确作出规定的。这使行为人在实施行为之前能够预测自己的行为所应承担的责任，从而对行为人履行法定义务起到督促和警戒作用，保证正常稳定的社会关系。

2. 国家强制性

法律责任由国家强制力保证实施。法律责任具有普遍的约束力，是维护社会正常秩序的有力手段，国家强制力是法律责任履行的保障，任何违法者不得逃避或拒

① 杨颖秀．教育法学[M]. 北京：中央广播电视大学出版社，2006：71.

不承担法律责任。

3. 追究专权性

对法律责任的追究，是由特定国家机关如国家司法机关或国家授权的行政机关执行的，其他任何个人或组织都无权行使这一职权。

4. 归责的特定性

法律责任只能由违反法律的法律关系主体所承担，不应当向法律关系主体以外的人追究法律责任。当事人必须是法律关系中义务的履行者，因其未履行相关义务而须承担法律责任。

（三）法律责任的分类

法律责任是由法律关系主体的违法行为引起的。根据违法的性质和危害的程度，法律责任可以分为民事法律责任、行政法律责任、刑事法律责任和违宪法律责任四类。民事法律责任是指民事法律关系主体由于违反了民事法律规范依法应当承担的法律后果，包括违约民事责任和侵权民事责任两大类。民事法律责任是一种救济责任，规定它的目的是补偿或者赔偿当事人的损失。行政法律责任是指法律关系主体违反了行政法律规范依法应当承担的法律后果。承担行政法律责任的主体是行政主体和行政相对人。刑事法律责任是法律关系主体违反了刑事法律规范依法应当承担的法律后果。刑事法律责任是违法人向国家承担的一种惩罚性法律后果，是最严厉的法律责任，实行罪刑法定原则。违宪法律责任是指由于违反宪法而应承担的法律后果。

二、教育法律责任的含义、归责及分类

近几年，随着我国法治进程的推进，我国的教育法制建设取得了很大的进步，制定、颁布了一系列的教育法律法规，使教育法律关系基本实现了有法可依。但不可否认的是，违反教育法规的行为在现实生活中还时有发生。究其原因，执法不严致使违法者没有受到应有的惩罚是一个重要的方面。所以，只有严格执法，使违法者充分承担起与其行为相应的法律责任，违法行为受到应有的惩罚，才能真正树立起法律的尊严，保证教育法律法规得到真正的落实。

（一）教育法律责任的含义

教育法律责任是指教育法律关系主体因实施了违反教育法律规范的行为，依照有关教育法律、法规规定，应当由其承担的惩罚性的法律后果。由此可见，教育法律责任与教育违法行为密切相关，或者说，教育法律责任是只有在法律关系主体作出了违反教育法规的行为之后才会产生的一种法律后果。违法行为一方面指教育法律关系的主体拒绝履行教育法规规定的义务，另一方面是指教育法律关系主体作出的侵犯教育法规中规定的权利人的合法权益的行为。承担教育法律责任的方式有制裁、补偿和强制三种。由于行为人违反教育法律规范的性质不同、程度不同，因此其应该承担的教育法律责任也就存在差别。

(二)教育法律责任的归责

归责是指法律规范中规定的法律责任由谁来承担，即责任的归属。它要解决的是承担法律责任的责任主体问题。教育法规既然设定了法律责任，就必须要解决好责任的归属问题。根据什么来确定教育法律责任主体呢？这就涉及教育法律责任主体的归责要件问题。

1. 教育法律责任的归责要件

只有具备以下四个教育法律责任的归责要件，才被认定为教育法律责任主体，才被要求承担相应的法律后果。

(1)有损害事实。损害事实是构成教育法律责任的前提条件，是指行为人有侵害教育管理、教学秩序及损害从事教育教学活动的公民、法人和其他组织的合法权益的客观事实存在。损害一般有两种情况：一种是行为人的违法行为已经造成了实际的损害，损害是客观存在的，如教师体罚学生，致学生身体受到伤害；另一种是行为人的违法行为虽未实际造成损害，但已存在造成损害的可能性，如有关部门明知学校房屋有倒塌的危险，却拒不拨款维修。损害造成的后果可以表现为物质性的后果和非物质性的后果。物质性的后果的特点是具体、有形、能够计量。如挪用学校建设经费，其数额可以计算。非物质性的后果的特点是抽象、无形、难以计量。如教师侮辱学生，造成学生精神上、心理上长期的伤害，则无法计量。

(2)有违法行为。即行为人实施的行为是违反教育法律、法规的行为。行为违法也是构成教育法律责任的前提条件。假若行为人的行为没有违反现行的法律法规，不存在违法性，就不能要求其承担法律责任。违法行为一方面是强调行为的违法性，即行为违反了现行法律的具体规定。违法行为可以是积极的作为，如考试作弊，殴打、侮辱教师，侵占学校财产等；也可以是消极不作为，如不及时维修危房、拖欠教师的工资等。另一方面违法行为必须是一种现实的行动。社会主义法制原则不承认思想违法。行为人如果只有思维活动而不表现为现实的行动，则并不构成违法。内在的思想，只有表现为外在的行动时，才可能构成违法。

(3)行为过错。违法行为是由于行为人的过错造成的。过错是指行为人在主观上表现出来的心理状态，分为故意和过失的两种情况。故意是指行为人明知自己的行为会发生危害社会、侵害他人合法权益的结果，但希望或放任这种结果的发生，这种行为是主观上的恶意。例如，招生人员收受贿赂后，有意招收分数低的学生，不招收分数高的学生，致使分数高的学生落榜。教师体罚学生，对学生身心造成巨大伤害等。过失是指由于行为人的疏忽大意或者过于自信，本应避免危害结果发生而没有能够避免，以致发生危害结果。

案例 4-1　刘秀君老师的亲身经历①

我讲一个单元的作文课，要求学生模仿作文，写一篇记叙文。若干年的教学实践告诉我，作文怕虚构、怕编造、怕干巴无情。让学生写出有真情实感的作文，是我每次作文都要反复强调的。这次作文，我要求学生写身边的事儿，就写真人真事儿。

这是一次成功的作文课，好多学生写得声情并茂，最突出的当属李某同学的作文《没妈的孩子像根草》。全篇淋漓尽致，真挚感人。一名六年级的小学生能写出这样的文章，使我感到惊喜和意外。我爱不释手，在作文点评课上，我选择它作为范文跟同学讲评。当我用颤抖的嗓音读完李某的作文时，同学们的眼睛湿润了，我的心也沉甸甸的。作为班主任，我通过作文了解到李某的心理世界后，我感到肩上的担子重重的，我思索着该以怎样的爱去代替母爱，关注这个单亲家庭孩子的健康成长。我以为这是几年来最成功的一次作文训练，是最精彩的一次作文讲评，却怎么也没有想到，因为把李某的作文当范文，表扬了李某而引发了他离家出走。

【评析】后来当李某被找回来的时候，他说老师在全班读他的作文，侵害了他的隐私。在这个案例中，刘秀君老师肯定学生作文出色的行为却导致了学生离家出走的后果。刘老师没有意识到自己的行为侵害了学生的隐私会伤害到学生的自尊心。

(4)违法行为与损害事实之间存在因果关系。即违法行为是导致损害事实发生的原因，损害事实是违法行为造成的必然结果，二者之间行为存在着内在的必然的联系。违法行为决定了损害事实的发生，损害事实是违法的必然结果。

案例 4-2　念课文时读错一个字 老师抽歪 8 岁小学生嘴巴②

8 岁的小宁(化名)在通州区马驹桥镇的××学校上二年级，在一节语文课上，小宁念课文时读错一个字(他把“金色的波浪”的“浪”字念成了“粮”字)，语文老师用课本扇了小宁一耳光，导致小宁脸部三叉神经受损，左脸肿痛，嘴歪，视力模糊。

【评析】小宁受伤这一损害事实是由语文老师的体罚行为直接造成的，体罚是造成小宁受伤的直接原因，语文老师因此必须承担相应的法律责任。所以，因果关系是承担法律责任的重要条件之一。

2. 教育法律责任的归责原则

法律责任的归责原则是指确认和承担法律责任时依照的标准和准则。通过运用法律的价值判断功能使行为人承担适当的法律后果。在教育活动中所产生的法律责任大多是侵权所导致的民事法律责任，根据《民法典》，追究民事法律责任主要适用

---

① 青岛市教育局．教师之魂——青岛市中小学教师职业道德优秀案例集[M]. 北京：中国书店，2003：8.

② http：//www. chinanews. com/other/news/2006/08－19/776403. shtml，最后浏览 2022-02-15。

的原则有过错责任原则、公平责任原则和无过错责任原则。

(1)过错责任原则。

过错责任是指以过错作为确定责任的要件和确认责任范围的依据。[①]《民法典》第一千一百六十五条第一款规定:“行为人因过错侵害他人民事权益造成损害的,应当承担侵权责任。”这一规定把过错责任原则以法律形式固定下来,确认了它作为一般归责原则的法律地位。过错责任原则是要求行为人对自己的过错所产生的后果负责,这样做既能够使受害人的权益得到保护,也有利于对行为人进行教育。这一原则将过错确定为承担责任的必要条件,有过错则有责任,没有过错就不承担责任。并且,责任范围也是由过错的大小决定的。适用过错责任原则,举证责任由受害人来承担,如果受害人没有证据证明由于侵害人的过错导致自己合法利益受到损害,或证据不足,其正当权益就得不到有效的保护。

案例 4-3 幼儿逗留幼儿园,身体受伤谁负责[②]

小星和小月是同一所幼儿园大(一)班的同学,他们父母都是上班族,工作较忙,孩子来去幼儿园的任务均由退休在家的爷爷完成。

2002 年 9 月 11 日,星期三,幼儿园按时拉开大门,让孩子的家人进园接走自己家的小孩,小星和小月均由其爷爷领出班级,但由于时间尚早,两个小孩都不想回家,要留在幼儿园内玩大型玩具。由于幼儿园没有明文规定,家长带领小孩走出教室后是否可以留在园内玩耍,所以许多孩子常常在家长的陪伴下,逗留在幼儿园内玩耍。

小星和小月在各自爷爷的陪同下玩滑滑梯。一开始他们很规矩,相安无事。后来玩得有点兴奋了,比谁滑得快。小月一次滑下后,发现鞋带松了就坐在滑梯的下端系鞋带;小星一心想着滑得快,也不看下面还坐着人就滑下了,结果小星的脚撞击了小月的小腿,造成小月胫骨骨折,由此引发了纠纷。那么小月的损伤应该由谁来负责呢?

【评析】在此案例中,幼儿园老师在规定的放学时间之后,将孩子交给了其爷爷。应该认为此时教师对幼儿的管理、照顾的责任已经完成,其对孩子的监护责任已转移到了其爷爷的身上,爷爷带着孩子在未经幼儿园许可的情况下,擅自滞留在幼儿园玩耍,而孩子的伤害,并非大型玩具(滑梯)质量不合格所致,关键是爷爷没有尽到看管的责任所致,因此园方是没有过错的,所以幼儿园不用承担责任。

案例 4-4 寄宿学校熄灯就寝后的冲突

《最高人民法院公报》2006 年第 12 期刊登一个案例:学生甲与学生乙系一寄宿

---

① 陈大伟.师德修养与教育法规[M].北京:北京师范大学出版社,2012:168.

② 童宪明.幼儿教育法规与政策[M].上海:复旦大学出版社,2014:24.

式小学同寝室同学，一天晚上熄灯就寝后，两人发生口角，学生甲将一个橘子砸向学生乙，砸伤乙的右眼，造成乙右眼残疾。学校和致害学生家长的责任如何承担？本案学校是一所寄宿式学校，与其他走读制学校相比，管理职责的范围有所扩展。受伤事件发生时，已是学校熄灯就寝时间，学校按规定应对未成年学生就寝情况巡查。学生未按规定时间入睡，对这一异常情况学校没有及时发现并管理，导致伤害事故发生。学校对未成年学生未充分履行教育、管理义务，主观上有一定过错，应对乙承担相应的赔偿责任。直接侵权人甲为无民事行为能力人，其监护人依法承担赔偿责任。①

《民法典》第一千一百六十五条第二款规定："依照法律规定推定行为人有过错，其不能证明自己没有过错的，应当承担侵权责任。"这一规定以立法的形式确认了过错推定原则的合法地位。推定是指根据已知的事实所进行的推断和确定。过错推定，也称过失推定，是指如果原告能证明其所受的损害是由被告所致，而被告不能证明自己没有过错，则应推定被告有过错并应承担民事责任。值得注意的是，过错推定原则在本质上仍属于是过错责任原则。

案例 4-5　孩子在幼儿园内摔倒受伤 幼儿园担负全部责任②

生于 2010 年 1 月 15 日的无民事行为人黎某在南充市嘉陵区某私立幼儿园上学，2014 年 5 月 19 日，黎某被送到幼儿园后，在还没正式上课之前因和同学玩耍不慎摔倒受伤。在黎某受伤后，学校对其进行了积极的医治，将黎某送至南充市中医医院住院治疗 47 天，除去医保报销部分，学校共花去医疗费近 6 000 元。后经四川新华司法鉴定所鉴定评定为 10 级伤残。黎某的法定代理人诉至嘉陵区人民法院，认为黎某摔倒受伤是因为幼儿园没有尽到教育管理义务，要求法院依法判决幼儿园对黎某摔倒受伤负全部责任，并赔偿黎某各项损失共计 70 000 余元。

问题：在这起案件中学校应不应该承担法律责任？

【评析】黎某在幼儿园摔倒受伤，幼儿园应不应该承担责任呢？对黎某在幼儿园接受学前教育期间受到人身损害的事实，幼儿园并无争议，只是认为幼儿园不应承担全部责任，但并未向法院提供任何证据加以证明。法院遂依照《中华人民共和国侵权责任法》第三十八条"无民事行为能力人在幼儿园、学校或者其他教育机构学习、生活期间受到人身损害的，幼儿园、学校或者其他教育机构应当承担责任，但能够证明尽到教育、管理职责的，不承担责任"的规定，判决幼儿园对黎某受到人身损害承担全部赔偿责任，赔偿黎某各项损失共计 70 000 余元。判决送达后，幼儿园和黎某均未提出上诉，现该判决已生效。在 2021 年 1 月 1 日生效的《民法典》第一千一百

① http://hyzy.chinacourt.org/public/detail.php?id=4742&quot，最后浏览 2022-12-21。

② http://nanchong.scol.com.cn/qxdt/content/2015－07/28/content_51750015.htm?node＝1550，最后浏览 2022-2-15。

九十九条中也做了同样的规定："无民事行为能力人在幼儿园、学校或者其他教育机构学习、生活期间受到人身损害的，幼儿园、学校或者其他教育机构应当承担侵权责任；但是，能够证明尽到教育、管理职责的，不承担侵权责任。"由此可见，无民事行为能力人在学校受到伤害，我们就可以推定学校有过错，并实行举证责任倒置。当学校不能证明自己已尽到教育、管理责任时，即推定学校有过错并应承担责任。

(2)公平责任原则。

公平责任是指对已造成损害当事人双方均没有过错时，由人民法院根据公平的原则，来判定当事人对受害人的财产损失给予适当的补偿。《民法典》第一千一百八十六条规定："受害人和行为人对损害的发生都没有过错的，依照法律的规定由双方分担损失。"这一规定是公平责任原则的重要法律依据。此外，《民法典》在多个条文中都规定了公平责任，从而使公平责任上升为一项归责原则。比如，"在体育课中，学生之间的合理冲撞致人锁骨骨折；有的是不能找到有过错的当事人，比如，学生在课外体育活动中数人围在一起抢一个球，混乱中不知谁的肘关节撞伤了他人的眼球；有的是确定当事人一方或双方的过错，则显失公平，比如在课余体育训练中体育教师安排学生甲踢点球，安排学生乙守门，结果学生乙没有接住学生甲的一记势大力沉的球，导致脾脏破裂。此案若认为体育教师不应该如此安排而有过错，或是学生甲不应该用尽全力踢点球而有过错，或是学生乙不应该守不住这个点球而有过错而承担有过错的法律责任，显然是不公平的。而这些事故均发生在学校体育活动中，既不能适用过错责任原则又不能适用无过错责任原则来承担法律责任，因此，适用公平责任原则，由当事人根据实际情况，公平合理地分担损失，无疑是一个理想的解决办法"①。

(3)无过错责任原则。

无过错责任，也称无过失责任，是指当损害事实发生后，当事人无过错也要承担责任的一种法定责任形式。规定这一原则的目的在于补偿受害人所受到的损失。《民法典》第一千一百六十六条规定："行为人造成他人民事权益损害，不论行为人有无过错，法律规定应当承担侵权责任的，依照其规定。"这一规定是无过错责任原则的法律依据。无过错责任原则实行举证责任倒置，即由加害人证明受害人的损害不是由自己故意造成的，加害人如果不能证明，就要承担相应的法律责任。

《中华人民共和国民法典》对无过错也要承担责任的情况做了明确规定。如：无民事行为能力人、限制行为能力人造成他人损害的，监护人承担侵权责任。用人单位的工作人员因执行工作任务造成他人损害的，由用人单位承担侵权责任。提供个人劳务一方因劳务致人损害的，由接受劳务一方承担侵权责任。饲养的动物造成他人损害的，动物饲养人或者管理人应当承担侵权责任。机动车与行人、非机动车驾驶人之间发生道路交通事故的，机动车一方承担无过错责任。高度危险责任中，从

---

① 汤卫东．学校在学校体育伤害事故中的归责原则及法律责任[J]．体育学刊，2002(3)．

事高度危险作业造成他人损害的，应当承担侵权责任；高度危险物造成他人损害的，占有人或者使用人应当承担侵权。因产品存在缺陷造成他人损害的，生产者和销售者承担的不真正连带责任，为无过错责任销售者具有过错的，承担最终责任；销售者无过错的，生产者承担最终责任。建筑物、构筑物或者其他设施倒塌、塌陷造成他人损害的，由建设单位与施工单位承担连带责任。

(三)教育法律责任的分类

一般根据违法主体的法律地位、违法行为的性质和危害程度的不同，将教育法律责任分为教育行政法律责任、教育民事法律责任和教育刑事法律责任三种。此外，在某些特定情况下还可以追究违宪的教育责任。

1. 教育行政法律责任

教育行政法律责任是指教育法律关系主体因实施了违反教育行政法律规范的行为，构成行政违法而依法应当承担的法律责任。它是教育法律责任中最主要的一种法律责任。

教育行政法律责任是基于违反教育行政法律义务而产生的法律责任。教育行政法律责任包括教育行政机关的行政法律责任、国家教育行政机关工作人员的行政法律责任、教育行政受托人的行政法律责任、行政相对人的行政法律责任。国家的教育行政机关应依照法定的授权，履行行政管理的职责。国家教育行政机关对教育活动有进行管理的权力，但同时也有保障行政相对人合法权益的义务。国家的教育行政机关滥用职权或不履行义务将导致其承担相应的法律责任。国家教育行政机关工作人员的行政法律责任是指国家教育行政机关工作人员滥用职权或作出违反职责的行为，为此他们个人承担的法律责任。教育行政受托人的行政法律责任是指公民和组织受教育行政机关委托进行一定的行政活动，其必须在规定的授权范围内行使权利和承担义务，如果超出授权的范围将承担一定的行政法律责任。行政相对人的行政法律责任是指教育行政机关在依法对行政相对人进行管理时，行政相对人不服从行政机关的命令和决定，行政管理机关可以向其追究行政法律责任。

教育行政法律责任应由国家机关依照相关行政法规定的条件和程序予以追究。拥有此项权力的国家机关是人民法院或有关行政机关。追究教育行政法律责任主要适用行政程序，如行政复议制度、教师申诉制度都是适用行政程序的制度。在必要时，也可采用诉讼程序，如行政诉讼等。

案例 4-6　检查工作时发生争执①

某县教委一位工作人员张某年轻气盛，脾气暴躁。有一次，在对一所学校进行工作检查时，与该校的一位教师李某发生争执，最后动起手来，将李某打成轻伤。那么此时所发生的法律关系是什么类型的法律关系呢？主体又是谁呢？谁应对张某

① 褚宏启等．学校法律问题分析[M]．北京：教育科学出版社，2018：33—34.

的过错行为承担责任呢？

【评析】这个案例中，教委工作人员张某与教师李某之间的关系，实质上是县教委这一行政机关与教师的隶属型行政法律关系，县教委是行政主体，教师李某是行政的相对方。如果教师李某要“告”的话，“告”的对象不是张某，而是县教委。该案例中，除县教委和教师李某的行政法律关系外，还有一种行政法律关系，即县教委与其工作人员张某的行政法律关系，张某没有正确地履行职权，应对县教委负行政责任，受行政处分。

依据有关教育法规的具体规定，教育行政法律责任的承担方式主要有两类，即行政处罚和行政处分。

行政处罚是国家行政机关依法对违反行政法律规范的组织或个人进行惩戒、制裁的具体行政行为。行政处罚是具有行政处罚权的行政机关(国家教育行政机关)作出的，属于外部行政行为。教育行政处罚的对象可以是个人也可以是组织。根据1998年国家教委发布的《教育行政处罚暂行实施办法》的规定，教育行政处罚的种类包括：警告；罚款；没收违法所得，没收违法颁发、印制的学历证书、学位证书及其他学业证书；撤销违法举办的学校和其他教育机构；取消颁发学历、学位和其他学业证书的资格；撤销教师资格；停考，停止申请认定资格；责令停止招生；吊销办学许可证；法律、法规规定的其他教育行政处罚。行政处分也称纪律处分，是由国家机关或企事业单位对其所属人员予以的惩戒措施。①行政处分属于内部行政行为，由行政主体基于行政隶属关系依法作出，处分对象只能是作为公民的个体。行政处分包括警告、记过、记大过、降级、降职、撤职、开除留校察看、开除。②

2. 教育民事法律责任

教育民事法律责任是指教育法律关系主体实施了违反教育法律规范的行为，导致教师、学生、学校或其他教育机构的合法权益受到侵犯，造成人身或财产损失损害而依法应承担赔偿或补偿的法律后果。

民事法律责任是基于民事违法行为而产生的法律责任。按其内容划分，民事法律责任可以分为违反合同的民事法律责任和侵权的民事法律责任两类。教育民事法律责任主要是一种财产责任，是一种主要以财产、人身为内容的损害赔偿责任。那些因人身关系而导致的民事纠纷，如侵犯姓名权、名誉权等，也可以以财产形式作为其承担法律责任的方式。一定条件下，民事法律责任可以由当事人协商解决。违法者一般应主动承担，如其拒不履行时，才由受害人请求人民法院裁决。民事法律责任既有个人责任，也有连带法律责任或由相关人负替代法律责任。

根据《民法典》的规定，承担民事责任的方式主要有：停止侵害；排除妨碍；消除危险；返还财产；恢复原状；修理、重作、更换；继续履行；赔偿损失；支付违

---

① 陈大伟．师德修养与教育法规[M]. 北京：北京师范大学出版社，2012：170.

② 同上．

约金；消除影响、恢复名誉；赔礼道歉。法律规定惩罚性赔偿的，依照其规定。以上承担民事责任的方式，可以单独适用，也可以合并适用。

3. 教育刑事法律责任

教育刑事法律责任是指由于教育法律关系主体实施了违反教育法的行为，同时触犯刑法所导致的受刑罚处罚的法律责任。刑事法律责任是一种惩罚最为严厉的法律责任。教育刑事法律责任是国家给予违反教育法规的人的最严厉的惩罚。

判定承担教育刑事法律责任的依据是严重违法行为，即教育违法行为的社会危害性极大并触犯刑法构成犯罪。如果教育违法行为没有触犯刑法则不承担教育刑事责任。认定和追究刑事责任的只能是国家审判机关，即人民法院依法按照刑事诉讼程序判定行为人的行为是否触犯刑法，是否应承担刑事责任，其他任何国家机关、组织都没有这项权力。需要指出的是，大多数人对违反教育法律法规要承担行政的、民事的法律责任比较熟悉和理解，但对于教育中的违法违规行为需要承担刑事法律责任的情况则感受不深。其实，在《教育法》《义务教育法》《义务教育法实施细则》《教师法》等多部教育法律法规中，都明确规定了需要承担刑事法律责任的具体情况。

如《教育法》规定：违反国家财政制度、财务制度，挪用、克扣教育经费的；结伙斗殴、寻衅滋事，扰乱学校及其他教育机构教育教学秩序或者破坏校舍、场地及其他财产的；明知校舍或者教育教学设施有危险，而不采取措施，造成人员伤亡或者重大财产损失的；学校或者其他教育机构违反国家有关规定招收学生的；在招收学生工作中滥用职权、玩忽职守、徇私舞弊的，盗用、冒用他人身份，顶替他人取得的入学资格的；与他人串通，允许他人冒用本人身份，顶替本人取得的入学资格的；组织、指使盗用或者冒用他人身份，顶替他人取得的入学资格的；考生在国家教育考试中有非法获取考试试题或者答案的、携带或者使用考试作弊器材、资料的、抄袭他人答案的、让他人代替自己参加考试的、其他以不正当手段获得考试成绩的作弊行为，有以上五种行为之一的，等等，构成犯罪的，依法追究刑事法律责任。

如《教师法》规定：侮辱、殴打教师的，情节严重，构成犯罪的，依法追究刑事法律责任。体罚学生，经教育不改的；品行不良、侮辱学生，影响恶劣的，情节严重，构成犯罪的，依法追究刑事法律责任。

以上的各种违法行为，追究其刑事法律责任的必要条件大部分都是情节严重。不过，需要注意的是不同行为中“情节严重”的规定是有所不同的。比如，体罚学生情节严重是指体罚学生的手段恶劣，或者致学生重伤等情况。又如，玩忽职守致使校舍倒塌，造成师生伤亡事故的“情节严重”，是指明知是危险校舍而不向上级报告或不采取措施处理而致使校舍倒塌，造成死亡 1 人以上或者重伤 3 人以上等情节。

特别是在最新修订的《刑法》第一百三十八条和第四百一十八条中，专门针对教育犯罪的特点，设置了“教育设施重大安全事故罪”和“招收公务员、学生徇私舞弊罪”这两个罪名。2015 年 12 月 27 日新修订的《教育法》将原来的第七十九条改为三条，作为

第七十九条、第八十条、第八十一条，对涉及考试作弊问题应承担的责任作了明确规定。这说明，国家是十分重视打击那些违反教育法律法规中的犯罪现象的。

4. 教育违宪责任

违宪责任是指因违背宪法的原则、精神和具体内容而应承担的法律后果。[①]教育违宪责任是指教育法律关系主体实施了违反宪法中关于公民教育权的规定，依法应当承担的法律责任。教育权作为宪法确定的公民基本权利之一，与宪法所规定的教育基本制度密切相关。教育活动在一定情况下，也可能会产生违宪的责任。从国外的有关案例来看，教育方面以违宪责任制裁的事件也曾经发生。如美国一度采取黑人白人儿童分校实施义务教育的做法，这就违背了其联邦宪法关于公民权利平等的规定。

最后需要指出的是，在涉及共同违法的教育案例处置中，民事法律责任和行政法律责任往往可能综合出现。此时，针对案例中各个违法主体所处的不同地位、所作出的不同行为及其主观过错的不同程度，应该分别予以不同的制裁。比如，2000年在广东省电白县发生的大规模高考舞弊案，除主犯受到刑事制裁外，其他参与传播、泄密的有关人员也受到行政制裁或各种不同的党纪、政纪处理，就可以说明这个问题。

本章小结

教育法律关系是指由教育法律确认和调整的人们在教育活动中形成的权利与义务关系。教育法律关系是由法律关系主体、客体和内容三部分组成。三者之间密切联系、相互联系、相互制约，缺一不可。引起教育法律关系形成、变更或消灭的条件是教育法律规范的存在和教育法律事实的出现。

教育法律责任是指教育法律关系主体因实施了违反教育法律规范的行为，依照有关法律、法规应当由其承担的惩罚性的法律后果。教育法律责任的归责要件有损害事实、有违法行为、行为人主观上有过错和违法行为与损害事实之间有因果关系。民事法律责任的追究原则主要有过错责任原则、公平责任原则和无过错责任原则。根据违法主体的法律地位、违法行为的性质和危害程度的不同，教育法律责任分为教育行政法律责任、教育民事法律责任和教育刑事法律责任三种。此外，在某些特定情况下还可以追究违宪的教育责任。

① 陈大伟．师德修养与教育法规[M]．北京：北京师范大学出版社，2012：172.

关键术语

法律关系　教育法律关系　法律责任　教育法律责任

思考题

1. 什么是教育法律关系？教育法律关系包括哪几个方面？

2. 教育法律关系的形成、变更与消灭的条件是什么？

3. 什么是教育法律责任？教育法律责任的归责要件有哪些？

4. 根据违法主体的法律地位、违法行为的性质和危害程度的不同，可以将教育法律责任分为哪几种？

5. 2011 年 12 月 25 日，陕西某小学六(4)班班主任张某，认为其班上的 9 名同学挤进会议室观看演讲比赛，给班级丢了脸——“脸皮太厚”，于是要求这些学生当众用小刀刮脸，事发后，学校对张某作出了停职检查决定。2001 年 8 月，其中受害的 6 名学生及其家长向淮南市中级人民法院提出上诉。2001 年 12 月淮南中院作出一审判决：被告张某及淮南某小学在全校向 6 名原告公开赔礼道歉，淮南某小学赔偿 6 名原告各 3 000 元精神抚慰金。

问题：此案中民事赔偿部分为什么由某小学承担，其法律依据是什么？

拓展阅读

1. 阮成武．小学教育政策与法规[M]. 北京：高等教育出版社，2006.

本书是教育部教师工作司组织专家审定、由高教出版社组织编写，供高等学校小学教育专业使用的教材。本书以教育政策和教育法律方面的基本概念、原理和范畴为知识基础，建立以小学教育政策和法规为主线的理论体系。本书第四章至第六章联系小学教育对教育法规概念与作用、教育法律关系、法律责任、教育法规的制定、实施、监督，以及我国教育法体系结构进行系统介绍，并进一步揭示小学教育法规的法源、法律地位、体系结构、主要内容。

2. 陈大伟．师德修养与教育法规[M]. 北京：北京师范大学出版社，2012.

本书是教师教育核心课系列教材，由北京师范大学出版社组织编写。本书分“教师职业道德修养”和“教育法规”上下两篇。第六章“教育法规基础”根据教师生活实际需要介绍教育法规常识，立足为教师提供守法和维护自身合法权益的称手工具。

第五章 教育法律救济

学习目标 ▶

1. 了解法律救济制度。

2. 把握教育法律救济制度的特征、时效、途径等。

3. 掌握学生申诉制度的范围、程序等，懂得用法律救济制度的手段维护自己的权利。

案例 5-1 侵犯教师合法权益案[1]

某小学教师李某因对学校乱收费不满，向有关部门如实反映了学校存在的问题。该校领导一气之下，取消了李某的教师资格，并且说他是精神病，不安排教学任务给李某，并强行将其送往精神病医院治疗。学校的处理是否得当？

案例 5-2 北京大学复查“女博士论文抄袭”维持撤销其学位决定[2]

于某 2008 年考取北京大学历史学系世界历史专业，攻读博士学位，2013 年 7 月毕业并获博士学位。2014 年 8 月 17 日，学术期刊《国际新闻界》发布公告称，于某发表于期刊 2013 年第 7 期的论文《1775 年法国大众新闻业的“投石党运动”》大篇幅抄袭国外专著。

事件发生后，北京大学成立专门工作组和专家调查组，对于某论文涉嫌抄袭进行调查。学位评定委员会根据《国际新闻界》刊登的公告、专家组评审意见和于某本人提供的说明等，确认于某的期刊学术论文存在严重抄袭，其将该论文作为学术成果列入博士学位申请材料的事实清楚。2015 年 1 月 9 日，北京大学学位评定委员会依照有关规定和程序，审议并决定撤销于某博士学位。之后，于某表示“不接受校方这一处理决定”，并向北京大学学生申诉处理委员会提起申诉。

3 月 13 日，申诉处理委员会在相关书面材料基础上，听取了于某本人与北京大学学位评定委员会办公室各自陈述并进行提问。经复查和讨论，申诉处理委员会认为，北京大学学位评定委员会认定事实清楚、适用依据准确、程序规范，决定维持原处理决定。16 日下午，学校将《北京大学学生申诉复查决定书》送达于某本人。

案例 5-1 中，李某因其正当行动而遭到学校报复，被非法剥夺了教育教学权，学校的行为构成了对教师李某教育教学权及监督权的侵害。相对于执法机关或单位来说，被执法对象或单位职工总是处于弱势地位，他们的合法权益容易受执法权力的侵害。为此，国家专门设立了法律救济制度来保护他们的合法权益。申诉制度是法律救济的主要形式，案例 5-2 中，虽然北京大学维持原处理决定，撤销了于某的博士学位，但学校充分尊重了学生的申诉权利，严格按照程序进行了认真调查，这种负责任的态度值得肯定。建立健全教育法律救济制度，对于消除教育法律关系中地位不对等所带来的负面效应，保障教育行政执法对象的合法权益，促进教育法规的实施，有着十分重要的意义。本章将着重介绍教育法律救济的相关内容。

---

① http：//wenku. baidu. com/view/19ba54f3ba0d4a7302763a5c. html. 最后浏览 2022-02-15。

② http：//education. news. cn/2015－03/17/c _ 1114669523. htm(有删改)，最后浏览 2022-02-15。

第一节　教育法律救济概述

一、教育法律救济的含义

（一）法律救济

法律救济是指公民、法人或者其他组织认为自己的人身权、财产权因行政机关的行政行为或者其他单位和个人的行为而受到侵害，依照法律规定向有权受理的国家机关告诉并要求解决，予以补救，有关国家机关受理并作出具有法律效力的裁决，对损害予以恢复和补救的法律制度。

目前，法律救济的方式主要有：申诉、行政复议、行政裁决、国家赔偿、诉讼等。

法律救济主要有五个方面的特征。

1. 受理机关法定

只能由法律授权的国家行政机关和人民法院受理并作出裁决。如行政诉讼只能由人民法院受理，由行政审判庭作出裁决。

2. 有严格的受理范围和审理程序

行政复议法、行政诉讼法、民事诉讼法和国家赔偿法对受理范围分别作了明确规定，超出受理范围有关机关将不予受理。对已受理的案件，受理机关将依照法定程序严格审理。违反法定程序审理，受理机关要承担相应的法律责任。

3. 有明确的申请、起诉期限

申请行政复议期限，为自知道具体行政行为之日起 60 日；提出行政诉讼的期限，为知道具体行政行为之日起 3 个月，或者自收到行政复议决定书之日起 15 日；提起国家赔偿要求，为国家机关及其工作人员行使职权的行为被依法确认为违法之日起 2 年；提起民事诉讼的一般时效为 2 年。除法律另有规定外，逾期将丧失申请、起诉权。

4. 审理方式明确

行政复议原则上采取书面审理，特定情况下也采取调查取证、听取意见等方式审理；行政诉讼、民事诉讼一审采取开庭审理，二审视情况采取开庭审理或者书面审理。

5. 决定具有法律效力，由国家强制力保证执行

决定已经作出并生效后，就具有了法律效力，有关机关将依法强制执行。如行政诉讼判决生效后，可以申请人民法院执行局强制执行。

（二）教育法律救济

教育法律救济是指教育法律关系主体的合法权益受到侵犯并造成损害时，获得恢复和补救的法律制度。在教育领域中主要运用的法律救济方式包括教师申诉制度、

学生申诉制度、行政复议、行政诉讼、行政赔偿和民事诉讼等。

二、教育法律救济的特征

教育法律救济主要有三个方面的特征。

(一)纠纷的存在是教育法律救济的基础

法律救济就是为了保障公民的合法权益。当公民的合法权益因纠纷的产生而受到侵害时，教育法律救济制度就会发挥作用。在社会生活中，纠纷通常表现为某种社会关系上的利益矛盾与冲突，而这种矛盾和冲突，往往是由某种侵权行为所导致的。如有的人到学校闹事，破坏学校正常的教学秩序；还有个别家长因经济原因，让学生中途退学，剥夺孩子的受教育权等。有纠纷就要求有解决纠纷的程序和制度，通过裁决纠纷去补救受损一方的合法权益。法律救济制度也就由此而生。

(二)损害的发生是教育法律救济的前提

任何法律上的救济，都是因为发生了侵权损害，无侵权损害就无所谓救济。即使发生了侵权行为但没有造成损害，也不存在救济问题。所以，就其实质而言，侵权损害是法律救济的前提。

(三)恢复和补救受害者的合法权益是教育法律救济的根本目的

教育法律救济的目的就在于补救相对人受损害的合法权益，为其合法权益提供法律保护。“权力”不需要救济，因为权力本身就是一种可以强制他人服从的力量。而“权利”对别人则没有任何强制性的支配力，它的运用不能直接制止某种侵害行为，也不能采取任何强制人的措施，因此，权利需要法律救济制度来保障。

三、教育法律救济的原则

教育法律救济的原则是当教育权利受到侵害，对被侵害方实施法律救济时应遵循的原则。教育法律救济有三个原则。

(一)事后救济原则

法律救济行为均发生于权利受侵害之后。换句话说，只有侵害权益的行为发生之后，对权利的救济才会发生。

一般说来，当人们的权益受到侵害后，刑事诉讼可以惩罚犯罪分子，使受害者所希望的社会正义得到伸张。民事诉讼可以为受害者提供一定的补偿，使受害者的权利在一定程度上得以恢复。而教育法律救济制度则可以及时地修复被侵害行为破坏的社会教育秩序，既用行政处罚措施惩罚侵害行为者，又可以通过行政赔偿，使受到不法行为侵害的受害者得到财产的补偿和精神的抚慰。

(二)职权专属原则

法律救济的要求只能向特定的机关提起。只有特定的机关才有分配社会正义的权力。比如，刑事诉讼一般由公安机关侦查、检察院提起公诉、人民法院审判；民事诉讼和行政诉讼只能向人民法院提起；而行政复议、行政申诉也只能向特定的复议和申诉机关提起。

这种主管职权由特定的机关行使的原则，是宪法所规定的“司法统一”原则的具体体现。只有这样，权利救济才能够真正体现社会公平。

（三）正当程序的原则

程序公正合法是教育法律救济的特点。现代法治的基本内容之一就是程序公正，这种公正的程序不仅是为了保证行为结果的公正，更主要的是，它要向社会公众宣示过程的公正，从而体现执法和司法的公正。所以，教育法律救济的过程也必须强调合法、公正的程序。要按照法律规定的程序一步一步地实施教育法律救济。没有正当的程序，就无法保证法律救济的公正。

四、教育法律救济的途径

教育法律救济的途径，是指相对人认为其合法权益受到损害时，请求救济的渠道和方式。从一般意义上讲，救济的渠道和方式主要有三种：诉讼渠道，即司法救济渠道；行政渠道，即行政救济渠道；其他渠道，主要是指本组织或机构内部或者民间渠道。后两种渠道相对于诉讼渠道来说，又称非诉讼渠道。

（一）诉讼渠道

诉讼是维权的最后一道屏障。从我国现行法律制度看，凡符合民事诉讼法、刑事诉讼法和行政诉讼法受案范围的，都可以通过诉讼渠道求得司法救济。针对学校特点，《教育法》第七十二条规定：“结伙斗殴，寻衅滋事，扰乱学校及其他教育机构教育教学秩序或者破坏校舍、场地及其他财产的，由公安机关给予治安管理处罚；构成犯罪的，依法追究刑事责任。侵占学校及其他教育机构的校舍、场地及其他财产的，依法承担民事责任。”《教育法》第四十三条第四款规定了学生有“对学校给予的处分不服向有关部门提出申诉，对学校、教师侵犯其人身权、财产权等合法权益，提出申诉或者依法提起诉讼”的权利。所以，诉讼是维权的最后一道屏障。

以教育行政诉讼为例简要说明。教育行政诉讼是指行政管理相对人认为教育行政机关或教育法律、法规授权的组织的具体行政行为侵犯其合法权益，依法向人民法院起诉，请求给予法律补救；人民法院对教育行政机关或教育法律、法规授权的组织的具体行政行为的合法性进行审查，维护和监督行政职权的依法行使，矫正或撤销违法侵权的具体行政行为，给予相对人的合法权益以保护的法律救济活动。教育行政诉讼的范围是公民、法人或者其他组织对不服的教育行政处罚；对不服的教育行政强制措施和行政强制执行；对不服的教育行政许可决定或不予答复、拒绝答复的教育行政行为等。教育行政诉讼需要遵循一些基本原则：以事实为根据，以法律为准绳原则；合法性审查原则；合议、回避、公开审判和两审终审原则；法律地位平等原则；本民族语言文字原则；辩论原则以及法律监督原则。教育行政诉讼的程序包括：起诉、受理、审理、判决、执行。根据《行政诉讼法》第 38 条第 2 款规定：“申请人不服复议决定的，可以在收到复议决定书之日起 15 日内向人民法院提起诉讼，复议机关逾期不作决定的，申请人可以在复议期满之日起 15 日内向人民法院起诉。法律另有规定的除外。”教育行政诉讼的起诉必须在法律规定的期限内提出。起诉超过法定期限，起诉将无效，当事人也将因起诉时效届满而丧失诉权，人民法院对超过起诉期限的起诉可以拒绝受理。

(二)行政渠道

我国有行政申诉制度和行政复议制度。《教育法》和《教师法》也都进一步规定了受教育者申诉和教师申诉制度两种行政救济方式。行政复议制度是一种行政行为的复查制度，也是非常重要的法律救济方式。这部分内容将在下两节重点学习。

(三)其他渠道

在人民调解制度的基础上，随着教育法制的健全，根据《教育法》和《教师法》的基本精神，正在逐步建立校内调解制度，同时，摸索建立教育仲裁制度。此外，一些群众组织和民间组织，如工会、妇联等也是反映和解决问题的渠道。

相关链接

推进全面依法治国，根本目的是依法保障人民权益

习近平在中央全面依法治国工作会议的重要讲话中强调，要坚持以人民为中心。全面依法治国最广泛、最深厚的基础是人民，必须坚持为了人民、依靠人民。要把体现人民利益、反映人民愿望、维护人民权益、增进人民福祉落实到全面依法治国各领域全过程。推进全面依法治国，根本目的是依法保障人民权益。要积极回应人民群众新要求新期待，系统研究谋划和解决法治领域人民群众反映强烈的突出问题，不断增强人民群众获得感、幸福感、安全感，用法治保障人民安居乐业。

（资料来源：新华社）

总之，教育法律救济制度是国家针对教育行政部门的行政行为对被施行人造成的伤害而设立的一种补救制度。它对于维护社会公平，维护基本的教育秩序，维护广大教师与学生的合法权益具有重大意义。依法治教是依法治国的重要体现，推进全面依法治国的总目标和总任务的明确，对推动我国教育救济制度的完善、发展必将产生重要意义。

第二节　教育申诉制度

申诉通常是指公民权益受到侵害时，向有关主管机构申诉理由，请求处理或重新处理的权利救济性行为。教育申诉，即指作为教育法律关系主体的公民，在其合法权益受到侵害时，向国家机关申诉理由、请求处理的制度。从教育申诉的主体来看，教育申诉的主体是指合法权益受到损害的当事人。作为教育法律关系主体的公民如教师、学生、学生家长等，都可以成为教育申诉的主体。从申诉的受理主体看，既包括人民法院，也包括纪委监委、权力机关及上一级行政机关等。从申诉的目的看，旨在使当事人受到损害的合法权益得到补救。从教育申诉的类别看，可分为诉讼上的教育申诉和非诉讼上的教育申诉两类。诉讼意义上的申诉是指教育法律关系当事人对已经发生法律效力的判决、裁定不服，向人民法院或人民检察院提请重新处理的申诉。具体分为行政诉讼中的申诉、民事诉讼中的申诉和刑事诉讼中的申诉三类。非诉讼意义上的申诉的范围较为广泛，既可以是纪委监委的申诉，又可以是向权力机关的申诉，还可以是向作出具体行政行为的行政机关的上一级行政机关或其设置的专门机构的申诉等。《教育法》和《教师法》中规定的教师申诉制度和学生申诉制度即属于非诉讼的申诉制度。

一、教师申诉制度

(一)教师申诉制度的含义

教师在其合法权益受到侵害时，依照法律、法规的规定，向主管的行政机关申诉理由、请求处理维护自己合法权益的制度，就是教师申诉制度。为了维护广大教师的切身利益，需要给教师提供一个说话的渠道，而教师申诉制度就是这样一个渠道。

(二)教师申诉制度的特征

法律性。教师申诉制度是由法律明确确立的一种制度，具有明确性和严肃性。有别于普通的公民申诉权。教师认为自己的权利受到侵害时，可以向同级人民政府或上一级人民政府有关部门提出申诉，接到申诉后，有关部门应当作出处理。

特定性。一是申诉主体的特定性。它是赋予教师在自身的人身权、财产权等受到侵害时，保护自己的权利，是维护广大教师合法权益的需要。故其主体是特定的。二是申诉内容的特定性，仅是对《教师法》中规定的教师权利受到侵害时，可以提起申诉。

非诉讼性。它不是通过打官司来解决问题的，而是通过行政程序来解决问题的方式。行政处理决定具有行政法上的效力。

(三)教师申诉的范围

教师申诉的范围有三类。《教师法》对教师可以对学校或其他教育机构提出申诉的范围规定得比较宽泛，主要有以下三点。

一是教师认为学校或其他教育机构侵犯其《教师法》规定的合法权益的，可以提出申诉。如在工资待遇、工作条件等方面教师认为不公的，侵害了其合法权益，就可以提出申诉。

二是教师对学校或其他教育机构作出的处理决定不服的，可以提出申诉。如学校对教师作出处分决定后，教师认为不公的，可以进行申诉。

三是教师认为当地人民政府的有关部门侵犯其《教师法》规定的合法权益的，可以提出申诉。这意味着被申诉人，仅限于当地人民政府的有关行政部门，可以是教育行政部门，也可以是其他行政主管部门，但不能以政府作为被申诉对象。

(四)申诉参加人

教师申诉制度中的申诉参加人是指参加教师申诉和处理活动的申诉人、被申诉人和受理机关等。

1. 申诉人

申诉人是指认为其合法权益受到侵害有权依据《教师法》提出申诉请求的教师本人。

2. 被申诉人

被申诉人是指教师认为侵害其合法权益的学校或其他教育机构及当地人民政府有关行政部门。如果是两个或两个以上的行政机关、学校及其他教育机构以共同名义作出的具体行政行为或处理决定，那么共同作出具体行政行为或处理决定的行政机关、学校及其他教育机构为共同被申诉人。

3. 受理机关

受理机关是指根据法律规定有权受理教师申诉的有关行政部门。受理教师申诉的机关，因被申诉主体的不同而有所区别。可分两种情况：第一，教师如果是对学校或其他教育机构提出申诉的，受理申诉的机关为主管的教育部门；第二，如果是对当地人民政府的有关行政部门提出申诉的，受理申诉的机关可以是同级人民政府或者是上一级人民政府对口的行政主管部门。需要指出的是，教师申诉只能向行政机关提出，不能向行政机关的个人提出。否则行政机关干部将按一般的群众来信办理。

(五)教师申诉的管辖

教师申诉的管辖是指行政机关之间受理教师申诉案件的分工和权限。教师申诉制度的管辖分为隶属管辖、地域管辖、选择管辖、移送管辖等。

隶属管辖指教师提出申诉时，应当向该学校或其他教育机构所隶属的教育行政主管部门提出申诉。一般就是指向单位的上级行政主管部门提出申诉。

地域管辖指没有直接隶属关系的学校或其他教育机构中的教师提出申诉时，按照教育行政部门的管理权限，由当地主管的教育行政部门受理。

选择管辖指教师在两个或两个以上有管辖权的行政机关之间选择一个，提起申诉。受理申诉的行政机关不得拖延推诿。对当地人民政府的有关行政部门提出申诉，申诉人可以在同级人民政府或者上一级人民政府的有关部门选择受理的机关。在这种情况下，申诉人一般应本着及时、便利和业务比较对口的原则选择受理机关。

移送管辖指行政机关对不属于其管辖范围的申诉案件，应当移送给有管辖权的行政机关办理，同时告知申诉人。

(六)教师申诉的程序

教师申诉程序由申诉提出、受理和处理三个环节组成，并依次序进行。

1. 申诉的提出

教师要在明确申诉管辖的基础上以书面形式提出申诉。

申诉书应载明以下内容。

(1)申诉人的基本情况，即姓名、性别、年龄、住址等。

(2)被申诉人的基本情况，即名称、地址、法定代表人的姓名、职务等。

(3)申诉请求，即要求受理机关进行处理的具体要求及获得的补救。

(4)申诉理由，即针对申诉要求提出被申诉人的错误及纠正错误的法律和政策依据，并陈述理由。

(5)附项，写明附交有关的物证、书证或复印件等。

2. 申诉的受理

申诉的受理是指有关主管部门对教师申诉的接受。教师申诉的受理包括三个环节。

(1)审查。审查申诉是否符合条件。

(2)对未写明理由和要求的申诉书退回重写，对不符合条件的申诉应以书面的形式作出不予受理的决定。

(3)对受理的申诉案件，如果需要补充文件的，应要求申诉人补充。但在审查的过程中，受理部门的审理人员对申诉案件有利害关系的，应自行回避。

3. 申诉的处理

申诉受理机关要在规定时间内作出处理，以申诉处理决定书的形式送达申诉人。

受理机关对于受理的申诉案件，在进行调查研究，全面核实的基础上，应区别不同情况，在规定期限内作出如下处理。

(1)学校或其他教育机构、人民政府有关部门的管理行为符合法定权限和程序，适用法律法规正确、事实清楚的，维持原处理结果。

(2)学校或其他教育机构、人民政府有关部门的管理行为违反相关的法律、法规规定，侵害了申诉人的合法权益，可撤销原处理决定或责令被申诉人限期改正。

(3)学校或其他教育机构、人民政府有关部门的管理行为部分适用法律、法规、规章错误或事实不清的，可责令退回原机关重新处理或部分撤销原处理决定。

(4)学校或其他教育机构、人民政府有关部门的管理行为所依据的内部规章制度与法律、法规及其他规范性文件相抵牾的，可撤销该内部管理的规定或责令被申诉人修改其内部管理规定，并且撤销原处理决定。

教师有权利对学校或其他教育机构提出申诉，主管教育行政部门在接到申诉的30日内，应当作出处理。申诉处理决定书应送达申诉人。申诉处理决定书自送达之日起发生效力。教育行政主管部门对受理的申诉逾期或久拖未决的，申诉人可以依法提出行政复议或行政诉讼。申诉人对申诉处理决定书不服的，可以向原处理机关隶属的人民政府申请复核，并可以提起行政复议或行政诉讼。

案例 5-3　教师对学校的处理决定不服，怎么办①

丰某，2001 年师范学院毕业后分配在某中学，任一(2)班的班主任、语文老师。在教学中，他不鼓励学生死记硬背，也不采取题海战术，而是重视学生的独立思考能力和综合素质，因而深受学生的喜爱。2003 年，他所带的班参加中考成绩不突出，升学率也不高，于是学校据此作出决定，扣发丰某全年奖金。丰某感到很是不解，为什么国家一再提倡素质教育，要坚决改变以升学率高低为主要指标评估教育政绩优劣、教学水平高低和教师工作好坏的做法，而学校却以升学率较低为由扣发其全年奖金。丰某对学校的处理决定不服，应该怎么办？

法律解读：丰某应当向学校所在地的教育行政部门提出申诉。

《教师法》第三十九条明确规定："教师对学校或者其他教育机构侵犯其合法权益的，或者对学校或者其他教育机构作出的处理不服的，可以向教育行政部门提出申诉，教育行政部门应当在接到申诉的三十日内，作出处理。"

根据《教师法》第三十九条，丰某如对学校扣发其全年奖金的处理决定不服，可向学校所在地的教育行政部门提出申诉。如果教育行政部门在 30 日内未作出决定，丰某可以以其不作为为由依法向人民法院提起行政诉讼。

二、学生申诉制度

上一部分我们学习了教师申诉制度，教育申诉制度的另一个重要组成部分就是学生申诉制度。

(一)学生申诉制度的含义和特征

1. 学生申诉制度的含义

学生申诉制度是指学生在接受教育的过程中，对学校给予的处分不服，或认为学校和教师侵犯了其合法权益而依法向有关部门提出要求重新处理的制度。

学生申诉包括校内申诉和教育行政申诉两种。根据有关文件规定，学生申诉分为两种：一是校内学生申诉简称校内申诉，二是教育行政申诉。所谓校内申诉，是指学生如果对学校的处分或处理决定有异议，可以在接到决定书之日起于一定时间内根据事实向学校学生申诉处理委员会申诉。所谓教育行政申诉，是指学生如果对学校的复查决定有异议，可以向学校所在地省级教育行政部门提出申诉。目前这两者之间的关系是先校内申诉，然后再行政申诉。也就是说，提起教育行政申诉的前提是要先经过校内申诉。

---

① http://teacher.eol.cn/jiaoshiweiquan_9522/20110307/t20110307_584746_1.shtml，最后浏览 2022-02-15。

2. 学生申诉制度的特征

学生申诉制度作为一种权利救济，应具有如下特征。

(1)法定性。

宪法中关于公民申诉权的规定主要是从公民的基本政治权利这个角度提出的，而且它是原则性的规定，具有最普遍、最一般的适用性，并未形成一项专门的救济制度。在宪法精神的基础上，我国建立了教育申诉制度，如同教师申诉制度一样，学生申诉制度也是一种法定制度，必须依法严肃地进行。

(2)行政性。

尽管学生申诉分校内申诉和教育行政申诉两种，但这并不影响学生申诉制度的行政性的特点。申诉是向教育行政主管部门提出的，并由教育行政部门专门的申诉委员会负责处理，所以这种申诉有别于诉讼。

(3)准司法性。

准司法性，是一个与“司法”相对应的概念，是指与司法活动密切相关或者功能类似，具有一定裁判权或证明权的行为。准司法性的最大价值是能够体现公正性，核心是保障当事人的合法权益，维护社会公正。这一点也与司法行为的出发点相一致。学生申诉制度的准司法性主要表现在：一是申诉机构的设立、职责、权限、组织原则等具有与审判机关共同或类似的特点，它是学校依法设立的处理学校与学生之间纠纷的专门机构，相对独立地行使裁决权，有不受学校、各行政机关、团体和个人干涉的特殊地位；二是申诉机构审理纠纷时参照实行合议、回避、时效等司法诉讼制度；三是申诉机构可以采用调查取证、裁决、送达等职权行为，并且其调查证据能最终作为裁决事件的依据，对于原处理单位不合理的处理结果，有权要求其根据申诉机构的最终裁决作出修正并可直接变更处理结果。

(4)准独立性。

学生申诉处理委员会应是一个相对独立的机构。学生申诉制度虽然是通过学校行政举措制定的，但其应该有一个相对独立的申诉机构，这一机构应不依附于学校任何行政部门，并且是能体现其相对的权威性和最大的公信力的机构。另外，学校申诉制度的独立性还体现在申诉机构组成人员的配备上。学生申诉处理委员会应当由学校相关负责人、职能部门负责人、教师代表、学生代表、负责法律事务的相关机构负责人等组成，可以聘请校外法律、教育等方面的专家参加。学生申诉处理委员会组成人员与学生申诉有直接利害关系的应当回避。

(5)非诉讼性。

学生申诉制度属于非诉讼申诉制度 。依照是否涉及诉讼，可以将申诉分为诉讼上的申诉和非诉讼上的申诉两种。学生申诉制度属于非诉讼上的申诉制度，具有非诉讼性。它从申诉的提起，到案件的受理和处理都是依照行政程序进行的。而诉讼上的申诉制度是公民对司法机关作出的已经发生法律效力的判决、裁定不服，向法院或检察院申诉理由，请求再审的制度，完全依诉讼法的程序进行。二者显然有很大差别。但是，这里所说的学生申诉制度具有非诉讼性，仅仅是针对依《教育法》和《普通高等学校学生管理规定》建立的这一申诉制度而言的。它并不包括学生在诉讼活动中提起诉讼上的申诉。如当学生对法院已经发生法律效力的判决、裁定不服时，可以向更高级的法院或检察院提出申诉，请求再审。这时提起的申诉就是诉讼上的申诉。但这已不属于学生申诉制度这一专门性的法律救济制度了。

(二)申诉的范围

根据《教育法》第四十三条第四款规定："对学校给予的处分不服向有关部门提出申诉，对学校、教师侵犯其人身权、财产权等合法权益，提出申诉或者依法提起诉讼。"上述规定将学生申诉的范围规范为两个方面：受教育权和民事权利。具体看就是三个内容：第一，对学校作出的处理不服的，如警告、记过、留校察看、勒令退学、开除学籍等，可以申诉；第二，对学校或教师侵犯其人身权，如体罚、变相体罚等，可以申诉；第三，对学校或教师侵犯其财产权，如乱收费、乱罚款、非法没收财物等，可以申诉。

根据《普通高等学校学生管理规定》第六条第六款："对学校给予的处理或者处分有异议，向学校、教育行政部门提出申诉；对学校、教职员工侵犯其人身权、财产权等合法权益的行为，提出申诉或者依法提起诉讼。"可见学生除了对学校给予的"处分"可以申诉外，还可以对给予学生的"处理"提起申诉。此外，《普通高等学校学生管理规定》第六章还专设了学生申诉一章，较全面地规定了高校学生申诉制度。

(三)学生申诉制度的参与人

学生申诉制度的参与人包括以下三方面人员。

1. 申诉人

申诉人主要包括其合法权益受到侵害的学生本人及其监护人。

2. 被申诉人

学生申诉制度中的被申诉人一般包括学生认为构成对其侵权的所在学校或者其他教育机构、教师及学校工作人员。值得注意的是，学生对学校或者其他教育机构给予的处分不服提出申诉，其被申诉人只限于学校及其他教育机构，而不涉及学校负责人。

3. 受理机关

受理机关是学校的学生申诉处理委员会和省级教育行政部门。就目前情况而言，我国大多数学校受理学生申诉的机构已经建立，在教育实践中其作用也日渐显现。

(四)学生申诉的程序

1. 申诉的提出

学生申诉要以书面形式提出。

以书面形式提出申诉的，申诉书要有如下内容。

(1)申诉人的基本情况。姓名、性别、年龄、住址及与被申诉人的关系等。

(2)被申诉人的基本情况。名称、地址、法定代表人的姓名、职务等。

(3)申诉请求。要求受理机关进行处理的具体要求及获得的补救。

(4)申诉理由和事实经过。针对申诉要求讲出被申诉人的错误、事实经过，以及纠正错误的法律和政策依据，并陈述理由。

2. 申诉的受理

申诉的受理是指有关主管部门对学生书面申诉的接受。

学生申诉的受理包括以下三个环节。

(1)审查，审查申诉是否符合条件。

(2)对未说明申诉理由和要求的，可要求其再次说明或重新提交申诉书。

(3)学生的书面申诉要在接到学校处理或者处分决定书之日起 10 日内，向学校学生申诉处理委员会提出。学校学生申诉处理委员会要在规定时间内给予是否受理的正式通知。

3. 申诉的处理

对已受理的申诉，申诉受理机关要在受理之日起 15 日内作出处理。受理机关对于受理的申诉案件，在进行调查研究、全面核实的基础上，应区别不同情况，在规定期限内作出如下处理。

(1)事实清楚、依据明确、定性准确、程序正当、处分适当的，予以维持。

(2)认定事实不存在，或者学校超越职权、违反上位法规定作出决定的，责令学校予以撤销。

(3)认定事实清楚，但认定情节有误、定性不准确，或者适用依据有错误的，责令学校变更或者重新作出决定。

(4)认定事实不清、证据不足，或者违反本规定以及学校规定的程序和权限的，责令学校重新作出决定。

4. 申诉的时效

申诉的时效即申诉提出的时间期限。申诉不是什么时候都可以提出，而是有明确的时间要求。《普通高等学校学生管理规定》第六十条规定：“学生对学校的处理或者处分决定有异议的，可以在接到学校处理或者处分决定书之日起 10 日内，向学校学生申诉处理委员会提出书面申诉。”第六十二条规定：“学生对复查决定有异议的，在接到学校复查决定书之日起 15 日内，可以向学校所在地省级教育行政部门提出书面申诉。”第六十四条规定：“自处理、处分或者复查决定书送达之日起，学生在申诉期内未提出申诉的视为放弃申诉，学校或者省级教育行政部门不再受理其提出的申诉。处理、处分或者复查决定书未告知学生申诉期限的，申诉期限自学生知道或者应当知道处理或者处分决定之日起计算，但最长不得超过 6 个月。”这就明确了学生校内申诉的时效为接到处分决定书的 10 日内，向省级教育行政部门提出申诉的时效为接到复查决定书的15日内，申诉的最长时效为6个月，超过期限即视为放弃申诉。所以，申诉要按规定时间及时提出，才能有效维护学生自身的权益。

案例5-4 相互替考被开除，大学生不服处分决定起诉高校①

毛某与孔某均系云南某大学2019级学生。2021年5月23日，毛某因在驾校培训，让同年级不同班级的同学孔某代自己去参加当天的“形势与政策”课程期末考试，孔某答应了毛某并代其实际参加并完成了考试。一周后，孔某因在外兼职，让毛某替代自己去参加当天的“形势与政策”课程期末考试，毛某答应了孔某并代其实际参加并完成了考试。

不久，云南某大学接到学生实名举报，对毛某和孔某是否存在替考行为进行调查，毛某和孔某承认了相互替考的事实。经召开校长办公会议，该学校分别对孔某和毛某作出了开除学籍处分的决定。

孔某和毛某不服学校作出的处分决定，遂提出申诉，学生申诉处理委员会予以受理并组织召开听证会后，分别对孔某和毛某作出复查决定，维持原处理决定。

孔某、毛某认为云南某大学作出的处分决定和复查决定侵犯其受教育权，存在适用法律错误以及明显不当等情形，向昆明市五华区人民法院提起行政诉讼。

昆明市五华区人民法院一审判决驳回原告的诉讼请求。孔某、毛某在上诉期内均未提出上诉，一审判决依法生效。

【专家点评】（梅扬　武汉大学法学院副教授 硕士生导师）本案中，毛某、孔某相互替考的违法违纪事实确凿无疑。对此，无论是《教育法》《高等教育法》《普通高等学校学生管理规定》等法律法规，还是《云南某大学本科学生学籍管理实施细则》《云南某大学考试违规处理办法》等校纪校规，均赋予了学校给予毛某、孔某“开除学籍处分”的权利；学校的整个处理过程也严格遵循了正当程序，不仅在处分作出前给予毛某、孔某陈述、申辩的机会，而且在处分下达后，赋予毛某、孔某申诉的权利，并举行听证；此外，在学校相关宣传工作已经做到位的情况下，毛某、孔某明知替考行为违法违纪，仍然罔顾禁令，分别两次代替他人或者让他人代替自己参加考试，情节较为恶劣和严重。按照过罚相当原则，学校给予开除学籍的处分合理、适当，并非“小题大做”之举。

案例5-5 学生有了申诉权 怎样行使才得当②

3月29日，北京师范大学珠海分校对该校学生因不同意校方处分向学校申诉一事作出正式回复：一名学生免予处分，一名学生在重新审理后给予降低处分，另一

---

① 普法案例 | 相互替考被开除，大学生不服处分决定起诉高校，法院判了！（节选）https://m.thepaper.cn/baijiahao_18761907，最后浏览2023-12-06。

② 杨连成．学生有了申诉权 怎样行使才得当[N]．光明日报，2006-03-30.

名维持原处分决定。

这件事要追溯到3月18日的“申诉听证会”。当天，由于学生不同意校方的处分，10名学生提起申诉讨说法。

面对听证会委员和旁听席上的师生、律师，坚持申诉的9名大学生分别陈述各自的申诉理由。大一女生陈同学的申诉理由是，考试中自己并无主观作弊的动机和行为，事后也主动承认了错误，但校方给予了留校察看处分，请求校方减轻处分。在两个半小时的“审理”过程中，对学生违纪行为，申诉处理委员会7名委员进行了不公开的讨论和投票，最后按票决结果，分别向学校及学院提出维持6名同学原处分决定和重新审理3名同学违纪案件的建议。

另一位提出申诉的学生对记者说：“原处分决定的依据事实不清、处分等级不当，所以提出书面申诉。如果我对申诉听证后的结论还不满意的话，将继续向上级教育主管部门申诉。”

记者了解到，上学期北京师范大学珠海分校共处分违纪学生95名，约占在校生数1%，最终有10人提出了申诉请求。校方根据教育部去年9月1日颁布实施的《普通高等院校学生管理规定》，制订和实施了在校大学生申诉处理暂行办法，并设立独立行使职权的学生申诉处理委员会，负责受理和核查申诉学生违规、违纪事件的事实、理由及证据，除涉及国家机密、个人隐私的案件外，对所受理的申诉案件举行公开的申诉听证。

从以上两个案例中可以看出，学生申诉制度是学生维护自己合法权益的重要途径。根据教育部《普通高等学校学生管理规定》第六条，学生在校期间依法享有下列权利：(六)对学校给予的处理或者处分有异议，向学校、教育行政部门提出申诉，对学校、教职员工侵犯其人身权、财产权等合法权益的行为，提出申诉或者依法提起诉讼。

通过申诉听证会制度，可以让学生感受到高校大学生管理中的民主与公正。有利于学生对自身权益的维护和对高校管理的参与和监督。

综上所述，教育申诉制度包括教师申诉制度和学生申诉制度两部分。不管是教师，还是学生都应该学会用正确的、合法的途径维护自己的合法权益。而教育申诉制度不失为一种有效的维权途径。

第三节 教育行政复议

在教育法律救济制度中，除了申诉制度，还有一种制度叫教育行政复议。它是对已经作出的行政处分不服，要求再议的制度，也是维护当事人合法权益的重要途径。

一、教育行政复议的含义和特征

(一)教育行政复议的含义

教育行政复议是一种行政行为的复查制度，是指个人或组织认为国家行政机关的具体行政行为侵犯了其教育法所规定的合法权益，依法请求作出该行为的上一级机关或法律、法规规定的其他机关对该行为进行审查，以保障其合法权益，受理申请的机关依法定程序复查并作出决定的法律制度。1999 年 4 月 29 日，第九届全国人民代表大会常务委员会第九次会议通过了《中华人民共和国行政复议法》(以下简称《行政复议法》)，并于 1999 年 10 月 1 日起施行。这部法律为教育行政复议提供了法律依据。

相关链接

行政复议是指公民、法人或者其他组织不服行政主体作出的具体行政行为，认为行政主体的具体行政行为侵犯了其合法权益，依法向法定的行政复议机关提出复议申请，行政复议机关依法对该具体行政行为进行合法性、适当性审查，并作出行政复议决定的行政行为。

(二)教育行政复议的特征

从其属性上看，教育行政复议属于非诉讼上的一种申诉救济途径，它具有如下几个基本特征。

教育行政复议是一种带有司法性质的特殊行政行为。它的程序有点像上诉，故有司法性，但整个行政复议活动是以行政机关为主导进行的，故行政复议是一种行政行为。

教育行政复议是一种依申请开始的行政行为。也就是说教育行政管理相对人不申请复议，就不启动复议程序。

教育行政复议的对象只能是具体行政行为，而不能是抽象行政行为。

教育行政复议的申请人只能是教育行政相对人(包括教师、学生和其他公民、组织等)，被申请人是作出具体行政行为的教育行政机关或其他行政机关。与教育管理无直接关系的人员不能提出教育行政复议。

教育行政复议执行不适用调解的原则。这也是一般行政复议的一个基本原则，目的在于维护法律的公正和严肃，给处于服从地位的行政相对人以保护自己合法权益的公平机会。所以教育行政复议，不能以调解作为最后方式，必须有明确的裁决。

二、教育行政复议的范围

教育行政复议的范围，指教育行政复议机关受理行政复议案的权限和界域，即教育行政相对人对教育行政机关作出的具体行政行为不服，认为侵犯其合法权益而向有关机关申请救济的范围。

(一)教育行政处罚行为

对教育行政处罚不服提起复议，是教育行政复议的范围中最重要的一类。根据《中华人民共和国行政处罚法》第九条规定："行政处罚的种类：(一)警告、通报批评；(二)罚款、没收违法所得、没收非法财物；(三)暂扣许可证件、降低资质等级、吊销许可证件；(四)限制开展生产经营活动、责令停产停业、责令关闭、限制从业；(五)行政拘留；(六)法律、行政法规规定的其他行政处罚。"

(二)教育行政强制措施

按照《行政复议法》的规定，教育行政相对人对教育行政机关对其财产的查封、扣押、冻结等行政强制措施不服的，可以申请复议。

(三)行政许可行为

对教育行政机关作出的有关许可证、执照、资质证、资格证等证书变更、中止、撤销的决定不服的，可以申请复议。

(四)教育行政机关不作为

这类情况主要包括两个方面：(1)教育行政相对人认为符合法定条件，申请教育行政机关颁发许可证、执照、资质证、资格证等证书，或者申请行政机关审批、登记有关事项，行政机关没有依法办理的；(2)行政相对人申请教育行政机关履行保护人身权利、财产权利、受教育权利的法定职责，行政机关没有依法履行的。可以申请复议。

知识链接

不作为是相对于作为而言的，指行为人负有实施某种积极行为的特定的法律义务，并且能够实行而不实行的行为。不作为是行为的一特殊方式，与作为具有一种相反关系。①

(五)教育行政机关侵犯合法的经营自主权的行为

在教育行政复议中，主要是校办企业作为行政相对人，认为教育行政机关侵犯其法律、法规规定的经营自主权，主要包括干预、限制、取消或截留其对财产享有的占有权、自主使用权、收益权及支配权等。

《行政复议法》②第十三条规定："公民、法人或者其他组织认为行政机关的行政行为所依据的下列规范性文件不合法，在对行政行为申请行政复议时，可以一并向行政复议机关提出对该规范性文件的附带审查申请：(一)国务院部门的规范性文件；(二)县级以上地方各级人民政府及其工作部门的规范性文件；(三)乡、镇人民政府

---

① http://baike.baidu.com/link? url=g0X7jUrpyh4 _ rR73yCM0JbNSXxpQg1BP98gjvEjqruyzeQAPhy _ BkCHdbQ85Sinf8bOywQtuFL8vdprNVkTw—a，最后浏览 2022-02-15。

② 《行政复议法》2023 年 9 月 1 日第十四届全国人民代表大会常务委员会第五次会议修订，2024 年 1 月 1 日起施行。

的规范性文件；(四)法律、法规、规章授权的组织的规范性文件。"《行政复议法》的这一规定表明两点。第一，受到行政机关具体行政行为侵害的公民、法人和其他组织，可以要求行政复议机关对具体行政行为所依据的规范性行政文件进行审查，即行政相对人可对部分抽象行政行为申请复议。这就意味着，对于违法的规范性行政文件，有权的行政机关可根据法定程序予以撤销。《行政复议法》的这一规定，不仅使更多的行政活动受到法律监督，而且将极大地增加公民、法人和其他组织在行政复议中得到有效救济的机会。第二，对具体行政行为所依据的规范性文件提出的审查申请，必须附属于对该具体行政行为申请行政复议时一并提出，即不得只单独提出对作为依据的规范性行政文件的审查申请。这样规定也是为了维护行政机关依法正常行使行政职权的活动。

案例 5-6　不给评职称状告教育部 武汉一大学教师一审败诉①

武汉一名大学讲师因学校职称评审而状告教育部行政不作为一案，在立案阶段已经引起社会的关注。2003 年 6 月 10 日，北京市第一中级人民法院对该案进行了一审宣判，讲师败诉。

华中科技大学土木工程与力学学院讲师王某因其在学校举行的职称评审中未通过副教授的资格评审，而教育部又对其提出的行政复议作出了不予受理决定，因而向北京市第一中级人民法院起诉，状告教育部行政不作为。

法院审理后认定，2002 年华中科技大学进行了高级专业技术职务的评聘工作。评聘委员会认定王某不符合副教授任职资格。王某认为该校在职称评定问题上存在弄虚作假问题，故多次向湖北省教育厅及教育部等部门反映、检举。2003 年 1 月 21 日，王某向教育部递交了"行政复议及检举信"。2003 年 2 月 21 日，教育部作出行政复议不予受理决定。

法院认为，评聘教师及其他专业技术人员职务是高等学校的自主权。评聘委员会审定王某不符合副教授任职资格的行为并非具体行政行为，教育部据此对王某提出的行政复议申请不予受理是正确的。

案例 5-7　王某两告教育厅 行政复议查责任②

1992 年 9 月 4 日，某学校研究决定由该学校教师王某承包经营该校的音像部，学校与王某签订了租赁合同。1995 年，学校以王某经营无方，未交清承包费和房租为由，扣除了王某 1992 年至 1995 年的一年两个月的工资。根据租赁合同的约定，一年合同租赁期满后要续签合同。1996 年 1 月，学校要求与王某续签，但王某执意

---

① http://www.chinacourt.org/article/detail/2003/06/id/63265.shtml，最后浏览 2022-02-15。

② http://www.110.com/ziliao/article—50964.html，最后浏览 2022-C2-15。

不签，并提出停业，未得到校方同意。1996 年 1 月至 12 月，王某未交一年的房租，学校扣除其一年工资。之后，1997 年 1 月至 1999 年 8 月停业期间，王某一直未交营业房和财产账目，也未在学校上班、参加学校考核。1999 年，学校根据《学校内部管理体制改革方案》，与王某签订了一年的“聘任协议书”。到 2000 年 9 月聘任期满，经学校考核领导小组审核，因王某 1999 年 1 月至 8 月未在学校上班，考核为不合格，不予调资，未被学校聘任。根据《教师法》第三十九条的规定：“教师对学校或者其他教育机构侵犯其合法权益的，或者对学校或者其他教育机构作出的处理不服的，可以向教育行政部门提出申诉，教育行政部门应当在接到申诉的三十日内，作出处理。”2002 年 3 月 13 日，王某向该学校的上级主管部门教育厅提出申诉，某教育厅对王某提出的申诉不予受理。2002 年 4 月 9 日，王某以教育厅未履行法定职责为由，向省政府申请行政复议。省政府经审查，认为教育厅未依法履行教师法赋予的法定职责，遂根据《行政复议法》第二十八条第一款第(二)项的规定，作出责令教育厅履行法定职责的复议决定。

2002 年 6 月，教育厅对王某的申诉进行了处理，作出了《关于对王某申诉问题的处理意见》，该处理意见认为“学校年终考核行为属学校内部管理行为，应由学校按有关规定办理”。王某对教育厅的处理意见不服，于 2002 年 6 月 28 日再次向省政府申请行政复议。认为教育厅没有依法进行考核，请求重新考核。省政府经审查，认为：根据《事业单位工作人员考核暂行规定》中关于“事业单位在年度考核时设立非常设性的考核委员会或考核小组，在单位负责人的领导下，负责年度考核工作”的规定，教师的考核属于学校的职责。据此，省政府认定教育行政部门处理意见，事实清楚、适用依据正确，程序合法，内容适当，依法作出了维持教育厅处理意见的复议决定。

【评析】本案王某先后两次通过行政复议程序告教育厅。第一次是一起不作为行政复议案件。该案省政府认定教育厅对王某的申诉不予受理违反了《教师法》第三十九条的规定，由于教育行政部门没有依法履行法定职责，构成行政不作为的违法行为，省政府作出了责令被申请人履行法定职责的复议决定，定性是准确的。

第二次是一起对行政机关作出的具体行政行为不服申请复议的案件。王某由于对教育行政部门作出的申诉处理意见不服，再次依法向省政府递交行政复议申请。该案件经过行政复议机关审查，认为按照人事部于 1995 年 12 月 4 日印发的《事业单位工作人员考核暂行规定》，教育机构对本单位的专业技术人员的考核工作依法享有自主管理职能。而教育行政部门已经履行了《教师法》赋予指导、监督的职能。省政府认定教育行政部门作出的申诉处理意见，事实清楚、适用依据正确，程序合法，内容适当，故作出了维持教育行政部门处理意见的复议决定是正确的。

这起行政争议的解决，说明了教师的自我保护法律意识增强了，更重要的是教育行政部门依法履行职责的意识明显提高，进一步强化了教育行政部门对教育机构的指导、监督的作用，切实地保护了人民教师的合法权益。

三、教育行政复议的程序

教育行政复议程序基本上分为申请、受理、审理、决定和执行几个步骤。

(一)申请

复议申请就是提出复议主张。它是指公民、法人或其他组织认为行政机关的具体行政行为侵犯其《教育法》所保护的合法权益，依照法律规定的条件向有关机关提出复议的要求，主张自己的权利。

申请人应以书面形式在知道侵权行为发生后的60日内提出复议申请。复议申请书应载明下列内容，申请人的自然情况(姓名、性别、年龄、职业、住址等)；被申请人的名称、地址；申请复议的要求和理由；附交有关的物证、书证或复印件；提出申请的日期。

复议申请也可以提出口头申请。口头申请的，行政复议机关应当当场记录申请人的基本情况、复议请求及申请复议的主要事实、理由和时间。

(二)受理

受理是对复议申请的审查、立案过程。它是指教育行政复议机关基于相对人的申请，经审查认为符合法律规定的申请条件，决定立案并准备审理的行为。接到复议申请后，复议机关应当在5日内作出下列处理：直接受理；决定不予受理；进行书面告知。对符合本法规定，但是不属于本机关受理的行政复议申请，应当告知申请人向有关行政复议机关提出。复议机关决定受理的标志是立案。一旦立案，复议机关必须依法对案件进行审理，复议申请人和被申请人法律地位平等，申请人不得重复申请复议。

(三)审理

审理是教育行政复议的中心阶段。复议机关应当在受理之日起7日内将复议申请书副本发送被申请人。被申请人在收到复议申请书副本之日起10日内，应向复议机关提交作出具体行政行为的有关材料或者证据以及答辩书。被申请人逾期不答辩的，不影响复议。复议机关根据复议申请书和被申请人提供的材料、证据和答辩书，对原行政执法决定进行审查。通过审查，查明事实真相，确定原行政执法决定是否违法、失当、侵害了申请人的合法权益。行政复议应以书面形式进行，复议机关认为必要时，也可采取其他方式。

(四)决定

决定是指对案件进行审理后，在判明具体行政行为的合法性、正当性的基础上，有关机关作出相应的裁断。复议机关应在复议期限内(自受理之日起60日内)作出决定。复议决定有：维持决定，补正程序决定，撤销、变更或确认决定，履行决定，赔偿决定。

维持决定即认为具体行政行为认定事实清楚、证据确凿、适用依据正确、程序合法、内容适当的，决定维持原决定。

补正程序决定是指对存在轻微程序违法的决定，要求作出决定的单位弥补疏漏或缺陷，使其变为合法的行政行为，从而维持其效力的决定。

撤销、变更或确认决定，是具体行政行为有下列情形之一的，行政复议机关应决定予以撤销、变更或者确认其违法：(1)主要事实不清、证据不足的；(2)适用依据错误的；(3)违反法定程序的；(4)超越或者滥用职权的；(5)具体行政行为明显不当的。

履行决定是指复议机关经过审查，认定被申请人没有履行法律、法规规定的职责，从而作出责令其在一定期限内履行法定职责的决定。这种复议决定针对的是申请人要求被申请人作出一定的具体行政行为作出的，它主要适用于行政机关应作为而不作为的案件。

赔偿决定是复议机关对侵权行为在法定情形下直接作出有赔偿效果的决定。主要是下面两种情况：(1)依法决定撤销或者变更罚款；(2)撤销违法集资、没收财物、征收财物、摊派费用以及对财产的查封、扣押、冻结等具体行政行为时，应当同时责令被申请人返还财产、解除对财产的查封、扣押、冻结措施或赔偿相应价款。

(五)执行

复议决定生效后就具有国家强制力，进入执行阶段。行政复议决定书一经送达，即发生法律效力。复议双方应自觉履行决定，否则，复议机关可以申请人民法院强制执行。被申请人不履行或者无正当理由拖延履行行政复议决定的，行政复议机关或者有关上级行政机关应当责令其限期履行。申请人逾期不起诉又不履行行政复议决定的，或者不履行最终裁决的行政复议决定的，按照下列规定分别处理：(1)维持具体行政行为的行政复议决定，由作出具体行政行为的行政机关依法强制执行，或者申请人民法院强制执行；(2)变更具体行政行为的行政复议决定，由行政复议机关依法强制执行，或者申请人民法院强制执行。

在教育行政复议的过程中，如果行政机关拒绝履行复议决定的，复议机关可以直接或建议有关部门对该行政机关的法定代表人给予行政处分；复议参加人或其他人阻碍复议人员依法执行职务的，在未使用暴力和其他威胁手段的情况下，由公安机关给予行政处罚；在使用暴力或其他威胁手段的情况下，则依法追究刑事责任；复议机关工作人员失职的，复议机关或有关部门应批评教育或给予行政处分，直至追究刑事责任。

相关链接

行政复议委员会制度的试点情况[①]

哈尔滨模式——黑龙江省哈尔滨市的行政复议委员会是比较彻底的体制外的行政复议议决机构。在组织机构方面，作为市政府的一个专门机构，哈尔滨市行政复议委员会的委员实行聘任制，其中八成以上是由政府之外的人员担任。哈尔滨市行政复议实行集中统一受理，所有的行政复议案件都由政府法制办统一组织案件听证，统一提交行政复议委员会议决后作出决定。哈尔滨市按照权力分立和民主决策的理念实现了立案、调查和议决三分离：行政复议立案处只考虑行政复议案件是否符合受理条件，行政复议的调查处专门负责复议案件的调查；调查完毕后，再提交行政复议委员会按照少数服从多数的原则以书面表决方式作出复议决定。此外，哈尔滨市还尝试建立了行政复议案件的合议、咨询、调解机制，均取得了较好的成效。

北京模式——北京市的行政复议委员会定位为咨询机构。行政复议委员会主要审理重大疑难的行政复议案件，并对行政复议工作和发展当中的一些重大问题进行研究，为行政复议工作提供理论支撑。在组织机构设置上，北京市行政复议委员会大体上实现除主任、副主任外，常任委员与非常任委员比例相当。北京市在下辖区也开展了相对集中管辖的试点工作，其中一个区实现完全集中管辖，其余两个区均为不完全集中管辖。北京市充分发挥专家学者作用，除专家参与案件审理外，也探索实施了专家担任复议委员会主持人。其中某市辖区还探索实行了当事人自主选择复议委员会委员和案件合议制度，一定程度上促进了社会矛盾彻底解决。

济宁模式——山东省济宁市的行政复议委员会下设案件审理委员会和监督委员会。山东省济宁市行政复议委员会下设案件审理委员会和监督委员会，其中监督委员会的主任、副主任由纪委副书记和监察局局长担任，把行政复议与行政监督问责结合起来，一定程度上倒逼了政府依法行政。

从以上三个地区行政复议委员会试点的总体情况而言，行政复议委员会在提升案件质量、扩大行政复议公开和提高行政复议公信力方面取得了积极的成效。行政复议案件一度出现井喷式增长，一定程度上减少了法院审理一审行政案件的压力，有利于案件的实质化解。

本章我们学习了教育法律救济制度。希望同学们在今后的学习工作中，如果遇到侵害自己合法权益的事情，可以利用这些渠道和方式来维护自己。

---

① 行政复议委员会制度的试点情况[N]. 法制日报，2015-03-11.

本章小结

本章主题是教育法律救济制度，既包括关于法律救济的基本知识，也包括教育申诉制度、教育行政复议制度等非诉讼的法律救济制度的基本内容。教育法律救济制度是指教育法律关系主体的合法权益受到侵犯并造成损害时，获得恢复和补救的法律制度。在教育领域中主要运用的法律救济方式包括教师申诉制度、学生申诉制度、行政复议、行政诉讼、行政赔偿和民事诉讼等。学生要重点掌握学生申诉制度和教育行政复议制度的内容，懂得如何合法地维护自己的权益。

关键术语

法律救济　教育申诉制度　教育行政复议

思考题

1. 我国为什么要设立教育法律救济制度？
2. 简述学生申诉制度的特征、范围与程序。
3. 当你的权益受到侵害时，怎样用教育法律救济渠道维护自己的权利？

拓展阅读

1. 杨颖秀．教育法学[M]．北京：中央广播电视大学出版社，2004．

本书较全面地阐述了教育法学理论，对理解教育法律救济制度大有帮助。

2. 袁振国．中国教育政策评论[M]．北京：教育科学出版社，2004．

本书是我国教育政策分析和评论的权威著作。

第六章　教育法律关系中的学校

学习目标 ▶

1. 了解学校法律地位的含义和特点。

2. 理解《教育法》中规定的学校法人地位。

3. 掌握学校的基本权利和基本义务，并能够用所学理论分析学校法律关系问题。

案例 6-1 学校可以这样做吗[①]

某校制定的规章制度中有这样的规定：学生迟到每次罚款 1 元，旷课一次罚款 2 元，不上课间操一次罚款 1 元，不交作业一次罚款 1 元，打架骂人罚款 5 元，吸烟罚款 10 元，损坏桌椅罚款 10～150 元，损坏玻璃罚款 5～20 元，损坏门窗罚款 50～100 元，迟还图书罚款 5 元，乱放自行车罚款 1 元，教师迟到一次罚款 10 元，教师旷班罚款 20 元。

上面的案例中，某校制定了对学生和教师的惩罚制度，大家想一想学校有没有制定这些制度的权利。学校是重要的法律关系主体之一，如何理解学校的法律地位？作为教育法律关系主体的学校能够享有哪些权利、需要承担哪些义务是本章详细阐述的内容。

第一节 学校的法律地位概述

学校是制度化的教育形式，是社会发展的重要载体，能够成规模地为社会发展培养人才。有学者认为，“从根本上说，学校教育是一种培养人的社会活动，通过对个体传递社会生产和生活经验，促进个体身心发展，使个体社会化。这是学校区别于其他社会组织的本质特征”[②]。学校从层次来看，可以分为幼儿园、小学、中学和大学四个层次；从行政上来看，学校可以分为公立学校和私立学校两类。现代教育制度最主要、最集中、最系统和最成熟的体系就是学校法律制度。

一、学校的法律地位

学校是指经国家主管机关批准设立或者依法登记注册设立的教育教学活动的社会组织，是有计划、有组织地进行系统教育的组织机构。作为制度化的教育形式，社会性是学校的突出特点，其开办和运营都应受到国家法律的制约。国家通过法律规范约束学校的行为。学校是最重要的教育法律关系主体之一。

作为一种社会组织，学校及其他教育机构与它们所处的内外环境构成了一系列的社会关系。只有明确了学校的法律地位，才能加强国家对学校的管理，更好地处理学校与社会的关系，规范学校的办学行为；才有利于学校自主管理、自我约束，实现学校的正常运行；也才能更有利于各种社会组织社会教育权的行使，公平和合

---

① 诸宏启．学校法律问题分析[M]．北京：法律出版社，1998：67.

② 劳凯声．重新界定学校的功能[J]．教育研究，2000(8).

理地享有国家提供的教育服务和福利。

(一)学校法律地位的含义

所谓学校的法律地位，是指法律赋予学校的一种同自然人相似的“人格”，可以从两方面理解。广义的学校法律地位包括：学校的地位、状态、条件和社会地位；学校在办学过程中和政府、其他社会组织及学校内部各法律主体之间的法律关系；学校在办学过程中的权利、义务、能力和无能力，法律责任等。[①] 狭义的学校法律地位主要是指其作为实施教育教学活动的社会组织和机构，在法律上所享有的权利能力、行为能力及责任能力。学校的法律人格，主要通过其从事教育教学活动的权利和义务反映出来，是其办学自主权的抽象化、形象化。学校法律地位在形式上是由法律赋予的。学校作为相对独立的组织教育活动的实体，必须具有相应的法律地位，这是毋庸置疑的。

(二)学校法律地位的特点

学校法律地位具有公共性。公共性是指学校体现了“公”的特点或者说学校体现了国家的特点。其主要表现在：学校法律地位是法律赋予的，在我国是依据“教育母法”《教育法》确立的。学校的设立、变更、终止都规定了特殊的注册登记程序，必须经国家教育行政部门审批决定。学校设立的目的是提高全民族素质，培养人才，促进物质文明和精神文明建设。因此，国家要根据国情建立相应的教育制度，同时也要承担与国家受教育权相应的责任，为教育的发展提供必要的资金的支持及其他条件。国家对教育的投人，同为了一般的社会公益事业是不同的，体现了国家的利益。学校行使的教育权，实质上属于国家教育权的一部分。根据《教育法》第二十九条的规定，学校享有组织实施教育教学活动权；招收学生或者其他受教育者的权利；对受教育者进行学籍管理，实施奖励或者处分权；对受教育者颁发相应的学业证书权等。对学校来说，这种教育教学实施权，既是国家授予的权利，又是国家交予的任务，只能依法正确行使，不能随意放弃。

学校法律地位具有公益性。把学校规定为公益性机构是世界各国的惯例。中国在新修订的《义务教育法》的总则中对学校的公益性也作了明确规定，义务教育是国家必须予以保障的公益性事业。同时在许多方面规定了对学校的优惠政策，如勤工俭学、学校用地、教学仪器设备的生产和供应、图书资料的进口等，均体现了学校公益性的法律地位。

学校法律地位具有多重性。多重性是指学校的法律地位在不同的法律关系中可以有不同的表现。也就是说，根据条件和性质的不同，学校在教育教学活动中可以产生多重主体资格。当学校参与教育行政法律关系，取得行政上的权利和承担行政上的义务时，它就是教育行政法律关系的主体。如学校在实施教育活动中，与国家行政机关的关系，或者当学校享有法律法规授权某些行政管理职权，取得行政主体

---

① 徐建平，茅锐，江雪梅．教育政策与法规[M]．重庆：重庆大学出版社，2013：220.

资格时，与教师、学生发生的关系。当学校参与教育民事法律关系，取得民事权利和承担民事义务时，它就是教育民事法律关系的主体。如学校与不具有行政隶属关系的行政机关(以机关法人身份出现)、企事业组织、集体经济组织、社会团体、个人之间发生的社会关系，这类关系涉及面是比较广泛的，像涉及学校财产、学校环境乃至创收中所涉及的权利，都会产生民事所有和流转上的必然联系。教育行政法律关系和教育民事法律关系是两类不同的法律关系。学校在这两类不同的法律关系中的法律地位是不一样的。在教育行政法律关系中，学校主要作为行政管理相对人出现。当然，这并不排除学校作为办学实体享有自己的权利和义务。在教育民事法律关系中，学校具有法人地位，与其他主体处于平等地位。

此外，学校还与国家发生经济关系，成为经济法律关系的主体。如涉及国家对学校的财政拨款、国家对学校兴办产业给予税收优惠等经济法律关系中，学校就是经济法律关系主体，具有经济法上的权利和义务。

知识链接

根据《民法典》第七十六条、第八十七条、第九十六条规定，我国民法上的法人，依法人创立的目的和活动内容的不同可以分为营利法人、非营利法人和特别法人三类。营利法人是以取得利润并分配给股东等出资人为目的成立的法人。营利法人包括有限责任公司、股份有限公司和其他企业法人等。非营利法人是为公益目的或者其他非营利目的成立，不向出资人、设立人或者会员分配所取得利润的法人，包括事业单位、社会团体、基金会、社会服务机构等。特别法人包括《民法典》中规定的机关法人、农村集体经济组织法人、城镇农村的合作经济组织法人、基层群众性自治组织法人。

资料来源：《民法典》

需要注意的是，学校的法人地位与法律地位是两个不同的概念。学校的法律地位既包括学校在民事关系中的法人地位问题，也包括它在行政关系中的法律地位问题。由于学校具有多种主体资格，因此仅仅确立民事法律关系上的法人地位，并不足以解决当前体制改革中的一切问题。事实上，政府与学校关系中的学校法律地位问题，是当前体制改革中亟待解决的问题。要摆脱政府对学校过多的行政干预，要使学校成为独立的办学主体，享有真正的办学自主权，首先应当理顺政府与学校之间的关系，用法律明确学校在行政关系中的地位，否则，学校不可能获得自主的办学权，更不可能确立法人地位。

二、学校法人

《教育法》第三十二条规定：“学校及其他教育机构具备法人条件的，自批准设立或者登记注册之日起取得法人资格。学校及其他教育机构在民事活动中依法享有民事权利，承担民事责任。”由此可见，作为民事法律主体，学校的法人地位是明确的。确认学校法人地位的意义在于确立了学校在民事法律行为中的法律地位。

学校成为法人的条件和事业组织、社会团体、国家机关成为法人的条件是相同的。学校作为法人即具备权利主体能力：一方面具备享有权利和承担义务的能力，即权利能力；另一方面具备独立的、以自己的行为实现权利和义务的能力，即行为能力。《民法典》规定：“依照法律或者法人章程的规定，代表法人从事民事活动的负责人，为法人的法定代表人。法定代表人以法人名义从事的民事活动，其法律后果由法人承受。”这就是说，作为法定代表人必须是法人组织的负责人，能够代表法人行使职权。学校的法定代表人一般是学校的校长。即由校长对外代表学校参加民事活动，享有民事权利，承担民事义务。

相关链接

设立学校的条件

设立学校必须具备四个方面的基本条件：组织机构和章程，合格的教师，符合规定标准的教学场所及设施、设备等，必备的办学资金和稳定的经费来源。

（资料来源：《教育法》）

学校法人的特点主要表现在自主办学、独立财产、公益性机构和独立承担民事责任四个方面。

1. 自主办学

自主办学是学校作为法人具有办学自主权的体现。办学自主权是学校的法定之权，是学校在法律上享有的，为实现其办学宗旨，独立自主地进行教育教学管理，实施教育活动的资格与能力。

立法者建立学校法人制度的立法意图在于：调整政府与学校的关系，保障学校的自主权。它所规定的，不仅仅是财产上的权利与义务，而是“事权”意义上的全面的自主办学的权利和义务。因此，学校法人既具有《民法典》上法人的一般权利，同时也具有办学自主的权利。党的十八届三中全会通过的《关于全面深化改革若干重大问题的决定》提出，要扩大学校办学自主权，完善学校内部治理结构。这一规定是深化我国教育综合改革、进一步理顺政府与高校关系的重要举措。但要注意，给予学校办学自主的权利，是为了更好地发挥学校作为法人的能动性和主动性，发挥学校自主办学的潜能，提高学校的办学水平和质量，并不是要使学校摆脱行政机关的法定管理和监督。

2. 独立财产

法人的独立财产是法人拥有的、独立于其创设人或成员的财产。法人拥有独立的财产是其具有法律人格的基础和前提条件，也是法人独立地享有民事权利和承担民事义务的物质基础。根据《教育法》规定：学校具有“管理、使用本单位的设施和经费”的权利。这是对学校法人具有财产独立性的明确规定。在实践中，应注意把学校的资产与举办者和捐赠者的资产进行分离，政府、组织和个人一旦将财产投资给了学校，学校就对该资产具有独立的管理权，在学校存续期间，举办者不能将该资产私自撤回或者挪为他用。对于校办产业，学校应进行合理的管理。但根据《教育法》的相关规定，校办产业以其独立法人资格承担民事责任，学校不承担连带责任，而且学校不能将用于教学和科研的财产为校办产业进行担保。

3. 公益性机构

学校是事业单位法人，具有公益性。《教育法》第八条规定：“教育活动必须符合国家和社会公共利益。”这一规定决定了我国的教育活动必须坚持公益性原则，教育活动只能对国家和人民负责，不能因个人利益或小团体的利益而损害国家的利益、人民的利益和社会的公共利益。《民办教育促进法》第三条规定：“民办教育事业属于公益性事业，是社会主义教育事业的组成部分。”同时按照《民法典》的划分，学校属于非营利法人，是不以营利为目的的，即不得以主要从事经济活动，获取财产上的增值为目的。由此可见，学校是公益性机构。

4. 独立承担民事责任

确立学校的法人资格，有利于保障学校享有的民事权利。《教育法》第三十二条第二款规定：“学校及其他教育机构在民事活动中依法享有民事权利，承担民事责任。”学校法人的独立责任是其独立财产的最终体现。

学校法人独立承担民事责任是由其独立的民事主体地位决定的。学校法人作为民事主体，虽然与其组成成员、领导机构和下属机构之间存在千丝万缕的联系，但在民事法律地位上，它们之间是相互独立的。学校法人有自己的法律人格，对自己的独立财产享有自主管理的权利，当然也应由自己承担其责任。比如学校法人在民事活动中产生的债务，教育主管部门不承担连带责任；学校中的教师、学生也不对其债务负责；在一般情况下，校长、学校管理人员也不承担其债务。

但在学校法人独立承担责任的范围上，有一个问题需要注意。学校法人到底以其实有资产(包括国有资产)还是以其自有资产为限对其债务负责？对这一问题我国法律目前尚无明文规定。因此，应该视具体情况而定。如果是学校承担教育教学活动之外的民事责任，学校应以其自有资产负责，只能就学校资产部分进行追偿和受偿；如果学校承担在教育教学活动过程中产生的民事责任，根据《民法典》第六十条“法人以其全部财产独立承担民事责任”的规定，以其全部财产承担责任，不应受经费支出项目的限制。这是因为，学校是组织实施教育教学活动的专门组织，从某种意义上说，它的教育教学活动是以国有资产作为担保或抵押。如果学校开展教育教学活动以外的事情，国有资产并未对其行为担保，当然不能用国有资产对其债务负责。如果在教育教学活动中发生债务，可以认为是拿学校的资产作担保，因而必须用全部资产对其债务负责。

三、学校作为行政相对人的法律地位

当学校参与教育行政法律关系，取得行政上的权利和承担行政上的义务时，它就是教育行政法律关系的主体，学校的法律地位由行政法规定。在教育活动中，学校与上级政府或同级政府的教育行政部门发生的关系受行政法调节。其中，政府是行政主体，学校属于行政相对人。

学校作为行政相对人具有如下三个特点。

首先，学校在行政管理中具有被动性。学校在同国家行政机关发生行政法律关系时，其地位是不对等的。只要是国家行政机关依法下达的行政指令，学校都要遵照执行。

其次，学校在行政法律关系中具有法定性。我国宪法和有关法律、行政法规规定了社会组织作为行政法关系的主体享有的权利和应当履行的义务。一般说来，社会组织的权利有：依法独立自主管理各自内部事务的权利；依法捍卫自己合法权益的权利；依法代表和维护自己所代表的那部分组织成员权益和要求的权利；参与国家管理的权利；依法对行政机关监督或诉讼的权利。在享有上述权利的同时，社会组织还应承担或履行下列义务：接受中国共产党的领导；遵守国家的宪法和法律、法令，执行行政管理法规；接受国家行政机关委托代理执行的义务；承担违法后依法受到处罚的义务等。[①]

最后，在行政诉讼中具有主动性。如果学校认为某项行政指令违背了相应的法律法规，其可以通过法定的程序向上级反映或依法提出行政诉讼。但在没有对此项行政指令作出否决之前，学校仍然要遵照执行。《教育法》关于学校的设置、学校的权利和义务等规定，均体现了上述特点。

第二节　学校的权利与义务

学校的权利和义务是学校法律制度中的核心内容，是保障学校法律地位的重要条件。只有明确学校的权利，学校才能更好地开展教育教学活动，实现教学目的。只有规定学校的义务，才有利于明确学校的责任，为学校办学提供规范、进行监督。

一、学校的基本权利

学校的权利是指其为了实现办学宗旨而独立自主地进行教育教学管理、实施教育教学活动的资格和能力，即学校在教育活动中能够作出或不作出一定行为，并要

① 梁明伟，刘志刚．法律规范行为：教育法制基础[M]．保定：河北大学出版社，2012：27.

求相对人相应做出或不做出一定行为的许可和保障，它是为《教育法》所确认、设定或保护的[①]，不同于民法和行政法上的权利。

在我国新修订的《教育法》第二十九条中，对依法设立的学校的基本权利进行了明确的规定，有以下九个方面。

(一)按照章程自主管理

章程是学校自主管理的基本依据，是学校为保证正常运行，对内部管理进行规范而制定的基本制度。为了确保学校教育教学秩序的正常，我国教育法律规定学校有权根据本单位所立章程确定的办学宗旨、管理体制及运行方式，制定具体的管理规章和发展规划，自主地作出管理决策，并建立和完善自身的管理系统，组织实施管理活动。

章程是学校及其他教育机构设立必须具备的条件之一。学校一经依法设立，即意味着其章程得到了确认，学校也就具有了按照被确认的章程行使管理自身内部活动的法定权利。章程是实施依法治校，提高学校管理水平和效率的重要保证，按照章程自主管理是学校法人地位的重要体现，也是落实学校法律地位的重要保证。学校的主管部门或举办者无权干涉学校按其章程规定作出的管理行为。

一般来说，各级各类学校应依据其任务的不同，制定出内容不同的章程。但章程都应包括以下主要内容：办学宗旨、教育教学管理规则、校内管理体制、财务管理制度、安全保卫制度、民主管理与监督制度、修改章程的程序等。

此外，学校制定的章程不得与现行的法律、法规相违背。例如，某中学在《创建文明学校的管理规定》有以下条款："有下列行为之一者给予5～100元罚款处理：随地吐痰、泼污水、乱倒垃圾、乱扔杂物者；抽烟、喝酒、打游戏机者；故意损坏桌椅、门窗、玻璃、黑板、仪器等公共财产者。"在这里，学校是无权作出《行政处罚法》所规范的"罚款"的行政处罚的。[②]

(二)组织实施教育教学活动

组织实施教育教学活动权是学校成立的目的，也是学校最基本的权利之一。这一权利是《教育法》为学校法人专门确立的，其他领域不是依《教育法》成立的法人，均不享有这项权利。根据这一规定，学校有权根据国家有关教学计划、教学大纲和课程标准等方面的规定，根据自己的办学宗旨、培养目标、任务及办学条件和能力，因校制宜，自主地组织本校教育教学活动的实施。具体内容有：自行决定和实施本机构的教学计划，决定具体课程、专业设置，决定选用哪种教材，决定具体课时和教学进度，组织教学评比、集体备课，对学生进行统一考核、考试等。

(三)招收学生或其他受教育者

招生是学校教育活动的重要内容。只有招收适当层次的学生，学校才能成为名

---

① 梁明伟，刘志刚．法律规范行为：教育法制基础[M]．保定：河北大学出版社，2012：29.

② 陈大伟．师德修养与教育法规[M]．北京：北京师范大学出版社，2012：188.

副其实的学校，才有可能实现教育活动的目的。招生权是教育机构的基本权利，也是学校的一项重要权利。学校一旦被《教育法》确认为具有进行教育活动的权利能力的法人，招生活动就被认定为学校所具有的特殊的法定权利。其他领域中不被《教育法》确认的法人机构，不具有招生的权利。

学校招生权的设立，表明学校有权根据自己的办学宗旨、培养目标、发展规划以及办学条件和能力，依据国家有关招生法规、规章和主管部门的招生管理规定，制定自己的招生办法，发布招生广告，决定招生的具体数额，确定招生范围和来源。任何组织和个人都不得非法干预。

另外，学校招收学生必须符合国家有关规定，其招生简章和广告内容必须真实、准确，严格按照规定履行审核手续，不得制发虚假招生简章和广告。

案例 6-2　招生广告吹破“牛皮” 重庆一民办学校不讲信用输官司①

“今日进高中，明天上大学；如果未上线，费用包退还。”这份经过公证处公证的承诺合同所引出的官司于 6 月 18 日由重庆市南岸区人民法院作出一审判决：吹破“牛皮”的学校需退还给学生总额 9.8 万元的助学费、学费。

1997 年暑假，重庆信息技术专修学校(以下简称“信息学校”)在重庆市内各中学发放招生广告，称学生毕业后如达不到高考录取分数线，以考分高低按比例退还费用，其诱人的承诺使得众多学生趋之若鹜。同年 8 月 30 日，该学校与数十名学生签订了承诺性普通高中教学合同约定：信息学校负责学生普通高中三年的学习，学习期满、高考成绩达到高考录取分数线的，即认定信息学校完成了教学义务，信息学校不退还任何费用；高考成绩达不到高考录取分数线的，信息学校给予优惠在本校读大专；不愿在信息学校读大专的，信息学校按比例一次性退还费用……信息学校还承诺从开学的第二学期起，每学期提取存款 5 万元交公证处专项保管，以此保障退费等问题。重庆市巴南区公证处对该合同进行了公证。

合同签订后，有 72 人进入信息学校读高中。1998 年 8 月和 1999 年 8 月，信息学校两次迁址，最初入校的学生则三三两两地转学，到高三时只剩下 49 名；1999 年 12 月，信息学校因自身原因停办，未完成约定的三年教学义务。信息学校也并未按约定提存款交公证处保管。

2000 年 1 月，信息学校向重庆市巴南区教委申请将普通高中学生转入重庆 39 中，并与 39 中签订了委托协议，但 39 中很快发现信息学校和学生签订过承诺性合同的事实，不接收学生。随后，信息学校经巴南区教委同意，将学生整体转入重庆 34 中就读最后一学期，并报重庆市教委将学籍从信息学校整体转入 34 中。

2000 年从信息学校转入 34 中的 39 名 2000 级普通高中学生参加了 7 月的高考，有 34 人未上高考分数线，他们要求信息学校兑现合同中的约定，但遭到拒绝。19

---

① 田文生．招生广告吹破“牛皮” 重庆一民办学校不讲信用输官司[N]. 中国青年报，2002-07-01.

名学生家长(后有1人撤诉)因而将信息学校及相关责任人告上法庭。这起官司的被告多达6名：信息学校，投资开办信息学校的重庆三峡技术咨询服务中心，“中心”股东姚某、徐某等，重庆市巴南区公证处。中国国民党革命委员会重庆市委员会因1997年8月经信息学校申请，同意作为信息学校主管单位(未参与经营管理与投资，只是挂名)，而成为案件第三人。

重庆市南岸区人民法院于2002年4月4日受理了此案，由于原告众多，合议庭采取了合并审理、分别判决的方式。2002年5月15日、5月31日先后两次公开开庭审理。在审理过程中，原被告双方对签订教学合同等基本事实没有异议，争论焦点集中在两方面：一是转学时合同是否终止，被告信息学校称学生自己转学至34中就读，为此，原告与信息学校已终止了合同；二是高考分数线应该以何为准，原告学生认为应当以首次公布的一般本科录取分数线为标准，而被告信息学校称应当以补录最低分为准。

被告之一的重庆市巴南区公证处在法庭上辩称，公证行为属行政行为，公证处并非合同权利义务人，学生与信息学校履行合同发生纠纷，公证处不应承担任何责任。为此，不同意承担民事责任。

6月18日，重庆市南岸区人民法院作出一审判决：被告重庆信息技术专修学校向原告18名学生分别退还助学费、学费9 200元、7 100元、5 000元，总额超过9.8万元；如到期不能履行此退费义务，则由被告重庆三峡技术咨询服务中心、被告姚某、被告徐某，第三人中国国民党革命委员会重庆市委员会承担连带清偿责任。诉讼费用由被告信息学校负担。

【评析】学校招收学生必须符合国家有关规定，其招生简章和广告内容必须真实、准确。在这起案例中，重庆信息技术专修学校在招生广告中作出虚假承诺，没有按照合同履行义务，因此，法院判决其承担相应的赔偿责任。

(四)对受教育者进行学籍管理，实施奖励或者处分

学校和受教育者之间一方面是教育与受教育的关系，另一方面也是管理与被管理的关系。学校有权利对受教育者进行学籍管理和实施奖励或处分。

学校的学籍管理权是指学校有权根据主管部门的学籍管理规定，制定具体的学籍管理办法。它的设立是学校发挥对受教育者的教育、管理职能，维护教学秩序，保证教育教学质量的需要。学籍管理是指学校针对受教育者的不同层次、类别，制定有关入学与报名注册，成绩考核，纪律与考勤，留、降级，转专业与转系，退学、休学与复学、转学的管理办法，并对其实施具体的管理活动。

学校有权对受教育者实施奖励和处分。奖励是指学校针对受教育者有德智体美等方面的突出表现，给予精神的或物质的奖励，如颁发荣誉证书、给予奖学金等。处分是指学校对违反校规校纪的受教育者，给予的校内处分，包括警告、记过、记大过、留校察看、勒令退学、开除学籍等。学校可以根据国家有关学生奖励、处分

的规定，结合本校的实际，制定具体的奖励与处分办法，并根据这些管理办法，对受教育者进行一定的约束。

受教育者一旦进入学校或其他教育机构，就有义务接受其所在学校及其他教育机构的法律确认的学籍管理和纪律要求。但需要注意的是，学校在运用学籍管理权时，应严格遵守国家有关学籍管理的规定，不能侵犯受教育者的受教育权等相关权利。学校不仅要遵守相关的实体性规定，也要遵守程序的规定。要将处理决定及时告知受教育者(即被处理人)；允许被处理人提出申诉、申辩和保留意见；对本人的申诉，学校有责任进行复查，并作出相应处理。

(五)对受教育者颁发相应的学业证书

学业证书制度是我国的教育基本制度之一。学校一旦经国家批准设立，就具备了《教育法》所确认的按国家规定颁发学历证书或其他学业证书的权利。学业证书是关于学生学习经历、知识水平、专业技能等方面的书面说明。学校可以根据自己的办学宗旨、培养目标和教育教学任务要求，依据国家有关学业证书的管理规定，对经考核成绩合格的受教育者，按其类别颁发毕业证书、结业证书等学业证书。

颁发毕业证书、结业证书等学业证书权利是学校代表国家行使的在学位、学历证书方面的行政管理职权。学校应该严格依据法律、法规、规章的规定行使这一权利，以使学生的受教育权利和学业证书的权威性得到维护。同时，从保护受教育者权益的角度来看，对受教育者颁发相应的学业证书也是学校的一项义务。受教育者按照学校规定完成了教育教学任务，经考核成绩合格，学校有义务向其颁发相应的证书。教育行政部门既要保护学校权利的实现，又要对其进行监督，以防止学校滥用权利。

(六)聘任教师及其他职工，实施奖励或者处分

学校开展教育教学活动，完成教育教学任务需要教职员工的积极配合和努力。学校对教师及其他职工依法享有管理权，这是学校实施教育活动的保证，也是学校作为法人被法律所确认的权利之一。学校根据国家有关教师和其他职工管理的法规、规章和主管部门的规定，从本校的办学条件、办学能力和实际编制情况出发，可以自主决定聘任、解聘有关教师和其他职工，可以制定本校的教师及其他职工聘任办法，与教师和职工签订和解除聘任合同，并可以对其实施包括奖励、处分在内的具体管理活动。学校和教育机构在聘任、奖励、处分教师和其他职工时，应根据教师和其他职工的职责要求，重点考虑本人的表现和业绩。由此可见，学校这项权利的实施，有利于学校择优聘用人才，建立鼓励先进、鞭策落后的激励机制，进一步提高学校的教育教学质量。

(七)管理、使用本单位的设施和经费

学校作为法人单位，对其占有的场地、教室、宿舍、教学仪器等设施设备、图书资料、办学经费以及其他有关财产，享有财产管理的权利和使用的权利，必要时

能够对其占有的财产进行处置或获得一定的收益。设置这一权利，有利于学校合理配置校内教育资源，从而保障学校的办学自主权，提高其办学的效益。

学校行使此项权利时，应遵守国家有关国有资产管理、教育经费投入及学校财务活动的管理规定，符合国家和社会公共利益；应有利于学校的发展和学校办学宗旨的实现和教育资源的合理利用。不得妨碍学校教育和管理活动的正常进行，不得侵害举办者、投资者等有关权利人的财产权利。教育行政机关应对其主管的学校进行监督，防止学校资产的流失和浪费；同时，不得以挪用、借调、报销等方式侵害学校的正当财产权益。学校也应建立健全财务制度，提高经费和设施的使用效率。①

案例 6-3 村小学缺钱操场变农场②

2007 年 5 月，吉林省公主岭市杨大城子镇宝泉村村民反映，宝泉村小学将大部分操场承包给个人种植玉米，学生们只能在变成苞米地的操场旁边玩耍。宝泉村小学校长孙某说，这个村级小学建校有 30 多年时间，学生从原来的 600 多人变成现在的 80 多人，由于缺少教学经费，学校的基础设施一直没有进行过大维修，有 3 间教室天棚破损严重，已经成为危房，学校只好让孩子们挤进教员室上课。为了给老师购买粉笔、纸、笔等必备的教学用品，学校不得已将操场开垦出来，承包给个人种玉米。孙校长介绍，学校操场实有面积 600 多平方米，留出 200 平方米给孩子做操场，其余被用来种植玉米，承包给学校一位家庭生活困难的女老师，每年收取 1 000 多元承包费。

【评析】义务教育阶段中小学办学经费应由政府财政保障供给。本案中学校办学经费紧张，意味着政府失责。学校将操场出租收取承包费的做法显然侵犯了学生使用学校操场和教育设施的权利。学校对操场和设施的管理应符合国家和社会的公共利益。

(八)拒绝任何组织和个人对教育教学活动的非法干涉

学校有权“拒绝任何组织和个人对教育教学活动的非法干涉”。这一权利的规定是为了维护学校的正常教学秩序。“非法干涉”是指行为人违背法律、法规和有关规定，作出的不利于教育教学活动的行为。学校有权拒绝来自行政机关、企事业单位、社会团体、个人等任何方面违背法律、法规和有关规定作出的不利于教育教学活动的行为。如某些教育行政部门中的业务机构对学校教学的随意检查、干预过多，干扰了正常的教育教学秩序；某些社会组织和个人对学校资产的侵犯、对教师权益以及学生合法权益的侵犯；对学校乱摊派、乱集资、乱罚款现象等。对此学校都有权进行抵制，并有权要求教育行政部门会同当地公安、司法、纪检、检察等部门，及时地予以查处。

---

① 梁明伟，刘志刚．法律规范行为：教育法制基础[M]．保定：河北大学出版社，2012：32.

② 徐建平，茅锐，江雪梅．教育政策与法规[M]．重庆：重庆大学出版社，2013：248.

(九)法律、法规规定的其他权利

此项权利是指在上述八项权利以外，学校还享有现行法律、行政法规及地方性法规赋予的其他权利，同时，也包括将来制定的法律、法规中确立的有关权利。这一规定既概括了前述八项权利以外的其他合法权利，也有利于将来为完善学校的办学自主权制定相关的教育法律、法规。

以上九项权利是学校的基本权利，体现了学校的办学自主权。只有享有这些权利，学校才能真正成为教育法律关系主体，具有实施教育教学活动的资格和能力。为了保障这些权利的实现，《教育法》同时还规定“国家保护学校及其他教育机构的合法权益不受侵犯”。这一规定表明，国家法律保护学校的权利，如果学校的合法权益受到侵害，国家依法对侵害行为给予制裁。学校的办学自主权是一种公共权力，学校行使这项权力，必须贯彻国家的教育方针、遵守法律法规，不能违反、滥用，也不能放弃、转让，否则将会承担相应的法律责任。

相关链接

司法制裁是由国家司法机关对违法、犯罪行为实施的惩罚性强制措施，可分为刑事制裁、民事制裁和经济制裁三类。

行政制裁是由国家行政机关对违反行政法律、法规的单位或者个人所实施的强制措施。可以根据行政违法行为的性质、程度、实施行政制裁的主体和承受行政制裁的主体的不同，分为行政处分和行政处罚等。[①]

二、学校的基本义务

学校的义务是指其在教育活动中必须履行的法律义务，即学校在教育活动中必须作出一定行为或不得作出一定行为的约束。它根据法律产生，并以国家强制力保障其履行。[②] 权利和义务是相对应的，《教育法》在规定了学校享有的基本权利的同时，为了更好地开展教育教学活动，保护学生和教师的合法权益，也规定了学校应该履行的基本义务。

根据《教育法》的规定，学校的基本义务主要有以下六个方面。

(一)遵守法律、法规

遵守法律、法规是指学校或其他教育机构应遵守宪法、国家权力机关制定的法律、国务院制定的行政法规、地方性法规以及根据法律、法规制定的规章。规定此项义务的法律依据是宪法，《宪法》第五条规定：“一切国家机关和武装力量、各政党和各社会团体、各企业事业组织都必须遵守宪法和法律。一切违反宪法和法律的行为，必须予以追究。”学校或其他教育机构作为培养人才的社会组织应遵守法律、法

---

① 梁明伟，刘志刚．法律规范行为：教育法制基础[M]．保定：河北大学出版社，2012：33－34．

② 同上书，34．

规，尤其要遵守教育法律、法规、规章中为学校及其他教育机构确立的与实施教育教学活动、实现办学宗旨有密切联系的义务。

(二)贯彻国家的教育方针，执行国家教育教学标准，保证教育教学质量

教育方针是根据一定社会和时代的需求，由国家或统治阶级确定的在一定时期内教育工作发展的总方向或教育工作发展的基本指导思想。它规定了我国教育的性质和方向，教育目的和人才质量规格，实现目标的根本途径。《教育法》第五条规定：我国的教育方针是“教育必须为社会主义现代化建设服务、为人民服务，必须与生产劳动和社会实践相结合，培养德智体美劳全面发展的社会主义建设者和接班人”。

国家教育标准是指国家对各级各类教育的教育内容、教育教学质量及办学条件等的规定必须达到的一般标准，它是国家评估和指导教育活动的基本依据，是一个国家教育水平的集中反映。国家教育教学标准通常由国家组织编订或者经国家审定批准，由各级各类教育机构具体实施的。如针对义务教育，教育部 2001 年印发了《义务教育课程设置实验方案》、2011 年印发了义务教育各课程标准。2022 年，为更好地“落实立德树人根本任务，发展素质教育”，教育部组织对义务教育课程方案和课程标准进行了修订、完善，印发了义务教育课程方案和课程标准(2022 年版)。

学校实施教育教学中，要坚持社会主义办学方向，走教育与生产劳动和社会实践相结合的办学道路，从德智体美劳几方面全面教育、培养学生；要执行国家教育教学标准，努力改善办学条件，加强育人环节，保证教育教学活动和培养学生的质量达到国家的教育教学质量要求，并不断提高教育教学质量。这是学校必须履行的义务，如果学校出现违背国家教育方针的办学行为，或者不执行国家教育教学标准，学校及有关直接责任人员要承担相应的法律责任。

(三)维护受教育者、教师及其他职工的合法权益

受教育者、教师及其他职工是教育法律关系的重要主体，在相关的法律中对其合法权益都有着明确的规定。学校维护受教育者、教师及其他职工的合法权益这一义务应包含两方面的意思：一方面，学校自身不得侵犯教师、学生及其他职工的合法权益，如不得克扣、拖欠教职工的工资，不得拒绝合乎入学标准的受教育者入学，尊重学生的受教育权；另一方面，当其他社会组织和个人侵犯了本校学生、教师及其他职工的合法权益时，学校应当以合法方式，积极协助有关单位查处违法行为的当事人，使受教育者、教师及其他职工的合法权益得到有效的维护。

案例 6-4　学校，你不应该侵犯学生的受教育权[①]

小易是某中学高三学生，因其在高二结业时有三门会考成绩没有及格，学校便认为他升学无望，必须分流转学。由于小易没有会考成绩，其他学校不肯接收。无

① http：//www.chinadmd.com/file/tp6i3iw6csvxwsiwpuovseat_9.html，最后浏览 2022-2-15。

奈之下，小易及其家长找到校领导，恳求让小易继续留在学校。学校则提出可以让小易留校的三个“必需条件”：三门会考补考须一次通过；必须保证期末考试总成绩达到年级文科排位70名；必须写出一书面保证。否则，即视为自愿放弃参加高考的权利。为了能继续上学，小易与其家长只好同意这些条件，并写了一份保证书交给学校。此后，小易争分夺秒、发奋学习，三门会考科目于补考时一次通过。但在期末考试期间，小易因发高烧没有参加数学考试，期末总成绩未进入年级文科前70名。学校据此认为小易不符合高考报名要求，于是没有让他参加高考报名照相和计算机编码，也没有发给其高考志愿表。在学校无法报名，小易只能去找街道，但街道只管往届毕业生，最终，小易失去了参加当年高考的机会。

【评析】根据教育部的有关规定，普通高校招生报名条件为：遵守宪法和法律；高级中等教育学校毕业生或具有同等学力；身体健康。凡符合条件的考生都享有报名参加高考的权利，任何人不得以任何理由予以限制或剥夺。不让学生参加高考，事实上剥夺了学生进一步接受教育的机会，直接侵害了学生的受教育权。因此，本案中小易有权利在自己学籍所在的学校参加高考，学校无权限制或剥夺他参加高考的权利。

（四）以适当方式为受教育者及其监护人了解受教育者的学业成绩及其他有关情况提供便利

这项义务的规定是加强学校教育和家庭教育联系和沟通的需要，是保证学生在学业方面受到公正评价的一种途径。“适当方式”是指学校通过合法的、正当的、便利的途径，如找个别学生家长谈话、设立“家长接待日”、定期召开“家长会”“家访”等形式，保障受教育者及其监护人对受教育者有关情况的知情权。“提供便利”是指学校对受教育者及其监护人提出的了解其学业成绩、在校表现等情况的请求不得拒绝；同时，还应当提供便利条件，积极帮助受教育者及其监护人实现此项权利。学校在履行此项义务时，应特别注意不得侵犯受教育者的隐私权、名誉权等合法权益，不能使受教育者的身心健康受到伤害。比如“考试成绩排名”“公布学生档案”等非法的、侵犯学生合法权益的方式则不得采取。

（五）遵照国家有关规定收取费用并公开收费项目

作为公益性教育组织的学校，一方面应保障受教育者的受教育权，另一方面可以根据我国现行法规和政策收取一定费用。学校应严格按照中央和地方政府及其有关部门的规定，确定收费项目和具体收费标准，不得巧立名目，乱收费。根据我国学校收费的法规、政策文件的规定，义务教育阶段学生一律免除学杂费，由国家财政统一支付。非义务教育的学校可以适当收取学费。公办学校的收费项目和标准，政府根据本地实际情况确定。民办学校收费可根据《民办教育促进法》按成本收费。如果学校不履行此项义务，不执行各级政府有关主管部门的相关规定，巧立名目，乱收费用，甚至把学校变成谋利的工具，学校及其直接责任人员须承担相应的法律责任。

（六）依法接受监督

此项义务是指学校对于各级权力机关、行政机关依照法律、法规对其进行的检查、监督等的职权行为，以及社会各界依法对其进行的社会监督行为，都应予以积极配合，不能拒绝，更不能妨碍检查和监督工作的正常进行。依法接受监督是学校作为法人和行政管理相对人应承担的法定义务。这项义务的规定使学校的教育教学工作和教育管理活动处于主管部门和社会的监督之下，有利于国家的教育方针的贯彻执行，有利于教育目的实现和保证教育质量。

相关链接

学校承担法律责任的种类①

学校因过错而造成学生人身受到伤害，学校应当承担主要或全部责任，包括：学校领导为履行教育管理责任而导致学生伤害事故的发生，如校舍倒塌，砸伤学生；校舍陈旧，设备老化，造成人员伤亡；学校食堂食物变质，造成学生中毒等。学校教师违法侵权导致学生发生伤害事故，如体罚或变相体罚学生，侵犯学生的人身权；搜身查找失物、拆信窥探隐私，侵害学生的名誉权，及其他可归责于学校未履行教育管理职责的伤害等。

学校虽然履行了教育管理责任，但是教育不当、管理不力，能够阻止而未阻止伤害的发生，应视案件具体情况由学校承担部分或全部责任。例如，学生放学出校门时拥挤遭到的伤害；上课期间教师要学生中途离校，导致学生发生伤害事故；课外活动教师未到场，学生出事；组织校外活动，组织不力而出现人员伤亡；学生在校内受伤未及时抢救而致残、致死等。

学校履行了教育管理责任，因学生本人或未成年学生的监护人过错而造成自己或他人受到伤害的学生责任事故，应当减轻或免除学校的责任。例如，学生擅自携带危险物品或凶猛动物到校；学生在学校规定的教师无须到场监督管理的课外活动时间打架斗殴或玩学校禁止的危险游戏等。

不属于学校管理责任范围的其他伤害事故。如在学生自行上学、放学、返校、离校途中，住校学生自行外出或擅自离校期间，放学后、节假日或假期中学生自行滞留学校或到校活动期间等超出学校管理范围的时间或空间发生的学生人身伤害事故；由于学生自杀、自伤，学生突发疾病，学校教师及其他个人故意实施的违法犯罪行为等学校管理能力无法防范的因素造成的学生人身伤害事故等。

① http：//www.yibo365.cn/content-19-12173-1.html，最后浏览 2022-02-15。

他山之石

美国学校的法律责任[①]

1. 宪法责任

美国宪法中没有涉及教育问题，教育一直被认为是各州的责任，但是美国法院会依据宪法修正案审理教育案件。如美国宪法第一修正案就适用于裁定宗教在公立教育中的角色地位问题和师生言论自由保护问题。1963 年联邦最高法院曾裁定阅读《圣经》和背诵祈祷辞是宗教仪式，公立学校的这种举动违反了宪法第一修正案。第四修正案在学校搜查学生储物柜、车辆与身体的行为，以及测试毒品计划中被引用。第八修正案则在学生体罚案中被引用，焦点是各种体罚措施，是否为残酷或异常的处罚。虽然宪法并未明确指出外表为言论自由的一部分，但学生仍引用第九修正案，认为外表自由包括在条文中所指的其他权利。第十四修正案则在涉及学生被迫停学、开除事宜和教师解聘、学校取消种族隔离等问题上经常使用。如果学校的行为违反了宪法修正案，则会被判定为违宪，承担违宪责任。

2. 行政责任

美国联邦政府通常以教育资助的形式影响学校教育，此外各州宪法都有明文规定制定公立学校相关法律的责任。州议会一方面通过立法，树立州内学区的运作架构；另一方面授权州教育委员会、州教育厅与地方教育委员会、学区，依据法律制定相关办法和规则，以经营管理公立学校。美国学校的行政责任主要有以下几种形式。一是财政上的责任，主要是终止或撤销资助，冻结、削减、推延甚至收回教育发展规划项目的资助。如 1972 年教育修正案《第九编》规定，任何当地教育机构违反《第九编》，将彻底终止其联邦基金拨款。二是被接管和重组，如实行绩效责任制学校没有实现既定的增长目标，则会启动教育组织接管和学校重组机制，允许家长直接运用有关权利建立特许学校；把学校的管理指派给学院、大学、国家教育办公室或其他合适的教育机构；重新指派其他合格的学校员工；在现任合同期满时重新协商一个新的集体协议。三是关闭学校。

3. 民事责任

民事责任主要是两种形式。一是违约责任。在美国，学校与教师、高校与学生之间通常被视为合同关系。教师签订长期聘约，学生入学后即与学校建立了合同关系。只要在学校表现正常，即具有继续执教与入学的合同权利；可以根据州法上的明定解聘事由或学校的既定规章制度，才能解聘教师或开除学生。学校违反规定解聘教师和开除学生的行为构成违反合同，教师和学生可以提起诉讼，要求学校承担违约责任，违约责任的形式主要是恢复原状和赔偿。二是侵权责任。如学校的疏忽

---

① 姜国平．美国学校的法律责任类型及其追究方式[J]．外国中小学教育，2010(10)．

导致学生受到伤害，学校承担疏于照看的侵权责任。此外，在教师性骚扰学生案件中，学校作为雇主过失责任的承担主体，也需承担侵权责任。侵权一旦成立，法院往往对被告施以赔偿的判决，包括补偿性赔偿、惩戒性赔偿与象征性赔偿。

4. 刑事责任

学校不可能像自然人一样实施犯罪行为，因而学校的刑事责任，实质是将自然人的行为和犯意归责于法人，即要学校对学校雇员在职务范围内实施的犯罪行为(包括作为和不作为)承担责任。1991 年由美国量刑委员会制定的《组织量刑指南》，对被裁定有罪的组织设计了三种处罚方式：赔偿、罚金和缓刑。对于学校雇员个人的刑事责任，主要有赔偿、罚款、监禁和缓刑。

第三节　依法治校

习近平在党的二十大报告中指出，全面依法治国是国家治理的一场深刻革命，关系党执政兴国，关系人民幸福安康，关系党和国家长治久安。必须更好发挥法治固根本、稳预期、利长远的保障作用，在法治轨道上全面建设社会主义现代化国家。

全面推进依法治校是推进全面依法治国的重要、具体的体现，是依法治教的重要组成部分。依法治教、依法治校是完成新时期教育工作历史使命的重要保障，把教育管理和办学纳入法治化轨道，是我国教育改革的重要内容。2013 年 1 月 16 日教育部发布《全面推进依法治校实施纲要》(以下简称《实施纲要》)，目的就是为了大力推进依法治校，建设现代学校制度。《实施纲要》对师生在参与学校管理、行使监督权力、实现自我发展等方面的权益给予制度保障，有利于落实教师、学生在教育教学活动中的主体地位。

一、依法治校的重要性和必要性

依法治校就是要在依法理顺政府与学校的关系、落实学校办学自主权的基础上，完善学校各项民主管理制度，实现学校管理与运行的制度化、规范化、程序化，依法保障学校、举办者、教师、学生的合法权益，形成教育行政部门依法行政，学校依法自主办学、依法接受监督的格局。它是依法治教的重要组成部分。

全面推进依法治校，是学校适应推进全面依法治国，发挥法治在国家治理体系和治理能力现代化中的积极作用的客观要求；也是在学校管理中更好地发挥法治的作用，进一步提高学校治理法治化、科学化水平的客观需要。我国的依法治校状况与教育改革发展的新形势、新任务相比，与推进全面依法治国的新要求相比，还有着较大差距，存在着一些问题。如一些地方和学校对推进依法治校认识还不到位，制度不健全；在个别地区和学校还不时发生违法办学、违规招生、违规收费等问题；

学校的管理者、教师运用法律手段维护自身合法权益的意识、能力不够；在教育教学活动中，侵犯学生合法权益的事情时有发生，学校及其教师依法实施教育与管理的能力、意识也亟待提高；权利救济机制不够健全，当学校、教师和学生的合法权益受到侵害时，不能得到及时的救助；政府教育管理职能没有完全转变，某些教育行政部门及其管理人员依法行政意识和能力还不强等。这些问题在一定程度上影响了我国国家教育方针的贯彻落实，阻碍了教育事业的科学发展与深化改革的发展进程。因此，进一步推进、深化我国教育事业的改革，加快转变政府职能，必须全面推进依法治校。

二、全面推进依法治校

全面推进依法治校是学校改革发展的一项重要任务，是一项系统工程。要努力形成干部依法管理、教师依法施教、学生依法求学的良好育人环境，使全面推进依法治校成为一种高度思想自觉和行动自觉，进一步提高学校各项工作的科学化、规范化、法治化水平。为深入贯彻落实习近平法治思想和习近平总书记关于教育的重要论述，全面推进依法治教、依法办学，深化依法治校，教育部研究制定了《高等学校法治工作测评指标》《全国依法治校示范校创建指南(中小学)》。

(一)树立全面推进依法治校的科学理念

理念是人们归纳或总结的思想、观念、概念与法则。法治理念是法治的灵魂，体现了法治的精神实质和价值追求。树立依法治校的理念，就是在教育过程中，要坚持社会主义办学方向，树立法律至上、尊重章程、依法依章办事的思想和观点。

完善学校治理体系。党委领导下的校长负责制是依法治校的方向保证。只有坚持党委领导下的依法治校才能确保正确的办学方向和符合广大师生员工的根本利益。依法治校必须坚持党的领导，党的领导必须依靠依法治校。学校的各项工作必须在党委统一领导下进行，校长负责是关键，校长既是党委的重要决策者也是党委决定的执行者，依法治校必须发挥校长的行政领导作用。

以人为本的理念。依法治校，广大教职员、学生是主体，全面推进依法治校应强调教职员、学生的主体地位，充分发挥他们的作用，让广大师生员工共享学校改革发展成果。加强制度建设，切实维护教师和学生最直接、最现实、最根本的合法权益，进一步发挥他们的积极性、主动性和创造性。

法律面前人人平等的理念。公平正义是社会主义法治的首要目标。依法治校应大力营造公平正义的法治育人环境。坚持法律制度面前人人平等，法律制度面前没有特权、法律制度约束没有例外的意识。通过制定各种规章制度，使广大师生的知情权、表达权、参与权和监督权得到落实和保障。

(二)健全完善科学、民主决策机制

要依法明确、合理界定学校内部不同事务的决策权，健全决策机构的职权和议

事规则，完善校内重大事项集体决策规则，大力推进学校决策的科学化、民主化、法治化。健全决策程序。有关学校发展规划、基本建设、重大合作项目、重要资产处置及重大教育教学改革等决策事项，应当按照有关规定，进行合法性论证，开展合理性、可行性和可控性评估，建立完善职能部门论证、邀请专家咨询、听取教师意见、专业机构或者主管部门测评相结合的风险评估机制。2011 年 11 月 9 日《学校教职工代表大会规定》发布，自 2012 年 1 月 1 日起施行。这一规定的发布为依法保障教职工参与学校民主管理和监督，完善现代学校制度，促进学校依法治校，建立科学、民主的决策机制提供了依据。

（三）建立和完善学校的各项规章制度

加强制度建设，健全以章程为核心的学校制度体系。科学、完备的法律制度体系是推进依法治校的前提。学校首先应制定章程，它是一所学校是否成为独立办学主体的标志。章程是学校内部的“基本法”，在学校内部制度体系中最具权威性和约束性。学校的章程坚持社会主义办学方向，是规范学校内部治理结构和权力运行的规则，体现着学校的办学特色和发展目标，具有科学性和可操作性。推进依法治校首先需要推进依章治校。加强对学校章程的宣传、学习和落实，维护章程权威，遵守章程规定，更好地发挥章程在学校建设发展、深化综合改革和依法治校中的重要作用，形成依章治校、按章办学的良好氛围。

依据法律和章程的原则与要求，制定并完善教学、科研、学生、人事、资产与财务、后勤、安全、对外合作等方面的管理制度，建立健全各种办事程序、内部机构组织规则、议事规则等，形成健全、规范、统一的制度体系。对不符合国家有关法律规定，或者与法律法规相抵触的校内规章制度，或者相互之间不协调的规范性文件和管理制度都要及时修改和废止，以确保学校内部规章制度体系的协调一致。

（四）大力推进信息公开和办事公开

学校配置资源以及实施干部选拔任用、专业技术职务评聘、岗位聘任、学术评价和各种评优、选拔活动，要按照公开公正的原则，制定具体的实施规则，实现过程和结果的公开透明，接受利益相关方的监督。要按照《高等学校信息公开办法》及中小学信息公开的规定，建立健全信息公开的机构、制度，落实公开的具体措施，保证教职工、学生、社会公众对学校重大事项、重要制度的知情权，重点公开经费使用、培养目标与课程设置、教育教学质量、招生就业、基本建设招投标、收费等社会关注的信息。要创新公开方式、丰富公开内容，建立有效的信息沟通渠道，使学生、家长及教师对学校的意见、建议能够及时反映给学校领导、管理部门，并得到相应的反馈。学校面向师生提供管理或者服务的职能部门，要全面推进办事公开制度，公开办事依据、条件、要求、过程和结果，充分告知办事项目的有关信息，并公开岗位职责、工作规范、监督渠道等内容，提供优质、高效、便利的服务。

（五）开展法制宣传教育，提高领导干部、教职员工和学生的法治意识

以法治思维和法治方式为路径，深入推进学校的综合改革。加强对学校领导干部、职能部门工作人员依法治校意识与能力的培养；要围绕全面推进依法治校的要求，组织教师深入学习有关落实国家教育方针、规范办学行为、维护教师合法权益、保障教职工民主管理权的法律规定，明确教师的权利、义务与职责，切实提高广大教职员工依法实施教育教学活动、参与学校管理的能力。将学生法治意识、法律素养，作为素质教育的重要内容，在学生综合素质评价中予以体现。要深入开展学生法治教育的理论与实践研究，不断丰富法治教育的形式与内容，使学生通过课堂教学、主题活动、社会实践等多种方式，掌握法律知识，培养法治理念。要把法治文化作为校园文化建设的重要组成部分，将平等自由意识、权利义务观念、规则意识、契约精神等理念，渗透到学生行为规则、日常教学要求当中，渗透到学校校训或者办学传统、教育理念当中，营造体现法治精神的校园文化氛围。

（六）依法健全校内纠纷解决机制

要把法治作为解决校内矛盾和冲突的基本方式，建立并综合运用信访、调解、申诉、仲裁等各种争议解决机制，依法妥善、便捷地处理学校内部的各种利益纠纷。要特别注重和发挥基层调解组织、教职工代表大会、学生团体和法制工作机构在处理纠纷中的作用，建立公平公正的处理程序，将因人事处分、学术评价、教职工待遇、学籍管理等行为引发的纠纷，纳入不同的解决渠道，提高解决纠纷的效率和效果。对难以在校内完全解决的纠纷，应当按照法定程序，提交有关行政机关、仲裁机构、社会调解组织或者司法机关依法解决。

相关链接

《全国依法治校示范校创建指南（中小学）》（节选）

《全国依法治校示范校创建指南（中小学）》从十个重点领域制定了标准，对每个领域既提出了核心要求，又做出了具体指南，为依法治校提供了依据。十个重点领域包括：

一、依法治理。学校积极完善治理机制，推进党的基层组织、校长办公会、教职工、学生及家长、社区等共同参与学校治理，在管理中结合实际践行全过程人民民主。

二、制度完备。学校建立健全以章程为核心的校内制度体系，各项制度制定程序规范、内容合法、规定合理、运行有效。

三、管理规范。深入学习贯彻习近平法治思想，提高法治工作能力，以法治思维和法治方式治校办学。

四、全面施教。全面贯彻党的教育方针，健全德智体美劳全面培养的体系，落实立德树人根本任务。

五、校园平等。学校将平等理念融入教育教学和管理全过程，促进校园平等。

六、公正评价。学校、教师公正行使管理权、评价权，相关评审评比评优竞赛制度健全，学风、校风公平公正、风清气正。

七、充分保护。落实法律法规规章规定的未成年学生保护职责，建立健全学生权益保护机制，学生权益得到充分保护，成效明显。

八、安全有序。学校建立健全安全管理制度，落实安全管理责任，有效预防和处理安全事故，充分保障校园安全。

九、和谐友好。学校校园有鲜明的文化特点，校园环境友好和谐，法治氛围浓厚。

十、救济顺畅。学校、教师、学生权益救济机制健全，救济顺畅，合法权益得到充分保障。

本章小结

本章主要介绍了教育法律关系中的学校。现代教育制度最主要、最集中、最系统和最成熟的体系就是学校法律制度的确立。学校法律地位具有公共性、公益性和多重性的特点。作为民事法律关系的主体，学校及其他教育组织具有法人地位。作为行政法律关系的主体，学校及其他教育机关是教育行政相对人。学校的权利和义务是学校法律制度中的核心内容，是保障学校法律地位的重要条件。本章全面阐述了学校的基本权利和基本义务，分析了依法治校的重要性和必要性，以及全面推进依法治校的具体措施。

关键术语

学校的法律地位　学校法人　学校的权利　学校的义务　依法治校

思考题

1. 如何理解学校的法律地位？
2. 学校享有哪些基本权利？
3. 学校应履行哪些基本义务？你对学校应履行的义务是如何认识的？

实训练习

请结合自己学校的实际情况，设计一份“学校常见的违法行为”的调查问卷，让老师和学生以不记名的方式参与，然后反思调查结果，写出调查报告。

拓展阅读

1. 法律出版社法规中心．教育法律手册[M]. 北京：北京师范大学出版社，2005.

该书第四章“教育中的民事法律关系”对学校事故的责任认定以及处理、学校合同纠纷、学校土地使用权和相邻权纠纷、违反教育法的民事责任及解决方式进行了系统的理论阐述。

2. 梁明伟，刘志刚．法律规范行为：教育法制基础[M]. 保定：河北大学出版社，2012.

该书第二章“学校”分为三部分。理论透视部分，阐述了学校的法律地位、学校的权利与义务、学校常见的违法行为及其预防；案例部分，举出典型案例，利用前面理论知识进行分析，做到了理论与实践的结合，有利于学生对理论的理解；实践引领部分，提出了问题反思和研修建议。

3. 陈大伟．师德修养与教育法规(第 2 版)[M]. 北京：北京师范大学出版社，2012.

该书是教师教育核心课系列教材。该书第七章“教育法律关系中的学校、教师和学生”讨论了教师生活中最经常、最普遍的法律关系，以不同种类的教育法规案例解析和讨论教师如何依法执教。

4. 教育部．全面推进依法治校实施纲要[EB/OL]. [2022-12-24]. http：//legal. china. com. cn/2013-01/16/content _ 27706714. htm.

5. 教育部．全国依法治校示范校创建指南(中小学)[EB/OL]. [2022-12-24]. http：//www. moe. gov. cn/srcsite/A02/s5913/s5933/202205/t20220505_624875. html.

第七章　教育法律关系中的教师

学习目标▶

1. 理解我国教师法律地位的历史沿革和改革动向。

2. 解读《中华人民共和国教师法》和《中华人民共和国教师法(修订草案)(征求意见稿)》。

3. 掌握教师依法享有的权利和履行的义务，学会运用掌握的教育法律理论知识分析和解决有关教师的教育法律案例及教育法律问题。

4. 了解我国教师资格制度、教师职务制度、教师聘任制度和教师教育制度的内容和改革动态。

5. 理解依法治国背景下教师依法执教的含义和必要性，以及加强教师法治教育的主要途径，提高自身尊法、学法、守法、用法的法律意识，初步形成民主法治、自由平等、公平正义的法治理念和精神。

案例 7-1　女教师因休产假被解聘[①]

某中学一名女教师怀孕期间，学校为了照顾她，将其在一线的教学工作改为在政教处工作。这名女教师产后休满三个月产假后来校上班时，学校领导认为，由于该教师过去的工作岗位已安排了人，又因学校不缺物理教师，故无法安排工作，学校决定将其解聘，让该教师自己找单位。

上述案例中学校以休产假为由解聘女教师的问题引人深思。教师依法享有哪些权利？教师自身合法权益受到侵害如何寻求法律救济？教师依法履行哪些义务？教师侵犯学生合法权益需要承担什么法律责任？我国教师制度的具体内容及其改革动态是什么？在依法治国的时代背景下，如何加强教师法治教育提升中小学教师依法执教的意识和能力？本章将对这些问题加以详细阐述。

第一节　教师的法律地位

一、教师法律地位的含义

美国权威的《布莱克法律辞典》将“Status”解释为：(1)地位、状态或者条件、社会地位；(2)个体与团体其他成员的法律关系；(3)决定个体属于某类的权利、责任、能力和无能力；(4)本质上非临时性的也非当事人单纯意志所能终止的个体之间的法律关系，该关系与第三方和国家有关。[②]《元照英美法辞典》把法律地位界定为法律人格的属性之一，尤指自然人的人格，特指一个人在法律上所处的地位，而这又决定其在特定法律关系中的权利与义务。[③]可见，法律地位的含义丰富，在不同语境下有不同的语义。

我国的学者从不同的角度来理解教师的法律地位。有学者认为教师法律地位是指以法律形式规定的教师在各种社会关系中的位置。这主要涉及教师的法定身份，教师与政府、教师与学校、教师与学生、教师与社会所构成的法律关系中所处的地位及教师权利的行使和义务的履行等方面。[④]另有学者指出教师的法律地位就是通过立法确立的教师的职业地位。广义上讲教师的法律地位应涵盖教师的政治地位、经

---

① http://blog.sina.com.cn/s/blog_44a12e720100fgne.html，最后浏览 2022-02-15。

② Black's Law Dictionary(sixth edition)，Minn. West Plublishing Co，1990. 1410. 转引自劳凯声．教育法学基本问题研究[M]. 北京：教育科学出版社，2003：241.

③ 薛波．元照英美法辞典[M]. 北京：法律出版社，2003：1288.

④ 包秀荣．试论教师的法律地位[J]. 内蒙古民族师院学报，1998(1).

济地位和职业声望等方面的内容。教师法律地位主要通过教师的权利与义务体现出来。①因此，可以从以下两方面理解教师法律地位的含义：第一，教师法律地位是以法律形式规定的教师在各类法律关系中的地位，明确其法律身份；第二，教师法律地位主要通过教师享有的权利和履行的义务体现出来。

二、我国教师法律地位的历史沿革和改革动向

中华人民共和国成立以来，教师职业曾长期被定位为国家干部，在任用、晋升、工资、福利、退休、奖惩等方面一直适用国家干部管理的相关政策法规，教师与国家直接构成了一种隶属性内部行政关系，权益由国家保障，并接受国家的指导监督。随着干部人事管理制度的改革，这种状况发生了变化。1993 年，国务院发布了《国家公务员暂行条例》，该条例将公务员界定为各级国家行政机关中除工勤人员以外的工作人员，教师不属于该条例的适用对象，其地位与公务员在法律上开始分途，由此带来的问题是如何定位教师的法律地位。

1966 年 10 月，联合国教科文组织发表的《关于教师地位的建议》明确指出："教育工作应被视为专门职业。这种职业是一种要求教师具备经过严格而持续不断的研究才能获得并维持专业知识及专门技能的公共业务。"世界上大多数国家采纳了这一建议。1993 年，第八届全国人民代表大会常务委员会第四次会议通过了《中华人民共和国教师法》，该法第三条明确规定："教师是履行教育教学职责的专业人员，承担教书育人，培养社会主义事业建设者和接班人、提高民族素质的使命。"《教师法》将教师身份定位于"履行教育教学职责的专业人员"，这仅仅体现了教师作为专业人员的职业特点。教师的明确法律身份规定缺失，其法律主体地位未能得以真正确立。②教师法律地位模糊的现状，在一定程度上导致了我国教师与教育行政部门、学校等主体间的法律关系模糊，教师的权利保障程度偏低、易受侵犯，难以吸引优秀人才从教，同时教师责任和义务履行的有效性不强，严重影响了我国教师队伍建设水平。

近年来，诸多学者提出将公立学校教师尤其是义务教育阶段教师的法律地位确定为公务员或教育公务员的主张。如有学者从教师的职业性质、薪资来源和相关法律规范的性质与内容三个方面进行分析，指出公立学校教师理应具有与公务员类似的法律地位。③另有学者从义务教育阶段教师职业具有公务性质角度，主张修订我国《教师法》，将义务教育阶段教师的法律地位确定为公务员④或教育公务员⑤，学界呼吁为教育政策提供了理论支持。2018 年 1 月，中共中央、国务院印发的《关于全

① 黄崴．教育法学[M]．广州：广东高等教育出版社，2002：15.
② 李晓强．中小学教师的身份：困境与出路[J]．教学与管理：中学版，2006(4).
③ 申素平．对我国公立学校教师法律地位的思考[J]．高等教育研究，2008(9).
④ 劳凯声．应明确义务教育教师的法律地位[N]．中国教育报，2012-05-17.
⑤ 韩小雨，庞丽娟．我国义务教育教师的国家教育公务员法律身份及其保障制度[J]．教育学报，2010(2).

面深化新时代教师队伍建设改革的意见》(以下简称《意见》)明确提出，“确立公办中小学教师作为国家公职人员特殊的法律地位，明确中小学教师的权利和义务，强化保障和管理。”不同于《教师法》中教师是“履行教育教学职责的专业人员”的法律定位，《意见》首次将公办中小学教师的法律地位明确表述为“国家公职人员”，这是教师法律地位归属问题的一次重大突破。有学者提出，公职人员是指具有国家公职身份，从事公共事务的人员，包括依法履行公共职务的国家立法机关、司法机关、行政机关、中国共产党和各个民主党派的党务机关、各人民团体以及国有企业、事业单位的工作人员。[①] 教师受国家的委托，作为学校教育活动的具体实施者，承担国家使命和公共教育服务的职责，为国家培养德智体美劳全面发展的社会主义建设者和接班人，履行作为国家公职人员的义务，彰显教师职业的公共性。

有学者提出，《教师法》修订的核心问题是对教师法律地位的重新确定。[②]教师职业具有专业性与公共性的性质，教师法律地位的界定必须兼顾教师职业的双重性质。2021 年 11 月 29 日，教育部正式发布《中华人民共和国教师法(修订草案)(征求意见稿)》(以下简称《征求意见稿》)，《征求意见稿》第二条明确规定：“教师是指在各级各类学校和其他教育机构中专门从事教育教学工作的专业人员。”《征求意见稿》总体规定教师作为“专业人员”的法律地位，凸显教师职业的专业性，强调教师作为专业人员的不可替代性，教师依法享有教育教学自主权、科学研究权等专业权利。同时，《征求意见稿》新增第十三条规定：“公办中小学教师是国家公职人员，依据规范公职人员的相关法律规定，享有相应权利，履行相应义务。各级人民政府及其有关部门应当依法加强对公办中小学教师的保障和管理。”将公办中小学教师是国家公职人员的法律地位予以立法确认，彰显教师职业的公共性。公办中小学教师的法律地位具有特殊性，兼具专业人员和国家公职人员的双重法律地位，专业人员和国家公职人员是教师法律地位的两个不同维度，有利于厘清教师享有权利与履行义务的边界。《征求意见稿》将公办中小学教师的法律地位定位为国家公职人员，具有特别的意义。首先，公办中小学校教师定位为国家公职人员，有利于提升教师的政治地位、社会地位、经济地位、职业地位，吸引优秀人才长期从教、终身从教，有利于稳定我国中小学教师队伍，造就一支党和人民满意的高素质专业化教师队伍，从而推进我国基础教育高质量发展。其次，公办中小学校教师定位为国家公职人员，教师所在学校、教育行政部门非因法定事由，以及非经法定程序，不能随意解聘中小学教师，有利于建立中小学教师的职业保障制度。最后，公办中小学校教师定位为国家公职人员，教师要切实履行作为国家公职人员的义务，强化国家责任、政治责任、社会责任和教育责任，有利于加强政府对中小学教师队伍的建设与管理，从而促进我国基础教育优质均衡发展。

---

① 劳凯声．教师法律身份的演变与选择[J]．中国教育学刊，2020(4)．

② 陈鹏．重新确立教师的法律地位是《教师法》修订的核心问题[J]．中国教育学刊，2020(4)．

他山之石

世界各国义务教育阶段教师的法律地位①

一般而言，义务教育阶段教师具有何种法律地位取决于以下两个方面的因素。第一，任用教师的主体是政府还是学校；第二，任用教师的形式是任命制还是雇佣制。由于任用主体和任用形式不同，世界各国义务教育阶段教师的法律地位大致上可以分为三类性质不同的类型：由政府任命的教师，其法律地位为公务员；由政府雇佣的教师，其法律地位为公务雇员；由学校雇佣的教师，其法律地位为学校雇员。下面分而述之。

（一）公务员或者教育公务员

德国、法国、日本等大陆法系国家，一般都把教师定位为公务员或教育公务员。由于公务员与国家关系建立在国家忠诚理论的基础之上，公务员须无条件地效忠他所服务的政府，因此构成了一种严格的等级关系。德、法、日等国实行教师公务员制度，教师接受公务员法的调整，保证国家教育职责得到充分履行，公平地向社会提供一种普遍的教育服务。政府根据教育发展的实际需要，可以强制性地对教师在校际之间作出调配，通过行政手段达到均衡配置义务教育阶段师资的目标。与此同时，由于公务员职业所具有的公务性质，决定了公务员法律地位的特殊性，这种特殊地位主要是以一系列具体的权利为基础的，这些权利往往与其职业保障、医疗和退休待遇密切相关。具有公务员身份的教师，往往具有相当高的职业保障，非因法定事由不受免职或者惩罚。教师一旦失去工作岗位，政府也有责任为其提供新的工作岗位。此外，具有公务员身份的教师还享有较高水平的医疗保障和退休金。

（二）公务雇员

在美国、英国、加拿大、澳大利亚等英美法系国家，一般都将义务教育阶段教师定位为公务雇员。教师由教育行政部门任用，并与之签订雇佣合同。政府雇佣与政府任命的不同之处在于，教师与政府构成的是一种基于平等自愿而建立的雇佣合同关系，这种关系意味着合同的双方可以就某些内容进行平等协商，通过谈判达成共识并写入合同之中。例如，美、英等国的教师具有大陆法系国家所没有的集体劳动权，可以通过集体谈判的形式与政府签订集体合同。实行公务雇员制度的国家，教师在经过一定年限的雇用之后，可以获签无限期合同，具有一种终身雇佣的法律地位，如美国的长聘制度就是为了保障教师不被随意解雇而制定的。一般来说，实行公务雇员制度，具有与教师公务员制度一样的优点，即有利于实现义务教育目标，有利于公平地配置师资力量，同时教师也能获得较好的职

---

① 劳凯声，蔡金花．教师法律地位的历史沿革及改革走向[J]．中国教育学刊，2009(9)．

业保障。但由于教师只是政府通过合同雇佣的人员，所以不能享有国家公务员的某些福利待遇，因而政府的财政负担相对较轻。同时，相对于公务员而言，教师能享有相对较大的公民权利，其争议权、罢工权受到一定的保护。

（三）雇员

在欧洲，有部分国家将义务教育阶段教师直接定位为雇员，由校长雇佣，但由政府支付工资。学校在其权限范围内可以决定教师的雇佣和解雇，向教师布置任务、监督和评价教师的工作。教师在雇佣期限内享有教育自由权及作为公民应享有的其他权利，并在某些方面享有较公务员和公务雇员更多的权利，如争议权、罢工权受到限制的程度较低。

总的来说，尽管世界各国对公立中小学教师法律地位的规定各有不同，但都强调教师职业的公务性质，并把对教师的管理纳入政府的管理职能之中。

三、《中华人民共和国教师法》简介

（一）《中华人民共和国教师法》的立法和意义

1986 年 3 月，在第六届全国人民代表大会第四次会议上人大代表们要求制定教师法的呼声高涨。同年，国家教委着手教师法的草拟工作，于 1989 年 4 月草拟了《中华人民共和国教师法（草案）》，并正式报送国务院。国务院先后召开了三次常务会议进行讨论，经过必要的修改，国务院常务会议讨论通过了修改后的《中华人民共和国教师法（草案）》，并提请全国人大常委会审议。1993 年 10 月 31 日，第八届全国人大常委会第四次会议审议通过了《中华人民共和国教师法》，并规定从 1994 年 1 月 1 日起施行。这是我国继《义务教育法》之后又一部重要的教育立法，它充分体现了党和国家对广大人民教师的重视和关怀，以及对他们的殷切期望。它成为我国今后“以法治教”的法律依据之一，对我国社会主义教育事业的发展，具有重大的现实意义和深远的历史意义。对于落实教育优先发展的战略地位，维护教师的合法权益，加强教师队伍建设，促进我国社会主义教育事业乃至整个社会经济发展，具有重大的现实意义和深远的历史意义。

（二）《中华人民共和国教师法》的内容

《教师法》共 9 章，43 条，第一次以法律形式明确了教师在我国社会主义现代化建设中的重要地位，对该法总的原则、教师的权利和义务、资格和任用、培养和培训、考核、待遇、奖惩、法律责任和附则的规定作了全面的规定，是我国教师队伍建设走向规范化、法制化的根本保障。具体内容详见本章的第二节和第三节。

（三）《中华人民共和国教师法》的修订

《教师法》自 1994 年 1 月 1 日起实施以来，已走过了 20 多年的历程。其间我国社会和教育发生了巨大的变迁，教育领域中教师的社会关系和利益关系也随之发生变化，《教师法》已经难以适应新时代教育改革发展和教师队伍建设的实际需求。例如，《教师法》中规定的取得教师资格应当具备的法定条件与当下中小学教师资格制度实行国家教师资格考试和教师资格定期注册制度的改革不尽符合。并且，《教师法》立法层面也存在一定的时代局限性，例如，教师的主体地位凸显不足，教师法律身份定位模糊，法律条款过于笼统，教师合法权益受损后法律救济途径不畅等问题，这违背了《教师法》“为了保障教师的合法权益，建设具有良好思想品德修养和业务素质的教师队伍，促进社会主义教育事业的发展”的立法宗旨。因此，适势及时地修订《教师法》已经迫在眉睫。

2010 年，《国家中长期教育改革和发展规划纲要(2010—2020 年)》明确提出：“按照全面实施依法治国基本方略的要求，加快教育法制建设进程，完善中国特色社会主义教育法律法规。根据经济社会发展和教育改革的需要，修订教育法、职业教育法、高等教育法、学位条例、教师法、民办教育促进法，制定有关考试、学校、终身学习、学前教育、家庭教育等法律。加强教育行政法规建设。各地根据当地实际，制定促进本地区教育发展的地方性法规和规章。”2018 年 1 月，中共中央、国务院印发了《意见》，这是中华人民共和国成立以来党中央出台的第一个专门面向教师队伍建设的教育政策文本，在我国教师队伍建设历史上具有里程碑意义。《意见》确立了新时代教师队伍建设的战略意义、主体框架和主要内容，明确提出修订教师法。在依法治教和“良法善治”背景下，2018 年 9 月，《教师法》修订明确列入第十三届全国人大常委会立法规划第二类项目，要求“抓紧工作、条件成熟时提请审议”。2019 年 2 月，教育部召开新闻发布会，宣布启动《教师法》修改工作。《教师法》在实施 25 年之后，将迎来首次大修。2021 年 10 月 21 日，教育部部长怀进鹏在第十三届全国人民代表大会常务委员会第三十一次会议上报告国务院关于教师队伍建设和教师法实施情况。教师法修订涉及深入贯彻习近平总书记关于教育的重要论述精神和党中央、国务院决策部署，落实立德树人根本任务，适应教育改革发展的新形势，发挥法律在教师队伍建设中固根本、稳预期、利长远的重要作用，破解教师工作重点难点问题，打造党和人民满意的高素质专业化创新型教师队伍。2021 年 11 月 29 日，教育部正式发布《征求意见稿》，面向社会公开征求意见，《教师法》修订取得了阶段性进展。《征求意见稿》共 9 章 57 条，分别为总则、权利和义务、资格和准入、聘任和考核、培养和培训、保障和待遇、奖惩和申诉、法律责任、附则。《征求意见稿》紧扣我国教师队伍建设的时代脉搏，回应新时代建设高素质、专业化、创新型教师队伍的需求，以保障教师合法权益为主线，为我国教师队伍建设保驾护航，加快推动我国新时代教师队伍建设法治化进程。

第二节　教师的权利和义务

一、教师的权利

教师权利指的是教师依据教育法律规范享有的某种权益，表现为教师可以作出一定的行为，也可以要求他人作出或不作出一定行为。

在不同国家和不同类型的学校，教师可能是公务员、雇员、公务雇员或专业人员，因此教师享有多方面的权利。在我国，教师在法律上的权利分为两部分。一是教师作为一般公民所享有的基本权利，宪法已有明确规定，如公民的平等权、政治权利、宗教信仰和自由、社会经济权利、文化教育权利等。二是教师作为教育教学专业人员所特有的权利。《教师法》第七条明确规定教师享有的权利："(一)进行教育教学活动，开展教育教学改革和实验；(二)从事科学研究、学术交流，参加专业的学术团体，在学术活动中充分发表意见；(三)指导学生的学习和发展，评定学生的品行和学业成绩；(四)按时获取工资报酬，享受国家规定的福利待遇以及寒暑假期的带薪休假；(五)对学校教育教学、管理工作和教育行政部门的工作提出意见和建议，通过教职工代表大会或者其他形式，参与学校的民主管理；(六)参加进修或者其他方式的培训。"本节将重点阐述和分析教师依法享有的专业权利。

(一)教育教学权

教育教学权是教师的最基本权利。教师有权依据其所在学校的教学计划、教育工作量等具体要求，结合自身教学特点自主地组织课堂教学；有权依照教学大纲的要求确定其教学内容、进度，不断完善教学内容；有权针对不同的教育教学对象，在教育教学的形式、方法、具体内容等方面进行改革和实验。任何人不得非法剥夺在聘教师行使这一基本权利。

(二)科学研究权

科学研究权是教师作为专业技术人员所享有的一项基本权利。作为教师，在完成规定的教育教学任务的前提下，有权进行科学研究、技术开发、撰写学术论文、著书立说；有权参加有关的学术交流活动，参加依法成立的学术团体并在其中兼任工作；有权在学术研究中发表自己的学术观点，开展学术争鸣。教师在行使此项权利时，要注意处理好教学与科研的关系，使之相辅相成，提高教育教学质量。

案例 7-2　教师未请假去参加学术研讨会影响学生上课[①]

某校化学教师赵某参加了县教育学会组织的为期一天的学术研讨会。事先未向学校请假，也没有和教同班课程的其他教师串课，致使他所任教的两个班各有一节化学

---

① http://www.fjgzjy.com/newsInfo.aspx?pkId=4897，最后浏览 2022-02-15。

课没有上。学校按旷职论处，按照本校的有关规定，扣发其当日的工资和本月全勤奖，并在全校职工大会上提出批评。教师赵某对学校作出的处理决定不服，向该学校的主管教育行政部门提出了申诉。其申诉理由是依据《教师法》第七条第二款规定，教师享有“从事科学研究、学术交流，参加专业的学术团体，在学术活动中充分发表意见”的权利。要求学校返还扣发的工资和奖金，并在全校职工大会上取消对其所做的批评。

教育行政部门经调查，教师赵某所述情况基本属实。但认为，教师既享有法律赋予的权利，也应当完成法律规定的义务。《教师法》第八条第二款规定教师应当履行“贯彻国家的教育方针，遵守规章制度，执行学校的教学计划，履行教师聘约，完成教育教学工作任务”的义务。赵老师只强调了权利的方面，而没有遵守学校的规章制度和执行教学计划，没有很好地完成教育教学工作任务。学校作出的决定符合权限和程序，适用法律法规正确，事实清楚。因此决定维持学校原处理结果。教师赵某未向有关部门提起行政复议和诉讼。

教师参加学术研讨会是正当的权利，也是《教师法》中予以保障的，但任何权利的行使，不是没有条件的，应在完成本职工作或不影响正常教育教学的前提下，否则，这种权利的行使是得不到法律保护的。本案中教师赵某因参加学术研讨会，而使正常的教育教学活动受到影响，其行为就不受法律的保护。

（三）管理学生权

管理学生权是与教师在教育教学过程中的主导地位相适应的一项基本权利。教师有权根据教育规律和学生的身心发展特点因材施教，有针对性地指导学生的学习，并在学生的升学、就业等方面给予指导；有权对学生的思想品德、学习、文体活动、劳动等方面给予客观公正的评价；有权运用正确的指导思想和科学的方式方法，使学生的个性和能力得到充分发展。

经典实验

罗森塔尔效应

1968年，美国心理学家罗森塔尔和吉布森(Rosenthal & L. Jacoboson)等人做了一个著名试验。他们在一所小学的一年级至六年级各选三个班的学生进行所谓“预测未来发展的测验”，将一份“最有发展前途者”的学生名单交给了校长和相关教师，叮嘱他们务必要保密，以免影响实验的正确性。其实，罗森塔尔撒了一个“权威性谎言”，实际上这些学生是随机抽取的。结果八个月后，对这些学生进行智能测验，发现名单上的学生成绩确实进步了，教师也给了他们好的品行评语，实验取得了奇迹般的效应。罗森塔尔认为这个结果是因为教师接受了“权威性谎言”的暗示，对名单上的学生态度发生了变化，产生了偏爱心理和情感。教师的热爱和期望对学生的心理与行为产生了直接影响，学生变得更加自尊、自信和自强，各方面得到了异乎寻常的进步。罗森塔尔借用古希腊神话中主人公皮格马利翁

(Pygemoliou)的名字，把这个效应命名为“皮格马利翁效应”。后来，人们也称之为“罗森塔尔效应”或“教师期望效应”。罗森塔尔效应反映出教师评价和期望对学生发展发挥至关重要的影响，教师要善于发现学生身上的“闪光点”和潜能，对学生进行积极、正向的评价，促进每一个学生实现自身的充分、全面发展。

(四)获取报酬待遇权

这是教师的基本物质保障权利。教师的工资报酬，一般包括基础工资、职务工资、课时报酬、奖金、教龄津贴、班主任津贴及其他各种津贴在内的工资性收入。福利待遇主要包括教师的医疗、住房、退休等方面的各项待遇和优惠，以及寒暑假期的带薪休假。教师有权要求所在学校及其主管部门根据国家教育法律、教师聘任合同的规定按时足额地支付工资报酬；有权享受国家规定的福利待遇。要动员全社会力量，采取有效措施，依据法律的规定，切实保障教师获取报酬待遇权的行使。

案例 7-3　民办学校教师是否享有带薪休假的权利①

2005 年，丁某从某师范大学毕业后，应聘到一所民办学校，担任小学英语教师。学校地处市郊、实行封闭化管理，平时不能外出。而且教学任务很重，不过每月有 3 000 元的收入，比公办学校的教师工资高很多，这使她很感欣慰。然而，随着寒假的到来，她才知道，学校有一个规定：寒暑假期间不上课，每人每月仅发 150 元的生活费。丁某很是不解，为什么公办教师可以带薪休假，而民办学校的教师就不可以呢？请分析该学校是否侵害了教师丁某的权利。

《教师法》第七条规定：教师享有“按时获取工资报酬，享受国家规定的福利待遇以及寒暑假期的带薪休假。”教师的教育对象是处于不断发展中的富有个体差异性、主体性的作为“人”的学生，决定了教书育人工作的复杂性和艰巨性，教师劳动与其他职业劳动相比在时间和空间上具有广延性，教师享有带薪休假的权利可以使教师在寒暑假身心得到休息，体现了对教师劳动付出和价值的尊重和认可。并且，《教师法》第二条明确规定：“本法适用于在各级各类学校和其他教育机构中专门从事教育教学工作的教师。”并且，2002 年 12 月 28 日，第九届全国人民代表大会常务委员会第三十一次会议通过《民办教育促进法》，该法第二十七条规定：“民办学校的教师、受教育者与公办学校的教师、受教育者具有同等的法律地位。”第三十条规定：“民办学校应当依法保障教职工的工资、福利待遇，并为教职工缴纳社会保险费。”因此，该民办学校规定寒暑假期间仅发给教师每月 150 元的生活费侵害了教师依法享有的带薪休假权利，是违法行为，丁某有权向学校所在地的教育行政机关提起申诉维护自身的合法权益。

---

① http://wenku.baidu.com/view/3536800b52ea551810a6872b.html，最后浏览 2022-2-15。

相关链接

国务院办公厅转发人力资源社会保障部财政部教育部关于义务教育学校实施绩效工资指导意见的通知①

各省、自治区、直辖市人民政府，国务院各部委、各直属机构：

人力资源社会保障部、财务部、教育部《关于义务教育学校实施绩效工资的指导意见》已经国务院同意，现转发给你们，请认真贯彻执行。

义务教育学校实施绩效工资，是贯彻落实义务教育法的具体措施，也是深化事业单位收入分配制度改革的重要内容，充分体现了党中央、国务院对广大义务教育教师的关心，对于依法保障和改善义务教育教师特别是中西部地区农村义务教育教师的工资待遇，提高教师地位，吸引和鼓励各类优秀人才长期从教、终身从教，促进教育事业发展，具有十分重要的意义。

义务教育学校实施绩效工资，涉及广大义务教育学校教职工的切身利益，社会关注，政策性强。地方各级人民政府一定要高度重视，加强领导，周密部署，认真组织实施。要把义务教育学校实施绩效工资同深化学校人事制度改革、加强队伍建设紧密结合，同完善义务教育经费保障机制、规范学校收费行为和经费管理紧密结合。通过实施绩效工资，推动教育改革，促进义务教育事业发展。要注意研究解决实施中出现的问题，妥善处理各方面关系，确保教师队伍稳定。

附：关于义务教育学校实施绩效工资的指导意见

根据《中华人民共和国义务教育法》和事业单位工作人员收入分配制度改革的有关规定，为切实做好义务教育学校实施绩效工资工作，结合义务教育学校实际情况，提出以下指导意见。

一、实施范围和时间

按国家规定执行事业单位岗位绩效工资制度的义务教育学校正式工作人员，从 2009 年 1 月 1 日起实施绩效工资。

二、绩效工资总量和水平的核定

（一）绩效工资总量暂按学校工作人员上年度 12 月份基本工资额度和规范后的津贴补贴水平核定。其中，义务教育教师规范后的津贴补贴平均水平，由县级以上人民政府人事、财政部门按照教师平均工资水平不低于当地公务员平均工资水平的原则确定。绩效工资总量随基本工资和学校所在县级行政区域公务员规范后津贴补贴的调整相应调整。

（二）义务教育学校实施绩效工资同清理规范义务教育学校津贴补贴结合进行，将规范后的津贴补贴和原国家规定的年终一次性奖金纳入绩效工资总量。在人事、财政部门核定的绩效工资总量内，学校主管部门具体核定学校绩效工资总量时，

---

① http：//fgk. chinalaw. gov. cn/article/fgxwj/200812/20081200105602. shtml，最后浏览 2022-2-15。

要合理统筹，逐步实现同一县级行政区域义务教育学校绩效工资水平大体平衡。对农村学校特别是条件艰苦的学校要给予适当倾斜。

三、绩效工资的分配

(一)绩效工资分为基础性和奖励性两部分。基础性绩效工资主要体现地区经济发展水平、物价水平、岗位职责等因素，占绩效工资总量的70%，具体项目和标准由县级以上人民政府人事、财政、教育部门确定，一般按月发放。奖励性绩效工资主要体现工作量和实际贡献等因素，在考核的基础上，由学校确定分配方式和办法。根据实际情况，在绩效工资中设立班主任津贴、岗位津贴、农村学校教师补贴、超课时津贴、教育教学成果奖励等项目。

(二)充分发挥绩效工资分配的激励导向作用。教育部门要制定绩效考核办法，加强对学校内部考核的指导。学校要完善内部考核制度，根据教师、管理、工勤技能等岗位的不同特点，实行分类考核。根据考核结果，在分配中坚持多劳多得，优绩优酬，重点向一线教师、骨干教师和做出突出成绩的其他工作人员倾斜。

(三)学校制定绩效工资分配办法要充分发扬民主，广泛征求教职工的意见。分配办法由学校领导班子集体研究后，报学校主管部门批准，并在本校公开。

(四)校长的绩效工资，在人事、财政部门核定的绩效工资总量范围内，由主管部门根据对校长的考核结果统筹考虑确定。

四、相关政策

(一)《中共中央办公厅国务院办公厅转发〈中央纪委、中央组织部、监察部、财政部、人事部、审计署关于严肃纪律加强公务员工资管理的通知〉的通知》(厅字〔2005〕10号)下发前，学校发放的改革性补贴，除超过规定标准和范围发放的之外，暂时保留，不纳入绩效工资，另行规范。在规范办法出台前，一律不得出台新的改革性补贴项目、提高现有改革性补贴项目的标准和扩大发放范围。

(二)原国家规定的班主任津贴与绩效工资中的班主任津贴项目归并，不再分设，纳入绩效工资管理。

(三)义务教育学校实施绩效工资时，对完全中学中从事非义务教育教师的津贴补贴问题，由学校统筹考虑。

(四)在实施绩效工资的同时，对义务教育学校离退休人员发放生活补贴，标准由县级以上人民政府人事、财政部门确定。绩效工资不作为计发离退休费的基数。

(五)实施绩效工资后，学校不得在核定的绩效工资总量外自行发放任何津贴补贴或奖金，不得违反规定的程序和办法进行分配。对违反政策规定的，坚决予以纠正，并进行严肃处理。

五、经费保障与财务管理

(一)义务教育学校实施绩效工资所需经费，纳入财政预算。按照管理以县为主、经费省级统筹、中央适当支持的原则，确保义务教育学校实施绩效工资所需资金落实到位。县级财政要优先保障义务教育学校实施绩效工资所需经费，省级财政要强化责任，加强经费统筹力度，中央财政要进一步加大转移支付力度，对中西部及东部部分财力薄弱地区农村义务教育学校实施绩效工资给予适当支持。

（二）要规范学校财务管理，严格执行国务院关于免除义务教育阶段学生学杂费等费用的规定，严禁“一边免费、一边乱收费”。学校的国有资产实行统一管理，各类政府非税收入一律按照国家规定上缴同级财政，严格实行“收支两条线”。严禁利用收费收入和公用经费自行发放津贴补贴。

（三）学校绩效工资应专款专用，分账核算。绩效工资应以银行卡的形式发放，原则上不得发放现金。具体发放方式按地方财政国库管理制度有关规定执行。实行工资财政统一发放的地方，基础性绩效工资按规定程序直接划入个人工资银行账户，奖励性绩效工资经学校主管部门审核后，由同级财政部门划入个人工资银行账户。

六、组织实施

（一）省级人民政府人事、财政、教育部门按照本指导意见和国家有关规定制定本行政区域内义务教育学校绩效工资的实施意见，报人力资源社会保障部、财政部、教育部备案。市、县级人民政府人事、财政、教育部门制定的具体实施办法，报上级人民政府人事、财政、教育部门批准后实施。

（二）各地区、各有关部门要统筹义务教育学校实施绩效工资与当地规范公务员津贴补贴、义务教育经费保障机制改革、完善农村教师工资经费保障机制、深化中小学人事制度改革等各项工作。要及时研究和妥善处理实施中出现的问题，确保绩效工资平稳实施。

（三）有关部门要密切配合，加强工作指导，建立健全有效的监督检查工作机制，严格把握政策和程序，指导和督促学校严格执行实施绩效工资的有关政策。

（五）民主管理权

教师参与教育管理权利是《宪法》中所规定的“公民对任何国家机关和国家工作人员，有提出批评和建议的权利”在教育领域中的具体体现。《教师法》对此明确规定，教师有权“对学校教育教学、管理工作和教育行政部门的工作提出意见和建议，通过教职工代表大会或者其他形式，参与学校的民主管理”。讨论学校改革、发展等方面的重大事项，保障自身的民主权利和切身利益，推进学校的民主建设，这有利于调动教师参政议政的自觉性和积极性，发挥教师的主人翁作用，加强对学校和教育行政部门工作的监督。

案例 7-4　教师的民主管理权不容侵犯[①]

高老师在某县一中任教长达 25 年，先后获市先进教师、特级教师等称号。1997

① 解立军．教师的民主管理权不容侵犯[J]．人民教育，2004(17)．

年7月，因他对学校乱收费不满，向有关部门提意见，如实反映了学校存在的问题，学校领导一气之下将其解聘。一天，校长项某突然对他说："因工作需要，学校决定不用你，这事我跟县教委说过几次了，你去教委吧！"高老师问项某为什么要解聘他，项某不耐烦地说："没啥说的。"当天，高老师到县教委，县教委说："一中是校长负责制，不用你，我们也没办法。"接着，高老师带着材料到有关部门申诉。县委组成调查组展开调查。后来，调查组形成初步意见：高老师仍回一中上班，但必须"对过去有一个认识，对将来的工作有一个态度"。后一个由县纪委、县教委和该中学中层以上干部及高老师参加的特殊会议在一中举行。会议结束两天后，高老师回到一中找副校长说："我来要工作了。"副校长没有给他安排工作，对他说："项校长说你没有向他做检讨。"

上述案例中校长解聘提意见的高老师，侵犯了教师的什么权利？

教师依法对学校教育教学和管理中存在的问题提出自己的意见和建议，这是法律赋予每一位教师的民主管理权利，任何人不得非法干涉或者剥夺。案例中，高老师因向有关部门如实反映学校的乱收费问题，引起校长不满，校长便报复高老师而将其解聘。这严重侵犯了教师的民主管理权，是违法行为。

类似本案例中的教师与学校因辞职、辞退及履行聘用合同发生的人事争议，根据最高人民法院公布的《关于人民法院审理事业单位人事争议案件若干问题的规定》，可向人事争议仲裁委员会申请人事仲裁。如果教师对人事仲裁裁决不服，可在收到仲裁裁决之日起15日内向法院提起诉讼。如果学校在法定期间内不起诉又不履行仲裁裁决，教师可向法院申请强制执行。这样法院可以监督纠正仲裁机构的错误，对生效的裁决还可以强制执行。

(六)进修培训权

进修培训权是教师享有的继续教育的权利。现代社会快速发展，终身教育已被世界各国普遍认可，承担着教书育人职责的教师更应当成为终身学习者，及时更新知识结构，不断提高专业素养，促进自身专业发展。教育行政部门、学校及其他教育机构，应采取多种形式，开辟多种渠道，努力为教师的进修培训创造有利条件，切实保障教师权利的实现。当然教师培训权的行使，要在完成本职工作的前提下有组织有计划地进行，不得影响正常的教育教学工作。

案例7-5　教师参加进修被学校扣发工资怎么办[①]

杨某，30岁，1999年师专毕业，在某乡中学任初中物理教师。工作以来，杨某教学能力突出，很快成为学科的骨干教师。2002年，为了提高自己的学历层次，经杨某申请，当地教委和学校批准其到某师范大学进修。杨某十分珍惜这次来之不易的进修机会，在一年的进修期间，不仅成绩优秀，还发表了数篇论文。然而，进修结束后，

① http://teacher.eol.cn/jiaoshiweiquan_9522/20110307/t20110307_584750.shtml，最后浏览2022-02-15。

杨某才发现学校将她进修期间的工资扣了一半，并告知她进修期间，没有在学校正常工作的，一律扣发一半工资。请分析该校扣发教师杨某进修期间的工资是否合法。

《教师法》第七条规定，教师享有参加进修或者其他方式的培训的权利。《中小学教师继续教育规定》第四条规定："参加继续教育是中小学教师的权利和义务。"第十六条规定："经教育行政部门和学校批准参加继续教育的中小学教师，学习期间享有国家规定的工资福利待遇。学费、差旅费按各地有关规定支付。"

根据上述相关法律规定，教师杨某参加进修是其依法享有的权利。本案中教师杨某参加进修是经过教委和学校批准，其学习期间享有国家规定的工资福利待遇，学校无权扣发其工资，而且还应按当地规定向杨某支付学费和差旅费。该校扣发教师杨某进修期间的工资是不合法的，杨某可向学校所在地教育行政部门申诉，以维护自己的合法权益。

联合国教科文组织将 2015 年世界教师日的主题确定为"赋予教师权利、建设可持续社会"，并指出赋予教师更多权利是实现优质教育、建设可持续社会的关键步骤。但是，现行《教师法》第七条关于教师权利的规定不尽周延，权利内容相对单薄，以致实践中侵犯教师合法权益事件频发，通过修订《教师法》保障教师合法权益的社会呼声日益高涨。因此，2021 年 11 月 29 日，教育部正式发布了《征求意见稿》，立法重心是保障教师的合法权益，重构新时代教师的权利体系。在现行《教师法》第二章"权利与义务"的基础上，《征求意见稿》增补教师权利内容。第一，教师基本权利项数由六项扩充为七项，新增了研发成果转化权，即"开展课程和教学资源研发、科研成果转化，并获得相应权益"，体现对教师作为专业人员的充分尊重，凸显教师的主体地位。第二，进一步丰富原有的教师权利内容，例如，明确将教育惩戒纳入教师指导评价权，赋予教师教育惩戒权利，保障和规范教师正当行使教育惩戒权利，为教师敢管学生、善管学生提供法律依据，改变教师不敢管学生、不愿管学生的现实窘境，有利于维护教师合法权利和师道尊严。又如，将教师民主管理权细化为对学校教育教学、管理工作享有知情权、参与权、表达权和监督权。第三，增设了高等学校、职业学校教师"特别权利"条款，即"高等学校、职业学校教师可以独立或者以团队方式开展学术探索、科学研究、技术创新；可以适当兼任与职责任务相关的社会职务，参与社会服务"，旨在鼓励高等学校和职业学校教师开展原创性的学术探索和科技创新，适当参与社会服务，体现了教师职业的专业性与公共性双重属性。

相关链接

《中小学教育惩戒规则(试行)》[①](节选)

第七条　学生有下列情形之一，学校及其教师应当予以制止并进行批评教育，确有必要的，可以实施教育惩戒：

① http://www.moe.gov.cn/srcsite/A02/s5911/moe_621/202012/t20201228_507882.html.

(一)故意不完成教学任务要求或者不服从教育、管理的；

(二)扰乱课堂秩序、学校教育教学秩序的；

(三)吸烟、饮酒，或者言行失范违反学生守则的；

(四)实施有害自己或者他人身心健康的危险行为的；

(五)打骂同学、老师，欺凌同学或者侵害他人合法权益的；

(六)其他违反校规校纪的行为。

学生实施属于预防未成年人犯罪法规定的不良行为或者严重不良行为的，学校、教师应当予以制止并实施教育惩戒，加强管教；构成违法犯罪的，依法移送公安机关处理。

第八条　教师在课堂教学、日常管理中，对违规违纪情节较为轻微的学生，可以当场实施以下教育惩戒：

(一)点名批评；

(二)责令赔礼道歉、做口头或者书面检讨；

(三)适当增加额外的教学或者班级公益服务任务；

(四)一节课堂教学时间内的教室内站立；

(五)课后教导；

(六)学校校规校纪或者班规、班级公约规定的其他适当措施。

教师对学生实施前款措施后，可以以适当方式告知学生家长。

第十一条　学生扰乱课堂或者教育教学秩序，影响他人或者可能对自己及他人造成伤害的，教师可以采取必要措施，将学生带离教室或者教学现场，并予以教育管理。

教师、学校发现学生携带、使用违规物品或者行为具有危险性的，应当采取必要措施予以制止；发现学生藏匿违法、危险物品的，应当责令学生交出并可以对可能藏匿物品的课桌、储物柜等进行检查。

教师、学校对学生的违规物品可以予以暂扣并妥善保管，在适当时候交还学生家长；属于违法、危险物品的，应当及时报告公安机关、应急管理部门等有关部门依法处理。

第十二条　教师在教育教学管理、实施教育惩戒过程中，不得有下列行为：

(一)以击打、刺扎等方式直接造成身体痛苦的体罚；

(二)超过正常限度的罚站、反复抄写，强制做不适的动作或者姿势，以及刻意孤立等间接伤害身体、心理的变相体罚；

(三)辱骂或者以歧视性、侮辱性的言行侵犯学生人格尊严；

(四)因个人或者少数人违规违纪行为而惩罚全体学生；

(五)因学业成绩而教育惩戒学生；

(六)因个人情绪、好恶实施或者选择性实施教育惩戒；

(七)指派学生对其他学生实施教育惩戒；

(八)其他侵害学生权利的。

二、教师的义务

教师依法享有权利的同时，也需要履行法律规定的义务。教师义务分为两部分：一是教师作为公民应该承担的义务，二是教师作为教育者应该承担的义务。这两部分的义务既有联系又有区别：一方面，教师作为公民应承担的一部分义务体现在教师的特定义务之中；另一方面，教师特定义务中的一部分又是公民义务的具体化和职业化，还有一部分内容是相互独立的。在此主要分析教师作为教育者应该承担的特定义务，具体指的是教师依据教育法律规范的规定必须承担和履行的某种责任，表现为教师必须作出或不作出一定的行为。

(一)教师依法履行的义务

《教育法》规定教师“履行法律规定的义务，忠诚于人民的教育事业”，这是对教师义务进行了纲领性的概括。《教师法》第二章第八条具体规定教师应当履行的义务：“(一)遵守宪法、法律和职业道德，为人师表；(二)贯彻国家的教育方针，遵守规章制度，执行学校的教学计划，履行教师聘约，完成教育教学工作任务；(三)对学生进行宪法所确定的基本原则的教育和爱国主义、民族团结的教育，法制教育以及思想品德、文化、科学技术教育，组织、带领学生开展有益的社会活动；(四)关心、爱护全体学生，尊重学生人格，促进学生在品德、智力、体质等方面全面发展；(五)制止有害于学生的行为或者其他侵犯学生合法权益的行为，批评和抵制有害于学生健康成长的现象；(六)不断提高思想政治觉悟和教育教学业务水平。”如图 7-1 所示。

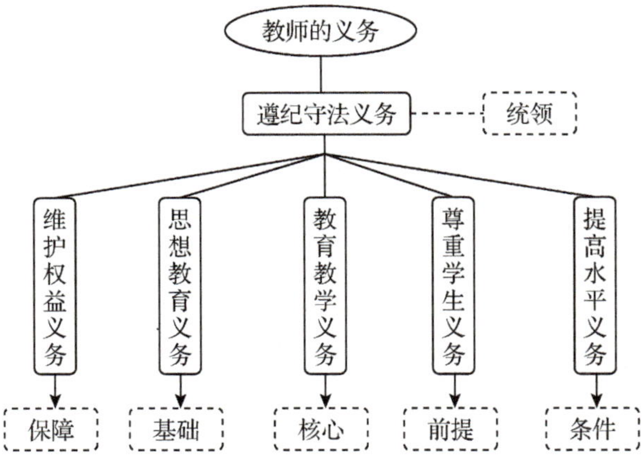

图 7-1　教师的义务及其相互关系示意图

我国有学者提出教师的法律义务具有两个特点。第一个特点是教师义务与权利的复合性。教师义务中的很多内容从另一个角度看又属于教师的权利。如教师有义务不断提高思想政治觉悟和教育教学业务水平和教师依法享有进修培训权。这就使教师权利具有一种不可放弃的特征。第二个特点是教师义务内容的多元性。从性质上看，其既有教师作为普通公民的义务，又有作为专业人员和执行国家公务者的义务。从对象来看，既有教师针对国家的义务，也有教师针对学生的义务，还有教师对学校的义务。①

1. 遵纪守法义务

这项义务是对教师提出的遵守法律法规和践行职业道德两个层面的法律要求。第一，《宪法》第五条规定，“一切国家机关和武装力量、各政党和各社会团体、各企业事业组织都必须遵守宪法和法律。一切违反宪法和法律的行为，必须予以追究。任何组织或者个人都不得有超越宪法和法律的特权。”教师作为国家公民，必须遵守宪法和法律。而且在教育教学工作中，自觉培养学生的法治观念和民主精神。第二，教师担负着教书育人的历史使命，“学高为师，身正为范”，教师应当自觉遵守法律法规，重言传更重身教，做到为人师表。

2. 教育教学义务

教师在教育教学活动中，应当全面贯彻国家的教育方针，即“教育必须为社会主义现代化建设服务、为人民服务，必须与生产劳动和社会实践相结合，培养德智体美劳全面发展的社会主义建设者和接班人”；自觉遵守教育行政部门和学校及其他教育机构制定的教育教学管理的各项规章制度；认真执行学校依据国家规定的教学大纲、教学计划或教学基本要求制订的具体教学计划；严格履行教师聘任合同中约定的教育教学职责，完成规定的教育教学任务，保证教育教学质量。

3. 政治思想品德教育义务

教师应将政治思想品德教育渗透在教育教学过程之中，遵循宪法确定的四项基本原则，并将其作为对学生进行思想政治教育的首要内容。教师应当有意识地对学生进行爱国主义教育、民族团结教育、法制教育、文化科学技术教育，弘扬中华民族优良传统，引导学生逐步树立科学的人生观和世界观，教育学生热爱祖国、热爱人民、热爱劳动、热爱科学、热爱社会主义，把学生培养成为有理想、有道德、有文化、有纪律的社会主义新人。在德育教育的形式和方法上，应注意根据学生身心发展的年龄特点，采用灵活生动的形式，以取得良好的教育效果。

4. 关爱和尊重学生义务

宪法规定：“中华人民共和国公民的人格尊严不受侵犯。”人格尊严是宪法赋予公民的一项基本权利。由于学生在教育教学活动中居于受教育者的地位，其人格尊严往往容易受到侵犯。教师要关心、爱护全体学生，对学生应一视同仁，不因民族、性别、残疾、学习成绩等因素歧视学生，尤其是对那些有缺点的学生，教师应给予特别关怀，要满腔热情地教育指导，绝不能采取简单粗暴的办法，不能侮辱、歧视学生，不能体罚或变相体罚学生，不能泄露学生隐私。因侮辱学生影响恶劣或体罚学生经教育不改的，应依法承担相应的法律责任。

---

① 申素平．教育法学原理、规范与应用[M]．北京：教育科学出版社，2009：204.

案例 7-6　“绿领巾”事件[①]

2011 年 10 月 18 日，有媒体报道称西安市未央区第一实验小学让部分学生佩戴“绿领巾”，引发争议。该校老师称，学习、思想品德表现稍差的学生没有红领巾，为教育其上进，便为这部分学生发放了“绿领巾”。这引起了家长和部分学生的不满，认为这是一种歧视。但学校进一步解释这一做法是为了“激励上进，并非歧视”。当日，未央区教育主管部门回应称：已经立即叫停了此项做法，收回“绿领巾”，要求学校即刻召开专题家长会向家长解释说明。学校在采取相关措施后，得到了学生家长的理解。10 月 22 日，教育部相关负责人回应称，坚决反对学校以任何方式对未成年学生进行所谓的“好”与“差”的区别。

本案例中该小学以学习成绩以及品德表现为标准人为地将学生划分为“好学生”和“差学生”泾渭分明的两个群体，而“绿领巾”被老师当成“激励没戴上红领巾的学生”的手段，成为“差学生”的身份标志。“绿领巾”事件对学生身心造成伤害，侵犯学生人格尊严和平等受教育权，构成教育歧视。《义务教育法》第二十九条规定，“教师在教育教学中应当平等对待学生，关注学生的个体差异，因材施教，促进学生的充分发展。教师应当尊重学生的人格，不得歧视学生，不得对学生实施体罚、变相体罚或者其他侮辱人格尊严的行为，不得侵犯学生合法权益”。并且，《国家中长期教育改革和发展规划纲要(2010—2020 年)》把育人为本作为教育工作的根本要求：“关心每个学生，促进每个学生主动地、生动活泼地发展，尊重教育规律和学生身心发展规律，为每个学生提供适合的教育。”因此，教师需要树立“以人为本”的教育理念，平等地对待每个学生，尊重学生的个体差异和人格尊严，因材施教地实现每个学生的自由、充分发展。

案例 7-7　教师撕看并曝光学生日记被判侵权[②]

2001 年 11 月 30 日下午放学后，在某中学就读的佘刚(化名)和其他同学一起打篮球。同班女生王某上前用纸为他擦汗。这个动作刚好被他们的班主任汪老师看见，她认为两个学生“恋”上了，当即将王某喊到办公室。她给王某看了两页日记(是其私下从佘刚放在课桌内的日记本上撕下的)，上面记录着佘刚对另一名女生的好感。汪老师还告诉王某佘刚对其不是真心的，他脚踏两只船。第二天，汪老师不让佘刚进教室上课。佘刚的家长多次到学校，恳求让孩子上课，都被汪老师拒绝。几天后，汪老师又将佘刚的日记拿给班上其他几个学生看。学校和县教育局给汪老师做工作，可汪老师仍然坚持不让佘刚上课。直到 12 月 5 日，在学校校长的命令下，佘刚才进

---

① http：//yuqing. people. com. cn/GB/16083795. html，最后浏览 2022-02-15。

② 费蕾英，李志强．论学校知情权与学生隐私权的冲突——从一个教师侵权案例说起[J]．思想理论教育，2005(20)．

了教室。而此时，余刚因无法承受巨大的心理压力，当天离家出走，第二天在重庆被找回。7 日，余刚回校上课，但有人对他指指点点。余刚父母要求汪老师在一定范围内赔礼道歉，消除影响，但被汪老师拒绝。余刚遂将自己的班主任告上法庭。重庆市第一中级法院作出终审判决，认定该教师的行为侵犯了学生的名誉权，应该向学生公开赔礼道歉，并赔偿精神损失费。

本案例中，汪老师私自撕下余刚的日记并向其他学生披露日记内容，没有尊重余刚的隐私权。并且，汪老师不让余刚进教室上课侵犯了余刚的受教育权利。

5. 保护学生权益义务

学生尤其是中小学生缺乏自我保护的意识和能力，教师应当履行保护学生权益的义务。第一，教师有义务对在教育教学范围内侵害学生权益的事件进行制止，维护学生的合法权益不受侵犯。第二，教师有义务对有害于学生健康成长的社会环境和社会现象进行批评和抵制，保护学生的身心健康。

6. 提高自身思想业务水平义务

教育教学工作是一项专业性较强的工作，担负着提高民族素质的使命，这就要求教师具有较高的思想觉悟和业务水平。同时这也是社会进步和科学技术发展对教师提出的要求。为此，教师应加强学习，不断地完善知识结构，提高思想政治觉悟和教育教学业务水平，以适应教育教学的实际需要。这项义务与教师的“进修培训权”相互对应，构成权利与义务的鲜明统一。

《征求意见稿》重构新时代教师的义务体系，丰富与完善教师义务内容。第一，在现行《教师法》规定的六项教师基本义务基础上，《征求意见稿》新增“依法依规履行公共教育服务职责，公正评价、平等对待、科学管理学生”一项，彰显了教师职业的公共属性。第二，《征求意见稿》规定的教师义务内容与时俱进。例如，《教师法》第八条第四款的教师义务规定，教师要“促进学生在品德、智力、体质等方面全面发展”。但是，2018 年 9 月，习近平总书记在全国教育大会上发表重要讲话，强调“培养德智体美劳全面发展的社会主义建设者和接班人”。全国教育大会之后，中共中央、国务院相继印发《中国教育现代化 2035》《关于深化教育教学改革全面提高义务教育质量的意见》和《深化新时代教育评价改革总体方案》等政策文本，再次强调“培养德智体美劳全面发展的社会主义建设者和接班人”。2021 年 4 月 29 日，第十三届全国人民代表大会常务委员会第二十八次会议修订《教育法》第五条教育方针的内容，明确规定：“培养德智体美劳全面发展的社会主义建设者和接班人。”《教师法》表述显然滞后于教育政策表述，并且与新修订《教育法》相关表述也不一致。因此，《征求意见稿》将教师义务的表述修订为“促进学生德智体美劳全面发展”，既体现教育政策法律化，又强化不同教育法律相互衔接。再如，《征求意见稿》将《教师法》中表述的“法制教育”修订为“法治教育”，体现与法治理论的发展相适应。第三，《征求意见稿》新增加教师“特别义务”，即“幼儿园、中小学教师在履行职责时，应当注重保护未成年学生的人身安全和合法权益，制止学生欺凌和其他有害于学生的行为；发生自然灾害、事故灾难、公共卫生事件等突发事件或者学生伤害事故，应当积极保护、救助学生；应当与学生父母或者其他监护人相互配合，加强对家庭教育的指导，促进家校协同育人。”强化幼儿园、中小学教师对未成年学生的保护救助义务和家校协同义务。

(二)教师未履行义务应承担的法律责任

教师义务是国家制定或认可的对教师的最低限度要求，以国家强制力保障实施。当教师没有履行义务时，就会引起某种法律后果，被要求承担一定的责任。《教师法》第三十七条规定："教师有下列情形之一的，由所在学校、其他教育机构或者教育行政部门给予行政处分或者解聘：(一)故意不完成教育教学任务给教育教学工作造成损失的；(二)体罚学生，经教育不改的；(三)品行不良、侮辱学生，影响恶劣的。教师有前款第(二)项、第(三)项所列情形之一，情节严重，构成犯罪的，依法追究刑事责任。"

1. 故意不完成教育教学任务，给教育教学工作造成损失

案例 7-8　教师擅自离岗被学校解聘[①]

某中学数学教师高某，1995 年 7 月称其父亲病危，需请假一天前往照顾。一周后，未见高某返校，校长经多方了解，才知其已在广东省某公司任职，校长急电催其返校，当高某返校时，已累计离岗 41 天。由于高某的离岗，致使他所任的高三两个班的课落下很多，给教学工作造成很大损失，学校依据有关制度，在全校大会上对高某的行为进行了批评，并给予了行政处分，扣发高某脱岗期间的全部工资和奖金。1995 年 9 月开学后，高某再次擅离岗位，校方依据有关法律规定，对高某作出解聘处理。高某不服，向这所学校的主管部门提出申诉，要求学校撤销对其作出的处理决定。教育行政部门经调查核实，维持了学校的处理决定。

依据《教师法》的有关规定，教师应当遵守学校的规章制度，执行学校的教学计划，履行聘任合同约定的教师义务和职责，完成教育教学工作任务。本案例中的教师高某存在主观上的故意，明知自己擅离岗位的行为会造成职责范围内的教育教学任务得不到完成，却希望或放任这种结果发生，并且，客观上给教育教学工作造成重大损失，侵犯了学生的受教育权。因此，学校有权将其予以解聘。

2. 体罚学生，经教育不改

名人名言

体罚不仅是对人的肉体的暴行，而且是对人的精神的一种摧残；皮带不仅使脊背失去知觉，而且会使情感的心灵麻木不仁。

——苏霍姆林斯基

---

① http：//www.njliaohua.com/lhd _ 3ejb53avnr6msol1o44b _ 3.html，最后浏览 2002-5-15。

体罚学生是指教师以暴力的方法或以暴力相威胁，或以其他强制性手段，侵害学生的身体和精神健康的侵权行为。《义务教育法》第二十九条规定：“教师应当尊重学生的人格，不得歧视学生，不得对学生实施体罚、变相体罚或者其他侮辱人格尊严的行为，不得侵犯学生合法权益。”

3. 品行不良，影响恶劣的违法行为

法律具有应然约束力。用哈特的经典表述来说就是：“凡有法律之处，人类的行为在某个意义上就不是随意的，或者说是‘具义务性的’。”[①]相比《教师法》第三十七条规定的教师失范行为承担法律责任的三种情形，《征求意见稿》第八章法律责任进一步丰富教师法律责任的类型和适用条件，将教师承担法律责任的情形扩充为七种。《征求意见稿》第五十二条明确规定：“教师有下列情形之一的，由所在学校、其他教育机构或者教育行政部门给予开除处分或者予以解聘，并由主管教育行政部门撤销教师资格，五年内不得申请教师资格；情节严重，影响恶劣的，或有本法第十九条所列情形的，撤销教师资格，终身不得申请教师资格，禁止从业；构成犯罪的，依法追究刑事责任：(一)公开发表违反宪法言论，损害党和国家声誉的；(二)利用职务便利谋取不正当利益或者滥用职权、徇私舞弊，严重损害教育公平的；(三)品行不良，严重损害教师形象的；(四)故意不完成教育教学任务，给教育教学工作造成严重损失，或者以此强制、诱导学生接受有偿补课的；(五)严重侵害学生合法权益，体罚或者变相体罚学生造成人身伤害等严重后果的；(六)与学生发生不正当性关系的；(七)其他严重违反教师职业行为准则等师德规范情形的。”《征求意见稿》不仅强化对教师专业人员的责任要求，而且增加了教师作为国家公职人员的法律责任，将师德失范行为纳入法治轨道。

相关链接

联合国教科文组织《关于教师的地位》中教师的权利及责任义务[②]

第八章　教师的权利及责任义务（第 61 — 84 条）

职业上的自由

61. 教师在履行职责上享有学术自由。尤其是教师有资格对最适合于学生的教具及教法作出判断，所以在选择和使用教材、选择教科书及运用教育方法方面，在得到认可的计划范围内，并在教育当局支持下，由教师起主要作用。

62. 教师及教师组织应参加新的课程、教科书及教具的开发工作。

63. 任何领导监督制度都应鼓舞、支持教师履行职责，不得损害教师的自由、创造性和责任。

64.(1)在需要对教师的工作作某种直接评定的时候，这种工作评定应客观，

① 哈特．法律的概念(第三版)[M]．徐嘉馨，李冠宜，译．北京：法律出版社，2018：138-139.

② 万勇．关于教师地位的建议[J]．外国教育资料，1984(4).

并为该教师所知晓。(2)教员有权利对自认为不恰当的工作评定提出申诉。

65. 教师可以自由采用据认为有助于评价学生进步的成绩评定技术，但应确保不在学生中产生不公平。

66. 当局应充分尊重教师关于各个学生对于诸类课程及高一级教育的能力倾向的意见。

67. 在学生的利益上，应尽一切努力增进教师同家长之间的密切配合，但教师应防止家长对于真正属于教师职责范围的问题的不正当的干涉。

68. (1)对学校或教师不满意的家长，首先应获得机会同校长及该教师谈话。其后向上级机关申诉不满的时候，应以书面方式进行，并应把副本交给该教师。

(2)对家长的抱怨进行审查的时候，教师应获得自我辩护的公平的机会，审查经过不得公开。

69. 教师应尽力避免学生发生事故。当学生在校内外的学校活动中发生事故时，教师的雇主应保护教师不致负担损害赔偿。

教师的责任义务

70. 所有教师都应认识到自己的专门职业的地位很大程度依赖于教师自身，应努力在一切工作中都达到尽可能高的水平。

71. 有关教师工作的职业标准，应在教师组织的参加下加以制定和维持。

72. 为了学生、教育活动和全社会的利益，教师及教师组织应同当局充分配合。

73. 道德纲领或行为准则，对维护教职的权威及确保遵循得到承认的各项原则履行职责，有重大作用，教师组织应予以制定。

74. 教师应随时准备参加学生的及成人的课外活动。

教师同整个教育活动的关系

75. 为了使教师能够履行职责，当局应采取并定期地运用得到承认的方式，就教育政策、学校组织、教育活动的新发展等事项，同教师组织进行磋商。

76. 当局和教师都应认识到教师通过组织或其他方式参加改进教育活动质量的工作、教育研究以及开发和推广经过改良的新方法等活动的重要性。

77. 对于在校内或更广的范围设置研究小组以促进同一学科教师间的合作，当局应予以方便，并鼓励之；对于这种研究小组的意见和提案，当局应予以恰当的考虑。

78. 对教育活动的各方面负有责任的行政官员及其他职员，应努力同教师建立良好关系，教师也应采取同样态度。

教师的权利

79. 为了教师自身的提高以及教育活动和全社会的利益，教师参加社会生活及公共生活应受到鼓励。

80. 教师可自由行使市民所普遍享有的、市民的一切权利，并有担任公职的资格。

81. 教师因担任公职而必须离开教职时，优先任用权及退休金当限于教职范围，当其公职任期终了后，可以重返以前的或与此相等的地位。

82. 教师的工资及工作条件，应通过教师组织同教师的雇主之间的交涉来决定。

83. 应设置法定的或其他的机构，以保证教师通过教师组织同公立的或私立的雇主进行交涉的权益。

84. 应设立适当的联合机构，以处理教师和雇主在工作条件上发生的纠纷。当为此目的而采取的措施及程序都已穷尽，或当事人之间的交涉破裂的时候，教师组织为了维护正当的利益，应有权利采取允许其他一般组织行使的其他手段。

第三节 国家教师制度

一、教师资格制度

教师资格制度是国家对教师实行的特定职业许可制度。教师资格是国家对专门从事教育教学工作人员的最基本要求，是公民获得教师职位、从事教师工作的法定前提条件。教师资格制度的法律法规、政策依据是《教师法》《〈教师资格条例〉实施办法》。《教师法》第十条规定了由国家实行教师资格制度，具备规定的学历或者经国家教师资格考试合格，有教育教学能力，经认定合格的，可以取得教师资格；第十一条规定了各类教师资格的学历条件；第十三条规定了教师资格认定的机构。1995 年 12 月 12 日，教育部颁发了《教师资格条例》，对教师资格分类与适用、教师资格条件、教师资格考试、教师资格认定等进行了规定。2000 年 6 月 22 日，教育部发布了《〈教师资格条例〉实施办法》，对资格认定条件、资格认定申请、资格认定、资格证书管理等作了规定。2013 年 8 月，教育部印发了《中小学教师资格考试暂行办法》和《中小学教师资格定期注册暂行办法》，实行全国统一教师资格考试和教师资格定期注册，提高了教师职业准入门槛，打破了教师资格终身制。2018 年 1 月，中共中央、国务院印发的《意见》提出，完善教师资格考试政策，逐步将修习教师教育课程、参加教育教学实践作为认定教育教学能力、取得教师资格的必备条件，新入职教师必须取得教师资格。并且，提高教师入职标准，重视思想政治素质和业务能力，逐步提高幼儿园教师、中小学教师的学历标准。2021 年 11 月 29 日，教育部正式发布《征求意见稿》进一步完善教师资格制度，《征求意见稿》第三章资格和准入丰富和规范了取得教师资格的条件、教师资格分类、学历标准、资格考试、资格认定、从业禁止、定期注册和试用期限。

(一)教师资格的分类

《教师资格条例》第四条将教师资格分为七类：(1)幼儿园教师资格；(2)小学教师资格；(3)初级中学教师和初级职业学校文化课、专业课教师资格；(4)高级中学教师资格；(5)中等专业学校、技工学校、职业高级中学文化课、专业课教师资格；(6)中等专业学校、技工学校、职业高级中学实习指导教师资格；(7)高等学校教师资格。《征求意见稿》第十五条将教师资格分为幼儿园、中小学(含小学、初级中学、高级中学)、普通高等学校、职业学校专业课(含中等、高等职业学校)、特殊教育等类别。

(二)取得教师资格的条件

《教师法》第十条规定："中国公民凡遵守宪法和法律，热爱教育事业，具有良好的思想品德，具备本法规定的学历或者国家教师资格考试合格，有教育教学能力，经认定合格的，可以取得教师资格。"并且，《〈教师资格条例〉实施办法》第二章专门提出了教师资格认定条件，第六条规定："申请认定教师资格者应当遵守宪法和法律，热爱教育事业，履行《教师法》规定的义务，遵守教师职业道德。"第七条规定："中国公民依照本办法申请认定教师资格应当具备《教师法》规定的相应学历。"第八条规定："申请认定教师资格者的教育教学能力应当符合下列要求：(一)具备承担教育教学工作所必须的基本素质和能力。具体测试办法和标准由省级教育行政部门制定。(二)普通话水平应当达到国家语言文字工作委员会颁布的《普通话水平测试等级标准》二级乙等以上标准。少数方言复杂地区的普通话水平应当达到三级甲等以上标准；使用汉语和当地民族语言教学的少数民族自治地区的普通话水平，由省级人民政府教育行政部门规定标准。(三)具有良好的身体素质和心理素质，无传染性疾病，无精神病史，适应教育教学工作的需要，在教师资格认定机构指定的县级以上医院体检合格。"因此，取得教师资格应具备四个方面的要件：(1)中国公民；(2)思想品德要求；(3)学历要求，《教师法》第十一条对取得教师资格应当具备的相应的学历进行了具体规定，不具备本法规定的教师资格学历的公民，申请获取教师资格，必须通过国家教师资格考试；(4) 教育教学能力。

《征求意见稿》第十五条规定："中国公民或者取得中国永久居留权的外国人，遵守宪法和法律，热爱教育事业，思想品德良好，有完全民事行为能力，具备从事教育教学工作的身体和心理条件，具备本法规定的条件，通过国家教师资格考试，经认定合格的，可以取得教师资格。"与现行《教师法》和《教师资格条例》的规定相比，《征求意见稿》提升教师职业准入门槛。《教师法》第十条规定，取得教师资格需要具备本法规定的学历或者国家教师资格考试合格，而《征求意见稿》明确规定，取得教师资格需要同时具备规定的学历标准和国家教师资格考试合格两个条件。并且，《征求意见稿》提升取得教师资格的学历标准，例如，现行《教师法》第十一条规定，取得小学教师资格仅要求应当具备中等师范学校毕业及其以上学历，明显滞后于我国小学教师学历水平的现状。因此，《征求意见稿》规定："取得中小学教师资格，应当具备高等学校师范专业本科或者其他相关专业本科毕业及其以上学历，并获得相应学位。"这一规定既能够适应我国基础教育改革发展和中小学教师队伍建设的需求，也有利于我国逐渐与国际社会以本科为起点的教师学历标准接轨。

相关链接

《中华人民共和国教师法(修订草案)(征求意见稿)》①

第三章　资格和准入

第十五条(资格制度)国家实行教师资格制度。在各级各类学校和其他教育机构中专门从事教育教学工作的人员，应当取得相应的教师资格。

中国公民或者取得中国永久居留权的外国人，遵守宪法和法律，热爱教育事业，思想品德良好，有完全民事行为能力，具备从事教育教学工作的身体和心理条件，具备本法规定的条件，通过国家教师资格考试，经认定合格的，可以取得教师资格。

教师资格分为幼儿园、中小学(含小学、初级中学、高级中学)、普通高等学校、职业学校专业课(含中等、高等职业学校)、特殊教育等类别。

第十六条(学历标准)取得教师资格应当具备的相应学历学位：

(一)取得幼儿园教师资格，应当具备高等学校学前教育专业专科或者其他相关专业专科毕业及其以上学历；

(二)取得中小学教师资格，应当具备高等学校师范专业本科或者其他相关专业本科毕业及其以上学历，并获得相应学位；

(三)取得普通高等学校教师资格，应当具备硕士研究生毕业及其以上学历，并获得相应学位；

(四)取得职业学校专业课教师资格，应当具备高等学校本科毕业及其以上学历，有相应的专业技术技能或者实践工作经验；有特殊技能者，可放宽至专科毕业学历；

(五)取得特殊教育教师资格，应当按照特殊教育的学段，分别具备特殊教育师范类专业专科、本科毕业及其以上学历，并获得相应学位；或者其他相关专业本科毕业及其以上学历，并获得相应学位。

中等职业学校文化课教师应当取得相应的高级中学教师资格；高等职业学校

① http://www.moe.gov.cn/jyb_xwfb/s248/202111/t20211129_583188.html，最后浏览 2022-02-15。

基础课、公共课教师应当取得相应的普通高等学校教师资格。

前款所称取得教师资格所需其他相关专业由国务院教育行政部门另行规定。

国务院教育行政部门可以根据事业发展需要，对前款规定的资格类型、报名条件做出调整。

第十七条(资格考试)取得教师资格应当通过国家教师资格考试。

幼儿园、中小学、中等职业学校专业课、特殊教育教师资格考试由国务院教育行政部门统一组织实施；普通高等学校、高等职业学校专业课教师资格考试由国务院教育行政部门、省级人民政府教育行政部门或者被授权的学校组织实施。

教师资格考试分为笔试和面试，符合条件的师范专业毕业生可免除部分或全部教师资格考试科目。教师资格考试的具体办法由国务院教育行政部门规定。

第十八条(资格认定)教师资格考试合格者，通过县级以上人民政府教育行政部门组织进行的认定，取得相应教师资格。

幼儿园、小学、初级中学教师资格由县级人民政府教育行政部门认定；高级中学、中等职业学校专业课教师资格由设区的市级以上人民政府教育行政部门认定；普通高等学校教师资格、高等职业学校专业课教师资格由省级人民政府教育行政部门或者其委托的高等学校认定；特殊教育教师资格，根据学段，由相应的教育行政部门认定。

教师资格认定应当对申请人的思想品德、身体和心理健康状况、国家通用语言文字运用能力等进行评估，并进行从业信息查询。

第十九条(从业禁止)在资格认定中发现申请人有下列情形之一的，不得取得教师资格：

(一)因故意犯罪受到有期徒刑以上刑事处罚的；

(二)因性侵害、虐待、拐卖、暴力伤害、猥亵、吸毒、卖淫、嫖娼、赌博等可能危害学生身心健康的违法犯罪行为受到治安管理处罚或者管制、拘役等刑事处罚的；

(三)有严重酗酒、精神病史或者滥用精神类药物史等不适宜担任教师情形的；

(四)有法律、法规规定的不得从事教师职业的其他情形。

第二十条(定期注册)教师资格证书实行定期注册制度。在幼儿园、中小学、职业学校、高等学校和特殊教育学校从教的教师，由学校出具意见，由主管教育行政部门或者受委托的学校进行注册；在其他教育机构中从教的教师，由机构所在地的县级人民政府教育行政部门注册。注册不合格的，教师资格证书失效，不能继续从事教育教学工作，具体办法由国务院教育行政部门制定。

第二十一条(试用期限)取得教师资格的人员首次进入学校任教时，应当有一年试用期。非师范专业毕业的人员，还须通过相应教育教学专业能力培训并取得合格证书。

相关链接

北京提高外教入职门槛 上岗须持有教师资格证书①

北京市人社局、市政府外办和市教委联合发布《关于进一步加强北京市外籍人员聘用工作的通知》，对外籍人员来京工作的聘用管理进行了统一规定，提高了外籍教师的准入标准。针对本市外教市场上，外籍教师素质良莠不齐的现状，《通知》明确，自2014年10月31日起，新申请办理工作许可和工作证件的外籍教师，在学前幼教机构、中小学、国际学校及各级各类教育培训机构从事教育教学工作的，都应当持有教师资格证书；从事语言教学的，如果没有教师资格证书，那就应取得国际通行的语言教学资格证书，例如，TEFL(通用英语教师资格证书)、TESL(第二语言的英语教学资格证书)、TESOL(对外英语教学资格证书)、TKT(剑桥英语教学能力证书)、CELTA(英语语言教师证书)等国际通行的语言教学资格证。

(三)教师资格的认定

1. 教师资格认定机构

教师资格认定机构是依法负责认定教师资格的行政机构或依法委托的教育机构。《教师法》第十三条规定，“中小学教师资格由县级以上地方人民政府教育行政部门认定。中等专业学校、技工学校的教师资格由县级以上地方人民政府教育行政部门组织有关主管部门认定。普通高等学校的教师资格由国务院或者省、自治区、直辖市教育行政部门或者由其委托的学校认定”。《征求意见稿》第十八条明确规定，教师资格考试合格者，通过县级以上人民政府教育行政部门组织进行的认定，取得相应教师资格。与《教师法》相关规定比较，《征求意见稿》提升教师资格认定机构的层级。例如，高级中学、中等职业学校专业课教师资格由设区的市级以上人民政府教育行政部门认定。

2. 教师资格认定程序

(1)提出申请。

认定教师资格，应当由本人提出申请。申请人应当在受理期限内提出申请，并提交教师资格认定申请表和有关证明材料：①身份证明；②学历证书和教师资格考试合格证明；③教育行政部门或者受委托的高等学校指定的医院出具的体格检查证明；④户籍所在地的街道办事处、乡人民政府或者工作单位、所毕业的学校对其思想品德、有无犯罪记录等方面情况的鉴定及证明材料。

---

① 赵鹏，张灵．北京提高外教入职门槛上岗须持有教师资格证书或语言教学资格证[N]．京华时报，2014-09-15.

(2)资格审查。

教育行政部门或者受委托的高等学校在接到公民的教师资格认定申请后，应当对申请人的条件进行审查。对符合认定条件的，应当在受理期限终止之日起30日颁发相应的教师资格证书；对不符合认定条件的，应当在受理期限终止之日起30日内将认定结论通知本人。

(3)颁发证书。

申请人提出的教师资格认定申请经认定合格后，由教育行政部门或受委托的高等学校颁发国务院教育行政部门统一印制的教师资格证书。

相关链接

严格教师职业准入 加强教师考核管理①

开展中小学教师资格考试改革和定期注册试点，是教育规划纲要提出的工作任务，是国家教育体制改革试点重点项目。该项目自2011年起在浙江、湖北、河北、上海、海南、广西六省(区、市)启动以来，取得明显成效。

1. 提高准入门槛

实施教师资格考试国家标准和考试大纲，提高了教师职业准入的素质要求，改变了以往考试因标准不统一、成绩不互认而造成证书含金量不高的情况。改革前，各试点省考试通过率普遍较高，在70%以上；改革后，教师资格考试对标准的把握更加严格，总体通过率降至27%左右，提高了教师队伍的来源质量。

2. 完善考试机制

由专业教育考试机构负责组织实施笔试和面试工作，规范考务管理，创新考试形式，实行计算机化考试和纸笔考试相结合。按照高考要求组织教师资格考试的命题和考务工作，改变以往考试中存在的考试和认定不分、组织不规范的现象，增强教师资格考试的社会公信力。

3. 注重实践能力

在考查教育学和心理学知识的基础上，增设了综合素质、学科教学能力的考查。改革前知识性考题超过60%，改革后考查实践能力的题目超过60%。组织一线优秀教师参加命题工作，广泛使用案例分析、教学活动设计等特色题型，重点考查运用所学知识分析和解决教育教学实际问题的能力，择优选拔乐教、适教人员。

4. 激发教改动力

师范生进入教师资格考试范围，对师范院校教育教学改革形成了倒逼机制。

① http://www.moe.gov.cn/jyb_xwfb/s3165/201308/t20130812_155575.html，最后浏览2022-02-15。

各试点省师范院校整合教师教育资源，调整课程设置和教学计划，推进教师培养模式改革，加强对师范生教育实践能力培养，以考促改的局面初步形成。

5. 强化考核管理

将教师完成5年一周期360培训学时作为定期注册的必备条件，维护教师接受继续教育的权益。定期注册帮助教育行政部门和学校摸清了教师队伍底数，规范了教师资格证书管理，推进了持证上岗制度的落实。结合定期注册工作，提出了师德考核的总要求，制定了师德考核标准，完善了教育教学业绩考核办法。建立教师资格定期注册信息管理系统，为教师队伍建设科学决策提供可靠数据和信息。

（四）教师资格的定期注册

2013年8月，教育部印发了《中小学教师资格定期注册暂行办法》(以下简称《办法》)，正式确立教师资格定期注册制度。《办法》规定，对教师入职后从教资格实行五年一周期的定期注册，定期注册不合格或逾期不注册的人员，不得从事教育教学工作。2021年11月，教育部正式发布的《征求意见稿》明确规定，教师资格证书实行定期注册制度，在幼儿园、中小学、职业学校、高等学校和特殊教育学校从教的教师，由学校出具意见，由主管教育行政部门或者受委托的学校进行注册；在其他教育机构中从教的教师，由机构所在地的县级人民政府教育行政部门注册。注册不合格的，教师资格证书失效，不能继续从事教育教学工作，具体办法由国务院教育行政部门制定。建立教师资格定期注册制度，完善了教师资格制度，深化教师管理改革，将不合格教师清除出教师队伍，有利于建设高素质专业化的教师队伍。

1. 注册的条件

具有与任教岗位相应的教师资格的中小学在编在岗教师可申请注册。《办法》第八条规定，满足下列条件的，定期注册合格：(1)遵守国家法律法规和《中小学教师职业道德规范》，达到省级教育行政部门规定的师德考核评价标准，有良好的师德表现；(2)每年年度考核合格以上等次；(3)每个注册有效期内完成不少于国家规定的360个培训学时或省级教育行政部门规定的等量学分；(4)身心健康，胜任教育教学工作；(5)省级教育行政部门规定的其他条件。

《办法》第九条规定，有下列情形之一的，应暂缓注册：(1)注册有效期内未完成国家规定的教师培训学时或省级教育行政部门规定的等量学分；(2)中止教育教学和教育管理工作一学期以上，但经所在学校或教育行政部门批准的进修、培训、学术交流、病休、产假等情形除外；(3)一个注册周期内任何一年年度考核不合格。暂缓注册者达到定期注册条件后，可重新申请定期注册。具体办法由省级教育行政部门根据实际情况制定。但是，依据《办法》第十条规定，有下列情形之一的，注册不合格：(1)违反《中小学教师职业道德规范》和师德考核评价标准，影响恶劣；(2)一个定期注册周期内连续两年以上(含两年)年度考核不合格；(3)依法被撤销或丧失教师资格。

2. 注册的程序

(1)申请注册。

取得教师资格，初次聘用为教师的，试用期满考核合格之日起 60 日内，申请首次注册。经首次注册后，每五年应申请一次定期注册。教师资格定期注册须由教师本人进行网上申请，并且应当在定期注册有效期满前 60 日内，申请办理下一次教师资格定期注册。申请教师应当提交下列材料：《教师资格定期注册申请表》一式 2 份，《教师资格证书》，中小学或主管部门聘用合同，所在学校出具的师德表现证明，5 年的各年度考核证明，省级教育行政部门认可的教师培训证明，省级以上教育行政部门根据当地实际要求提供的其他材料。

(2)审核注册。

由教师本人申请，所在学校集体办理，按照人事隶属关系报县级以上教育行政部门审核注册。县级以上教育行政部门在受理注册申请终止之日起 90 个工作日内，对申请人提交的材料进行审核并给出注册结论，并应提前将注册结论进行公示。县级教育行政部门负责申报材料的初审，提出注册结论的建议；地市级教育行政部门负责申报工作的复核；省级教育行政部门对注册申请进行终审，并在全国中小学教师资格定期注册管理信息系统中填报注册结论及有关信息。

(五)教师资格的限制和丧失

《教师法》第十四条明确规定："受到剥夺政治权利或者故意犯罪受到有期徒刑以上刑事处罚的，不能取得教师资格；已经取得教师资格的，丧失教师资格。"《教师资格条例》中也有相应的规定：对有这些情形(弄虚作假，骗取教师资格的；品行不良，侮辱学生，影响恶劣的等)者均由县级以上人民政府教育行政部门撤销其教师资格，由其资格认定机构收回其教师资格证书，自撤销之日起 5 年不得重新申请认定教师资格。

案例 7-9　索礼谩骂学生，教师被撤销教师资格[①]

2014 年 9 月 10 日，哈尔滨市依兰县高级中学高二年级(17)班班主任冯某某，上课时公然向学生索要教师节礼物，对学生进行辱骂。随后，学生班长组织同学集资，花费 296 元购买了 6 箱牛奶，分别送给了冯某某等 6 名授课老师。冯某某在课堂上索要教师节礼物的音视频被媒体曝光后，引起哈尔滨市委、市政府领导高度重视。哈尔滨市纪委监察局按照市领导要求立即组成专案组，会同市教育局、依兰县纪委开展了调查。经查，教育部《严禁教师违规收受学生及家长礼品礼金等行为的规定》文件下发后，9 月 5 日依兰县教育局召开全县教育系统会议进行了学习传达，要求各学校校长将会议精神传达到每位教师，但依兰县高级中学没有传达和贯彻。9 月 17 日，依兰县教育局依据相关规定，给予冯某某撤销教师资格处分，将其清除出

---

① http：//news. xinhuanet. com/politics/2014-09/19/c _ 127003311. htm，最后浏览 2022-12-15。

教师队伍。

本案例中，教师冯某某在教师节公然向学生索要礼物，并且侮辱学生，损害了教师良好的师德形象，在社会上造成影响恶劣。因此，由县级以上人民政府教育行政部门撤销了其教师资格，收回其教师资格证书。并且，自撤销之日起 5 年冯某某不得重新申请认定教师资格。

《征求意见稿》第十九条明确规定从业禁止的情形，在原有“因故意犯罪受到有期徒刑以上刑事处罚的”情形基础上，增列不得取得教师资格的三种情形，具体包括：(1)因性侵害、虐待、拐卖、暴力伤害、猥亵、吸毒、卖淫、嫖娼、赌博等可能危害学生身心健康的违法犯罪行为受到治安管理处罚或者管制、拘役等刑事处罚的；(2)有严重酗酒、精神病史或者滥用精神类药物史等不适宜担任教师情形的；(3)有法律、法规规定的不得从事教师职业的其他情形。”并且，《征求意见稿》第五十二条进一步明确规定：“有本法第十九条所列情形的，撤销教师资格，终身不得申请教师资格，禁止从业”。严把教师职业的入门关，有利于推进我国教师队伍建设高质量发展。

他山之石

美、英、法、日四国实施教师资格证书制度的现状和发展趋势①

教师资格证书制度是由美国最先提出和实施的。1825 年，美国俄亥俄州在世界上最先对教师进行考核，通过者由教育主管部门颁发合格证书，教师资格证书制度由此而诞生。随后，该制度开始在西方国家和世界其他地区陆续实施。在将近 200 年的时间里，教师资格证书制度从最初的地区性教师入职考试办法，发展成为一种世界上绝大多数国家和地区都采用的、具有严格的立法基础和多元检定程序的教育质量保障制度之一。

目前，虽然各国教师资格证书的名称、要求与具体实施办法不尽一致，但建立教师资格证书制度已成为世界性的发展趋势，特别是主要发达国家在教师资格证书制度方面起步较早，在结合本国国情和教育实际的前提下，不断改革、发展与完善，为其他后发国家积累了可供参考的经验。

(一)美国

教师资格证书管理由各州负责，各州的资格证书名称不一，但具有强制性。全国性的高级教师资格证书由全美专业教学标准委员会(NBPTS)颁发，教师资源获取不具有强制性。教师资格证书通常分为初等学校证书和中等学校证书两类，有些州还颁发学前教育和小学低年级教师证书等。申请者的起点学历为大学，高级教师资格证书和大多数州的专业教师资格证书要求硕士毕业。各州有教师证书

① 李广平．从国际教师资格制度的发展趋势看我国教师资格证书制度的完善[J]．外国教育研究，2004(3)．(选用时有改动)

更新制度，新任教师是初任(标准)证书，参加在职进修后才能取得专业证书(一般需取得硕士学位)，基本上已取消永久性证书，各类证书大多有层级之分，需要不断更新，初任(标准)证书的有效期限由原来的5～6年不断缩短，有的州已缩短为1年，并有临时证书的规定。取得执照必须通过三种教师资格检定，即入学检定、初任执照检定、续任执照检定，检定过程包括资格(学位、学分、课程)审查、知识技能考试，也包括教学实践能力的考试和测查。对教育实习有严格的规定，不仅取得初任(标准)证书前需要10周以上的全时实习，取得初任(预备)证书之后还需要1年以上的辅导期。

(二)英国

英国教师资格证书名称为"合格教师资格证书"，由英国的教育与就业部负责。教师证书的层级可以分为教师资格(实习教师)、合格教师证书，还有激励教师成长的高级教师称谓，也有临时证书的规定。证书的申请者需持有大学学士学位，并通过英语和数学的基本知识和能力的考试，同时还需经教育专业的训练，取得教育学士学位或学士后教育证书(数量已超过前者)才能取得教师资格。取得教师资格者需经过一年的试用，考核合格后，才能获得合格教师证书。教师资格证书的检定涉及教育机构、课程和学位、学分的检定，申请者要参加两次考试。英国十分重视教育实习和教育实践能力，申请者一般需要1年以上的实地教学经历。英国只有认定的正式教师，没有学校种类和学科的区分，任用时要审查大学的专业及所教科目的能力等。

(三)法国

法国教师属于国家公务员，由教育部统一规定教师资格标准，教育部长授予教师公务员资格。有实习教师和正式教师之分。实习教师可以领取70%的公务员工资。教师的培养年限为4年以上(超过学士学位的3年学习要求)，分为两个阶段。第一阶段在大学的其他院系学习两年学科知识，获得"大学第一阶段2年修业合格证书(DEUG)"后，需要参加激烈的竞争考试(淘汰率90%左右)，才能进入第二阶段的教师培训中心(IUFM)接受为期2年的教育专业学习和实习，通过评定并参加第二阶段考试合格者才能获得正式教师证书。法国设立普通教育能力证书和初等教育教师证书，需要1年的教育实习。

(四)日本

日本实行教师任职认定制度，其具体做法是：学生大学毕业时取得"教师资格证书"，然后参加"教师任用选拔(国家)考试"，对通识知识、学科知识与教育基础理论进行测试，被认定为综合学力合格才决定任用为教师。日本的教师资格证书由都道府县颁发，分为三种，即普通许可证、临时许可证、特别许可证。普通许可证又分为专修、一种、二种许可证(高中教师许可证只有专修、一种)，专修许可证授予修完硕士课程的人员。证书的检定由学历证明、学分证明及测验等方式构成。资格证书制度对教育实习没有明确的规定，但教师在任用时，需要有1年以上的辅导期。普通证书没有失效期，不被吊销，终身有效，但要取得高一级的证书需要进修相应的学分和学位。临时许可证有3年的时间限制，过期作废。

教师资格证书制度主要包含三方面的内容：学历要求、资格考试和教师试用规定。各国对教师都有学历要求，而且对教师学历的要求越来越高，基本上都是大学本科及以上学历。很多国家在学历确认的基础上还要进行资格考试，以充分保证吸收合格的人员进入教师行业，同时，考虑到学历要求和知识考试等方面的局限性，一些发达国家重视对教学专业能力的要求，因而强调教师的试用制度(如英国、美国、法国等)。教师资格的学历要求、资格考试和教师试用规定这三个方面内容既是教师资格证书鉴定制度的三个方面，又体现出教师资格证书发展的不同阶段，即由单纯的学历要求体现定向性培养和课程认可的初级阶段向前发展到资格考试体现开放型培养和知识本位的中级阶段，最后走向重视教学实践能力的高级阶段体现专业化发展和能力本位的思想。这大体反映了教师资格证书制度发展的规律。

二、教师职务制度

我国在1993年颁布的《教师法》第十六条规定："国家实行教师职务制度，具体办法由国务院规定。"首次以法律形式明确了国家实行教师职务制度。教师职务是"根据学校教育教学、科研等实际工作需要设置的，有明确职责、任职条件和任期，并需要具备专门的业务知识和相应的学术水平才能担负的专业技术工作岗位"①。因此，教师职务制度是指国家对教师的岗位设置及各级岗位任职条件和取得一定岗位职务的程序等方面规定的总称。

2012年由国务院发布的《关于加强教师队伍建设的意见》第十三条指出："加快推进教师职务(职称)制度改革。分类推进教师职务(职称)制度改革，完善符合各类教师职业特点的职务(职称)评价标准。建立统一的中小学教师职务(职称)系列。"

2015年由人力资源社会保障部、教育部印发的《关于深化中小学教师职称制度改革的指导意见》进一步深化中小学教师职称制度改革。这对于加强教师队伍建设，激励广大教师教书育人，吸引和稳定优秀人才长期从教、终身从教具有重大意义，并且为全面实施素质教育提供人才支持。

2018年1月，中共中央、国务院印发的相关意见提出，深化中小学教师职称制度改革，适当提高中小学中级、高级教师岗位比例，畅通教师职业发展通道。并且，进一步完善职称评价标准，建立符合中小学教师岗位特点的考核评价指标体系，坚持德才兼备、全面考核，突出教育教学实绩，引导教师潜心教书育人。2021年11

① 孙葆森主编．教育法学基础[M]．长春：吉林教育出版社，2000：86.

月，教育部发布的《征求意见稿》规定，幼儿园、中小学教师职务系列级别和不同职务级别晋升的条件。

（一）职务系列

目前我国教师职务系列主要包括高等学校教师职务系列、中等专业学校教师职务系列、职业学校教师职务系列、中小学教师职务系列，每个系列又分若干职务。根据《关于深化中小学教师职称制度改革的指导意见》规定："建立统一的中小学教师职务制度，教师职务分为初级职务、中级职务和高级职务。""初级设员级和助理级；高级设副高级和正高级。员级、助理级、中级、副高级和正高级职称（职务）名称依次为三级教师、二级教师、一级教师、高级教师和正高级教师。"

《征求意见稿》第二十二条规定："幼儿园、中小学教师职务分为初级职务、中级职务、副高级职务和正高级职务。教师初级职务和中级职务不受岗位比例限制，根据教师履行职务的年限和要求，依照规定晋升；副高级以上职务应当与岗位设置相结合，考察教师履职的表现，设定相应比例，通过评审等方式竞争性获得。"首先，《征求意见稿》规定幼儿园、中小学教师职务系列增加正高级职务，提升了幼儿园、中小学教师职务级别，打破幼儿园、中小学教师职业发展的"天花板"，凸显了对幼儿园、中小学教师专业人员地位的尊重。其次，因教师职务晋升指标有限性，导致幼儿园、中小学教师职务晋升通道狭窄。《征求意见稿》规定幼儿园、中小学教师初级职务和中级职务不受岗位比例限制，根据教师履行职务的年限和要求，依照规定晋升，能够拓宽幼儿园、中小学教师职业发展空间，有利于广大教师潜心教书，静心育人。最后，《征求意见稿》规定副高级以上职务的竞争性获得，能够激励广大教师成为终身学习者，促进教师专业自主发展。《征求意见稿》创新教师职务制度，能够吸引和稳定优秀人才长期从教、终身从教，有利于推进新时代我国幼儿园、中小学教师队伍高质量发展。

（二）任职条件

教师必须具备一定的任职条件，才能受聘担任相应的教师职务。根据《关于深化中小学教师职称制度改革的指导意见》通知，担任教师职务的基本条件包括：(1)拥护党的领导，胸怀祖国，热爱人民，遵守宪法和法律，贯彻党和国家的教育方针，忠诚于人民教育事业，具有良好的思想政治素质和职业道德，牢固树立爱与责任的意识，爱岗敬业，关爱学生，为人师表，教书育人；(2)具备相应的教师资格及专业知识和教育教学能力，在教育教学一线任教，切实履行教师岗位职责和义务；(3)身心健康。

同时，中小学教师评聘各级别职务，除必须达到上述标准条件，还应分别具备不同的标准条件。例如，担任三级教师必须具备的基本条件包括：(1)掌握教育学生的原则和方法，能够正确教育和引导学生；(2)具有教育学、心理学和教学法的基础知识，基本掌握所教学科的专业知识和教材教法，能够完成所教学科的教学工作；(3)具备大学专科毕业学历，并在小学、初中教育教学岗位见习 1 年期满并考核合格；或者具备中等师范学校毕业学历，并在小学教育教学岗位见习 1 年期满并考核合格。

(三)职务评审

各级各类教师职务评审按照个人申报、考核推荐、专家评审基本程序进行。专家评审是由同行专家组成评委会，按照现行各教师职务的教育法规规定的任职条件对学校推荐的拟聘人选进行评审。教师职称评审工作要健全完善监督机制，充分发挥有关纪检监察部门和广大教师的监督作用，确保评审程序公正规范和评审过程公开透明。

相关链接

关于深化中小学教师职称制度改革的指导意见(部分)[①]

一、改革的指导思想和基本原则

(一)深化中小学教师职称制度改革的指导思想

全面贯彻落实党的十八大和十八届二中、三中、四中全会精神，按照党中央、国务院决策部署，遵循教育发展规律和教师成长规律，按照深化职称制度改革的方向和总体要求，建立与事业单位聘用制度和岗位管理制度相衔接、符合教师职业特点、统一的中小学教师职称(职务)制度，充分调动广大中小学教师的积极性，为中小学聘用教师提供基础和依据，为全面实施素质教育提供制度保障和人才支持。

(二)深化中小学教师职称制度改革的基本原则

1. 坚持以人为本，遵循中小学教师成长规律和职业特点，提高中小学教师职业地位，促进中小学教师全面发展；

2. 坚持统一制度、分类管理，建立统一的制度体系，体现中学和小学的不同特点；

3. 坚持民主、公开、竞争、择优，鼓励优秀人才脱颖而出；

4. 坚持重师德、重能力、重业绩、重贡献，激励中小学教师提高教书育人水平；

5. 坚持与中小学教师岗位聘用制度相配套，积极稳妥、协同推进，妥善处理改革发展稳定的关系。

二、改革的主要内容

深化中小学教师职称制度改革围绕健全制度体系、拓展职业发展通道、完善评价标准、创新评价机制、形成以能力和业绩为导向、以社会和业内认可为核心、覆盖各类中小学教师的评价机制，建立与事业单位岗位聘用制度相衔接的职称制度。改革的主要内容包括：

(一)健全制度体系

1. 改革原中学和小学教师相互独立的职称(职务)制度体系。贯彻落实义务教育法，建立统一的中小学教师职务制度，教师职务分为初级职务、中级职务和高

---

① http://www.moe.gov.cn/jyb_xxgk/moe_1777/moe_1779/201509/t20150902_205165.html，最后浏览 2022-12-21。

级职务。原中学教师职务系列与小学教师职务系列统一并入新设置的中小学教师职称(职务)系列。

2. 统一职称(职务)等级和名称。初级设员级和助理级;高级设副高级和正高级。员级、助理级、中级、副高级和正高级职称(职务)名称依次为三级教师、二级教师、一级教师、高级教师和正高级教师。

3. 统一后的中小学教师职称(职务),与原中小学教师专业技术职务的对应关系是:原中学高级教师(含在小学中聘任的中学高级教师)对应高级教师;原中学一级教师和小学高级教师对应一级教师;原中学二级教师和小学一级教师对应二级教师;原中学三级教师和小学二级、三级教师对应三级教师。

4. 统一后的中小学教师职称(职务)分别与事业单位专业技术岗位等级相对应:正高级教师对应专业技术岗位一至四级,高级教师对应专业技术岗位五至七级,一级教师对应专业技术岗位八至十级,二级教师对应专业技术岗位十一至十二级,三级教师对应专业技术岗位十三级。

(二)完善评价标准

1. 中小学教师专业技术水平评价标准,是中小学教师职称评审的重要基础和主要依据。中小学教师专业技术水平评价标准,要适应实施素质教育和课程改革的新要求,充分体现中小学教师职业特点,着眼于中小学教师队伍长远发展,并在实践中不断完善。要充分考虑教书育人工作的专业性、实践性、长期性,坚持育人为本、德育为先,注重师德素养,注重教育教学工作业绩,注重教育教学方法,注重教育教学一线实践经历,切实改变过分强调论文、学历的倾向,引导教师立德树人,爱岗敬业,积极进取,不断提高实施素质教育的能力和水平。

2. 国家制定中小学教师专业技术水平评价的基本标准条件(见附件)。各省、自治区、直辖市及新疆生产建设兵团(以下简称各省)根据本地教育发展情况,结合各类中小学校的特点和教育教学实际,制定中小学教师具体评价标准条件。具体评价标准条件要综合考虑乡村小学和教学点实际,对农村教师予以适当倾斜,稳定和吸引优秀教师在边远贫困地区乡村小学和教学点任教。中小学正高级教师、高级教师的具体评价标准条件要体现中学、小学的不同特点和要求,有所区别。对于少数特别优秀的教师,可制定相应的破格评审条件。各省具体评价标准条件可在国家基本标准条件的基础上适当提高。

(三)创新评价机制

1. 建立以同行专家评审为基础的业内评价机制。建立健全同行专家评审制度。各省要加强对中小学教师职称评审工作的领导和指导,完善评委会的组织管理办法,扩大评委会组成人员的范围,注重遴选高水平的教育教学专家和经验丰富的一线教师,健全评委会工作程序和评审规则,建立评审专家责任制。

2. 改革和创新评价办法。认真总结推广同行专家评审在中小学教师专业技术水平评价中的成功经验，继续探索社会和业内认可的实现形式，采取说课讲课、面试答辩、专家评议等多种评价方式，对中小学教师的业绩、能力进行有效评价，确保评价结果的客观公正，增强同行专家评审的公信力。要在水平评价中全面推行评价结果公示制度，增加评审工作的透明度。

（四）实现与事业单位岗位聘用制度的有效衔接

1. 中小学教师职称评审是中小学教师岗位聘用的重要依据和关键环节，岗位聘用是职称评审结果的主要体现。中小学教师岗位出现空缺，教师可以跨校评聘。公办中小学教师的聘用和待遇，按照事业单位岗位管理制度和收入分配制度管理和规范。

2. 中小学教师职称评审，在核定的岗位结构比例内进行。中小学教师竞聘上一职称等级的岗位，由学校在岗位结构比例内按照一定比例差额推荐符合条件的教师参加职称评审，并按照有关规定将通过职称评审的教师聘用到相应教师岗位。人力资源社会保障部门、教育行政部门应及时兑现受聘教师的工资待遇，防止在有评审通过人选的情况下出现“有岗不聘”的现象。

3. 坚持中小学教师岗位聘用制度。按照深化事业单位人事制度改革及中小学人事制度改革的要求，全面实行中小学教师聘用制度和岗位管理制度，发挥学校在用人上的主体作用，实现中小学教师职务聘任和岗位聘用的统一。要建立健全考核制度，加强聘后管理，在岗位聘用中实现人员能上能下。

4. 中小学教师职称评审和岗位聘用工作，要健全完善评聘监督机制，充分发挥有关纪检监察部门和广大教师的监督作用，确保评聘程序公正规范，评聘过程公开透明。评聘工作按照个人申报、考核推荐、专家评审、学校聘用的基本程序进行。

个人申报。中小学教师竞聘相应岗位，要按照不低于国家和当地制定的评价标准条件，按规定程序向聘用学校提出申报。

考核推荐。学校对参加竞聘的教师，要结合其任现职以来各学年度的考核情况，通过多种方式进行全面考核。根据考核结果，经集体研究，由学校在核定的教师岗位结构比例内按照一定比例差额推荐拟聘人选参加评审。

专家评审。由同行专家组成的评委会，按照评价标准和办法，对学校推荐的拟聘人选进行专业技术水平评价。评审结果经公示后，由人力资源社会保障部门审核确认。

学校聘用。中小学根据聘用制度的有关规定，将通过评审的教师聘用到相应岗位。

5. 对改革前已经取得中小学教师专业技术职务任职资格但未被聘用到相应岗位的人员，原有资格依然有效，聘用到相应岗位时不再需要经过评委会评审。各地区要结合实际制定具体办法，对这部分人员择优聘用时给予适当倾斜。

6. 在乡村学校任教(含城镇学校教师交流、支教)3 年以上、经考核表现突出并符合具体评价标准条件的教师，同等条件下优先评聘。

7. 中小学教师高级、中级、初级岗位之间的结构比例，以及高级、中级、初级岗位内部各等级的结构比例，根据新的中小学教师职称等级体系，按照国家关于中小学岗位设置管理的有关规定执行。其中，正高级教师数量国家实行总量控制。

三、教师聘任制度

案例 7-10　学校能否解聘违纪的怀孕女教师①

2007 年 3 月初，济南某职业学校教师王某以要怀孕为由不接受学校的工作安排，并连续旷工十多天。在学校与王某协商解除聘用合同未果的情况下，学校于 4 月 12 日单方面宣布解除与王某的聘用合同。5 月 23 日，王某向济南市人事争议仲裁委员会申请人事争议仲裁，王某诉称，根据《国务院办公厅转发人事部关于在事业单位试行人员聘用制度意见的通知》(国办发〔2002〕35 号)有关规定，“女职工在孕期、产期和哺乳期内的，聘用单位不得解除聘用合同”，其与学校的聘用合同中也对此有明确规定。她在 4 月 12 日之前已经怀孕，学校在其孕期解聘她，是违法的，请求裁决学校继续履行聘用合同，并补发工资。而学校则辩称，王某拒绝履行学校安排的工作，违反了《教师法》规定的教师应履行的“贯彻国家的教育方针，遵守规章制度，执行学校的教学计划，履行教师聘约，完成教育教学工作任务”等义务。根据《教师法》第 37 条的规定，教师“故意不完成教育教学任务给教育教学工作造成损失的”，“由所在学校、其他教育机构或者教育行政部门给予行政处分或者解聘”。王某不服从学校的工作安排，故意不完成工作任务，连续旷工十多天，违反了学校的规章制度，已经给学校造成了损失，学校依法有权予以解聘。

根据法理学有关解决法律冲突的原理，《教师法》作为法律，其效力显然要高于国办发〔2002〕35 号这个国务院规范性文件的效力。因此，仲裁庭首先适用《教师法》的有关规定处理此案。另外，《妇女权益保障法》(旧法，2022 年已重修，于 2023 年 1 月 1 日实施)第二十七条第一款规定，“任何单位不得因结婚、怀孕、产假、哺乳等情形，降低女职工的工资，辞退女职工，单方解除劳动(聘用)合同或者服务协议。”显然，被申请人解聘申请人的原因，是申请人拒绝工作安排违反学校规章制度等，而不是因其“结婚、怀孕、产假、哺乳等情形”。最后，仲裁委根据《人事争议处理规定》《教师法》等政策法规，作出如下裁决：驳回王某继续履行聘用合同的请求，学校应补发 2007 年 4 月 12 日之前拖欠王某的工资等费用。

---

① 祝明新．学校能否解聘违纪的怀孕女教师[N]. 中国人事报，2009-01-23.

(一)教师聘任制度的含义

1993 年颁布的《教师法》第十七条规定:“学校和其他教育机构应当逐步实行教师聘任制。教师的聘任应当遵循双方地位平等的原则,由学校和教师签订聘任合同,明确规定双方的权利、义务和责任。实施教师聘任制的步骤、办法由国务院教育行政部门规定。”2018 年 1 月,中共中央、国务院印发的《意见》提出:“建立符合教育行业特点的中小学、幼儿园教师招聘办法,遴选乐教适教善教的优秀人才进入教师队伍。”2021 年 11 月,教育部发布的《征求意见稿》进一步完善教师聘任制度,明确规定教师招聘、合同制度、合同管理和聘期考核等内容。

教师聘任制度的具体含义可以从以下三个方面来理解。第一,教师聘任制度应当以双方平等自愿为原则。聘任单位和教师基于意见一致或相互同意而成立。第二,聘任双方在平等基础上签订的聘任合同具有法律效力。教师按照合同履行教育教学职责,聘任单位按照合同为教师提供教育教学、科学研究、进修培训等条件,并且为教师提供物质报酬。聘任期间,无正当理由不能解聘或辞聘,确需变动时,应提前与对方协商,双方达成一致协议后,方可变更或解除合同。双方一旦发生纠纷,要依照合同条款承担相应的责任。第三,教师聘任制体现按劳分配的原则,教师受聘后,领取与其职务相应的工资,职务发生变化后,工资也发生相应的变化。期满后,双方可以根据合作的满意程度决定是否继续应聘或续聘。教师聘任制度打破了教师工资分配的“平均主义”和“铁饭碗”现象,有利于激发教师工作的积极性。

(二)教师聘任制度的形式

1. 招聘

依据《征求意见稿》规定,教师招聘应当面向社会公开进行,公平竞争、择优录用、以德为先,按需兼顾学科、性别比例,优化教师队伍结构。例如,公办中小学、幼儿园教师招聘,由县级人民政府教育行政部门按照事业单位招聘有关规定会同有关部门统一组织,或者授权有条件的学校自主组织实施。公办中小学、幼儿园教师的聘用合同由县级人民政府教育行政部门根据有关规定制定,聘用合同应当依法依规约定双方的权利、义务和责任,并明确教师岗位职责、考核要求等内容,期限一般不低于三年。

2. 续聘

续聘是指聘任期满后,聘任单位与教师继续签订聘任合同。依据《征求意见稿》规定,学校或者其他教育机构应当对教师的思想政治素质业务能力水平、教育教学实绩、心理健康状况,尤其是师德师风表现等进行聘期考核,教师的师德师风存在严重问题的,应当认定为考核不合格,聘期考核结果作为是否续聘的重要依据。

3. 解聘

教师的解聘是指教师因某种原因不再适宜担任教师岗位,聘任单位与其解除聘任合同。聘任单位在解聘教师时应有正当理由,否则应承担相应的法律责任。《教师法》第三十七条规定聘用单位解聘教师的三种情形，具体包括：故意不完成教育教学任务给教育教学工作造成损失的；体罚学生，经教育不改的；品行不良、侮辱学生，影响恶劣的。《征求意见稿》第五十二条将聘用单位解聘教师的情形由三项扩充为七项，七种情形包括：公开发表违反宪法言论，损害党和国家声誉的；利用职务便利谋取不正当利益或者滥用职权、徇私舞弊，严重损害教育公平的；品行不良，严重损害教师形象的；故意不完成教育教学任务，给教育教学工作造成严重损失，或者以此强制、诱导学生接受有偿补课的；严重侵害学生合法权益，体罚或者变相体罚学生造成人身伤害等严重后果的；与学生发生不正当性关系的；其他严重违反教师职业行为准则等师德规范情形的。

4. 辞聘

受聘教师主动请求聘任单位解除聘任的合同。教师在聘期间如确实有特殊原因无法履行聘任合同，应通过协商的方式与聘任单位解除聘任合同，否则也应承担相应的法律责任。

《教师法》规定实施教师聘任制的步骤、办法由国务院教育行政部门规定。但是，迄今国务院教育行政部门尚未出台教师聘任的专门规定。教师聘任制度的不健全状态导致聘任单位和教师虽然签订聘任合同，但是大多数流于形式，聘任合同存在本身性质不明确和格式不规范问题。并且，有学者指出在聘任制的实施过程，本该是主角的教师实际上却处于缺位的状态(或者说是缺席)。具体表现为教师与聘任单位的权利不对等，与聘任单位毫无讨价还价的权利，合同中的某些内容不合法，聘任主体与聘任程序不明确，争议的解决途径不畅等。① 导致聘任单位和教师容易因聘任问题产生法律纠纷。因此，国家出台有关教师聘任制的规定迫在眉睫。一方面，明确聘任合同的性质，规范聘任合同的格式和内容；另一方面，对教师的聘任条件、程序、聘期、解聘、纠纷和救济等进行具体化的规定。

四、教师教育制度

我国教师教育制度主要由职前教师培养制度和职后教师培训制度共同组成。职前教师培养制度是对准备从事教师职业的师范生或非师范生实施师范教育的制度，职后教师培训制度是对入职或在职教师进行专业素养培训的制度。《教师法》第四章专门规定教师的培养和培训，为教师的培养和培训提供了法律保障。1999 年，《教育部关于师范院校布局结构调整的几点意见》《中共中央、国务院关于深化教育改革，全面推进素质教育的决定》等教育政策相继颁布，特别是 2010 年国务院颁布《国家中长期教育改革与发展规划纲要(2010—2020 年)》，旗帜鲜明地提出，加强教师教育，构建以师范院校为主体、综合大学参与、开放灵活的教师教育体系。我国独立、封闭的师范教育逐步转向开放灵活的职前职后一体化教师教育体系。2018 年，《意见》

① 尹力．中小学教师聘任制中的教师缺位问题[J]．江西教育科研，2005(3)．

提出，大力振兴教师教育，建设党和人民满意的高素质专业化创新型的教师队伍。2021 年全国两会期间，习近平总书记强调，“教师是教育的中坚力量，有高质量的教师才会有高质量的教育”。同年 11 月，《征求意见稿》第五章“培养和培训”专门规定了教师培养体系、公费教育、培训制度、培训支持、实习实践和特别支持等方面。教师教育制度主要涉及三方面的内容，即教师教育机构、教师教育的内容与形式、教师教育的条件保障。

(一)教师教育机构

教师教育机构是指专门承担教师培养和培训工作的机构。《教师法》第十八条规定：“各级人民政府和有关部门应当办好师范教育，并采取措施，鼓励优秀青年进入各级师范学校学习。各级教师进修学校承担培训中小学教师的任务。非师范学校应当承担培养和培训中小学教师的任务。”第十九条规定：“各级人民政府教育行政部门、学校主管部门和学校应当制定教师培训规划，对教师进行多种形式的思想政治、业务培训。”2018 年，《意见》提出，建立以师范院校为主体、高水平非师范院校参与的中国特色师范教育体系。2021 年，《征求意见稿》明确规定，国家建立以师范院校为主体、高水平非师范院校参与的中国特色教师培养体系，国家支持高水平综合大学举办教师教育。各级教学研究、教师培训机构等承担组织、开展教师继续教育的任务，设区的市或者有条件的县应当设立中小学教师发展机构，负责指导本行政区域内中小学教师专业发展工作。可见，我国教师教育机构主要包括师范院校和高水平非师范院校和教师培训机构，呈现出多元化与开放性的特点。

(二)教师教育的内容与形式

1. 职前教师培养

联合国教科文组织《关于教师地位的建议》指出：“教师培养课程的目的应在于培养学生的一般知识和教养、教育他人的能力、对构成国内外良好人际关系之基础的诸原理的理解，以及通过教学和表率而对社会的文化的和经济的进步作出贡献的责任感。”因此，教师培养课程设置基本上应包括如下内容：(1)普通教育科目；(2)教育中所应用的哲学、心理学及社会学的概论、教育的理论及历史、比较教育、实验教育学、学校管理及各科教学法的研究；(3)同学生将来的教学领域有关的专业知识；(4)在有足够资格的教师指导下进行的教育实习和课外活动的实习。2018 年，《意见》指出，根据基础教育改革发展需要，以实践为导向优化教师教育课程体系，强化“钢笔字、毛笔字、粉笔字和普通话”等教学基本功和教学技能训练，师范生教育实践不少于半年。2021 年，《征求意见稿》第三十五条规定，“地方人民政府及有关部门应当鼓励、支持中小学、幼儿园为师范生实习实践提供场地、指导等便利条件”。教师培养课程体系以实践为导向，理论学习和教育实践相互衔接、有机融合，实现教师培养的学术性和师范性相统一。

相关链接

突破传统调整课程结构　对接基层实行“双导师制”
廊坊师院学生“学悟并进”练就真功夫①

随着教育事业的发展，传统的高师院校培养模式下，课程结构不完善、内容陈旧，任课教师对基础教育了解不足，实践环节相对薄弱的弊端逐渐凸显。基于此，廊坊师院自2009年年初开始了以构建“4＋3”主课程体系、“三三四”总培养机制和“教、导、学、做、研”新教学模式为核心内容的教育类课程改革，同时实施教师职业能力“双导师制”。

在实施课改过程中，该院在理论课方面突破了传统的教育学、心理学、学科教学论“老三门”结构，新开设了“教师教育综合课”，从而构成了“三基础一综合”的“新四门”必修课体系；在实践课教学中突破了学生见习、练习、实习脱节的顽疾，构建了在“双师”指导下的观摩见习、实验练习、教育实习“三模块”递进体系。而作为手段，学院、地方教育管理机构和中、小学三方合作，教师职业能力基础入门、学练相长、实习巩固三段推进，以及四年全程培养所形成的“三三四”总培养机制也渐渐成形。

“双导师制”成为该院实施教改的突出亮点。所谓“双导师制”，即学院聘请当地中小学骨干教师，与本院教师共同指导学生的日常实践和见习、实习工作。每20～25名学生配备1名中小学导师，每月集中活动一次，学生自由活动若干次，四年期间不间断。学院教育类课程教师按1∶5的比例与中小学教师组成各学科组，学院教师主要承担教学目标的制定、组织、实施、评估等任务，中小学导师主要指导学生的实践环节活动。目前，该院已经遴选聘任260名中小学优秀教师进入导师库。“中小学导师基层教学经验丰富，他们手把手教给我们实际教育教学技能，还经常组织我们到中小学参加公开课、学科组教研等活动，让我们在‘学悟并进’中学到了真本事。”该院2011级英语教育专业的本科生耿荣荣说。实施课改后，廊坊师院教育类课程学时达到了本科总学时的25%以上，实践环节学时占到了总学时的近30%，学生的专业素养和综合能力显著提高。

2. 职后教师培训

在终身教育和学习型社会背景下，教师作为履行教书育人职责的专业人员，应当成为终身学习者。2018年，《意见》指出，开展中小学教师全员培训，促进教师终身学习和专业发展。转变培训方式，推动信息技术与教师培训的有机融合，实行线上线下相结合的混合式研修。同时，改进培训内容，紧密结合教育教学一线实际，组织高质量培训，使教师静心钻研教学，切实提升教学水平。2021年4月，教育

① 周红松．突破传统调整课程结构 对接基层实行“双导师制”[N]．中国教育报，2012-12-04．

部、财政部发布《关于实施中小学幼儿园教师国家级培训计划(2021—2025)的通知》(以下简称《通知》),聚焦教师核心素养,更新标准引领下的培训内容体系,围绕落实立德树人根本任务,统筹思想政治、师德师风、业务能力培训。落实教师培训课程指导标准,科学设计培训课程,综合提升教师的学科育德、教学实施、学生评价和家庭教育指导能力。加强义务教育新课程标准培训,提升教师促进学生全面发展能力。将国家安全、法治教育、生态教育、国家通用语言文字、幼小衔接、少先队工作、预防校园欺凌等内容纳入教师校园长培训。同年 11 月,《征求意见稿》规定,教师培训的内容应当切合教师工作需要,充分利用现代信息技术等手段,采取多样化的形式、方法。可见,我国教师培训内容体现"以师为本"价值理念,以教师需求为导向,聚焦教师核心素养,采取多样化的培训形式、方法,推进教师培训提质增效,促进教师终身学习、系统提升和自主发展。

(三)教师教育的条件保障

1. 职前教师培养

《关于教师地位的建议》指出:"对教师培养课程的学生应给予足够的奖学金或财政援助,以使之能够继续学业并维持相应的生活。具有权限的当局应努力建立免费的教师培养制度。"《教师法》第十八条也规定:"各级师范学校学生享受专业奖学金。"从公费或提供专业奖学金的角度确定师资培养的经费保障。

2007 年,我国出台了教育部直属师范大学师范生免费教育政策,免费教育师范生能够享受一系列优惠政策,具体体现在:在校学习期间不仅可以免除学费,免缴住宿费,并补助生活费,所需经费由中央财政安排;免费师范毕业生生源所在省份确保每一位到中小学校任教的免费师范毕业生有编有岗;免费师范毕业生经考核符合要求的,可录取为教育硕士专业学位研究生,在职学习专业课程,任教考核合格并通过论文答辩的,颁发硕士研究生毕业证书和教育硕士专业学位证书。同时,免费师范生入学前与学校和生源所在地省级教育行政部门签订协议,承诺毕业后从事中小学教育十年以上。到城镇学校工作的免费师范毕业生,应先到农村义务教育学校任教服务二年。2018 年,《意见》提出,鼓励各地结合实际,适时提高师范专业生均拨款标准,提升师范教育保障水平。切实提高生源质量,对符合相关政策规定的,采取到岗退费或公费培养、定向培养等方式,吸引优秀青年踊跃报考师范院校和师范专业,完善教育部直属师范大学师范生公费教育政策,将"免费师范生"改称为"公费师范生",履约任教服务期由原来的十年调整为六年。同年,教育部、财政部、人力资源社会保障部、中央编办联合下发了《教育部直属师范大学师范生公费教育实施办法》,建立健全师范生公费教育制度,从选拔录取、履约任教、激励措施、条件保障等方面完善师范生公费教育政策。2021 年,《征求意见稿》将国家建立师范生公费教育制度予以立法确认,规定国务院和省级人民政府确定的师范院校应当按照要求招收公费师范生,公费师范生毕业后应当按照约定完成任教服务,有条件的地方可以面向师范院校或者师范专业的学生设立专业奖学金。建立师范生公费教育制度,吸引优秀人才充实到教师队伍中,长期从教、终身从教,培养大批有理想信念、有道德情操、有扎实学识、有仁爱之心的"四有"好教师，强化教师承担的国家使命和公共教育服务的职责，促进城乡教师资源均衡配置，推进我国教师队伍尤其是农村教师队伍高质量发展。

相关链接

教育部直属师范大学师范生公费教育实施办法①

第一章　总　则

第一条　为贯彻落实《中共中央 国务院关于全面深化新时代教师队伍建设改革的意见》，建立健全师范生公费教育制度，吸引优秀人才从教，培养大批有理想信念、有道德情操、有扎实学识、有仁爱之心的"四有"好教师，进一步形成尊师重教的浓厚氛围，特制定本办法。

第二条　本办法所称师范生公费教育是指国家在北京师范大学、华东师范大学、东北师范大学、华中师范大学、陕西师范大学和西南大学六所教育部直属师范大学(以下简称部属师范大学)面向师范专业本科生实行的，由中央财政承担其在校期间学费、住宿费并给予生活费补助的培养管理制度。

第三条　接受师范生公费教育的学生(以下称公费师范生)由部属师范大学按照《师范生公费教育协议》进行教育培养，在校学习期间和毕业后须按照有关协议约定，履行相应的责任和义务。

第二章　选拔录取

第四条　教育部根据各地中小学教师队伍建设实际需要和部属师范大学培养能力，统筹制定每年公费师范生招生计划，确定分专业招生数量，确保招生培养与教师岗位需求有效衔接。

第五条　部属师范大学招收公费师范生实行提前批次录取，重点考察学生的综合素质、职业倾向和从教潜质，择优选拔乐教、适教的优秀高中毕业生加入公费师范生队伍。各地、各部属师范大学要加大政策宣传和引导力度，通过发放招生简章、开展政策宣讲等多种方式，为高中毕业生报考公费师范生营造良好环境。

第六条　部属师范大学根据国家相关政策，制定在校期间公费师范生进入、退出的具体办法。有志从教并符合条件的非师范专业优秀学生，在入学 2 年内，可在教育部和学校核定的公费师范生招生计划内转入师范专业，签订协议并由所在学校按相关标准返还学费、住宿费，补发生活费补助。公费师范生可按照所在学校规定的办法和程序，在师范专业范围内进行二次专业选择。录取后经考察不适合从教的公费师范生，在入学 1 年内，按照规定退还已享受的学费、住宿费和生活费补助，并由所在学校根据当年高考成绩将其调整到符合录取条件的非师范专业。

① http://www.moe.gov.cn/jyb_xxgk/moe_1777/moe_1778/201808/t20180810_345023.html，最后浏览 2022-02-15。

第三章 履约任教

第七条 公费师范生、部属师范大学和生源所在省份省级教育行政部门签订《师范生公费教育协议》，明确三方权利和义务。公费师范生毕业后一般回生源所在省份中小学任教，并承诺从事中小学教育工作6年以上。到城镇学校工作的公费师范生，应到农村义务教育学校任教服务至少1年。国家鼓励公费师范生长期从教、终身从教。

第八条 公费师范生由于志愿到中西部边远贫困和少数民族地区任教等特殊原因不能回生源所在省份任教的，应届毕业前可申请跨省就业，经所在学校、生源所在省份和接收省份省级教育行政部门审核同意后，按有关规定程序办理跨省就业手续。

第九条 各地要统筹规划，做好接收公费师范生就业的各项工作。省级教育行政部门会同人力资源社会保障部门按照事业单位新进人员实行公开招聘制度的要求，负责组织用人学校与公费师范生在需求岗位范围内进行专项招聘，通过双向选择等方式切实为每位毕业的公费师范生落实任教学校和岗位。

第十条 公费师范生要严格履行协议，未按协议从事中小学教育工作的，须退还已享受的公费教育费用并缴纳违约金。违约退缴资金由省级教育行政部门负责收缴、管理、使用，要专款专用，主要用于公费师范生人事招聘、履约管理、表彰奖励等相关工作。教育部要会同相关部门制定公费师范生履约管理具体办法等相关政策。省级教育行政部门要建立健全公费师范生履约动态跟踪管理机制，建立公费师范生诚信档案。

第十一条 公费师范生因生病、应征入伍等原因不能履行协议的，须提出中止协议申请，经省级教育行政部门同意后，暂缓履约。待情况允许后，经省级教育行政部门核实后可继续履行协议。公费师范生如确因身体原因需终止协议的，按协议约定解除协议。除特殊原因办理休学无法正常毕业等情形以外，公费师范生未按规定时间取得相应学历学位证书和教师资格证书的，按违约处理。

第十二条 公费师范生按协议履约任教满一学期后，可免试攻读非全日制教育硕士专业学位。公费师范生本人向本科就读的部属师范大学提出申请，经任教学校考核合格并批准，部属师范大学根据任教学校工作考核结果、本科学习成绩等进行综合考核后，录取为非全日制硕士研究生，以非全日制形式学习专业课程。任教考核合格并通过论文答辩的，授予相应的学历、学位证书。

除上述情形以外，公费师范生在协议规定服务期内不得报考研究生。

第十三条 公费师范生在协议规定服务期内，经省级教育行政部门同意，可在学校间流动或从事教育管理工作。

第十四条 公费师范生在报考、学习、转专业、就业、读研、任教等环节有弄虚作假或其他违规、违纪行为的，依据有关规定处理。

第四章　激励措施

第十五条　国家根据经济发展水平和财力状况，对公费师范生的生活费补助标准进行动态调整。优秀公费师范生可享受其他非义务性奖学金。鼓励设立公费师范生专项奖学金。支持部属师范大学遴选优秀公费师范生参加国内外交流学习、教学技能比赛等活动。

第十六条　各地要将公费师范生履约任教后的在职培训纳入中小学教师国家级培训计划，落实五年一周期的教师全员培训制度，支持公费师范生专业发展和终身成长。

第十七条　各地要落实乡村教师生活补助、艰苦边远地区津贴等优惠政策，吸引公费师范生毕业后到农村中小学任教。各地和农村学校要为公费师范生到农村任教提供办公场所、周转宿舍等必要的工作生活条件。

第十八条　要把培养优秀中小学教师的工作成效作为评价部属师范大学办学水平的关键指标。对在实施师范生公费教育工作中作出积极贡献的部属师范大学给予政策倾斜，进一步加大对师范专业的支持力度。

第五章　条件保障

第十九条　各地要加强组织领导和制度保障，按照建立“动态调整、周转使用”的事业编制省内统筹调剂使用制度有关要求，通过优先利用空编接收等办法，在现有事业编制总量内，妥善解决公费师范生到中小学任教所需编制。

第二十条　各地、各部门和各有关学校要切实加强协调，建立分工明确的责任管理体系。教育部门牵头负责公费师范生招生培养、就业指导、落实岗位、办理派遣、履约管理等工作；人力资源社会保障部门负责落实公费师范生专项招聘政策等工作；机构编制部门负责在核定的中小学教职工编制总量内落实公费师范生到中小学任教的编制；财政部门负责落实相关经费保障。

第二十一条　各地、各部属师范大学要构建地方政府、中小学校与高校共同培养公费师范生的机制，遴选一批县(区)建设教师教育改革创新实验区，公费师范生主要到实验区中小学进行教育实习。推进部属师范大学统筹各类资源，建设国家教师教育基地，打造公费师范生教育教学技能实训平台，探索优秀教师培养新模式，集中最优质的资源用于公费师范生培养，全面提高公费师范生培养质量。

第二十二条　部属师范大学要根据基础教育发展和课程改革的要求，加强公费师范生师德教育，引导公费师范生树立先进的教育理念，热爱教育事业，坚定长期从教的职业理想，为将来成为优秀教师和教育专家打下牢固根基。要精心制订教育培养方案，实行“双导师”制度，安排中小学名师、高校高水平教师给公费师范生授课。强化实践教学环节，落实公费师范生在校期间教育实践时间累计不少于一个学期的制度。

第二十三条　各地要采取措施，积极引导社会团体、企事业单位、民间组织出资奖励，对毕业后长期从事中小学教育的公费师范生给予鼓励和支持。地方各级教育、机构编制、人力资源社会保障、财政部门应根据本办法，制定实施细则，把师范生公费教育各环节各方面的工作抓紧抓实抓好。

第二十四条 国家发挥部属师范大学师范生公费教育的示范引领作用，建立健全师范生公费教育政策体系。各地可探索免费培养、到岗退费、学费补偿和国家助学贷款代偿等多种方式，开展地方师范生公费教育，具体办法由省级人民政府制定，所需经费由地方财政统筹落实。

第二十五条 各级教育督导部门要将师范生公费教育工作纳入督导内容，加强督导检查并通报督导情况。教育部会同相关部门按照国家有关规定，对师范生公费教育工作成绩突出的单位予以表彰，并及时总结推广成功经验。

第六章 附 则

第二十六条 本办法适用于签订《师范生公费教育协议》的公费师范生。原签订《师范生免费教育协议》且正在履约任教的免费师范生，一律依照公费师范生政策管理，相关各方权利和义务以签订补充协议的方式予以明确；违反《师范生免费教育协议》或已经按照规定程序解除协议的，不适用本办法。

第二十七条 本办法自印发之日起施行。

2. 职后教师培训

职后教师培训的条件保障主要体现在培训经费的保障和培训时间的保障。《中小学教师继续教育规定》第十三条规定："中小学教师继续教育经费以政府财政拨款为主，多渠道筹措，在地方教育事业费中专项列支。地方教育费附加应有一定比例用于义务教育阶段的教师培训。省、自治区、直辖市人民政府教育行政部门要制定中小学教师继续教育人均基本费用标准。中小学教师继续教育经费由县级及以上教育行政部门统一管理，不得截留或挪用。社会力量举办的中小学和其他教育机构教师的继续教育经费，由举办者自筹。"

教育部、财政部于2010年启动实施"中小学教师国家级培训计划"，由中央财政提供专项资金支持"中小学教师示范性培训"和"中西部农村骨干教师培训"。并且，国务院办公厅于2015年印发的《乡村教师支持计划(2015—2020年)的通知》指出，"到2020年前，对全体乡村教师校长进行360学时的培训。要把乡村教师培训纳入基本公共服务体系，保障经费投入，确保乡村教师培训时间和质量"。2018年，《意见》指出，优化经费投入结构，优先支持提升教师专业素质能力。为了贯彻《意见》的要求，2021年，《关于实施中小学幼儿园教师国家级培训计划(2021—2025)的通知》提出，强化教师培训经费保障，中小学、幼儿园按照年度公用经费预算总额的5%安排教师培训经费。并且，《征求意见稿》第三十三条规定："各级人民政府应当将教师培训经费列入财政预算"，第三十四条规定："学校应当督促、支持教师每年参加不少于规定学时的培训，其中应当包括脱离教育教学岗位的专门培训或者继续教育。"从立法层面加强教师培训的经费保障和时间保障，促进教师终身学习和专业自主发展，适应新时代基础教育高质量发展的需要。

相关链接

教育部、财政部启动实施“中小学教师国家级培训计划”①

中央财政安排5.5亿元，发挥示范引领、促进改革的作用

教育部、财政部日前联合发出《关于实施“中小学教师国家级培训计划”的通知》，决定从2010开始实施“中小学教师国家级培训计划”(简称“国培计划”)。

实施“国培计划”是加强中小学教师特别是农村教师队伍建设的一项重要的示范性举措。通知明确，“国培计划”包括“中小学教师示范性培训”和“中西部农村骨干教师培训”两项内容。“中小学教师示范性培训”主要包括中小学骨干教师培训、中小学教师远程培训、班主任教师培训、中小学紧缺薄弱学科教师培训等示范性项目，由中央本级财政支持实施，每年5000万元。“中西部农村骨干教师培训项目”，以农村中小学教师置换脱产研修、农村中小学教师短期集中培训、农村中小学教师远程培训为重点，2010年中央财政安排专项资金5亿元，支持中西部省份按照“国培计划”总体要求，对农村义务教育骨干教师进行有针对性的专业培训。

通知指出，实施“国培计划”旨在发挥示范引领、“雪中送炭”和促进改革的作用，培训一批“种子”教师，使他们在推进素质教育和教师培训方面发挥骨干示范作用；开发教师培训优质资源，创新教师培训模式和方法，推动全国大规模中小学教师培训的开展；重点支持中西部农村教师培训，引导和鼓励地方完善教师培训体系，加大农村教师培训力度，显著提高农村教师队伍素质；促进教师教育改革，推动高等师范院校面向基础教育，服务基础教育。

通知要求，各地要精心筹划和认真实施，确保培训效果；要积极探索创新教师培训模式，满足教师多样化的培训需求；要建立健全培训项目招投标机制，遴选高水平院校和具备资质的教师培训机构承担培训任务；要组建高水平专家团队，整合培训资源，为教师提供最优质的培训服务；要加强培训项目的组织管理，做好培训项目的督促检查，建立规范的培训经费管理制度，力求高质量地完成培训任务。

通知强调，各地要以实施“国培计划”为契机，科学制定教师培训规划，完善教师培训体系，加大农村教师培训力度，分类、分层、分岗、分科大规模组织教师培训，全面提高中小学教师队伍整体素质，为推进义务教育均衡发展、促进基础教育改革，提高教育质量提供师资保障。

---

① http://www.moe.gov.cn/jyb_xwfb/gzdt_gzdt/moe_1485/201006/t20100623_89995.html，最后浏览2022-12-24。

第四节 依法执教和教师的法治教育

名人名言

法律必须被信仰，否则将形同虚设。

——伯尔曼

法律既不是铭刻在大理石上，也不是铭刻在铜表上，而是铭刻在公民们的内心里。

——卢梭

一、依法执教的含义、必要性

（一）依法执教的含义

1997年，国家教委和全国教育工会颁布的《中小学教师职业道德规范》中首次提出了“依法执教”这一概念，教师要“学习和宣传马列主义、毛泽东思想和邓小平同志建设有中国特色社会主义理论，拥护党的基本路线，全面贯彻国家教育方针，自觉遵守《教师法》等法律法规，在教育教学中同党和国家的方针政策保持一致，不得有违背党和国家方针、政策的言行”。依法执教的含义中强调教师遵纪守法，贯彻国家教育方针的义务，但是淡化了教师依法享有的权利。

2014年10月23日，十八届中央委员会第四次全体会议通过《关于全面推进依法治国若干重大问题的决定》提出“全面推进依法治国”，把依法治国确定为党领导人民治理国家的基本方略。在新时代背景下，“依法执教”被赋予新的含义，即“教师要带头尊法守法，享有法律赋予的权利，履行法律规定的义务。选择当老师，就要负起为人师表的责任，尽到教书育人的义务。政府要把维护教师合法权益作为不可推卸的重要职责，教师要把维护学生合法权益作为责无旁贷的神圣使命”①。这既体现了对教师履行法定义务的要求，如尊法守法、教书育人、为人师表、维护学生合法权益，也凸显了教师享有法律赋予的权利，并且对作为教师权利相关义务人的政府提出了维护教师合法权益的要求。

教师依法执教是指教师要根据法治的原则严格依照法律规定开展教育教学活动，是教师教育教学权法治化的体现。

---

① 全面深化综合改革 全面加强依法治教加快推进教育现代化——袁贵仁部长在2015年全国教育工作会议上的讲话[N]. 中国教育报，2015-02-12.

(二)依法执教的必要性

1. 依法执教是依法治教的必然要求

依法治教是依法治国的重要组成部分，是依法治国基本方略在教育领域的具体体现。教师是立教之本、兴教之源，全面推进依法治教关键在教师。依法治教对教师提出了依法执教的要求，教师在依法治教中担当起直接推动者和具体实践者的重要角色，真正成为依法治教的主体和力量源泉。

2. 依法执教有利于维护教师自身和学生合法权益

虽然我国教育法治建设取得了较大进步，教师的法治意识有所提升。但不少教师由于对自身依法享有权利和履行义务的认识模糊，导致在教育现实中屡屡上演教师侵害学生合法权益的现象。并且，教师自身合法权益被侵害时，缺乏用法律武器维护自身权益的意识，同时教师对于教育行政部门和学校中存在有法不依、执法不严的行为视而不见，没有发挥自己作为依法治教主体参与教育管理和监督的权利。因此，广大教师需要做到尊法、知法、守法，依法行使教书育人的权利，履行法定的教育义务和教育责任，维护自身和学生的合法权利。

3. 依法执教有助于推动青少年法治教育

《关于全面推进依法治国若干重大问题的决定》强调，“推动全社会树立法治意识。把法治教育纳入国民教育体系，从青少年抓起，在中小学设立法治知识课程”。这是中央文件首次强调把青少年法治教育纳入国民教育体系，对教师提出新的更高要求。教师要成为法治理念和法治精神的传播者，在青少年的心中播下法治的种子，使得青少年感受到法治理念和精神的滋养和熏陶。因此，教师需要构建自由、平等、公正、法治的育人环境，切实尊重、保护学生权利，在日常教育教学活动中有意识地渗透法治教育，为每个公民从小树立法治理念，为增强自身学法、尊法、守法、用法意识打下良好基础。

二、加强教师法治教育

作为21世纪我国第一个中长期教育规划纲要，《教育规划纲要》提出，“推进依法治教”，“开展普法教育。促进师生员工提高法律素质和公民意识，自觉知法守法，遵守公共生活秩序，做遵纪守法的楷模”。为贯彻落实《教育规划纲要》的精神与要求，2011年10月21日，《教育部关于印发〈全国教育系统开展法制宣传教育的第六个五年规划(2011—2015年)〉的通知》提出：“深入开展法制宣传教育工作，大力提高校长、教师的法治观念和法律素质，提高依法管理学校、实施教育教学和管理活动的意识与能力，提高依法保护自身合法权益、维护学生合法权利的意识与能力。”2013年9月26日，教育部办公厅发布的《教育部办公厅关于全面加强教师法制教育工作的通知》，进一步全面、具体地提出了加强教师法制教育工作的总体要求、主要任务、教师法制教育的形式、考核机制和保障体系，确保教师法制教育有效地开展。

《中共中央关于全面推进依法治国若干重大问题的决定》中首次将法治教育纳入国民教育体系，强调增强全民法治观念，推进法治社会建设。在依法治国的时代背景下，迫切需要加强教师的法治教育，提高教师尊法、学法、守法、用法的意识和能力，成为社会主义法治的自觉遵守者、捍卫者和传播者。

（一）开展教师法治教育全员培训

2013 年，教育部办公厅发布的《教育部办公厅关于全面加强教师法制教育工作的通知》提出了加强教师法制教育的任务和形式："要在各级各类学校教师中深入开展宪法的宣传教育，使教师深入了解宪法的基本精神、原则和制度，维护宪法权威，进一步增强公民意识和责任意识，树立权利义务相统一的观念。要在广大教师中系统、深入地宣传教育法、义务教育法、教师法等教育法律法规的基本制度、重要规定和行为规范，有针对性地宣传民商法、行政法、社会法、刑法、诉讼与非诉讼程序法等方面的法律原则与一般规则。""在教师资格考试中进一步加强法律相关内容的考核。实施中小学教师全员法制培训，通过国家和地方分级培训的方式，争取用 3 年的时间，确保全体教师接受不同层次、不同形式的法制培训。中小学校长国家级培训和中小学教师国家级培训将法制内容列入培训课程，地方各级教育行政部门分级组织培训班，确保全部中小学校长和法制教育教师都能接受系统的法制培训。积极推进校长依法治校能力培训基地和法制教育教师培训基地建设，为教师法制培训提供支持和服务。县级以上教育行政部门要积极组织开展法律知识竞赛、法制演讲比赛、法律教学比赛、法律课件评选等形式多样的法制教育活动，提高教师学习法律的积极性。中小学校要通过专题培训、法制报告会、研讨会等多种方式，确保每位教师每年接受不少于 10 课时的法制培训。"

在依法治国背景下，应当继续推进中小学校长、骨干教师全员法治教育培训，进一步大力加强教师法治理念、法治思维和法律知识的学习培训，制定教育部门干部、校长、教师法治教育大纲，教育主管部门应该组织编写完整而系统的中国特色社会主义法治理论培训课程。同时，采取多样化的培训形式，例如，把具有一线法律实践经验的专家和实务工作者请进课堂，结合教师的教育教学实践以案说法，用生动的案例诠释法治内涵；加强新媒体新技术在普法中的运用，开展教师普法网络教育，实现法治教育资源共享，从而提高培训实效。

（二）营造浓厚的法治校园氛围

《教育部关于印发〈全面推进依法治校实施纲要〉的通知》指出：学校要加强章程建设，健全学校依法办学自主管理的制度体系；健全科学决策、民主管理机制；依法组织和实施办学活动；尊重和保护学生权利，完善教师学生权利救济制度；健全学校安全事故、突发事件应急处理机制，切实保障学生、教师的人身权和财产权，维护学校秩序的稳定。因此，学校管理者树立"依法治校"的理念，提高自身法律素质，运用法律思维、法治方式解决学校改革发展中各种问题的能力，实现教育管理法制化。同时，注重大力弘扬社会主义法治文化，努力营造浓厚的校园法治氛围，通过广播、墙报、校刊、宣传栏、图片展、主题宣传日、主题教育月等形式多样的活动传播法律知识和法治精神，形成尊法、学法、守法、用法的校园文化氛围，以法治文化熏陶、感染教师，使得教师能够自觉提升法律素养。

（三）建立健全法治教育考核督导

建立学校法治教育考核督导制度，将学校法治教育的水平与成效纳入对学校办学水平、教育质量的整体督导评估之中。各级各类学校要进一步健全考核、评价制度，把校长法律素质和依法治校能力作为校长任职和工作考核的重要内容；把教师树立社会主义法治理念、掌握法律知识、提高法律素质以及依法开展教育教学能力、维护学生合法权益等情况作为教师师德和业绩考核、岗位聘用、评优奖励的重要内容。完善守法行为褒奖机制和违法行为惩戒机制，使校长、教师重视法治教育和学习，尊法、学法、守法、用法成为教师共同追求和自觉行动。

本章小结

1. 本章界定了教师法律地位的含义，介绍了我国教师法律地位的过去、现在和未来发展趋势；解读《教师法》和《征求意见稿》》。

2. 结合案例分析了教师依法享有的权利和应该履行的义务，以及不履行法定义务承担的行政、民事和刑事法律责任。

3. 具体介绍了我国现行的教师资格制度、教师职务制度、教师聘任制度、教师教育制度的内容和最新的改革动态。

4. 分析依法治国时代背景下教师依法执教的含义和必要性，以及如何加强教师的法治教育，提高教师对依法执教重要性的认识，自觉地维护自身合法权益，逐步形成民主法治、自由平等、公平正义的法治理念和精神。

关键术语

教师权利　教师义务　国家教师制度　依法执教

思考题

1. 如何理解教师的法律地位？
2. 教师依法享有哪些权利？
3. 教师依法履行哪些义务？如果没有履行义务承担什么法律责任？
4. 我国主要教师制度的具体内容是什么？
5. 教师依法执教的必要性是什么？

6. 案例分析：教育惩“戒”，不能越“界”①

2021年3月5日，平顶山市某小学三年级学生小苑因为在课堂上和同学说话，被任课教师常某使劲揪着头发拎到讲台罚站。当天回家后，小苑出现了头晕、恶心的症状，感觉难受。两天后，小苑的半个头都肿了，家长带他去医院拍了CT，医生诊断是帽状腱膜下血肿，头皮与头骨分离了，伤情构成轻伤二级。

请思考本案例中常某侵害了学生什么权利，应当承担什么法律责任？教师应当如何正当实施教育惩戒？

拓展阅读

1. 劳凯声．应明确义务教育教师的法律地位[N]．中国教育报，2012-05-17.

本文提出了把我国义务教育教师法律地位定为公务员的观点。

2. 湛中乐．教师权利及其法律保障[M]．北京：中国法制出版社，2015.

本书涵盖了教师权利的基本理论、教师参与学校治理、教师人事管理制度、教师权利救济制度。

3. 李晓燕．中国教师权利和义务及其实现保障论纲[J]．国家教育行政学院学报，2006(6).

本论文分析了教师权利、义务，以及实现权利、义务的自我保障、法律保障、组织保障和社会保障等方面构成保障体系。

4.《教育部办公厅关于全面加强教师法制教育工作的通知》[EB/OL]．[2013-09-26]．http：//www.moe.gov.cn/srcsite/A02/s5913/s5914/201309/t20130929_158411.html.

本通知提出了加强教师法制教育工作的总体要求、主要任务、教师法制教育的形式、考核机制和保障体系。

5.《中共中央 国务院关于全面深化新时代教师队伍建设改革的意见》[EB/OL]．[2018-01-20]．http：//www.gov.cn/zhengce/2018—01/31/content_5262659.htm.

《意见》是中华人民共和国成立以来党中央出台的第一个专门面向教师队伍建设的里程碑式教育政策文本。

6.《中华人民共和国教师法(修订草案)(征求意见稿)》[EB/OL]．[2021-11-29]．http：//www.moe.gov.cn/jyb_xwfb/s248/202111/t20211129_583188.html.

《征求意见稿》贯彻落实习近平总书记关于教育的重要论述特别是关于教师队伍建设的重要指示批示精神，完善教师法律制度。

---

① http：//henan.china.com.cn/edu/2021-05/08/content_41553934.htm.

第八章 教育法律关系中的学生

学习目标▶

1. 了解学生的法律地位，学生法律地位演变与确立的过程。
2. 掌握学生的基本权利与义务。
3. 当自己合法权益受到侵害时，懂得如何通过正确途径保护自己。

案例 8-1 学生在校受伤，谁承担赔偿责任①

李某、魏某、贾某均 8 岁，系某校三年级学生，经常一起上下学，关系较好。某日下午上课时，任课教师安排自由活动后离开教室。之后，魏某与贾某在座位上嬉笑打闹。贾某用铅笔指着魏某的脸说："你脸上有颗痣。"魏某随即反过来用铅笔指点贾某时，笔尖正好戳到从过道上走来过的李某的左眼球，致其左眼穿透伤伴外伤性白内障。李某住院治疗 44 天，支付医疗费 6 750 元。经鉴定，李某的左眼损伤为十级伤残。

案例 8-2 侵犯学生受教育权案概述②

初三学生王某平时特别贪玩，人很聪明但却没有将心思用在学业上，学习成绩十分糟糕。班主任赵老师一直担心王某将来会拉全班的后腿，影响学校的中考升学率。有一次王某瞒着父母逃学，在一家电子游戏厅玩了一整天。赵老师得知此事后建议学校将王某开除，主要理由就是王某这样的差生很可能会影响学校的中考升学率。学校采纳了赵老师的建议，一纸布告将学生王某开除学籍。王某的父母认为学校不能随意开除学生，多次找学校领导要讨个"说法"，有关领导却有意避而不见。怎样看待学校开除学生王某的行为？

从上述两个案例中不难看出，案例 8-1 是侵犯了学生李某的人身权，任课教师和学校未尽到监护职责要与学生魏某的监护人一起承担赔偿责任。案例 8-2 是侵犯学生受教育权的事件。在教育实践中，学生的各种合法权益经常会受到侵害，这一问题须引起我们深思。如何确立学生在教育法律关系中的法律地位？学生的哪些合法权利需要得到有效的法律保护？本章将对这些问题进行探讨。

第一节 学生的法律地位

中国是一个法治国家。每个公民都应当明确自己的法律地位。学生作为祖国的未来，一方面理应得到法律的特别保护，另一方面也要学法、懂法、用法。学生应该了解自己的法律地位，懂得维护自己合法权益的方式。

---

① 华律网：http：//www.66law.cn/goodcase/6866.aspx，最后浏览 2022-12-15。

② http：//www.chinadmd.com/file/tpu6ezc3wraczo6rxsarcwet_1.html，最后浏览 2022-12-15。

一、学生法律地位的含义

要想了解学生的法律地位，首先要知道什么是学生。

（一）学生

一般意义上的学生是指在学校读书的人。也泛指向其他人学习知识、技能的人。学生也就是受教育者，受教育者是指接受教育的人。

学生的主体是在校学习的人，但现在也存在许多通过其他途径学习的人。比如通过函授学习的人、在职进修的人、自拜老师学习的人等。所以，我们应该从广义上理解学生这个概念。

（二）法律意义上的学生

法律意义上的学生，一般是指在各级各类学校及其他教育机构中登记注册并有其学业档案记录的受教育者。

法律更注重的是事实和证据。所以，只有履行了合法注册手续，并有自己学业档案的受教育者，才是法律认可的学生。学生的注册手续一般每年会在学生证上加盖印章。学生证是学生的身份证明，一定要重视和妥善保管。依据《教育法》《义务教育法》规定，受教育者不分性别、民族、种族、家庭财产状况、宗教信仰等，依法享有入学、升学、就业等方面的平等权利。

（三）法律地位

法律地位是指法律主体享受权利与承担义务的资格。也用以指法律主体在法律关系中所处的位置，常用来表示权利和义务的相应程度。法律地位一般由其他社会规范、习俗先行限定，由法律最终确认后生效。

法律地位决定着法律主体的权利与义务的大小。

（四）学生的法律地位

学生的法律地位，是指学生以其权利能力和行为能力在具体法律关系中取得的一种主体资格，它通过学生的法律身份及学生在不同法律关系中享有的权利和应履行的义务来表现。

学生是教育法律关系中的重要主体，学生在学校教育教学活动中处于核心地位。学生为主体，教师为主导，是现在新型师生关系的内容。没有学生，学校、教师及教育行政机构就失去了存在的价值。可以说，学生的法律地位问题及其所享有的权利义务是教育法律领域的重要研究对象。

学生作为公民，享有国家宪法、民法等法律法规及有关教育法律法规中规定的权利，同时，也要相应承担公民的义务。但因其年龄、身份等因素，学生又是社会关系中的一个特殊群体，因此他们不但享有特殊的权利，还应履行相应的义务。受教育权是学生的基本权利，学生的法律地位也由此产生。

二、学生法律主体地位的演变与确立

学生拥有的教育法律关系的主体地位是经过宪法、民法和教育法规确定的，有其特定的权利和义务，具有法律性和社会性。但学生的法律主体地位并不是一直就这样，有一个演变与确立的过程。

(一)社会进步引起学生地位的变迁

学生的总体地位是上升的。在中国的奴隶社会、封建社会里，讲究“师道尊严”，老师处于教育的主体地位，学生处于从属地位。学生根本没有独立性，更无主体性可言。在旧中国，天下之大已安不下一张平静的书桌，学校、学生随社会动荡而动荡，无任何主体性可言。1949 年后，随着新政权的建立，广大人民群众的社会地位发生了翻天覆地的变化，从过去受剥削、受奴役的人变成了国家的主人。随之，学生的地位也发生了质的飞跃，新型的平等的师生关系开始出现。这种新型的师生关系中包含着法律面前人人平等的思想。近些年，随着国家经济的发展，随着国家法治化进程的不断推进，教育法律体系基本形成，学生的法律地位越来越受到重视，最终学生作为教育关系中的主体地位被确立下来。所以，学生法律地位的变化，也体现着社会的进步。

(二)学生观的转变引起学生地位的变迁

学生观是指人们对学生的基本看法，是对学生的本质属性及其在教育过程中所处的地位和作用等的看法。学生观支配着教育行为，决定着教育者的工作态度和工作方式。传统学生观把学生视为被动的客体，是教育者管辖的对象，是装知识的容器。而现代学生观则认为学生是积极的主体，是学习的主人，是正在成长着的人，教育的目的就是育人。现代学生观认为学生是发展中的人，学生具有如下特点。

1. 具有发展的巨大潜在可能性

青少年学生正在发展中，他们的世界观还没有形成，品德、观念、习惯都还处于易变的阶段，在他们身上潜藏着各方面发展的极大可能性，如何把这种可能变成现实，就是教育者需要挖掘的东西。同时学生身心已经出现的某种发展的不足之处，思想行为上的缺点和错误，较之成年人来说，一般都有较大的矫正的可能性。面对青少年，任何教育上无能为力的消极观点都是站不住脚的。青少年有容易接受不良影响的一面，更有容易接受正面教育积极上进的一面。培养人才要打好基础，整个教育活动中应该特别重视对青少年的基础教育，错过这一阶段，损失是难以弥补的。

2. 具有要求获得成人教育关怀的需要

由于青少年各方面发展不够成熟，取得成人的教育和关怀就成为他们发展中的必然需要。只有充分意识到这一点，才能以一种成长的观点去对待学生，积极发挥教育的作用。认为儿童无须成人的帮助教育，听任他们自由发展，这种观点显然是错误的。家庭、学校、社会应该共同承担起保护与教育青少年的责任，控制不利于青少年成长的社会因素，为学生的成长创造良好的社会环境。比如学校周边环境、网络环境、言语环境等都需要净化。

3. 具有身心发展的全面性

学生的发展包括身体和心理两个方面，两者互为条件，互相制约，构成发展的整体。学生身体的正常发育和健康成长是心理发展的物质基础，心理水平的提高又促进身体的发展。在教育过程中，青少年的发展必须是全面的，任何片面地、单纯地强调智力或体力的发展，都会损害学生的整体发展。这种整体发展，就需要把学生放在中心地位，从各角度、各方面进行全面打造。

这种学生观的转变也促进了学生法律主体地位的形成。

(三)学生自身法律意识的提高引起学生地位的变迁

随着我国法治化建设的不断推进，法律也以各种形式走进了校园。除了法治课教育以外，还有如司法人员担任一些学校的法治副校长，定期搞法律讲座；公安局与学校共建平安学校等，加上各种媒体上法制栏目的宣传，使得学生自身法律意识得到了提高。学生的权利意识越来越强，表现在以下方面。

1. 学生开始认识到法律的重要性

大多数学生认为法律与自己的学习和生活有密切的关系，是法律在保护着自己。学生开始主动学习法律方面的知识，比如听法律讲座，看法治方面的书籍、电视节目等。

2. 学生开始逐渐学会利用法律来维护自己的合法权利

现在，针对未成年学生的违法犯罪行为时有发生，遇到类似问题，同学们一定要拿起法律武器，该报警的报警，该诉讼的诉讼。切实维护自身的合法权益。

3. 学生对我国法律的现状和未来充满信心与信任

大多数学生相信我国法律的公正与公平。这对于构建公正、法治的和谐社会至关重要。随着学生自身法律意识的提高，学生也越来越关心自己的法律地位，权利意识、义务意识也在不断增强。这无疑也促进了学生法律主体地位的形成。

(四)通过立法最终确立学生的法律地位

随着全社会教育大环境的不断改善，加强教育立法，用法律来维护和保障教育事业发展的呼声越来越高。在这样的背景下，1995 年 3 月 18 日第八届全国人民代表大会第三次会议通过了《中华人民共和国教育法》，并于 1995 年 9 月 1 日起实施。《教育法》作为教育法律法规的基础法律，明确了受教育者的法律地位，并第一次较全面地规定了受教育者的基本权利和义务。2006 年 6 月 29 日，第十届全国人大常委会第二十二次会议审议通过了新修订的《义务教育法》，并于 2006 年 9 月 1 日起实施。这部法律也对义务教育阶段受教育者的基本权利和义务作了明确规定。再加上一系列其他教育法律法规的制定，最终使学生作为教育法律关系的主体地位被确立了下来。

总之，学生作为教育法律关系的主体地位不是一成不变的，而是有一个演变的历史过程。学生作为教育法律关系主体地位的确立也体现着社会与法治的进步与发展。

第二节　学生的权利和义务

一、学生的权利

学生的权利是指教育法律赋予学生的在教育活动中享有的权利。学生作为公民，一方面享有宪法与法律赋予公民的权利；另一方面享有《教育法》授予尚在学生阶段的公民的权利。根据《教育法》第四十三条的规定，学生享有下列基本权利。

(一)参加教育教学活动的权利

即"参加教育教学计划安排的各种活动，使用教育教学设施、设备、图书资料"的权利。

该权利可简称为"参加教育教学活动权"。学生参加学校的各种教育教学活动是学生完成各项学习任务的保障，教育教学活动只有在师生的互动下，才能取得相应的成效。学校的各种设备、设施和图书资料是为学生而设立和投入的，学生是这些物资设备、设施的主人。他们有权了解和使用这些物资设备，以保证在学习的过程中，完成学习任务。

(二)获得奖励资助的权利

即" 按照国家有关规定获得奖学金、贷学金、助学金"的权利。

该权利可简称为"获得学金权"。奖学金、贷学金、助学金是为了保障学生享有受教育权而设立的。奖学金是鼓励学业优秀学生的，包括优秀学生奖学金、专业奖学金和定向奖学金等，既有国家奖学金，也有省级奖学金、校级奖学金等。贷学金、助学金是为了让贫困家庭学生获得均等的教育机会，以保证他们完成相应的学业。

(三)获得公正评价和证书的权利

即"在学业成绩和品行上获得公正评价，完成规定的学业后获得相应的学业证书、学位证书"的权利。

该权利可简称为"获得公正评价权"。它包括两个方面。一是在校学习期间学生有获得公正的学业评价和品行评价的权利。教师对学生的评价应是认真负责、公平客观、实事求是的。如果学生认为教师的评价失实，有权通过正当途径加以纠正。二是学生在完成规定的学业任务后，有权获得相应的学业证书、学位证书。这是学生的一项重大权利。是学生以后走向社会的学历证明和基础。

(四)提出申诉或依法提起诉讼的权利

即"对学校给予的处分不服向有关部门提出申诉，对学校、教师侵犯其人身权、财产权等合法权益，提出申诉或者依法提起诉讼”的权利。

该权利可简称为“申诉或诉讼权”。学生的合法权益受到侵犯时，有权通过申诉或诉讼保护自己，它是公民申诉权或诉讼权在学生身上的体现。学校在对学生违纪、违规进行处理时，难免会失当和失实，学生对所受处分持有异议时，有权向有关部门提出申诉。

（五）法律法规规定的其他权利

学生作为公民，同样享有宪法、民法所赋予的一切权利，同时还享有《中华人民共和国未成年人保护法》《中华人民共和国妇女权益保护法》等赋予的权利。需要指出的是，学生在享有权利的同时，还应当履行相应的义务，学生的权利与义务是统一的。

案例 8-3　从老师殴打学生的案例来说未成年人权利保护问题(节选)①

2003 年 3 月 5 日 13 时 30 分，广西来宾市兴宾区南泗乡陈寺小学午休时间，就读于该校二(2)班的原告覃某与同学罗某正在教室内交谈上午老师布置作业的情况，被时任该校校长的被告韦某认为原告与罗某午休时间交谈影响学生休息，便走进教室，向原告脸部打了一巴掌，原告被打后自感头痛，脸部红肿，其家长到校与韦某交涉，要求带原告到医院治疗，后经来宾市人民检察院［(2003)来检技鉴法字第 5 号］检察技术鉴定为轻伤。2003 年原告以韦某、来宾市兴宾区南泗乡陈寺小学、来宾市兴宾区南泗乡中心校为被告诉至法院，要求判令被告赔偿原告医疗费、护理费、营养费、交通费共 5 809.30 元、给付原告精神损失费 4 000 元、农副生产损失 2 000 元、后期治疗费 2 000 元。

法院审理认为，本案纠纷发生时，被告韦某任陈寺小学校长职务，其在常规的教育教学管理时间内到各班级巡视，属履行职务的行为。韦某在巡视过程中发现原告与同学在午休时谈话，影响学生休息，对此其应以教育说服的方法予以制止。但韦某为达到制止原告的目的，打了原告脸部一巴掌，致使原告身体受到损害。韦某的初衷也许是好的，但其教育管理学生的方法过于简单粗暴，其行为违背了教师职业道德及有关教育法规的规定。被告韦某在履行职责过程中违反工作要求、职业道德造成原告伤害，韦某应负相应的行政责任(由有关部门予以追究)。由此引起的民事责任，本应由韦某所在的学校陈寺小学承担，被告南泗乡中心校作为陈寺小学的上级主管教育行政部门，应负连带责任，直接致害人韦某在整个损害赔偿过程中自愿支付原告有关损失费用，且在司法所和教委办的调解下，韦某还自愿给付原告相关费用，韦某的给付行为并非受原告或他人之胁迫作出的。故其反诉要求原告返还

---

① 张小星．从老师殴打学生的案例来说未成年人权利保护问题．中国网互动中国[EB/OL].[2022-12-21].http://forum.china.com.cn/thread-110055-1-1.html.

其支付的医疗费、交通费等有关费用，其理由亦不能成立。法院最后作出如下判决：

一、原告覃某医疗费损失 3 510.21 元，交通费，伙食费与营养费三项费用损失 1 020 元，护理人员误工损失 375 元(25 日×15 元/日)，合计 4 905.21 元，由被告陈寺小学负民事赔偿责任，被告南泗乡中心校负连带赔偿责任。原告的上述损失，被告韦某已全部赔付，被告陈寺小学与南泗乡中心校不再进行赔偿。

二、驳回原告覃某的其他诉讼请求，驳回反诉原告韦某的诉讼请求。

【评析】现在来看，当时法院的判决是远远不够的。按刑法和刑诉法的规定，故意伤害致人轻伤的是要负刑事责任的，故本案应该是刑事附带民事之诉。被告除承担一定刑事责任外，原告还可以提起附带民事诉讼，要求被告承担医疗费、误工费、交通费、精神抚慰金和后续治疗等费用。检察机关监察认为本案审理不合法的可以提起抗诉。

二、学生的义务

学生的义务是指学生依照教育法及其他有关法律、法规，在参加教育活动中必须履行的义务。依学生就读学校的类别与年龄差异，学生的具体义务各有差别。我国教育基本法，即《中华人民共和国教育法》第四十四条对各级各类学校及其他教育机构的学生的基本义务专门作了规定，包括下列四个方面内容。

(一)遵守法律、法规的义务

此处的“法律、法规”是指宪法、法律、行政法规和依据法律、法规制定的规章。

学生作为国家公民之一员，遵守法律、法规是一项基本要求。宪法是我国的根本大法，是反映全国各族人民意志和根本利益的国家总章程。依据宪法制定的法律和依据法律制定的法规及相应的各部门规章，也是国家意志的体现，符合国家和人民的共同利益，是国家社会组织和公民一切活动的基本行为准则。宪法第三十三条规定“中华人民共和国公民在法律面前一律平等。”“任何公民享有宪法和法律规定的权利，同时必须履行宪法和法律规定的义务。”任何公民都必须遵守法律、法规。遵守法律、法规是宪法赋予每个公民的义务，是合格公民的基本素养。学生作为公民，履行遵守法律、法规的义务是不可推卸的责任。

遵守法律、法规，对学生来说，还要强调另一层意思，就是要遵守有关教育的法律、法规和规章。我国已颁布、施行了《教育法》《庭教育促进法》《义务教育法》《教师法》《职业教育法》《高等教育法》《中华人民共和国未成年人保护法》等有关教育的法律，以及《扫除文盲工作条例》《高等教育自学考试暂行条例》《全国中小学勤工俭学暂行工作条例》《学校体育工作条例》《学校卫生工作条例》《残疾人教育条例》等教育行政法规。此外，国务院教育行政部门单独或与其他部委联合制定、施行了若干有关教育的规章，地方立法机构也依法制定了大量的地方性教育法规和规章。这些教育法律、法规和规章都涉及学生的权利和义务。作为最广泛的教育法律关系主体，学生必须同教育者一起加以遵守，做到“知法、守法”。

（二）养成良好品德习惯的义务

即“遵守学生行为规范，尊敬师长，养成良好的思想品德和行为习惯”的义务。

这项义务可简称为“遵规尊师养德修行的义务”。这里的学生行为规范特指国家教育行政管理机关制定、颁发的关于学生行为准则的统一规定。它包括《小学生日常行为规范》《中学生日常行为规范》《高等学校学生行为准则（试行）》，以及《小学生守则》《中学生守则》《高等学校学生守则》等。这些规章集中体现了国家对学生不同阶段，即小学生、中学生和高等学校学生政治、思想、品德等方面的基本要求。各级各类学校的学生都应当遵守相应的行为规范。其他教育机构学生应参照这些学生规范，自觉养成良好的思想品德和行为习惯。

尊敬师长是遵守学生行为规范的具体要求，是良好的思想品德和行为修养的具体体现。在教育教学活动中，教师是文化知识的传播者，承担着教书育人、培养社会主义事业建设者和接班人、提高民族素质的使命，理应受到学生和全社会的尊重。尊敬师长是我国的传统美德，也是社会进步文明的重要标志，学生要养成良好的思想品德和行为习惯，提高自身素养，就应当继承发扬这一美德。

学生应该从小就养成诚信的品德。诚信既是中华民族的传统美德，也是现代社会对每个公民的基本要求。学生无论是在平时学习与作业处理上，还是在各类考试中都要讲诚信，杜绝违纪与作弊。新修订的《教育法》规定：“考生在国家教育考试中有非法获取考试试题或者答案的；携带或者使用考试作弊器材、资料的；抄袭他人答案的；让他人代替自己参加考试的；其他以不正当手段获得考试成绩的作弊行为。有上述行为之一的，由组织考试的教育考试机构工作人员在考试现场采取必要措施予以制止并终止其继续参加考试；组织考试的教育考试机构可以取消其相关考试资格或者考试成绩；情节严重的，由教育行政部门责令停止参加相关国家教育考试一年以上三年以下；构成违反治安管理行为的，由公安机关依法给予治安管理处罚；构成犯罪的，依法追究刑事责任。”①

相关链接

中小学生守则（2022年修订）②

1. 爱党爱国爱人民。了解党史国情，珍视国家荣誉，热爱祖国热爱人民，热爱中国共产党。

2. 好学多问肯钻研。上课专心听讲，积极发表见解，乐于科学探索，养成阅读习惯。

---

① http：//orig.cssn.cn/gx/tt/201512/t20151228_2802480.shtml，最后浏览2022-12-21。

② https：//wenku.baidu.com/view/，最后浏览2022-12-21。

3. 勤劳笃行乐奉献。自己事自己做，主动分担家务，参与劳动实践，热心志愿服务。

4. 明礼守法讲美德。遵守国法校纪，自觉礼让排队，保持公共卫生，爱护公共财物。

5. 孝亲尊师善待人。孝父母敬师长，爱集体助同学，虚心接受批评，学会合作共处。

6. 诚实守信有担当。保持言行一致，不说谎不作弊，借东西及时还，做到知错就改。

7. 自强自律健身心。坚持锻炼身体，乐观开朗向上，不吸烟不喝酒，文明绿色上网。

8. 珍爱生命保安全。红灯停绿灯行，防溺水不玩火，会自护懂求救，坚决远离毒品。

9. 勤俭节约护家园。不比吃喝穿戴，爱惜花草树木，节粮节水节电，低碳环保生活。

（三）努力学习的义务

即“努力学习，完成规定的学习任务”的义务。

这项义务可简称为“努力学成学业的义务”。学习科学文化知识，完成规定的学业，使自己成为德智体美劳全面发展的社会主义事业的建设者和接班人，是学生的首要任务。也是学生区别于其他公民的一项主要义务。

学生“以学为主”，学生进入学校就意味着他的主要任务是学习，意味着承担接受教育、完成学业的义务。对于义务教育阶段的学生来说，这种义务是强迫的，具有强制性；对于非义务教育阶段的学生来说，这是自愿入学在享有受教育权利的同时应承担的义务。履行完成学业的义务是学生享有获得学业证书及学位证书的权利的前提。任何一个教育阶段的学习任务都包括两种：一是结果性的或称终结性的，即某一教育阶段教育计划规定的学生在该教育阶段结束时应完成的学习任务；二是过程性的，是学生为完成某一教育阶段的学业或总的学习任务而要完成的日常的、大量的、具体的学习任务。这两种性质的学习任务是相辅相成的，过程性的学习是量的积累，其目的和结果是质的提高。因此，学生对学习任务都应认真对待，为完成既定的学习目标而努力。

（四）遵守学校管理制度的义务

即“遵守所在学校或者其他教育机构的管理制度”的义务。

这项义务可简称为“遵守管理制度的义务”，或称“守纪服从管理的义务”。学校及其他教育机构的管理制度，也是国家教育管理制度的重要组成部分，是确保学校及其他教育机构教育教学活动正常有序进行的基本措施，也是国家为实现教育权利而赋权于学校及其他教育机构制定的必要的纪律。从广义上说，它是国家法律法规的具体化。遵守学校或其他教育机构的管理制度与遵守国家的法律法规，在实质上是一致的。学生作为广泛的教育活动主体之一，有义务加以遵守和服从。具体地说，主要包括以下几个方面。

1. 遵守其所在教育机构的思想政治教育管理制度

每个学校及教育机构都有一套自己的思想政治教育制度，属于德育的部分。这对于保障学生的健康成长及学校正常的教育秩序非常重要。

2. 遵守其所在教育机构的教学管理制度

教学管理制度是保障教学秩序的需要。如果一个学校上课可以随便迟到、早退，可以随便逃课、挂科，可以随便不做作业等，何以保证教学质量，学生的前途岂不堪忧。由此可以看出，教学管理制度是必须遵守的制度。

3. 遵守其所在教育机构的学籍管理制度

包括入学注册、成绩考核、登记，对升级、留级、转学、复学、休学、退学的处理，考勤记录、纪律教育、奖励处分、毕业资格审查等的管理规定。

4. 遵守其所在教育机构的体育管理、卫生管理、图书仪器管理、校园及宿舍管理等方面的制度

总之，学生作为教育法律关系的主体，应该明确自己享有的权利，正确地、充分地去实现这些权利，以保证自己健康、全面发展。同时，在享受权利的时候，又必须以履行必要的义务为前提。只有尽到了义务，才能更好地享受权利。

三、未成年学生权利的法律保护

我们明确了学生的权利与义务，但是这些权利能否真正地充分地享有，就需要社会各方面给予必要的保障。尤其是未成年学生属于社会的弱势群体，权利意识还不强，这就更需要给予特殊的保护。保护孩子就是保护国家的未来。对未成年学生的保护涉及方方面面：家庭保护、学校保护、社会保护、法律保护，缺一不可。这里重点讲的是法律保护。

(一)未成年学生

未成年学生是指未满 18 周岁的学生。《民法典》规定，8 周岁以下的未成年人属于无民事行为能力人，无民事行为能力人造成的损害，由监护人承担责任。8 周岁以上的未成年人属于限制行为能力人，造成损害，要承担一定的相应的法律责任。《民法典》还规定，十六周岁以上的未成年人，以自己的劳动收入为主要生活来源的，视为完全民事行为能力人。未成年学生是社会中的一个特殊群体。他们年纪小，阅历少，思想单纯，遇到突发事件时，是非判断能力差，缺少自我保护能力，是弱势群体。所以，对未成年学生需要特殊的法律保护。

(二)我国现行涉及未成年人保护的法律

1. 专门保护未成年人的法律

包括《中华人民共和国未成年人保护法》(以下简称《未成年人保护法》)、《中华人

民共和国预防未成年人犯罪法》(以下简称《预防未成年人犯罪法》)、《家庭教育促进法》《未成年人网络保护条例》《未成年人学校保护规定》等。《未成年人保护法》是1992年1月1日起施行的中华人民共和国成立以来第一部保护未成年人的专门性法律；2020年10月17日第十三届全国人民代表大会常务委员会第二十二次会议作了第二次修订，从2021年6月1日起正式实施。《预防未成年人犯罪法》是1999年11月1日起施行的预防未成年人犯罪的专门性法律；2022年1月1日起施行的《家庭教育促进法》把未成年人教育的家庭责任以法律的形式固定了下来，并以家庭责任、国家支持、社会协同、法律责任等章节明确了国家和社会各界对未成年人家庭教育所承担的义务。2023年9月20日国务院第15次常务会议通过《未成年人网络保护条例》，自2024年1月1日起施行。《未成年人网络保护条例》是我国网络空间治理体系现代化过程中的重要成果，对我国未成年人保护事业具有里程碑意义。《条例》是我国未成年人网络保护领域的第一部专门性行政法规，是对未成年人保护法网络保护规定的落实和完善，是构成网络空间综合治理的重要制度。自此，未成年人网络保护的基本框架和基础体系已经形成，建立健全了家庭保护、学校保护、社会保护、政府保护等的多方联动治理机制，并深化了未成年人保护模式、网络信息内容治理、网络沉迷防治机制、大型平台主体责任等一系列具有中国特色的方案，在未成年人保护这一国际重要议题上，向世界提供了新时代的中国方案，展示了中国式现代化治理的智慧和经验。2021年6月1日，教育部签发《未成年人学校保护规定》(以下简称《规定》)，于2021年9月1日起施行。这是教育部第一次就未成年人保护制定专门规章。重点围绕“谁来保护”“保护什么”“如何保护”等问题，系统构建未成年人学校保护的制度体系。

2. 涉及未成年人保护内容的有关法律

在宪法、《中华人民共和国刑法》、《民法典》、《义务教育法》等许多法律法规中，都对保护未成年人作出了明确规定。

这些法律虽然不是专门的保护未成年人的法律，但其中有些内容涉及了对未成年人的保护。比如宪法作为国家的根本大法，在其规定的原则性条款中，有两条直接涉及保护未成年人合法权益和培养未成年人的健康成长。该法第四十六条第二款规定：“国家培养青年、少年、儿童在品德、智力、体质等方面全面发展。”第四十九条第一款规定：“婚姻、家庭、母亲和儿童受国家的保护。”刑法规定，与不满14周岁的幼女发生性行为，不论何种情况，一律以强奸罪从重处罚。自2021年1月1日起施行的《民法典》第二十六条规定：“父母对未成年子女负有抚养、教育和保护的义务。”这些都体现了法律对未成年人的重点保护。

(三)未成年学生权利法律保护的主要内容

《未成年人保护法》第三条规定了未成年人法律保护的主要范围与原则：“国家保障未成年人的生存权、发展权、受保护权、参与权等权利。未成年人依法平等地享有各项权利，不因本人及其父母或者其他监护人的民族、种族、性别、户籍、职业、宗教信仰、教育程度、家庭状况、身心健康状况等受到歧视。”根据法律的规定，未成年学生的法律保护大体包括以下几个方面。

1. 人身权的保护

人身权是指与人身相联系或不可分离的没有直接财产内容的权利，亦称人身非财产权。人身权主要包括人格权和身份权。人格权又包括生命权、人身自由权、身体权、健康权、肖像权、名誉权、姓名权和隐私权等。身份权又包括亲属权、荣誉权等。对于未成年学生来说，这些权利都需要给予保护。

在我国法律中，对未成年学生的人身权利规定了特殊的保护手段与途径。比如在刑法中，对于虐待、遗弃、拐卖、收买未成年人的种种犯罪行为，都规定了罪名，给予严厉惩罚。还特别制定了《未成年人保护法》，对其权益给予专门的保护。但在现实社会生活中，侵犯未成年学生人身权的行为时有发生，小到辱骂、殴打，大到拐卖、伤害、砍杀等，这些大都已经构成违法或犯罪，对构成犯罪的嫌疑人必须追究刑事责任。现在我国各种小学、幼儿园大都配备了保安，与警察协作共同保护未成年学生的人身安全。社会公众，未成年学生的监护人也应当配合起来，共同保护未成年学生的人身安全。

关于保护未成年学生的身体权、人身自由权。《未成年人保护法》第二十七条规定：“学校、幼儿园的教职员工应当尊重未成年人人格尊严，不得对未成年人实施体罚、变相体罚或者其他侮辱人格尊严的行为。”现在，在幼儿园、小学里体罚、变相体罚学生的情况偶有发生，体罚学生就是侵犯学生的身体权。而猥亵或者强奸学生不仅侵犯学生的身体权，而且是严重的违法和犯罪行为，必将受到法律的严惩。在人身自由权方面，像罚站、放学不让学生回家等就涉嫌侵犯了学生的人身自由权，应该引起广大基层教师的注意。

关于隐私权的保护。《未成年人保护法》第四条第三款规定：“保护未成年人隐私权和个人信息。”第六十三条规定：“任何组织或者个人不得隐匿、毁弃、非法删除未成年人的信件、日记、电子邮件或者其他网络通讯内容。除下列情形外，任何组织或者个人不得开拆、查阅未成年人的信件、日记、电子邮件或者其他网络通讯内容：(一)无民事行为能力未成年人的父母或者其他监护人代未成年人开拆、查阅；(二)因国家安全或者追查刑事犯罪依法进行检查；(三)紧急情况下为了保护未成年人本人的人身安全。”现实生活中，确实存在隐匿、私拆、偷看未成年学生信件的问题，这已经侵犯了未成年学生的隐私权。

关于名誉荣誉权的保护。名誉荣誉权是指学生根据其日常行为、作风、观点和学习工作表现获得关于学业、思想品德等方面的社会积极评价及特定社会组织授予的称号的权利。未成年学生的名誉荣誉权受法律保护，别人不得诽谤、诋毁，也不能随意撤销。否则，就构成对学生名誉荣誉权的侵犯。

对未成年学生的人身权保护是多方面的。除了上述几个具体方面外，在日常学生管理过程中，还应该注意保护学生的劳动成果，尊重其著作权，维护其肖像权等。如果学校或教师故意或过失造成对学生这些具体权利的侵害，就要承担相应的法律责任。

2. 生存权的保护

生存权是指未成年人享有其固有的生命权、健康权和获得基本生活保障的权利。生存权是公民最基本的、首要的人权，不容他人侵犯。对未成年人来说尤其如此。未成年人是民族的未来，同时也是社会的弱势群体，其生命和健康受到法律的特殊保护。宪法、《未成年人保护法》等法律法规都规定了监护人对未成年人生存权的保护义务。

关于生命权的保护。《未成年人保护法》第十一条、第十七条和第五十四条都做了相关的规定，如第十一条规定："任何组织或者个人发现不利于未成年人身心健康或者侵犯未成年人合法权益的情形，都有权劝阻、制止或者向公安、民政、教育等有关部门提出检举、控告。国家机关、居民委员会、村民委员会、密切接触未成年人的单位及其工作人员，在工作中发现未成年人身心健康受到侵害、疑似受到侵害或者面临其他危险情形的，应当立即向公安、民政、教育等有关部门报告。有关部门接到涉及未成年人的检举、控告或者报告，应当依法及时受理、处置，并以适当方式将处理结果告知相关单位和人员。"第十七条规定："未成年人的父母或者其他监护人不得实施下列行为：(一)虐待、遗弃、非法送养未成年人或者对未成年人实施家庭力；(二)放任、教唆或者利用未成年人实施违法犯罪行为；(三)放任、唆使未成年人参与邪教、迷信活动或者接受恐怖主义、分裂主义、极端主义等侵害；(四)放任、唆使未成年人吸烟(含电子烟，下同)、饮酒、赌博、流浪乞讨或者欺凌他人；(五)放任或者迫使应当接受义务教育的未成年人失学、辍学；(六)放任未成年人沉迷网络，接触危害或者可能影响其身心健康的图书、报刊、电影、广播电视节目、音像制品、电子出版物和网络信息等；(七)放任未成年人进入营业性娱乐场所、酒吧、互联网上网服务营业场所等不适宜未成年人活动的场所；(八)允许或者迫使未成年人从事国家规定以外的劳动；(九)允许、迫使未成年人结婚或者为未成年人订立婚约；(十)违法处分、侵吞未成年人的财产或者利用未成年人牟取不正当利益；(十一)其他侵犯未成年人身心健康、财产权益或者不依法履行未成年人保护义务的行为。"第五十四条规定："禁止拐卖、绑架、虐待、非法收养未成年人，禁止对未成年人实施性侵害、性骚扰。禁止胁迫、引诱、教唆未成年人参加黑社会性质组织或者从事违法犯罪活动。禁止胁迫、诱骗、利用未成年人乞讨。"。

为了未成年人的安全，《未成年人保护法》第六十一条规定："任何组织或者个人不得招用未满十六周岁未成年人，国家另有规定的除外。营业性娱乐场所、酒吧、互联网上网服务营业场所等不适宜未成年人活动的场所不得招用已满十六周岁的未成年人。招用已满十六周岁未成年人的单位和个人应当执行国家在工种、劳动时间、劳动强度和保护措施等方面的规定，不得安排其从事过重、有毒、有害等危害未成年人身心健康的劳动或者危险作业。”

生命权是一个人最基本的权利，是生存的基础，没有生命，其他权利都谈不上。所以，对于遗弃、虐待、拐卖，收买、伤害、侵害等种种针对未成年人的犯罪行为，我国刑法都有罪名，触犯者将给予严厉惩罚。

关于未成年人健康权的保护。健康权指自然人依法享有的保持生理机能正常及其身体健康状况不受他人非法侵害的权利。《民法典》规定的健康权内容包括身体健康和心理健康两个方面。《未成年人保护法》对未成年人健康权也有专门规定。家庭对未成年人健康权保护的规定体现在《未成年人保护法》的第十八条、第二十条、第二十一条中。如第十八条规定：“未成年人的父母或者其他监护人应当为未成年人提供安全的家庭生活环境，及时排除引发触电、烫伤、跌落等伤害的安全隐患；采取配备儿童安全座椅、教育未成年人遵守交通规则等措施，防止未成年人受到交通事故的伤害；提高户外安全保护意识，避免未成年人发生溺水、动物伤害等事故。”第二十条规定：“未成年人的父母或者其他监护人发现未成年人身心健康受到侵害、疑似受到侵害或者其他合法权益受到侵犯的，应当及时了解情况并采取保护措施；情况严重的，应当立即向公安、民政、教育等部门报告。”第二十一条规定：“未成年人的父母或者其他监护人不得使未满八周岁或者由于身体、心理原因需要特别照顾的未成年人处于无人看护状态，或者将其交由无民事行为能力、限制民事行为能力、患有严重传染性疾病或者其他不适宜的人员临时照护。未成年人的父母或者其他监护人不得使未满十六周岁的未成年人脱离监护单独生活。”学校关于未成年人健康权的保护，体现在第二十五条：“学校应当建立未成年学生保护工作制度，健全学生行为规范，培养未成年学生遵纪守法的良好行为习惯。”这一规定明确了学校应该承担起未成年人保护工作的主体责任，引领家庭、社会各界共同做好未成年人的保护。

案例 8-4　最高法发布的惩治侵犯儿童权益犯罪典型案例①

据新华社 2014 年 5 月 29 日电“六一”国际儿童节将至，最高人民法院向社会发布近年来依法惩治侵犯儿童权益犯罪的五起典型案例，呼吁全社会保护未成年人合法权益。其中“乐某故意杀人案”的被告人因是“南京饿死女童事件”的主角而最受社会关注。乐某先后生育了两名女童，在其男友李某因犯容留他人吸毒罪服刑后，她成为两个女儿的唯一监护人。2013 年 4 月下旬，乐某预留少量食物、饮水，将两名女童置留家中主卧内，用布条反复缠裹窗户锁扣并用尿不湿夹紧主卧房门，然后锁上大门离家吸毒玩乐，最终导致两女童在家中饿死。同年 9 月 18 日，南京市中级人民法院以故意杀人罪判处乐某无期徒刑，剥夺政治权利终身。

① http：//news. xinhuanet. com/2014－05/28/c _ 1110905038. htm，最后浏览 2022-12-15。

最高人民法院刑一庭庭长周峰表示，本案的审理向社会昭示，抚育未成年人子女不但是人类社会得以繁衍发展所必须遵循的基本人伦准则，更是每一位父母应尽的法定义务。乐某自幼未受到父母关爱，未接受良好教育，其经历固然值得同情，但不能成为其不履行法定义务、漠视生命的借口。本案的审理反映出社会应进一步加强对儿童、老人等处境不利群体的保护与救助。

关于未成年人健康权的保护，要求建立学校学生欺凌防控工作制度。《未成年人保护法》第三十九条规定："学校应当建立学生欺凌防控工作制度，对教职员工、学生等开展防治学生欺凌的教育和培训。学校对学生欺凌行为应当立即制止，通知实施欺凌和被欺凌未成年学生的父母或者其他监护人参与欺凌行为的认定和处理；对相关未成年学生及时给予心理辅导、教育和引导；对相关未成年学生的父母或者其他监护人给予必要的家庭教育指导。对实施欺凌的未成年学生，学校应当根据欺凌行为的性质和程度，依法加强管教。对严重的欺凌行为，学校不得隐瞒，应当及时向公安机关、教育行政部门报告，并配合相关部门依法处理。"学生欺凌，是指发生在学生之间，一方蓄意或者恶意通过肢体、语言及网络等手段实施欺压、侮辱，造成另一方人身伤害、财产损失或者精神损害的行为。近年来，校园欺凌事件偶有发生，并有一些被拍摄成视频在互联网上传播，造成恶劣的社会影响。新修订的《未成年人保护法》要求，学校要对实施欺凌的未成年学生严加管教，对严重的欺凌行为，不得隐瞒，应及时向公安机关、教育行政部门报告，并配合相关部门依法处理。

关于未成年人健康权的保护，要求学校、幼儿园建立预防性侵害、性骚扰未成年人工作制度。《未成年人保护法》第四十条规定："学校、幼儿园应当建立预防性侵害、性骚扰未成年人工作制度。对性侵害、性骚扰未成年人等违法犯罪行为，学校、幼儿园不得隐瞒，应当及时向公安机关、教育行政部门报告，并配合相关部门依法处理。"性骚扰、性侵害属于严重的违法或犯罪行为，构成违反治安管理行为的，依法给予治安管理处罚；构成犯罪的，要依法追究刑事责任。

所有这些规定，都是为了给未成年学生营造一个健康成长的环境。未成年学生应该理解国家、社会与家长的良苦用心，利用一切有利的条件，刻苦学习，健康成长，将来报效祖国。

3. 发展权的保护

未成年人的发展权是指未成年人充分发展其体能和智能的权利。包括未成年人有权接受正规和非正规的教育，有权享有促进其身体、心理、精神、道德等全面发展的生活条件。未成年人的发展包括身体、智力、道德、情感、社会性等多方面的发展。发展权是未成年人权益的核心内容。

近年来，随着义务教育普及程度显著提高，素质教育的全面推进，未成年人文化产品和文化活动日益丰富，未成年人的网络使用日益丰富。学生的发展权越来越得到充分实现。

《未成年人保护法》中也有保护其发展权的内容，如第二十八条规定：“学校应当保障未成年学生受教育的权利，不得违反国家规定开除、变相开除未成年学生。学校应当对尚未完成义务教育的辍学未成年学生进行登记并劝返复学；劝返无效的，应当及时向教育行政部门书面报告。”第二十九条规定：“学校应当关心、爱护未成年学生，不得因家庭、身体、心理、学习能力等情况歧视学生。对家庭困难、身心有障碍的学生，应当提供关爱；对行为异常、学习有困难的学生，应当耐心帮助。学校应当配合政府有关部门建立留守未成年学生、困境未成年学生的信息档案，开展关爱帮扶工作。”第三十条规定：“学校应当根据未成年学生身心发展特点，进行社会生活指导、心理健康辅导、青春期教育和生命教育。”第三十一条规定：“学校应当组织未成年学生参加与其年龄相适应的日常生活劳动、生产劳动和服务性劳动，帮助未成年学生掌握必要的劳动知识和技能，养成良好的劳动习惯。”第四十四条规定：“爱国主义教育基地、图书馆、青少年宫、儿童活动中心、儿童之家应当对未成年人免费开放；博物馆、纪念馆、科技馆、展览馆、美术馆、文化馆、社区公益性互联网上网服务场所以及影剧院、体育场馆、动物园、植物园、公园等场所，应当按照有关规定对未成年人免费或者优惠开放。”

2024 年 1 月 1 日开始施行的《未成年人网络保护条例》就未成年人的网络素养促进、网络信息内容规范、个人信息网络保护、网络沉迷防治等方面作出了明确规定。同时，对违反条例规定，侵犯未成年人合法权益，给未成年人造成损害的，规定了严厉的法律责任。比如：条例第七条规定：“网络产品和服务提供者、个人信息处理者、智能终端产品制造者和销售者应当接受政府和社会的监督，配合有关部门依法实施涉及未成年人网络保护工作的监督检查，建立便捷、合理、有效的投诉、举报渠道，通过显著方式公布投诉、举报途径和方法，及时受理并处理公众投诉、举报。”第五十三条规定：“违反本条例第七条，由网信、新闻出版、电影、教育、电信、公安、民政、文化和旅游、市场监督管理、广播电视等部门依据各自职责责令改正；拒不改正或者情节严重的，处 5 万元以上 50 万元以下罚款，对直接负责的主管人员和其他直接责任人员处 1 万元以上 10 万元以下罚款“。由此可见，各种网络平台在以后的经营中，必须建立未成年人模式，接受社会的监督，及时处理各种投诉和举报。否则，将受到严厉的处罚，承担严重的法律责任。通过营造有利于未成年人身心健康的网络环境，保障了未成年人合法权益。

这些规定不外乎是为了通过保障未成年人的发展权，全社会创造适合未成年人发展的良好环境，使未成年人有一技之长，最终为其走向社会，实现全面发展铺平道路。

4. 受保护权和参与权的保护

未成年人的受保护权是指其不受歧视、虐待和忽视的权利。未成年人也是国家的公民，按照法律面前人人平等的原则，未成年人与成年人一样拥有平等的法律地位。所以，任何轻视、歧视、忽视未成年人的做法都是错误的。同时，鉴于未成年人身心发育不成熟的特点，给予其重视与特殊保护又是非常必要的。这既是未成年人的权利，也是全社会的义务。为此我国专门制定了《未成年人保护法》等一系列法律，就是为了保障未成年人的受保护权。《未成年人保护法》第六条规定："保护未成年人，是国家机关、武装力量、政党、人民团体、企业事业单位、社会组织、城乡基层群众性自治组织、未成年人的监护人以及其他成年人的共同责任。国家、社会、学校和家庭应当教育和帮助未成年人维护自身合法权益，增强自我保护的意识和能力。"

未成年人的参与权则是指未成年人参与家庭和社会生活，并就影响他们生活的事项发表意见的权利。《未成年人保护法》第十九条规定："未成年人的父母或者其他监护人应当根据未成年人的年龄和智力发展状况，在作出与未成年人权益有关的决定前，听取未成年人的意见，充分考虑其真实意愿。"父母或者其他监护人应当尊重未成年人的参与权。未成年人活动的主要范围是家庭和学校，所以，监护人与教师更应该尊重未成年人的参与权。在涉及学习、升学、转学等与未成年人有关的问题上，一定要听取他们自己的意见，以达到令人满意的结果。

5. 受教育权的保护

受教育权是未成年学生的一项最重要、最基本的权利。《教育法》第九条规定："中华人民共和国公民有受教育的权利和义务。公民不分民族、种族、性别、职业、财产状况、宗教信仰等，依法享有平等的受教育机会。"《未成年人保护法》第十六条第五款也规定："尊重未成年人受教育的权利，保障适龄未成年人依法接受并完成义务教育。"这表明受教育权不仅是公民的权利，也是公民的义务。对于适龄未成年人来说，入学接受教育是带有强制性的，也是全社会重点保障的权利。

受教育权的保护主要体现在对就学平等权的保护和对未成年学生受教育权侵犯的法律救济保护等方面。关于就学平等权，《未成年人保护法》有明确的规定，第二十八条规定："学校应当保障未成年学生受教育的权利，不得违反国家规定开除、变相开除未成年学生。学校应当对尚未完成义务教育的辍学未成年学生进行登记并劝返复学；劝返无效的，应当及时向教育行政部门书面报告。"第二十九条规定："学校应当关心、爱护未成年学生，不得因家庭、身体、心理、学习能力等情况歧视学生。对家庭困难、身心有障碍的学生，应当提供关爱；对行为异常、学习有困难的学生，应当耐心帮助。学校应当配合政府有关部门建立留守未成年学生、困境未成年学生的信息档案，开展关爱帮扶工作。"保护未成年学生的就学平等权就要让未成年学生都能够就近、充分地入学，让学生都能够获得优质的教学资源，实现教育平等。现在，教育部已经建立了网上中小学智慧教育平台，各学科每一课都有专业骨干教师的授课视频，这对广大农村，特别是少数民族等边远地区的学生获得优质教育资源非常重要。

总之，公民不分民族、种族、性别、职业、财产状况、宗教信仰等，依法享有平等的受教育机会，就是就学平等权。

对未成年学生受教育权的侵犯，施行法律救济制度。当未成年学生的受教育权受到侵犯时，比如因经济困难强制退学、违反法律和国家规定开除未成年学生等，可以通过行政渠道或司法渠道获得法律救济。

(四)学校对未成年学生承担的法律义务

学校是未成年学生学习、生活、活动的主要场所。学校及其教师对未成年学生的健康成长负有特别的使命和义务。因此，我们在学习了未成年学生的法律保护以后，应该进一步明确学校与学生的关系，学校对未成年学生担负的法定保护义务都是什么。本书对此专门予以阐述。

1. 学校与学生关系的法律性质

学校与未成年学生之间的关系应当是一种以委托管理为基础的民事法律关系。学校是有目的、有组织、有计划的教育机构，家长作为学生的监护人，基于对学校的特殊依赖把学生托付给学校。学校作为家长的代理人，对学生进行教育管理，从而与学生之间形成一种事实上的委托管理关系。在教育教学活动期间，学校对学生负有进行安全教育、通过约束指导进行管理、保障其安全健康成长的职责。学校与学生的关系应为教育关系、管理关系和保护关系，而不是民法上的监护关系。在未成年学生受教育期间，监护人的监护权不能够自动转移到学校。

2. 学校对未成年学生所担负的法定保护义务

(1)教育、管理、保护的义务。

对于未成年学生，学校负有教育、管理、保护的义务。这是学校首要的基本任务。如果因为未尽好职责而造成损失或损害，学校就要承担相应的赔偿责任。

《最高人民法院关于审理人身损害赔偿案件适用法律若干问题的解释》第七条规定，对未成年人依法负有教育、管理、保护义务的学校、幼儿园或者其他教育机构，未尽职责范围内的相关义务致使未成年人遭受人身损害，或者未成年人致他人人身损害的，应当承担与其过错相应的赔偿责任。

第三人侵权致未成年人遭受人身损害的，应当承担赔偿责任。学校、幼儿园等教育机构有过错的，应当承担相应的补充赔偿责任。

《未成年人保护法》第三十五条规定："学校、幼儿园应当建立安全管理制度，对未成年人进行安全教育，完善安保设施、配备安保人员，保障未成年人在校、在园期间的人身和财产安全。学校、幼儿园不得在危及未成年人人身安全、身心健康的校舍和其他设施、场所中进行教育教学活动。学校、幼儿园安排未成年人参加文化娱乐、社会实践等集体活动，应当保护未成年人的身心健康，防止发生人身伤害事故。"

(2)执行国家教育教学标准的义务。

教学是学校工作的中心。所以，执行国家教育教学标准就是学校应尽的义务。

《教育法》第三十条规定，学校及其他教育机构应当履行下列义务：

①遵守法律、法规；

②贯彻国家的教育方针，执行国家教育教学标准，保证教育教学质量；

③维护受教育者、教师及其他职工的合法权益；

④以适当方式为受教育者及其监护人了解受教育者的学业成绩及其他有关情况提供便利；

⑤遵照国家有关规定收取费用并公开收费项目；

⑥依法接受监督。

(3)安全教育、管理的义务。

保障未成年学生的人身安全是学校最基本的工作。因此，学校要经常进行安全教育，进行安全演练，防患于未然。《义务教育法》第二十四条规定，学校应当建立、健全安全制度及应急机制，对学生进行安全教育，加强管理，及时消除隐患，预防发生事故。县级以上地方人民政府定期对学校校舍安全进行检查；对需要维修、改造的，及时予以维修、改造。学校不得聘用曾经因故意犯罪被依法剥夺政治权利或者其他不适合从事义务教育工作的人担任工作人员。

保障未成年人的人身安全，在校车安全方面做了相应规定。2012 年 4 月 5 日我国公布施行了《校车安全管理条例》。《未成年人保护法》第三十六条规定："使用校车的学校、幼儿园应当建立健全校车安全管理制度，配备安全管理人员，定期对校车进行安全检查，对校车驾驶人进行安全教育，并向未成年人讲解校车安全乘坐知识，培养未成年人校车安全事故应急处理技能。"

此外，我国各级各类学校都非常重视校园安全工作，一般都配备了保安人员，与公安机关形成了警务联动机制，确保校园及周边的安全。

(4)及时救护、妥善处理的义务。

在学校的教育教学过程中，有时会发生一些意想不到的事故，如砸伤、踩踏等。发生事故后，学校应当采取应急预案，及时救护，妥善处理，并及时向有关主管部门报告。如果救护不及时，隐瞒不报，必将被严肃的追究责任。《未成年人保护法》第三十七条规定："学校、幼儿园应当根据需要，制定应对自然灾害、事故灾难、公共卫生事件等突发事件和意外伤害的预案，配备相应设施并定期进行必要的演练。未成年人在校内、园内或者本校、本园组织的校外、园外活动中发生人身伤害事故的，学校、幼儿园应当立即救护，妥善处理，及时通知未成年人的父母或者其他监护人，并向有关部门报告。"

在本章，我们学习了学生在教育法律关系中的法律地位，学生的教育权利与义务，未成年学生的法律保护等问题。通过学习可以看出，学生的教育关系法律主体地位是由法律规定形成的。学生应该充分了解自己的教育权利与义务。国家、全社会要进一步营造关心教育、关心未成年人健康成长的大环境，进一步加强教育立法，使未成年学生的各项权利得到真正的、应有的保护。

相关链接

从老师殴打学生的案例来说未成年人权利保护问题(节选)[①]

张小星(作者系中华全国律师协会未成年人保护专业委员会委员)

当前，在以宪法为核心的法治社会里，公民的权利意识得到了提升，而法律对人的权益的具体规定也使人明确了自身应该而且必须具有的权益，正是这些明确的权利意识和清晰的权益内容，才使人们明显感觉到权益的重要性和不可侵犯性，一旦遭到侵害，便会像反抗压迫一样与之进行斗争。对于侵害权益的行为，个体本身可采取正当防卫、紧急避险及其他自助自救措施予以保护，除此之外只有求助于社会，即通过社会排除侵害因素、强化法律保障、提供权益救助。自助自救的行为也有合法与非法之分，合法的行为会得到社会和法律的认可而予以保护和提倡，非法的行为则会反过来因侵害了他人或社会的利益而受到制裁和打击。由于未成年人自身素质和能力的局限，他们的自助自救不可能完全抗御权益的被侵害，而且也难以认知自助自救行为的性质，因此更需要依赖社会来保护，如果缺失了社会的保护，就可能导致未成年人犯罪行为的发生。而未成年人的权利保护是一个较大的法学范畴，随着社会的进步和发展，未成年人权利的保护问题将始终是摆在我们面前的重要课题。为此，我根据自己多年来办理未成年人违法犯罪，未成年人人身损害赔偿等案的实践、体会试从六个方面谈谈未成年人权利保护问题与同仁们商榷。

一、未成年人不良心态及行为的形成

1. 良好的学习环境，是青少年保持心理健康的重要条件。但身处同一环境里的人，心理健康的状况却不尽相同。在个体发展过程中，由于内外因素的影响与干扰，使人的心理功能受到阻碍的情况经常发生，所以对任何一个人来说都有可能出现某些不够健康的心理状态。找出不良心态产生的原因及特征，使社会、家庭、学校和学生本人正确对待自己和他人，创造有利于青少年身心健康发展的良好环境。

2. 行为偏离社会准则或集体规范。现代大众传播媒体的发达，网络、电视、书籍、报纸杂志、录像制品等所传播的信息对学生的影响之大，是其他教育方式所不能比拟的。健康的社会信息，可以使学生从中获得有益的知识，开阔视野；不健康的社会信息，对于生活经验和知识结构还不够完善，是非不能明辨的中学生，必然出现迷茫，困惑而引起心理上的冲突，出现心理、行为问题。还有人际关系方面的不适应。人的心理状态应该相对平衡，具有一定的稳定性，但生理心理尚未完全成熟的中学生这种平衡易被突发事件所破坏，容易产生心理不平衡。

① 张小星．从老师殴打学生的案例来说未成年人权利保护问题[EB/OL]. 中国网互动中国：http：//forum. china. com. cn/.

3. 性生理和性心理问题与波折。中学生伴随着青春期身体的快速发育和性器官的日趋成熟，对自己身体的变化感到好奇、困惑、担心、多疑而形成心理压力。另外还由于在体态上已经有明显的两性差异体形，开始意识到自己正在向成熟过渡，朦胧地意识到两性关系的存在。中学生进入青春期后，是人生观和道德观形成的重要时期，也是开展青春期性健康教育的良好时机。对性知识缺乏必要的了解导致步入青春期的中学生所反映出来的不良心理和行为障碍，既有青春期特有的共性，也有受外部影响而形成的不良反应。家长和教师要充分了解学生形成不良习惯的成因，帮助他们克服心理障碍和不良行为。

4. 教师的心理健康对学生身心健康的影响。教师自身缺乏健康心理和行为会给学生身心造成伤害，构成师源性心理伤害。在许多情况下，教师的心理健康水平会直接决定学生身心健康水平。其一，身教与言教不统一。其二，教师的不健康心态，尤其是喜怒无常的情绪状态，对学生态度粗暴，或过分严厉，使学生无所适从，有的教师不能正确接受学生的意见。其三，职业适应性差。对本职工作敷衍搪塞，责任心不强。不愿意同学生打交道，在与学生的接触中缺乏积极体验，缺乏进取心和责任感，给学校和学生带来极坏的影响。

二、创建文明的社会环境，为未成年人健康成长创造条件

1. 在净化社会大环境方面，首先应切实抓好党风与政风建设，这是预防未成年人犯罪的重要举措。党政机构中的某些腐败之风，乃至一些党政干部以权谋私，吃请受贿，追求高档享受，甚至巧取豪夺，无疑对整个社会风气尤其是未成年人的堕落起着引导和示范作用。其次，要严肃执法。有法必依，执法必严，这既能很好体现法律的威慑力，又能给未成年人违法犯罪造成巨大的心理和社会震慑。再次，大力整顿文化市场，这在当前尤为迫切。文化市场的混乱和低劣宣传品的泛滥是未成年人犯罪的“罪魁”，是重大的“污染源”。一些传媒凭借自己的“传播权”，传播诸如色情、凶杀、暴力、偷盗等内容，对涉世未深、经验不足的未成年人直接起着诱发作用。为此，要彻底杜绝这些“文化环境污染”给未成年人身心造成不良损害，努力为下一代提供更多的精神食粮。必须以爱国主义、集体主义和社会主义主旋律，以科学的理论武装人，以正确的舆论引导人，以高尚的情操塑造人，以优秀的作品鼓舞人。政府应积极运用行政的、经济的、法律的手段，为未成年人的媒体净化提供最基本的保障，使大众传媒和文化作品真正担负起引导社会价值观念变革、维护社会善良风俗的使命。最后，要认真贯彻执行《未成年人保护法》，坚决打击各种侵犯未成年人合法权益的违法犯罪行为，并加强对营业性文化娱乐场所的管理，持之以恒地“打黄扫非”，从严查处违法经营者，从多方面消除诱发未成年人犯罪的滋生地。

2. 建立和完善社会保障机制。首先，如果社会对未成年人缺乏保护性措施，部分未成年人因失学，失业流散于社会而无所事事，也就不能很好地阻止他们当

中一些人的堕落。在此，要减少社会变革时期因社会流动带来的震荡，保证未成年人衣食温饱，学习有场所，就业有去向，以防止他们为维持生计去铤而走险。其次，要在扩大教育的基础上给每个未成年人以均等的发展机会，克服不合理的贫富悬殊，以防止转型期社会分层在一定程度上给人造成的心理失衡，否则在畸形消费的诱惑下，会使一些未成年人的心理扭曲和承受力削弱，用非法手段去谋取物质享受。再次，全面推进与素质教育相适应的人事制度改革也是必不可少的。最后，政府对得不到家庭温暖的无辜未成年人给予精神或财力上的援助，对未履行监护责任的监护人予以处罚。

三、全面开展未成年人权益保护教育

1. 需要教育工作者有效地开展权益保护教育，保证未成年人的权益建立在科学合理与合法的基础上，树立正确的需要观。为此，社会、学校及父母或其他监护人应当以健康的思想和正确的方法对未成年人进行权益保护教育。当然这里的教育并不是限制未成年人的合理需要，而是重在正确引导需要，否则也就不会有人的进步和社会的发展。

2. 社会、学校和家庭还应当教育和帮助未成年人增强其权利保护意识，学会运用法律手段维护自己的合法权益，而只有把各种保护措施与教育结合起来，才能收到预防未成年人犯罪的最佳效果。所以，我们必须把权益保护教育作为一项重要任务来抓，努力培养未成年人正确的需要观，引导他们以正确的行为去满足自己的合理需要，教育他们即使在合理需要得不到满足时，也不能违法行事，要以合法的手段去维护自己的权益，这才是解决问题的正确方法。

四、强化各方面的责任意识，预防对未成年人的权利侵害

“责任”与“义务”二者有相似和相通之处，如承担举证责任也可称为承担举证义务，承担赡养义务也可称为承担赡养责任。但二者又不能等同，义务往往是承担责任的原因，而责任往往是承担义务的后果。所以，法律责任也可称为法律后果。有了责任意识，人们就会主动承担起保护未成年人的义务。

1. 预防权利侵害，需要未成年人自己的积极配合。一是要求未成年人遵守法律、法规及社会公共道德规范，树立自尊、自律、自强意识，增强辨别是非和自我保护能力，自觉抵制各种不良行为及违法犯罪行为的引诱与侵害。二是被父母或者其他监护人遗弃、虐待的未成年人，有权向公安机关、民政部门、共青团、妇联、未成年人保护组织或者学校、城市居委会、农村村委会请求保护。三是当未成年人发现任何对自己或者其他未成年人不利的行为或犯罪行为时，可通过所在学校、父母或者其他人向公安机关或者政府有关主管部门报告，也可自己向以上机关报告。四是勇于正确运用正当防卫、紧急避险及其他自助自救措施来排除社会危害性行为。当然，由于未成年人的不成熟性，我们一般不提倡有危险的自助自救行为。

2. 一旦未成年人的权利受到了侵害，有关方面要及时给予有效的补偿，包括实施社会救助、学校救助、家庭救助、个人救助等，缓解他们的心理压力和各种需要，以此来控制受侵害未成年人犯罪犯意和犯罪动机的形成，防止未成年人以犯罪的手法去应对现实发生的权益损害。

五、加强对未成年人犯罪侵害对象的保护

研究和探讨未成年人犯罪侵害的对象，是为了更好地把握和揭示犯罪规律和特征，将犯罪扼杀在萌芽状态，并共同寻求对策，保护这一特殊的被侵害群体，防止他们朝着不健康的方向发展，同时加速社会的净化。

1. 立法上的保护。法律不仅仅是对已构成犯罪行为的惩罚，更多的是为了预防和保护。在防止未成年人重新犯罪方面，《预防未成年人犯罪法》第四十七条第二款仅作了一般性的规定，对采取何种措施和办法预防犯罪、保护被侵害人，我国法律没有作出明文规定。

2. 社会的保护。除法律途径保护外，家庭与学校、共青团、妇联等部门也应携起手来，成立心理咨询中心，开通求助热线等，形成一个保护网络。帮助被侵害人及时地矫正心理，引导被侵害对象正视受到的侵害和挫折，走出困境，并提供各种救助，从经济上的资助到生活上的关心、心理上的安慰，共同扶持那些受过伤害的人，使其感受到社会大家庭的温暖，并逐步树立正确的人生观、世界观、价值观。

六、未成年人权益的司法保障

由于司法保障对保护未成年人权益具有无可比拟的优势，当今世界各国非常重视和应用司法保障措施。综观我国少年司法体系和青少年保护事业，我们不难发现，未成年人保护的司法保障虽然取得了不少的成就，但仍然存在诸多不足。

1. 缺少司法保障的法律依据。科学而完备的立法，是开展未成年人司法保障的法律依据，是顺利开展未成年人保护工作的“尚方宝剑”。

2. 司法保障的法律规定不明确。根据《未成年人法》的规定，在我国，只要是依法成立的社会组织，都肩负有保护未成年人的职责，这是我们的政治优势。然而，实践中的未成年人保护组织职责交叉严重，各组织之间缺乏联系和沟通。

3. 已经实施的保护未成年人权益的法律法规尚显不足。这些保护未成年人的专门法律存在一个同样的问题，即原则性比较强，号召性的条文多，道德规范和法律规范混为一谈。这使得法律条文过于笼统和抽象，缺乏具体的执行措施，缺少法律责任追究条款，不具有可操作性。

4. 现有的司法保障措施不力。与行政权不同的是，司法是一种消极被动的权力。司法机关一般只有经过当事人的告诉才能启动司法程序。未成年人是一个特殊的群体，他们在生理上和心理上极不成熟。当他们权益受侵害时，大多数未成年人并不知晓，即使知道了也没有能力去寻求合法有效的保护措施。

未成年人权利保护问题是一个较大的社会问题，它需要全民参与，为他们营造良好环境的同时，增强认识，加强预防，健全完善相关法规条例是关键。

本章小结

本章我们学习了学生在教育法律关系中的法律地位、学生的教育权利与义务、未成年学生的法律保护等知识。学生的法律地位，是指学生以其权利能力和行为能力在具体法律关系中取得的一种主体资格，它通过学生的法律身份及学生在不同法律关系中享有的权利和应履行的义务来表现。学生是教育法律关系中的重要主体，学生在学校教育教学活动中处于核心地位。学生为主体、教师为主导，是现在新型师生关系的内容。作为当今社会教育的重要主体，学生一定要明白自己有哪些权利，充分去享有这些权利。但同时教育义务观也应树立起来。没有义务的权利是不存在的。在全社会营造保护未成年人合法权益氛围的同时，未成年学生也要学会自保，增强法律意识。

关键术语

学生的法律地位　学生权利　学生义务　法律保护

思考题

1. 学生法律主体地位的确立经历了怎样的演变过程?
2. 学生的基本权利与义务都有哪些?
3. 学校为实现对未成年人的保护应建立哪些制度?

拓展阅读

1. 陈大伟．师德修养与教育法规(第2版)[M]．北京：北京师范大学出版社，2012.

该书是教师教育核心课系列教材。该书第七章“教育法律关系中的学校、教师和学生”讨论了学生的法律地位，以教育法规案例解析的形式介绍了学生的权利和义务。

2. 袁振国．中国教育政策评论[M]．北京：教育科学出版社，2004.

本书是我国教育政策分析和评论的权威著作。

3. 阮成武．小学教育政策与法规[M]．北京：高等教育出版社，2006.

本书在内容与呈现方式上有创新。

附　录

《中华人民共和国教育法》①

（1995 年 3 月 18 日第八届全国人民代表大会第三次会议通过　根据 2009 年 8 月 27 日第十一届全国人民代表大会常务委员会第十次会议《关于修改部分法律的决定》第一次修正　根据 2015 年 12 月 27 日第十二届全国人民代表大会常务委员会第十八次会议《关于修改〈中华人民共和国教育法〉的决定》第二次修正）　根据 2021 年 4 月 29 日第十三届全国人民代表大会常务委员会第二十八次会议《关于修改〈中华人民共和国教育法〉的决定》第三次修正

目　录

第一章　总　则

第一条　为了发展教育事业，提高全民族的素质，促进社会主义物质文明和精神文明建设，根据宪法，制定本法。

第二条　在中华人民共和国境内的各级各类教育，适用本法。

第三条　国家坚持中国共产党的领导，坚持以马克思列宁主义、毛泽东思想、邓小平理论、“三个代表”重要思想、科学发展观、习近平新时代中国特色社会主义思想为指导，遵循宪法确定的基本原则，发展社会主义的教育事业。

第四条　教育是社会主义现代化建设的基础，对提高人民综合素质、促进人的全面发展、增强中华民族创新创造活力、实现中华民族伟大复兴具有决定性意义，

① http：//www.moe.gov.cn/jyb_sjzl/sjzl_zcfg/zcfg_jyfl/202107/t20210730_547843.html，最后浏览 2022-12-21。

国家保障教育事业优先发展。

全社会应当关心和支持教育事业的发展。

全社会应当尊重教师。

第五条　教育必须为社会主义现代化建设服务、为人民服务，必须与生产劳动和社会实践相结合，培养德智体美劳等方面全面发展的社会主义建设者和接班人。

第六条　教育应当坚持立德树人，对受教育者加强社会主义核心价值观教育，增强受教育者的社会责任感、创新精神和实践能力。

国家在受教育者中进行爱国主义、集体主义、中国特色社会主义的教育，进行理想、道德、纪律、法治、国防和民族团结的教育。

第七条　教育应当继承和弘扬中华优秀传统文化、革命文化、社会主义先进文化，吸收人类文明发展的一切优秀成果。

第八条　教育活动必须符合国家和社会公共利益。

国家实行教育与宗教相分离。任何组织和个人不得利用宗教进行妨碍国家教育制度的活动。

第九条　中华人民共和国公民有受教育的权利和义务。

公民不分民族、种族、性别、职业、财产状况、宗教信仰等，依法享有平等的受教育机会。

第十条　国家根据各少数民族的特点和需要，帮助各少数民族地区发展教育事业。

国家扶持边远贫困地区发展教育事业。

国家扶持和发展残疾人教育事业。

第十一条　国家适应社会主义市场经济发展和社会进步的需要，推进教育改革，推动各级各类教育协调发展、衔接融通，完善现代国民教育体系，健全终身教育体系，提高教育现代化水平。

国家采取措施促进教育公平，推动教育均衡发展。

国家支持、鼓励和组织教育科学研究，推广教育科学研究成果，促进教育质量提高。

第十二条　国家通用语言文字为学校及其他教育机构的基本教育教学语言文字，学校及其他教育机构应当使用国家通用语言文字进行教育教学。

民族自治地方以少数民族学生为主的学校及其他教育机构，从实际出发，使用国家通用语言文字和本民族或者当地民族通用的语言文字实施双语教育。

国家采取措施，为少数民族学生为主的学校及其他教育机构实施双语教育提供条件和支持。

第十三条　国家对发展教育事业做出突出贡献的组织和个人，给予奖励。

第十四条　国务院和地方各级人民政府根据分级管理、分工负责的原则，领导和管理教育工作。

中等及中等以下教育在国务院领导下，由地方人民政府管理。

高等教育由国务院和省、自治区、直辖市人民政府管理。

第十五条　国务院教育行政部门主管全国教育工作，统筹规划、协调管理全国的教育事业。

县级以上地方各级人民政府教育行政部门主管本行政区域内的教育工作。

县级以上各级人民政府其他有关部门在各自的职责范围内，负责有关的教育工作。

第十六条　国务院和县级以上地方各级人民政府应当向本级人民代表大会或者其常务委员会报告教育工作和教育经费预算、决算情况，接受监督。

第二章　教育基本制度

第十七条　国家实行学前教育、初等教育、中等教育、高等教育的学校教育制度。

国家建立科学的学制系统。学制系统内的学校和其他教育机构的设置、教育形式、修业年限、招生对象、培养目标等，由国务院或者由国务院授权教育行政部门规定。

第十八条　国家制定学前教育标准，加快普及学前教育，构建覆盖城乡，特别是农村的学前教育公共服务体系。

各级人民政府应当采取措施，为适龄儿童接受学前教育提供条件和支持。

第十九条　国家实行九年制义务教育制度。

各级人民政府采取各种措施保障适龄儿童、少年就学。

适龄儿童、少年的父母或者其他监护人以及有关社会组织和个人有义务使适龄儿童、少年接受并完成规定年限的义务教育。

第二十条　国家实行职业教育制度和继续教育制度。

各级人民政府、有关行政部门和行业组织以及企业事业组织应当采取措施，发展并保障公民接受职业学校教育或者各种形式的职业培训。

国家鼓励发展多种形式的继续教育，使公民接受适当形式的政治、经济、文化、科学、技术、业务等方面的教育，促进不同类型学习成果的互认和衔接，推动全民终身学习。

第二十一条　国家实行国家教育考试制度。

国家教育考试由国务院教育行政部门确定种类，并由国家批准的实施教育考试的机构承办。

第二十二条　国家实行学业证书制度。

经国家批准设立或者认可的学校及其他教育机构按照国家有关规定，颁发学历证书或者其他学业证书。

第二十三条　国家实行学位制度。

学位授予单位依法对达到一定学术水平或者专业技术水平的人员授予相应的学位，颁发学位证书。

第二十四条　各级人民政府、基层群众性自治组织和企业事业组织应当采取各种措施，开展扫除文盲的教育工作。

按照国家规定具有接受扫除文盲教育能力的公民，应当接受扫除文盲的教育。

第二十五条　国家实行教育督导制度和学校及其他教育机构教育评估制度。

第三章　学校及其他教育机构

第二十六条　国家制定教育发展规划，并举办学校及其他教育机构。

国家鼓励企业事业组织、社会团体、其他社会组织及公民个人依法举办学校及其他教育机构。

国家举办学校及其他教育机构，应当坚持勤俭节约的原则。

以财政性经费、捐赠资产举办或者参与举办的学校及其他教育机构不得设立为营利性组织。

第二十七条　设立学校及其他教育机构，必须具备下列基本条件：

（一）有组织机构和章程；

（二）有合格的教师；

（三）有符合规定标准的教学场所及设施、设备等；

（四）有必备的办学资金和稳定的经费来源。

第二十八条　学校及其他教育机构的设立、变更和终止，应当按照国家有关规定办理审核、批准、注册或者备案手续。

第二十九条　学校及其他教育机构行使下列权利：

（一）按照章程自主管理；

（二）组织实施教育教学活动；

（三）招收学生或者其他受教育者；

（四）对受教育者进行学籍管理，实施奖励或者处分；

（五）对受教育者颁发相应的学业证书；

（六）聘任教师及其他职工，实施奖励或者处分；

（七）管理、使用本单位的设施和经费；

（八）拒绝任何组织和个人对教育教学活动的非法干涉；

（九）法律、法规规定的其他权利。

国家保护学校及其他教育机构的合法权益不受侵犯。

第三十条　学校及其他教育机构应当履行下列义务：

（一）遵守法律、法规；

（二）贯彻国家的教育方针，执行国家教育教学标准，保证教育教学质量；

（三）维护受教育者、教师及其他职工的合法权益；

（四）以适当方式为受教育者及其监护人了解受教育者的学业成绩及其他有关情况提供便利；

（五）遵照国家有关规定收取费用并公开收费项目；

（六）依法接受监督。

第三十一条　学校及其他教育机构的举办者按照国家有关规定，确定其所举办的学校或者其他教育机构的管理体制。

学校及其他教育机构的校长或者主要行政负责人必须由具有中华人民共和国国籍、在中国境内定居、并具备国家规定任职条件的公民担任，其任免按照国家有关规定办理。学校的教学及其他行政管理，由校长负责。

学校及其他教育机构应当按照国家有关规定，通过以教师为主体的教职工代表大会等组织形式，保障教职工参与民主管理和监督。

第三十二条　学校及其他教育机构具备法人条件的，自批准设立或者登记注册之日起取得法人资格。

学校及其他教育机构在民事活动中依法享有民事权利，承担民事责任。

学校及其他教育机构中的国有资产属于国家所有。

学校及其他教育机构兴办的校办产业独立承担民事责任。

第四章　教师和其他教育工作者

第三十三条　教师享有法律规定的权利，履行法律规定的义务，忠诚于人民的教育事业。

第三十四条　国家保护教师的合法权益，改善教师的工作条件和生活条件，提高教师的社会地位。

教师的工资报酬、福利待遇，依照法律、法规的规定办理。

第三十五条　国家实行教师资格、职务、聘任制度，通过考核、奖励、培养和培训，提高教师素质，加强教师队伍建设。

第三十六条　学校及其他教育机构中的管理人员，实行教育职员制度。

学校及其他教育机构中的教学辅助人员和其他专业技术人员，实行专业技术职务聘任制度。

第五章　受教育者

第三十七条　受教育者在入学、升学、就业等方面依法享有平等权利。

学校和有关行政部门应当按照国家有关规定，保障女子在入学、升学、就业、授予学位、派出留学等方面享有同男子平等的权利。

第三十八条　国家、社会对符合入学条件、家庭经济困难的儿童、少年、青年，提供各种形式的资助。

第三十九条　国家、社会、学校及其他教育机构应当根据残疾人身心特性和需要实施教育，并为其提供帮助和便利。

第四十条　国家、社会、家庭、学校及其他教育机构应当为有违法犯罪行为的未成年人接受教育创造条件。

第四十一条　从业人员有依法接受职业培训和继续教育的权利和义务。

国家机关、企业事业组织和其他社会组织，应当为本单位职工的学习和培训提供条件和便利。

第四十二条　国家鼓励学校及其他教育机构、社会组织采取措施，为公民接受终身教育创造条件。

第四十三条　受教育者享有下列权利：

(一)参加教育教学计划安排的各种活动，使用教育教学设施、设备、图书资料；

(二)按照国家有关规定获得奖学金、贷学金、助学金；

(三)在学业成绩和品行上获得公正评价，完成规定的学业后获得相应的学业证书、学位证书；

(四)对学校给予的处分不服向有关部门提出申诉，对学校、教师侵犯其人身权、财产权等合法权益，提出申诉或者依法提起诉讼；

(五)法律、法规规定的其他权利。

第四十四条　受教育者应当履行下列义务：

(一)遵守法律、法规；

(二)遵守学生行为规范，尊敬师长，养成良好的思想品德和行为习惯；

(三)努力学习，完成规定的学习任务；

(四)遵守所在学校或者其他教育机构的管理制度。

第四十五条　教育、体育、卫生行政部门和学校及其他教育机构应当完善体育、卫生保健设施，保护学生的身心健康。

第六章　教育与社会

第四十六条　国家机关、军队、企业事业组织、社会团体及其他社会组织和个人，应当依法为儿童、少年、青年学生的身心健康成长创造良好的社会环境。

第四十七条　国家鼓励企业事业组织、社会团体及其他社会组织同高等学校、中等职业学校在教学、科研、技术开发和推广等方面进行多种形式的合作。

企业事业组织、社会团体及其他社会组织和个人，可以通过适当形式，支持学校的建设，参与学校管理。

第四十八条　国家机关、军队、企业事业组织及其他社会组织应当为学校组织的学生实习、社会实践活动提供帮助和便利。

第四十九条　学校及其他教育机构在不影响正常教育教学活动的前提下，应当积极参加当地的社会公益活动。

第五十条　未成年人的父母或者其他监护人应当为其未成年子女或者其他被监护人受教育提供必要条件。

未成年人的父母或者其他监护人应当配合学校及其他教育机构，对其未成年子女或者其他被监护人进行教育。

学校、教师可以对学生家长提供家庭教育指导。

第五十一条　图书馆、博物馆、科技馆、文化馆、美术馆、体育馆（场）等社会公共文化体育设施，以及历史文化古迹和革命纪念馆（地），应当对教师、学生实行优待，为受教育者接受教育提供便利。

广播、电视台（站）应当开设教育节目，促进受教育者思想品德、文化和科学技术素质的提高。

第五十二条　国家、社会建立和发展对未成年人进行校外教育的设施。

学校及其他教育机构应当同基层群众性自治组织、企业事业组织、社会团体相互配合，加强对未成年人的校外教育工作。

第五十三条　国家鼓励社会团体、社会文化机构及其他社会组织和个人开展有益于受教育者身心健康的社会文化教育活动。

第七章　教育投入与条件保障

第五十四条　国家建立以财政拨款为主、其他多种渠道筹措教育经费为辅的体制，逐步增加对教育的投入，保证国家举办的学校教育经费的稳定来源。

企业事业组织、社会团体及其他社会组织和个人依法举办的学校及其他教育机构，办学经费由举办者负责筹措，各级人民政府可以给予适当支持。

第五十五条　国家财政性教育经费支出占国民生产总值的比例应当随着国民经济的发展和财政收入的增长逐步提高。具体比例和实施步骤由国务院规定。

全国各级财政支出总额中教育经费所占比例应当随着国民经济的发展逐步提高。

第五十六条　各级人民政府的教育经费支出，按照事权和财权相统一的原则，在财政预算中单独列项。

各级人民政府教育财政拨款的增长应当高于财政经常性收入的增长，并使按在校学生人数平均的教育费用逐步增长，保证教师工资和学生人均公用经费逐步增长。

第五十七条　国务院及县级以上地方各级人民政府应当设立教育专项资金，重点扶持边远贫困地区、少数民族地区实施义务教育。

第五十八条　税务机关依法足额征收教育费附加，由教育行政部门统筹管理，主要用于实施义务教育。

省、自治区、直辖市人民政府根据国务院的有关规定，可以决定开征用于教育的地方附加费，专款专用。

第五十九条　国家采取优惠措施，鼓励和扶持学校在不影响正常教育教学的前提下开展勤工俭学和社会服务，兴办校办产业。

第六十条　国家鼓励境内、境外社会组织和个人捐资助学。

第六十一条　国家财政性教育经费、社会组织和个人对教育的捐赠，必须用于教育，不得挪用、克扣。

第六十二条　国家鼓励运用金融、信贷手段，支持教育事业的发展。

第六十三条　各级人民政府及其教育行政部门应当加强对学校及其他教育机构教育经费的监督管理，提高教育投资效益。

第六十四条　地方各级人民政府及其有关行政部门必须把学校的基本建设纳入城乡建设规划，统筹安排学校的基本建设用地及所需物资，按照国家有关规定实行优先、优惠政策。

第六十五条　各级人民政府对教科书及教学用图书资料的出版发行，对教学仪器、设备的生产和供应，对用于学校教育教学和科学研究的图书资料、教学仪器、设备的进口，按照国家有关规定实行优先、优惠政策。

第六十六条　国家推进教育信息化，加快教育信息基础设施建设，利用信息技术促进优质教育资源普及共享，提高教育教学水平和教育管理水平。

县级以上人民政府及其有关部门应当发展教育信息技术和其他现代化教学方式，有关行政部门应当优先安排，给予扶持。

国家鼓励学校及其他教育机构推广运用现代化教学方式。

第八章　教育对外交流与合作

第六十七条　国家鼓励开展教育对外交流与合作，支持学校及其他教育机构引进优质教育资源，依法开展中外合作办学，发展国际教育服务，培养国际化人才。

教育对外交流与合作坚持独立自主、平等互利、相互尊重的原则，不得违反中国法律，不得损害国家主权、安全和社会公共利益。

第六十八条　中国境内公民出国留学、研究、进行学术交流或者任教，依照国家有关规定办理。

第六十九条　中国境外个人符合国家规定的条件并办理有关手续后，可以进入中国境内学校及其他教育机构学习、研究、进行学术交流或者任教，其合法权益受国家保护。

第七十条　中国对境外教育机构颁发的学位证书、学历证书及其他学业证书的承认，依照中华人民共和国缔结或者加入的国际条约办理，或者按照国家有关规定办理。

第九章　法律责任

第七十一条　违反国家有关规定，不按照预算核拨教育经费的，由同级人民政府限期核拨；情节严重的，对直接负责的主管人员和其他直接责任人员，依法给予处分。

违反国家财政制度、财务制度，挪用、克扣教育经费的，由上级机关责令限期归还被挪用、克扣的经费，并对直接负责的主管人员和其他直接责任人员，依法给予处分；构成犯罪的，依法追究刑事责任。

第七十二条　结伙斗殴、寻衅滋事，扰乱学校及其他教育机构教育教学秩序或者破坏校舍、场地及其他财产的，由公安机关给予治安管理处罚；构成犯罪的，依法追究刑事责任。

侵占学校及其他教育机构的校舍、场地及其他财产的，依法承担民事责任。

第七十三条　明知校舍或者教育教学设施有危险，而不采取措施，造成人员伤亡或者重大财产损失的，对直接负责的主管人员和其他直接责任人员，依法追究刑事责任。

第七十四条　违反国家有关规定，向学校或者其他教育机构收取费用的，由政府责令退还所收费用；对直接负责的主管人员和其他直接责任人员，依法给予处分。

第七十五条　违反国家有关规定，举办学校或者其他教育机构的，由教育行政部门或者其他有关行政部门予以撤销；有违法所得的，没收违法所得；对直接负责的主管人员和其他直接责任人员，依法给予处分。

第七十六条　学校或者其他教育机构违反国家有关规定招收学生的，由教育行政部门或者其他有关行政部门责令退回招收的学生，退还所收费用；对学校、其他教育机构给予警告，可以处违法所得五倍以下罚款；情节严重的，责令停止相关招生资格一年以上三年以下，直至撤销招生资格、吊销办学许可证；对直接负责的主管人员和其他直接责任人员，依法给予处分；构成犯罪的，依法追究刑事责任。

第七十七条　在招收学生工作中滥用职权、玩忽职守、徇私舞弊的，由教育行政部门或者其他有关行政部门责令退回招收的不符合入学条件的人员；对直接负责的主管人员和其他直接责任人员，依法给予处分；构成犯罪的，依法追究刑事责任。

盗用、冒用他人身份，顶替他人取得的入学资格的，由教育行政部门或者其他有关行政部门责令撤销入学资格，并责令停止参加相关国家教育考试二年以上五年以下；已经取得学位证书、学历证书或者其他学业证书的，由颁发机构撤销相关证书；已经成为公职人员的，依法给予开除处分；构成违反治安管理行为的，由公安机关依法给予治安管理处罚；构成犯罪的，依法追究刑事责任。

与他人串通，允许他人冒用本人身份，顶替本人取得的入学资格的，由教育行政部门或者其他有关行政部门责令停止参加相关国家教育考试一年以上三年以下；有违法所得的，没收违法所得；已经成为公职人员的，依法给予处分；构成违反治安管理行为的，由公安机关依法给予治安管理处罚；构成犯罪的，依法追究刑事责任。

组织、指使盗用或者冒用他人身份，顶替他人取得的入学资格的，有违法所得的，没收违法所得；属于公职人员的，依法给予处分；构成违反治安管理行为的，由公安机关依法给予治安管理处罚；构成犯罪的，依法追究刑事责任。

入学资格被顶替权利受到侵害的，可以请求恢复其入学资格。

第七十八条　学校及其他教育机构违反国家有关规定向受教育者收取费用的，由教育行政部门或者其他有关行政部门责令退还所收费用；对直接负责的主管人员和其他直接责任人员，依法给予处分。

第七十九条　考生在国家教育考试中有下列行为之一的，由组织考试的教育考试机构工作人员在考试现场采取必要措施予以制止并终止其继续参加考试；组织考试的教育考试机构可以取消其相关考试资格或者考试成绩；情节严重的，由教育行政部门责令停止参加相关国家教育考试一年以上三年以下；构成违反治安管理行为的，由公安机关依法给予治安管理处罚；构成犯罪的，依法追究刑事责任：

（一）非法获取考试试题或者答案的；

（二）携带或者使用考试作弊器材、资料的；

（三）抄袭他人答案的；

（四）让他人代替自己参加考试的；

（五）其他以不正当手段获得考试成绩的作弊行为。

第八十条　任何组织或者个人在国家教育考试中有下列行为之一，有违法所得的，由公安机关没收违法所得，并处违法所得一倍以上五倍以下罚款；情节严重的，处五日以上十五日以下拘留；构成犯罪的，依法追究刑事责任；属于国家机关工作人员的，还应当依法给予处分：

（一）组织作弊的；

（二）通过提供考试作弊器材等方式为作弊提供帮助或者便利的；

（三）代替他人参加考试的；

（四）在考试结束前泄露、传播考试试题或者答案的；

（五）其他扰乱考试秩序的行为。

第八十一条　举办国家教育考试，教育行政部门、教育考试机构疏于管理，造成考场秩序混乱、作弊情况严重的，对直接负责的主管人员和其他直接责任人员，依法给予处分；构成犯罪的，依法追究刑事责任。

第八十二条　学校或者其他教育机构违反本法规定，颁发学位证书、学历证书或者其他学业证书的，由教育行政部门或者其他有关行政部门宣布证书无效，责令收回或者予以没收；有违法所得的，没收违法所得；情节严重的，责令停止相关招生资格一年以上三年以下，直至撤销招生资格、颁发证书资格；对直接负责的主管人员和其他直接责任人员，依法给予处分。

前款规定以外的任何组织或者个人制造、销售、颁发假冒学位证书、学历证书或者其他学业证书，构成违反治安管理行为的，由公安机关依法给予治安管理处罚；构成犯罪的，依法追究刑事责任。

以作弊、剽窃、抄袭等欺诈行为或者其他不正当手段获得学位证书、学历证书或者其他学业证书的，由颁发机构撤销相关证书。购买、使用假冒学位证书、学历证书或者其他学业证书，构成违反治安管理行为的，由公安机关依法给予治安管理处罚。

第八十三条　违反本法规定，侵犯教师、受教育者、学校或者其他教育机构的合法权益，造成损失、损害的，应当依法承担民事责任。

第十章　附　则

第八十四条　军事学校教育由中央军事委员会根据本法的原则规定。

宗教学校教育由国务院另行规定。

第八十五条　境外的组织和个人在中国境内办学和合作办学的办法，由国务院规定。

第八十六条　本法自 1995 年 9 月 1 日起施行。

《中华人民共和国义务教育法》[①]

（1986 年 4 月 12 日第六届全国人民代表大会第四次会议通过　2006 年 6 月 29 日第十届全国人民代表大会常务委员会第二十二次会议修订　根据 2015 年 4 月 24 日第十二届全国人民代表大会常务委员会第十四次会议《关于修改〈中华人民共和国义务教育法〉等五部法律的决定》第一次修正　根据 2018 年 12 月 29 日第十三届全国人民代表大会常务委员会第七次会议《关于修改〈中华人民共和国产品质量法〉等五部法律的决定》第二次修正）

目　录

第一章　总　则

第一条　为了保障适龄儿童、少年接受义务教育的权利，保证义务教育的实施，提高全民族素质，根据宪法和教育法，制定本法。

第二条　国家实行九年义务教育制度。

义务教育是国家统一实施的所有适龄儿童、少年必须接受的教育，是国家必须予以保障的公益性事业。

实施义务教育，不收学费、杂费。

国家建立义务教育经费保障机制，保证义务教育制度实施。

第三条　义务教育必须贯彻国家的教育方针，实施素质教育，提高教育质量，使适龄儿童、少年在品德、智力、体质等方面全面发展，为培养有理想、有道德、有文化、有纪律的社会主义建设者和接班人奠定基础。

第四条　凡具有中华人民共和国国籍的适龄儿童、少年，不分性别、民族、种

---

① http://www.moe.gov.cn/jyb_sjzl/sjzl_zcfg/zcfg_jyfl/202110/t20211029_575949.html，最后浏览 2022-12-21。

族、家庭财产状况、宗教信仰等，依法享有平等接受义务教育的权利，并履行接受义务教育的义务。

第五条 各级人民政府及其有关部门应当履行本法规定的各项职责，保障适龄儿童、少年接受义务教育的权利。

适龄儿童、少年的父母或者其他法定监护人应当依法保证其按时入学接受并完成义务教育。

依法实施义务教育的学校应当按照规定标准完成教育教学任务，保证教育教学质量。

社会组织和个人应当为适龄儿童、少年接受义务教育创造良好的环境。

第六条 国务院和县级以上地方人民政府应当合理配置教育资源，促进义务教育均衡发展，改善薄弱学校的办学条件，并采取措施，保障农村地区、民族地区实施义务教育，保障家庭经济困难的和残疾的适龄儿童、少年接受义务教育。

国家组织和鼓励经济发达地区支援经济欠发达地区实施义务教育。

第七条 义务教育实行国务院领导，省、自治区、直辖市人民政府统筹规划实施，县级人民政府为主管理的体制。

县级以上人民政府教育行政部门具体负责义务教育实施工作；县级以上人民政府其他有关部门在各自的职责范围内负责义务教育实施工作。

第八条 人民政府教育督导机构对义务教育工作执行法律法规情况、教育教学质量以及义务教育均衡发展状况等进行督导，督导报告向社会公布。

第九条 任何社会组织或者个人有权对违反本法的行为向有关国家机关提出检举或者控告。

发生违反本法的重大事件，妨碍义务教育实施，造成重大社会影响的，负有领导责任的人民政府或者人民政府教育行政部门负责人应当引咎辞职。

第十条 对在义务教育实施工作中做出突出贡献的社会组织和个人，各级人民政府及其有关部门按照有关规定给予表彰、奖励。

第二章 学 生

第十一条 凡年满六周岁的儿童，其父母或者其他法定监护人应当送其入学接受并完成义务教育；条件不具备的地区的儿童，可以推迟到七周岁。

适龄儿童、少年因身体状况需要延缓入学或者休学的，其父母或者其他法定监护人应当提出申请，由当地乡镇人民政府或者县级人民政府教育行政部门批准。

第十二条 适龄儿童、少年免试入学。地方各级人民政府应当保障适龄儿童、少年在户籍所在地学校就近入学。

父母或者其他法定监护人在非户籍所在地工作或者居住的适龄儿童、少年，在其父母或者其他法定监护人工作或者居住地接受义务教育的，当地人民政府应当为其提供平等接受义务教育的条件。具体办法由省、自治区、直辖市规定。

县级人民政府教育行政部门对本行政区域内的军人子女接受义务教育予以保障。

第十三条　县级人民政府教育行政部门和乡镇人民政府组织和督促适龄儿童、少年入学，帮助解决适龄儿童、少年接受义务教育的困难，采取措施防止适龄儿童、少年辍学。

居民委员会和村民委员会协助政府做好工作，督促适龄儿童、少年入学。

第十四条　禁止用人单位招用应当接受义务教育的适龄儿童、少年。

根据国家有关规定经批准招收适龄儿童、少年进行文艺、体育等专业训练的社会组织，应当保证所招收的适龄儿童、少年接受义务教育；自行实施义务教育的，应当经县级人民政府教育行政部门批准。

第三章　学　校

第十五条　县级以上地方人民政府根据本行政区域内居住的适龄儿童、少年的数量和分布状况等因素，按照国家有关规定，制定、调整学校设置规划。新建居民区需要设置学校的，应当与居民区的建设同步进行。

第十六条　学校建设，应当符合国家规定的办学标准，适应教育教学需要；应当符合国家规定的选址要求和建设标准，确保学生和教职工安全。

第十七条　县级人民政府根据需要设置寄宿制学校，保障居住分散的适龄儿童、少年入学接受义务教育。

第十八条　国务院教育行政部门和省、自治区、直辖市人民政府根据需要，在经济发达地区设置接收少数民族适龄儿童、少年的学校(班)。

第十九条　县级以上地方人民政府根据需要设置相应的实施特殊教育的学校(班)，对视力残疾、听力语言残疾和智力残疾的适龄儿童、少年实施义务教育。特殊教育学校(班)应当具备适应残疾儿童、少年学习、康复、生活特点的场所和设施。

普通学校应当接收具有接受普通教育能力的残疾适龄儿童、少年随班就读，并为其学习、康复提供帮助。

第二十条　县级以上地方人民政府根据需要，为具有预防未成年人犯罪法规定的严重不良行为的适龄少年设置专门的学校实施义务教育。

第二十一条　对未完成义务教育的未成年犯和被采取强制性教育措施的未成年人应当进行义务教育，所需经费由人民政府予以保障。

第二十二条　县级以上人民政府及其教育行政部门应当促进学校均衡发展，缩小学校之间办学条件的差距，不得将学校分为重点学校和非重点学校。学校不得分设重点班和非重点班。

县级以上人民政府及其教育行政部门不得以任何名义改变或者变相改变公办学校的性质。

第二十三条　各级人民政府及其有关部门依法维护学校周边秩序，保护学生、教师、学校的合法权益，为学校提供安全保障。

第二十四条　学校应当建立、健全安全制度和应急机制，对学生进行安全教育，加强管理，及时消除隐患，预防发生事故。

县级以上地方人民政府定期对学校校舍安全进行检查；对需要维修、改造的，及时予以维修、改造。

学校不得聘用曾经因故意犯罪被依法剥夺政治权利或者其他不适合从事义务教育工作的人担任工作人员。

第二十五条　学校不得违反国家规定收取费用，不得以向学生推销或者变相推销商品、服务等方式谋取利益。

第二十六条　学校实行校长负责制。校长应当符合国家规定的任职条件。校长由县级人民政府教育行政部门依法聘任。

第二十七条　对违反学校管理制度的学生，学校应当予以批评教育，不得开除。

第四章　教　师

第二十八条　教师享有法律规定的权利，履行法律规定的义务，应当为人师表，忠诚于人民的教育事业。

全社会应当尊重教师。

第二十九条　教师在教育教学中应当平等对待学生，关注学生的个体差异，因材施教，促进学生的充分发展。

教师应当尊重学生的人格，不得歧视学生，不得对学生实施体罚、变相体罚或者其他侮辱人格尊严的行为，不得侵犯学生合法权益。

第三十条　教师应当取得国家规定的教师资格。

国家建立统一的义务教育教师职务制度。教师职务分为初级职务、中级职务和高级职务。

第三十一条　各级人民政府保障教师工资福利和社会保险待遇，改善教师工作和生活条件；完善农村教师工资经费保障机制。

教师的平均工资水平应当不低于当地公务员的平均工资水平。

特殊教育教师享有特殊岗位补助津贴。在民族地区和边远贫困地区工作的教师享有艰苦贫困地区补助津贴。

第三十二条　县级以上人民政府应当加强教师培养工作，采取措施发展教师教育。

县级人民政府教育行政部门应当均衡配置本行政区域内学校师资力量，组织校长、教师的培训和流动，加强对薄弱学校的建设。

第三十三条　国务院和地方各级人民政府鼓励和支持城市学校教师和高等学校

毕业生到农村地区、民族地区从事义务教育工作。

国家鼓励高等学校毕业生以志愿者的方式到农村地区、民族地区缺乏教师的学校任教。县级人民政府教育行政部门依法认定其教师资格，其任教时间计入工龄。

第五章　教育教学

第三十四条　教育教学工作应当符合教育规律和学生身心发展特点，面向全体学生，教书育人，将德育、智育、体育、美育等有机统一在教育教学活动中，注重培养学生独立思考能力、创新能力和实践能力，促进学生全面发展。

第三十五条　国务院教育行政部门根据适龄儿童、少年身心发展的状况和实际情况，确定教学制度、教育教学内容和课程设置，改革考试制度，并改进高级中等学校招生办法，推进实施素质教育。

学校和教师按照确定的教育教学内容和课程设置开展教育教学活动，保证达到国家规定的基本质量要求。

国家鼓励学校和教师采用启发式教育等教育教学方法，提高教育教学质量。

第三十六条　学校应当把德育放在首位，寓德育于教育教学之中，开展与学生年龄相适应的社会实践活动，形成学校、家庭、社会相互配合的思想道德教育体系，促进学生养成良好的思想品德和行为习惯。

第三十七条　学校应当保证学生的课外活动时间，组织开展文化娱乐等课外活动。社会公共文化体育设施应当为学校开展课外活动提供便利。

第三十八条　教科书根据国家教育方针和课程标准编写，内容力求精简，精选必备的基础知识、基本技能，经济实用，保证质量。

国家机关工作人员和教科书审查人员，不得参与或者变相参与教科书的编写工作。

第三十九条　国家实行教科书审定制度。教科书的审定办法由国务院教育行政部门规定。

未经审定的教科书，不得出版、选用。

第四十条　教科书价格由省、自治区、直辖市人民政府价格行政部门会同同级出版主管部门按照微利原则确定。

第四十一条　国家鼓励教科书循环使用。

第六章　经费保障

第四十二条　国家将义务教育全面纳入财政保障范围，义务教育经费由国务院和地方各级人民政府依照本法规定予以保障。

国务院和地方各级人民政府将义务教育经费纳入财政预算，按照教职工编制标准、工资标准和学校建设标准、学生人均公用经费标准等，及时足额拨付义务教育经费，确保学校的正常运转和校舍安全，确保教职工工资按照规定发放。

国务院和地方各级人民政府用于实施义务教育财政拨款的增长比例应当高于财政经常性收入的增长比例，保证按照在校学生人数平均的义务教育费用逐步增长，保证教职工工资和学生人均公用经费逐步增长。

第四十三条　学校的学生人均公用经费基本标准由国务院财政部门会同教育行政部门制定，并根据经济和社会发展状况适时调整。制定、调整学生人均公用经费基本标准，应当满足教育教学基本需要。

省、自治区、直辖市人民政府可以根据本行政区域的实际情况，制定不低于国家标准的学校学生人均公用经费标准。

特殊教育学校(班)学生人均公用经费标准应当高于普通学校学生人均公用经费标准。

第四十四条　义务教育经费投入实行国务院和地方各级人民政府根据职责共同负担，省、自治区、直辖市人民政府负责统筹落实的体制。农村义务教育所需经费，由各级人民政府根据国务院的规定分项目、按比例分担。

各级人民政府对家庭经济困难的适龄儿童、少年免费提供教科书并补助寄宿生生活费。

义务教育经费保障的具体办法由国务院规定。

第四十五条　地方各级人民政府在财政预算中将义务教育经费单列。

县级人民政府编制预算，除向农村地区学校和薄弱学校倾斜外，应当均衡安排义务教育经费。

第四十六条　国务院和省、自治区、直辖市人民政府规范财政转移支付制度，加大一般性转移支付规模和规范义务教育专项转移支付，支持和引导地方各级人民政府增加对义务教育的投入。地方各级人民政府确保将上级人民政府的义务教育转移支付资金按照规定用于义务教育。

第四十七条　国务院和县级以上地方人民政府根据实际需要，设立专项资金，扶持农村地区、民族地区实施义务教育。

第四十八条　国家鼓励社会组织和个人向义务教育捐赠，鼓励按照国家有关基金会管理的规定设立义务教育基金。

第四十九条　义务教育经费严格按照预算规定用于义务教育；任何组织和个人不得侵占、挪用义务教育经费，不得向学校非法收取或者摊派费用。

第五十条　县级以上人民政府建立健全义务教育经费的审计监督和统计公告制度。

第七章　法律责任

第五十一条　国务院有关部门和地方各级人民政府违反本法第六章的规定，未履行对义务教育经费保障职责的，由国务院或者上级地方人民政府责令限期改正；情节严重的，对直接负责的主管人员和其他直接责任人员依法给予行政处分。

第五十二条　县级以上地方人民政府有下列情形之一的，由上级人民政府责令限期改正；情节严重的，对直接负责的主管人员和其他直接责任人员依法给予行政处分：

(一)未按照国家有关规定制定、调整学校的设置规划的；

(二)学校建设不符合国家规定的办学标准、选址要求和建设标准的；

(三)未定期对学校校舍安全进行检查，并及时维修、改造的；

(四)未依照本法规定均衡安排义务教育经费的。

第五十三条　县级以上人民政府或者其教育行政部门有下列情形之一的，由上级人民政府或者其教育行政部门责令限期改正、通报批评；情节严重的，对直接负责的主管人员和其他直接责任人员依法给予行政处分：

(一)将学校分为重点学校和非重点学校的；

(二)改变或者变相改变公办学校性质的。

县级人民政府教育行政部门或者乡镇人民政府未采取措施组织适龄儿童、少年入学或者防止辍学的，依照前款规定追究法律责任。

第五十四条　有下列情形之一的，由上级人民政府或者上级人民政府教育行政部门、财政部门、价格行政部门和审计机关根据职责分工责令限期改正；情节严重的，对直接负责的主管人员和其他直接责任人员依法给予处分：

(一)侵占、挪用义务教育经费的；

(二)向学校非法收取或者摊派费用的。

第五十五条　学校或者教师在义务教育工作中违反教育法、教师法规定的，依照教育法、教师法的有关规定处罚。

第五十六条　学校违反国家规定收取费用的，由县级人民政府教育行政部门责令退还所收费用；对直接负责的主管人员和其他直接责任人员依法给予处分。

学校以向学生推销或者变相推销商品、服务等方式谋取利益的，由县级人民政府教育行政部门给予通报批评；有违法所得的，没收违法所得；对直接负责的主管人员和其他直接责任人员依法给予处分。

国家机关工作人员和教科书审查人员参与或者变相参与教科书编写的，由县级以上人民政府或者其教育行政部门根据职责权限责令限期改正，依法给予行政处分；有违法所得的，没收违法所得。

第五十七条　学校有下列情形之一的，由县级人民政府教育行政部门责令限期改正；情节严重的，对直接负责的主管人员和其他直接责任人员依法给予处分：

(一)拒绝接收具有接受普通教育能力的残疾适龄儿童、少年随班就读的；

(二)分设重点班和非重点班的；

(三)违反本法规定开除学生的；

(四)选用未经审定的教科书的。

第五十八条 适龄儿童、少年的父母或者其他法定监护人无正当理由未依照本法规定送适龄儿童、少年入学接受义务教育的，由当地乡镇人民政府或者县级人民政府教育行政部门给予批评教育，责令限期改正。

第五十九条 有下列情形之一的，依照有关法律、行政法规的规定予以处罚：

(一)胁迫或者诱骗应当接受义务教育的适龄儿童、少年失学、辍学的；

(二)非法招用应当接受义务教育的适龄儿童、少年的；

(三)出版未经依法审定的教科书的。

第六十条 违反本法规定，构成犯罪的，依法追究刑事责任。

第八章 附 则

第六十一条 对接受义务教育的适龄儿童、少年不收杂费的实施步骤，由国务院规定。

第六十二条 社会组织或者个人依法举办的民办学校实施义务教育的，依照民办教育促进法有关规定执行；民办教育促进法未作规定的，适用本法。

第六十三条 本法自 2006 年 9 月 1 日起施行。

《中华人民共和国高等教育法》[①]

（1998 年 8 月 29 日第九届全国人民代表大会常务委员会第四次会议通过　根据 2015 年 12 月 27 日第十二届全国人民代表大会常务委员会第十八次会议《关于修改〈中华人民共和国高等教育法〉的决定》修正）　根据 2018 年 12 月 29 日第十三届全国人民代表大会常务委员会第七次会议《关于修改〈中华人民共和国电力法〉等四部法律的决定》第二次修正

目　录

第一章　总　则

第一条　为了发展高等教育事业，实施科教兴国战略，促进社会主义物质文明和精神文明建设，根据宪法和教育法，制定本法。

第二条　在中华人民共和国境内从事高等教育活动，适用本法。

本法所称高等教育，是指在完成高级中等教育基础上实施的教育。

第三条　国家坚持以马克思列宁主义、毛泽东思想、邓小平理论为指导，遵循宪法确定的基本原则，发展社会主义的高等教育事业。

第四条　高等教育必须贯彻国家的教育方针，为社会主义现代化建设服务、为人民服务，与生产劳动和社会实践相结合，使受教育者成为德、智、体、美等方面全面发展的社会主义建设者和接班人。

第五条　高等教育的任务是培养具有社会责任感、创新精神和实践能力的高级专门人才，发展科学技术文化，促进社会主义现代化建设。

第六条　国家根据经济建设和社会发展的需要，制定高等教育发展规划，举办

① http://www.moe.gov.cn/jyb_sjzl/sjzl_zcfg/zcfg_jyfl/202204/t20220421_620257.html，最后浏览 2022-12-21。

高等学校，并采取多种形式积极发展高等教育事业。

国家鼓励企业事业组织、社会团体及其他社会组织和公民等社会力量依法举办高等学校，参与和支持高等教育事业的改革和发展。

第七条 国家按照社会主义现代化建设和发展社会主义市场经济的需要，根据不同类型、不同层次高等学校的实际，推进高等教育体制改革和高等教育教学改革，优化高等教育结构和资源配置，提高高等教育的质量和效益。

第八条 国家根据少数民族的特点和需要，帮助和支持少数民族地区发展高等教育事业，为少数民族培养高级专门人才。

第九条 公民依法享有接受高等教育的权利。

国家采取措施，帮助少数民族学生和经济困难的学生接受高等教育。

高等学校必须招收符合国家规定的录取标准的残疾学生入学，不得因其残疾而拒绝招收。

第十条 国家依法保障高等学校中的科学研究，文学艺术创作和其他文化活动的自由。

在高等学校中从事科学研究、文学艺术创作和其他文化活动，应当遵守法律。

第十一条 高等学校应当面向社会，依法自主办学，实行民主管理。

第十二条 国家鼓励高等学校之间、高等学校与科学研究机构以及企业事业组织之间开展协作，实行优势互补，提高教育资源的使用效益。

国家鼓励和支持高等教育事业的国际交流与合作。

第十三条 国务院统一领导和管理全国高等教育事业。

省、自治区、直辖市人民政府统筹协调本行政区域内的高等教育事业，管理主要为地方培养人才和国务院授权管理的高等学校。

第十四条 国务院教育行政部门主管全国高等教育工作，管理由国务院确定的主要为全国培养人才的高等学校。国务院其他有关部门在国务院规定的职责范围内，负责有关的高等教育工作。

第二章 高等教育基本制度

第十五条 高等教育包括学历教育和非学历教育。

高等教育采用全日制和非全日制教育形式。

国家支持采用广播、电视、函授及其他远程教育方式实施高等教育。

第十六条 高等学历教育分为专科教育、本科教育和研究生教育。

高等学历教育应当符合下列学业标准：

(一)专科教育应当使学生掌握本专业必备的基础理论、专门知识，具有从事本专业实际工作的基本技能和初步能力；

(二)本科教育应当使学生比较系统地掌握本学科、专业必需的基础理论、基本知识，掌握本专业必要的基本技能、方法和相关知识，具有从事本专业实际工作和研究工作的初步能力；

（三）硕士研究生教育应当使学生掌握本学科坚实的基础理论、系统的专业知识，掌握相应的技能、方法和相关知识，具有从事本专业实际工作和科学研究工作的能力。博士研究生教育应当使学生掌握本学科坚实宽广的基础理论、系统深入的专业知识、相应的技能和方法，具有独立从事本学科创造性科学研究工作和实际工作的能力。

第十七条　专科教育的基本修业年限为二至三年，本科教育的基本修业年限为四至五年，硕士研究生教育的基本修业年限为二至三年，博士研究生教育的基本修业年限为三至四年。非全日制高等学历教育的修业年限应当适当延长。高等学校根据实际需要，可以对本学校的修业年限作出调整。

第十八条　高等教育由高等学校和其他高等教育机构实施。

大学、独立设置的学院主要实施本科及本科以上教育。高等专科学校实施专科教育。经国务院教育行政部门批准，科学研究机构可以承担研究生教育的任务。

其他高等教育机构实施非学历高等教育。

第十九条　高级中等教育毕业或者具有同等学力的，经考试合格，由实施相应学历教育的高等学校录取，取得专科生或者本科生入学资格。

本科毕业或者具有同等学力的，经考试合格，由实施相应学历教育的高等学校或者经批准承担研究生教育任务的科学研究机构录取，取得硕士研究生入学资格。

硕士研究生毕业或者具有同等学力的，经考试合格，由实施相应学历教育的高等学校或者经批准承担研究生教育任务的科学研究机构录取，取得博士研究生入学资格。

允许特定学科和专业的本科毕业生直接取得博士研究生入学资格，具体办法由国务院教育行政部门规定。

第二十条　接受高等学历教育的学生，由所在高等学校或者经批准承担研究生教育任务的科学研究机构根据其修业年限、学业成绩等，按照国家有关规定，发给相应的学历证书或者其他学业证书。

接受非学历高等教育的学生，由所在高等学校或者其他高等教育机构发给相应的结业证书。结业证书应当载明修业年限和学业内容。

第二十一条　国家实行高等教育自学考试制度，经考试合格的，发给相应的学历证书或者其他学业证书。

第二十二条　国家实行学位制度。学位分为学士、硕士和博士。

公民通过接受高等教育或者自学，其学业水平达到国家规定的学位标准，可以向学位授予单位申请授予相应的学位。

第二十三条　高等学校和其他高等教育机构应当根据社会需要和自身办学条件，

承担实施继续教育的工作。

第三章　高等学校的设立

第二十四条　设立高等学校，应当符合国家高等教育发展规划，符合国家利益和社会公共利益。

第二十五条　设立高等学校，应当具备教育法规定的基本条件。

大学或者独立设置的学院还应当具有较强的教学、科学研究力量，较高的教学、科学研究水平和相应规模，能够实施本科及本科以上教育。大学还必须设有三个以上国家规定的学科门类为主要学科。设立高等学校的具体标准由国务院制定。

设立其他高等教育机构的具体标准，由国务院授权的有关部门或者省、自治区、直辖市人民政府根据国务院规定的原则制定。

第二十六条　设立高等学校，应当根据其层次、类型、所设学科类别、规模、教学和科学研究水平，使用相应的名称。

第二十七条　申请设立高等学校的，应当向审批机关提交下列材料：

(一)申办报告；

(二)可行性论证材料；

(三)章程；

(四)审批机关依照本法规定要求提供的其他材料。

第二十八条　高等学校的章程应当规定以下事项：

(一)学校名称、校址；

(二)办学宗旨；

(三)办学规模；

(四)学科门类的设置；

(五)教育形式；

(六)内部管理体制；

(七)经费来源、财产和财务制度；

(八)举办者与学校之间的权利、义务；

(九)章程修改程序；

(十)其他必须由章程规定的事项。

第二十九条　设立实施本科及以上教育的高等学校，由国务院教育行政部门审批；设立实施专科教育的高等学校，由省、自治区、直辖市人民政府审批，报国务院教育行政部门备案；设立其他高等教育机构，由省、自治区、直辖市人民政府教育行政部门审批。审批设立高等学校和其他高等教育机构应当遵守国家有关规定。

审批设立高等学校，应当委托由专家组成的评议机构评议。

高等学校和其他高等教育机构分立、合并、终止，变更名称、类别和其他重要事项，由本条第一款规定的审批机关审批；修改章程，应当根据管理权限，报国务院教育行政部门或者省、自治区、直辖市人民政府教育行政部门核准。

第四章 高等学校的组织和活动

第三十条 高等学校自批准设立之日起取得法人资格。高等学校的校长为高等学校的法定代表人。

高等学校在民事活动中依法享有民事权利，承担民事责任。

第三十一条 高等学校应当以培养人才为中心，开展教学、科学研究和社会服务，保证教育教学质量达到国家规定的标准。

第三十二条 高等学校根据社会需求、办学条件和国家核定的办学规模，制定招生方案，自主调节系科招生比例。

第三十三条 高等学校依法自主设置和调整学科、专业。

第三十四条 高等学校根据教学需要，自主制订教学计划、选编教材、组织实施教学活动。

第三十五条 高等学校根据自身条件，自主开展科学研究、技术开发和社会服务。

国家鼓励高等学校同企业事业组织、社会团体及其他社会组织在科学研究、技术开发和推广等方面进行多种形式的合作。

国家支持具备条件的高等学校成为国家科学研究基地。

第三十六条 高等学校按照国家有关规定，自主开展与境外高等学校之间的科学技术文化交流与合作。

第三十七条 高等学校根据实际需要和精简、效能的原则，自主确定教学、科学研究、行政职能部门等内部组织机构的设置和人员配备；按照国家有关规定，评聘教师和其他专业技术人员的职务，调整津贴及工资分配。

第三十八条 高等学校对举办者提供的财产、国家财政性资助、受捐赠财产依法自主管理和使用。

高等学校不得将用于教学和科学研究活动的财产挪作他用。

第三十九条 国家举办的高等学校实行中国共产党高等学校基层委员会领导下的校长负责制。中国共产党高等学校基层委员会按照中国共产党章程和有关规定，统一领导学校工作，支持校长独立负责地行使职权，其领导职责主要是：执行中国共产党的路线、方针、政策，坚持社会主义办学方向，领导学校的思想政治工作和德育工作，讨论决定学校内部组织机构的设置和内部组织机构负责人的人选，讨论决定学校的改革、发展和基本管理制度等重大事项，保证以培养人才为中心的各项任务的完成。

社会力量举办的高等学校的内部管理体制按照国家有关社会力量办学的规定

确定。

第四十条　高等学校的校长，由符合教育法规定的任职条件的公民担任。高等学校的校长、副校长按照国家有关规定任免。

第四十一条　高等学校的校长全面负责本学校的教学、科学研究和其他行政管理工作，行使下列职权：

（一）拟订发展规划，制定具体规章制度和年度工作计划并组织实施；

（二）组织教学活动、科学研究和思想品德教育；

（三）拟订内部组织机构的设置方案，推荐副校长人选，任免内部组织机构的负责人；

（四）聘任与解聘教师以及内部其他工作人员，对学生进行学籍管理并实施奖励或者处分；

（五）拟订和执行年度经费预算方案，保护和管理校产，维护学校的合法权益；

（六）章程规定的其他职权。

高等学校的校长主持校长办公会议或者校务会议，处理前款规定的有关事项。

第四十二条　高等学校设立学术委员会，履行下列职责：

（一）审议学科建设、专业设置，教学、科学研究计划方案；

（二）评定教学、科学研究成果；

（三）调查、处理学术纠纷；

（四）调查、认定学术不端行为；

（五）按照章程审议、决定有关学术发展、学术评价、学术规范的其他事项。

第四十三条　高等学校通过以教师为主体的教职工代表大会等组织形式，依法保障教职工参与民主管理和监督，维护教职工合法权益。

第四十四条　高等学校应当建立本学校办学水平、教育质量的评价制度，及时公开相关信息，接受社会监督。

教育行政部门负责组织专家或者委托第三方专业机构对高等学校的办学水平、效益和教育质量进行评估。评估结果应当向社会公开。

第五章　高等学校教师和其他教育工作者

第四十五条　高等学校的教师及其他教育工作者享有法律规定的权利，履行法律规定的义务，忠诚于人民的教育事业。

第四十六条　高等学校实行教师资格制度。中国公民凡遵守宪法和法律，热爱教育事业，具有良好的思想品德，具备研究生或者大学本科毕业学历，有相应的教育教学能力，经认定合格，可以取得高等学校教师资格。不具备研究生或者大学本科毕业学历的公民，学有所长，通过国家教师资格考试，经认定合格，也可以取得高等学校教师资格。

第四十七条　高等学校实行教师职务制度。高等学校教师职务根据学校所承担的教学、科学研究等任务的需要设置。教师职务设助教、讲师、副教授、教授。

高等学校的教师取得前款规定的职务应当具备下列基本条件：

（一）取得高等学校教师资格；

（二）系统地掌握本学科的基础理论；

（三）具备相应职务的教育教学能力和科学研究能力；

（四）承担相应职务的课程和规定课时的教学任务。

教授、副教授除应当具备以上基本任职条件外，还应当对本学科具有系统而坚实的基础理论和比较丰富的教学、科学研究经验，教学成绩显著，论文或者著作达到较高水平或者有突出的教学、科学研究成果。

高等学校教师职务的具体任职条件由国务院规定。

第四十八条　高等学校实行教师聘任制。教师经评定具备任职条件的，由高等学校按照教师职务的职责、条件和任期聘任。

高等学校的教师的聘任，应当遵循双方平等自愿的原则，由高等学校校长与受聘教师签订聘任合同。

第四十九条　高等学校的管理人员，实行教育职员制度。高等学校的教学辅助人员及其他专业技术人员，实行专业技术职务聘任制度。

第五十条　国家保护高等学校教师及其他教育工作者的合法权益，采取措施改善高等学校教师及其他教育工作者的工作条件和生活条件。

第五十一条　高等学校应当为教师参加培训、开展科学研究和进行学术交流提供便利条件。

高等学校应当对教师、管理人员和教学辅助人员及其他专业技术人员的思想政治表现、职业道德、业务水平和工作实绩进行考核，考核结果作为聘任或者解聘、晋升、奖励或者处分的依据。

第五十二条　高等学校的教师、管理人员和教学辅助人员及其他专业技术人员，应当以教学和培养人才为中心做好本职工作。

第六章　高等学校的学生

第五十三条　高等学校的学生应当遵守法律、法规，遵守学生行为规范和学校的各项管理制度，尊敬师长，刻苦学习，增强体质，树立爱国主义、集体主义和社会主义思想，努力学习马克思列宁主义、毛泽东思想、邓小平理论，具有良好的思想品德，掌握较高的科学文化知识和专业技能。

高等学校学生的合法权益，受法律保护。

第五十四条　高等学校的学生应当按照国家规定缴纳学费。

家庭经济困难的学生，可以申请补助或者减免学费。

第五十五条　国家设立奖学金，并鼓励高等学校、企业事业组织、社会团体以及其他社会组织和个人按照国家有关规定设立各种形式的奖学金，对品学兼优的学生、国家规定的专业的学生以及到国家规定的地区工作的学生给予奖励。

国家设立高等学校学生勤工助学基金和贷学金，并鼓励高等学校、企业事业组织、社会团体以及其他社会组织和个人设立各种形式的助学金，对家庭经济困难的学生提供帮助。

获得贷学金及助学金的学生，应当履行相应的义务。

第五十六条　高等学校的学生在课余时间可以参加社会服务和勤工助学活动，但不得影响学业任务的完成。

高等学校应当对学生的社会服务和勤工助学活动给予鼓励和支持，并进行引导和管理。

第五十七条　高等学校的学生，可以在校内组织学生团体。学生团体在法律、法规规定的范围内活动，服从学校的领导和管理。

第五十八条　高等学校的学生思想品德合格，在规定的修业年限内学完规定的课程，成绩合格或者修满相应的学分，准予毕业。

第五十九条　高等学校应当为毕业生、结业生提供就业指导和服务。

国家鼓励高等学校毕业生到边远、艰苦地区工作。

第七章　高等教育投入和条件保障

第六十条　高等教育实行以举办者投入为主、受教育者合理分担培养成本、高等学校多种渠道筹措经费的机制。

国务院和省、自治区、直辖市人民政府依照教育法第五十六条的规定，保证国家举办的高等教育的经费逐步增长。

国家鼓励企业事业组织、社会团体及其他社会组织和个人向高等教育投入。

第六十一条　高等学校的举办者应当保证稳定的办学经费来源，不得抽回其投入的办学资金。

第六十二条　国务院教育行政部门会同国务院其他有关部门根据在校学生年人均教育成本，规定高等学校年经费开支标准和筹措的基本原则；省、自治区、直辖市人民政府教育行政部门会同有关部门制订本行政区域内高等学校年经费开支标准和筹措办法，作为举办者和高等学校筹措办学经费的基本依据。

第六十三条　国家对高等学校进口图书资料、教学科研设备以及校办产业实行优惠政策。高等学校所办产业或者转让知识产权以及其他科学技术成果获得的收益，用于高等学校办学。

第六十四条　高等学校收取的学费应当按照国家有关规定管理和使用，其他任何组织和个人不得挪用。

第六十五条　高等学校应当依法建立、健全财务管理制度，合理使用、严格管理教育经费，提高教育投资效益。

高等学校的财务活动应当依法接受监督。

第八章　附　则

第六十六条　对高等教育活动中违反教育法规定的，依照教育法的有关规定给予处罚。

第六十七条　中国境外个人符合国家规定的条件并办理有关手续后，可以进入中国境内高等学校学习、研究、进行学术交流或者任教，其合法权益受国家保护。

第六十八条　本法所称高等学校是指大学、独立设置的学院和高等专科学校，其中包括高等职业学校和成人高等学校。

本法所称其他高等教育机构是指除高等学校和经批准承担研究生教育任务的科学研究机构以外的从事高等教育活动的组织。

本法有关高等学校的规定适用于其他高等教育机构和经批准承担研究生教育任务的科学研究机构，但是对高等学校专门适用的规定除外。

第六十九条　本法自 1999 年 1 月 1 日起施行。

《中华人民共和国教师法》[①]

（1993 年 10 月 31 日第八届全国人民代表大会常务委员会第四次会议通过 根据 2009 年 8 月 27 日第十一届全国人民代表大会常务委员会第十次会议《关于修改部分法律的决定》修正）

目 录

第一章 总 则

第一条 为了保障教师的合法权益，建设具有良好思想品德修养和业务素质的教师队伍，促进社会主义教育事业的发展，制定本法。

第二条 本法适用于在各级各类学校和其他教育机构中专门从事教育教学工作的教师。

第三条 教师是履行教育教学职责的专业人员，承担教书育人，培养社会主义事业建设者和接班人、提高民族素质的使命。教师应当忠诚于人民的教育事业。

第四条 各级人民政府应当采取措施，加强教师的思想政治教育和业务培训，改善教师的工作条件和生活条件，保障教师的合法权益，提高教师的社会地位。

全社会都应当尊重教师。

第五条 国务院教育行政部门主管全国的教师工作。

国务院有关部门在各自职权范围内负责有关的教师工作。

学校和其他教育机构根据国家规定，自主进行教师管理工作。

第六条 每年九月十日为教师节。

---

① http：//www. moe. gov. cn/jyb _ sjzl/sjzl _ zcfg/zcfg _ jyfl/tnull _ 1314. html，最后浏览 2022-12-21。

第二章　权利和义务

第七条　教师享有下列权利：

（一）进行教育教学活动，开展教育教学改革和实验；

（二）从事科学研究、学术交流，参加专业的学术团体，在学术活动中充分发表意见；

（三）指导学生的学习和发展，评定学生的品行和学业成绩；

（四）按时获取工资报酬，享受国家规定的福利待遇以及寒暑假期的带薪休假；

（五）对学校教育教学、管理工作和教育行政部门的工作提出意见和建议，通过教职工代表大会或者其他形式，参与学校的民主管理；

（六）参加进修或者其他方式的培训。

第八条　教师应当履行下列义务：

（一）遵守宪法、法律和职业道德，为人师表；

（二）贯彻国家的教育方针，遵守规章制度，执行学校的教学计划，履行教师聘约，完成教育教学工作任务；

（三）对学生进行宪法所确定的基本原则的教育和爱国主义、民族团结的教育，法制教育以及思想品德、文化、科学技术教育，组织、带领学生开展有益的社会活动；

（四）关心、爱护全体学生，尊重学生人格，促进学生在品德、智力、体质等方面全面发展；

（五）制止有害于学生的行为或者其他侵犯学生合法权益的行为，批评和抵制有害于学生健康成长的现象；

（六）不断提高思想政治觉悟和教育教学业务水平。

第九条　为保障教师完成教育教学任务，各级人民政府、教育行政部门、有关部门、学校和其他教育机构应当履行下列职责：

（一）提供符合国家安全标准的教育教学设施和设备；

（二）提供必需的图书、资料及其他教育教学用品；

（三）对教师在教育教学、科学研究中的创造性工作给以鼓励和帮助；

（四）支持教师制止有害于学生的行为或者其他侵犯学生合法权益的行为。

第三章　资格和任用

第十条　国家实行教师资格制度。

中国公民凡遵守宪法和法律，热爱教育事业，具有良好的思想品德，具备本法规定的学历或者经国家教师资格考试合格，有教育教学能力，经认定合格的，可以取得教师资格。

第十一条　取得教师资格应当具备的相应学历是：

（一）取得幼儿园教师资格，应当具备幼儿师范学校毕业及其以上学历；

（二）取得小学教师资格，应当具备中等师范学校毕业及其以上学历；

（三）取得初级中学教师、初级职业学校文化、专业课教师资格，应当具备高等师范专科学校或者其他大学专科毕业及其以上学历；

（四）取得高级中学教师资格和中等专业学校、技工学校、职业高中文化课、专业课教师资格，应当具备高等师范院校本科或者其他大学本科毕业及其以上学历；取得中等专业学校、技工学校和职业高中学生实习指导教师资格应当具备的学历，由国务院教育行政部门规定；

（五）取得高等学校教师资格，应当具备研究生或者大学本科毕业学历；

（六）取得成人教育教师资格，应当按照成人教育的层次、类别，分别具备高等、中等学校毕业及其以上学历。

不具备本法规定的教师资格学历的公民，申请获取教师资格，必须通过国家教师资格考试。国家教师资格考试制度由国务院规定。

第十二条　本法实施前已经在学校或者其他教育机构中任教的教师，未具备本法规定学历的，由国务院教育行政部门规定教师资格过渡办法。

第十三条　中小学教师资格由县级以上地方人民政府教育行政部门认定。中等专业学校、技工学校的教师资格由县级以上地方人民政府教育行政部门组织有关主管部门认定。普通高等学校的教师资格由国务院或者省、自治区、直辖市教育行政部门或者由其委托的学校认定。

具备本法规定的学历或者经国家教师资格考试合格的公民，要求有关部门认定其教师资格的，有关部门应当依照本法规定的条件予以认定。

取得教师资格的人员首次任教时，应当有试用期。

第十四条　受到剥夺政治权利或者故意犯罪受到有期徒刑以上刑事处罚的，不能取得教师资格；已经取得教师资格的，丧失教师资格。

第十五条　各级师范学校毕业生，应当按照国家有关规定从事教育教学工作。

国家鼓励非师范高等学校毕业生到中小学或者职业学校任教。

第十六条　国家实行教师职务制度，具体办法由国务院规定。

第十七条　学校和其他教育机构应当逐步实行教师聘任制。教师的聘任应当遵循双方地位平等的原则，由学校和教师签订聘任合同，明确规定双方的权利、义务和责任。

实施教师聘任制的步骤、办法由国务院教育行政部门规定。

第四章　培养和培训

第十八条　各级人民政府和有关部门应当办好师范教育，并采取措施，鼓励优秀青年进入各级师范学校学习。各级教师进修学校承担培训中小学教师的任务。

非师范学校应当承担培养和培训中小学教师的任务。

各级师范学校学生享受专业奖学金。

第十九条　各级人民政府教育行政部门、学校主管部门和学校应当制定教师培训规划，对教师进行多种形式的思想政治、业务培训。

第二十条　国家机关、企业事业单位和其他社会组织应当为教师的社会调查和社会实践提供方便，给予协助。

第二十一条　各级人民政府应当采取措施，为少数民族地区和边远贫困地区培养、培训教师。

第五章　考　核

第二十二条　学校或者其他教育机构应当对教师的政治思想、业务水平、工作态度和工作成绩进行考核。

教育行政部门对教师的考核工作进行指导、监督。

第二十三条　考核应当客观、公正、准确，充分听取教师本人、其他教师以及学生的意见。

第二十四条　教师考核结果是受聘任教、晋升工资、实施奖惩的依据。

第六章　待　遇

第二十五条　教师的平均工资水平应当不低于或者高于国家公务员的平均工资水平，并逐步提高。建立正常晋级增薪制度，具体办法由国务院规定。

第二十六条　中小学教师和职业学校教师享受教龄津贴和其他津贴，具体办法由国务院教育行政部门会同有关部门制定。

第二十七条　地方各级人民政府对教师以及具有中专以上学历的毕业生到少数民族地区和边远贫困地区从事教育教学工作的，应当予以补贴。

第二十八条　地方各级人民政府和国务院有关部门，对城市教师住房的建设、租赁、出售实行优先、优惠。

县、乡两级人民政府应当为农村中小学教师解决住房提供方便。

第二十九条　教师的医疗同当地国家公务员享受同等的待遇；定期对教师进行身体健康检查，并因地制宜安排教师进行休养。

医疗机构应当对当地教师的医疗提供方便。

第三十条　教师退休或者退职后，享受国家规定的退休或者退职待遇。

县级以上地方人民政府可以适当提高长期从事教育教学工作的中小学退休教师的退休金比例。

第三十一条　各级人民政府应当采取措施，改善国家补助、集体支付工资的中小学教师的待遇，逐步做到在工资收入上与国家支付工资的教师同工同酬，具体办法由地方各级人民政府根据本地区的实际情况规定。

第三十二条　社会力量所办学校的教师的待遇，由举办者自行确定并予以保障。

第七章　奖　励

第三十三条　教师在教育教学、培养人才、科学研究、教学改革、学校建设、社会服务、勤工俭学等方面成绩优异的，由所在学校予以表彰、奖励。

国务院和地方各级人民政府及其有关部门对有突出贡献的教师，应当予以表彰、奖励。

对有重大贡献的教师，依照国家有关规定授予荣誉称号。

第三十四条　国家支持和鼓励社会组织或者个人向依法成立的奖励教师的基金组织捐助资金，对教师进行奖励。

第八章　法律责任

第三十五条　侮辱、殴打教师的，根据不同情况，分别给予行政处分或者行政处罚；造成损害的，责令赔偿损失；情节严重，构成犯罪的，依法追究刑事责任。

第三十六条　对依法提出申诉、控告、检举的教师进行打击报复的，由其所在单位或者上级机关责令改正；情节严重的，可以根据具体情况给予行政处分。

国家工作人员对教师打击报复构成犯罪的，依照刑法有关的规定追究刑事责任。

第三十七条　教师有下列情形之一的，由所在学校、其他教育机构或者教育行政部门给予行政处分或者解聘：

(一)故意不完成教育教学任务给教育教学工作造成损失的；

(二)体罚学生，经教育不改的；

(三)品行不良、侮辱学生，影响恶劣的。

教师有前款第(二)项、第(三)项所列情形之一，情节严重，构成犯罪的，依法追究刑事责任。

第三十八条　地方人民政府对违反本法规定，拖欠教师工资或者侵犯教师其他合法权益的，应当责令其限期改正。

违反国家财政制度、财务制度，挪用国家财政用于教育的经费，严重妨碍教育教学工作，拖欠教师工资，损害教师合法权益的，由上级机关责令限期归还被挪用的经费，并对直接责任人员给予行政处分；情节严重，构成犯罪的，依法追究刑事责任。

第三十九条　教师对学校或者其他教育机构侵犯其合法权益的，或者对学校或者其他教育机构作出的处理不服的，可以向教育行政部门提出申诉，教育行政部门应当在接到申诉的三十日内，作出处理。

教师认为当地人民政府有关行政部门侵犯其根据本法规定享有的权利的，可以向同级人民政府或者上一级人民政府有关部门提出申诉，同级人民政府或者上一级人民政府有关部门应当作出处理。

第九章　附　则

第四十条　本法下列用语的含义是：

(一)各级各类学校，是指实施学前教育、普通初等教育、普通中等教育、职业教育、普通高等教育以及特殊教育、成人教育的学校。

(二)其他教育机构，是指少年宫以及地方教研室、电化教育机构等。

(三)中小学教师，是指幼儿园、特殊教育机构、普通中小学、成人初等中等教育机构、职业中学以及其他教育机构的教师。

第四十一条　学校和其他教育机构中的教育教学辅助人员，其他类型的学校的教师和教育教学辅助人员，可以根据实际情况参照本法的有关规定执行。

军队所属院校的教师和教育教学辅助人员，由中央军事委员会依照本法制定有关规定。

第四十二条　外籍教师的聘任办法由国务院教育行政部门规定。

第四十三条　本法自 1994 年 1 月 1 日起施行。

《中华人民共和国未成年人保护法》[1]

（1991 年 9 月 4 日第七届全国人民代表大会常务委员会第二十一次会议通过 2006 年 12 月 29 日第十届全国人民代表大会常务委员会第二十五次会议第一次修订 根据 2012 年 10 月 26 日第十一届全国人民代表大会常务委员会第二十九次会议《关于修改〈中华人民共和国未成年人保护法〉的决定》修正 2020 年 10 月 17 日第十三届全国人民代表大会常务委员会第二十二次会议第二次修订）

目 录

第一章 总 则

第一条 为了保护未成年人身心健康，保障未成年人合法权益，促进未成年人德智体美劳全面发展，培养有理想、有道德、有文化、有纪律的社会主义建设者和接班人，培养担当民族复兴大任的时代新人，根据宪法，制定本法。

第二条 本法所称未成年人是指未满十八周岁的公民。

第三条 国家保障未成年人的生存权、发展权、受保护权、参与权等权利。

未成年人依法平等地享有各项权利，不因本人及其父母或者其他监护人的民族、种族、性别、户籍、职业、宗教信仰、教育程度、家庭状况、身心健康状况等受到歧视。

第四条 保护未成年人，应当坚持最有利于未成年人的原则。处理涉及未成年人事项，应当符合下列要求：

（一）给予未成年人特殊、优先保护；

---

① http://www.moe.gov.cn/jyb_sjzl/sjzl_zcfg/zcfg_qtxgfl/202110/t20211025_574798.html，最后浏览 2022-12-21。

（二）尊重未成年人人格尊严；

（三）保护未成年人隐私权和个人信息；

（四）适应未成年人身心健康发展的规律和特点；

（五）听取未成年人的意见；

（六）保护与教育相结合。

第五条　国家、社会、学校和家庭应当对未成年人进行理想教育、道德教育、科学教育、文化教育、法治教育、国家安全教育、健康教育、劳动教育，加强爱国主义、集体主义和中国特色社会主义的教育，培养爱祖国、爱人民、爱劳动、爱科学、爱社会主义的公德，抵制资本主义、封建主义和其他腐朽思想的侵蚀，引导未成年人树立和践行社会主义核心价值观。

第六条　保护未成年人，是国家机关、武装力量、政党、人民团体、企业事业单位、社会组织、城乡基层群众性自治组织、未成年人的监护人以及其他成年人的共同责任。

国家、社会、学校和家庭应当教育和帮助未成年人维护自身合法权益，增强自我保护的意识和能力。

第七条　未成年人的父母或者其他监护人依法对未成年人承担监护职责。

国家采取措施指导、支持、帮助和监督未成年人的父母或者其他监护人履行监护职责。

第八条　县级以上人民政府应当将未成年人保护工作纳入国民经济和社会发展规划，相关经费纳入本级政府预算。

第九条　县级以上人民政府应当建立未成年人保护工作协调机制，统筹、协调、督促和指导有关部门在各自职责范围内做好未成年人保护工作。协调机制具体工作由县级以上人民政府民政部门承担，省级人民政府也可以根据本地实际情况确定由其他有关部门承担。

第十条　共产主义青年团、妇女联合会、工会、残疾人联合会、关心下一代工作委员会、青年联合会、学生联合会、少年先锋队以及其他人民团体、有关社会组织，应当协助各级人民政府及其有关部门、人民检察院、人民法院做好未成年人保护工作，维护未成年人合法权益。

第十一条　任何组织或者个人发现不利于未成年人身心健康或者侵犯未成年人合法权益的情形，都有权劝阻、制止或者向公安、民政、教育等有关部门提出检举、控告。

国家机关、居民委员会、村民委员会、密切接触未成年人的单位及其工作人员，在工作中发现未成年人身心健康受到侵害、疑似受到侵害或者面临其他危险情形的，应当立即向公安、民政、教育等有关部门报告。有关部门接到涉及未成年人的检举、控告或者报告，应当依法及时受理、处置，并以适当方式将处理结果告知相关单位和人员。

第十二条　国家鼓励和支持未成年人保护方面的科学研究，建设相关学科、设置相关专业，加强人才培养。

第十三条　国家建立健全未成年人统计调查制度，开展未成年人健康、受教育等状况的统计、调查和分析，发布未成年人保护的有关信息。

第十四条　国家对保护未成年人有显著成绩的组织和个人给予表彰和奖励。

第二章　家庭保护

第十五条　未成年人的父母或者其他监护人应当学习家庭教育知识，接受家庭教育指导，创造良好、和睦、文明的家庭环境。

共同生活的其他成年家庭成员应当协助未成年人的父母或者其他监护人抚养、教育和保护未成年人。

第十六条　未成年人的父母或者其他监护人应当履行下列监护职责：

（一）为未成年人提供生活、健康、安全等方面的保障；

（二）关注未成年人的生理、心理状况和情感需求；

（三）教育和引导未成年人遵纪守法、勤俭节约，养成良好的思想品德和行为习惯；

（四）对未成年人进行安全教育，提高未成年人的自我保护意识和能力；

（五）尊重未成年人受教育的权利，保障适龄未成年人依法接受并完成义务教育；

（六）保障未成年人休息、娱乐和体育锻炼的时间，引导未成年人进行有益身心健康的活动；

（七）妥善管理和保护未成年人的财产；

（八）依法代理未成年人实施民事法律行为；

（九）预防和制止未成年人的不良行为和违法犯罪行为，并进行合理管教；

（十）其他应当履行的监护职责。

第十七条　未成年人的父母或者其他监护人不得实施下列行为：

（一）虐待、遗弃、非法送养未成年人或者对未成年人实施家庭暴力；

（二）放任、教唆或者利用未成年人实施违法犯罪行为；

（三）放任、唆使未成年人参与邪教、迷信活动或者接受恐怖主义、分裂主义、极端主义等侵害；

（四）放任、唆使未成年人吸烟（含电子烟，下同）、饮酒、赌博、流浪乞讨或者欺凌他人；

（五）放任或者迫使应当接受义务教育的未成年人失学、辍学；

（六）放任未成年人沉迷网络，接触危害或者可能影响其身心健康的图书、报刊、电影、广播电视节目、音像制品、电子出版物和网络信息等；

(七)放任未成年人进入营业性娱乐场所、酒吧、互联网上网服务营业场所等不适宜未成年人活动的场所;

(八)允许或者迫使未成年人从事国家规定以外的劳动;

(九)允许、迫使未成年人结婚或者为未成年人订立婚约;

(十)违法处分、侵吞未成年人的财产或者利用未成年人牟取不正当利益;

(十一)其他侵犯未成年人身心健康、财产权益或者不依法履行未成年人保护义务的行为。

第十八条　未成年人的父母或者其他监护人应当为未成年人提供安全的家庭生活环境，及时排除引发触电、烫伤、跌落等伤害的安全隐患；采取配备儿童安全座椅、教育未成年人遵守交通规则等措施，防止未成年人受到交通事故的伤害；提高户外安全保护意识，避免未成年人发生溺水、动物伤害等事故。

第十九条　未成年人的父母或者其他监护人应当根据未成年人的年龄和智力发展状况，在作出与未成年人权益有关的决定前，听取未成年人的意见，充分考虑其真实意愿。

第二十条　未成年人的父母或者其他监护人发现未成年人身心健康受到侵害、疑似受到侵害或者其他合法权益受到侵犯的，应当及时了解情况并采取保护措施；情况严重的，应当立即向公安、民政、教育等部门报告。

第二十一条　未成年人的父母或者其他监护人不得使未满八周岁或者由于身体、心理原因需要特别照顾的未成年人处于无人看护状态，或者将其交由无民事行为能力、限制民事行为能力、患有严重传染性疾病或者其他不适宜的人员临时照护。

未成年人的父母或者其他监护人不得使未满十六周岁的未成年人脱离监护单独生活。

第二十二条　未成年人的父母或者其他监护人因外出务工等原因在一定期限内不能完全履行监护职责的，应当委托具有照护能力的完全民事行为能力人代为照护；无正当理由的，不得委托他人代为照护。

未成年人的父母或者其他监护人在确定被委托人时，应当综合考虑其道德品质、家庭状况、身心健康状况、与未成年人生活情感上的联系等情况，并听取有表达意愿能力未成年人的意见。

具有下列情形之一的，不得作为被委托人：

(一)曾实施性侵害、虐待、遗弃、拐卖、暴力伤害等违法犯罪行为；

(二)有吸毒、酗酒、赌博等恶习；

(三)曾拒不履行或者长期怠于履行监护、照护职责；

(四)其他不适宜担任被委托人的情形。

第二十三条　未成年人的父母或者其他监护人应当及时将委托照护情况书面告知未成年人所在学校、幼儿园和实际居住地的居民委员会、村民委员会，加强和未成年人所在学校、幼儿园的沟通；与未成年人、被委托人至少每周联系和交流一次，了解未成年人的生活、学习、心理等情况，并给予未成年人亲情关爱。

未成年人的父母或者其他监护人接到被委托人、居民委员会、村民委员会、学校、幼儿园等关于未成年人心理、行为异常的通知后，应当及时采取干预措施。

第二十四条　未成年人的父母离婚时，应当妥善处理未成年子女的抚养、教育、探望、财产等事宜，听取有表达意愿能力未成年人的意见。不得以抢夺、藏匿未成年子女等方式争夺抚养权。

未成年人的父母离婚后，不直接抚养未成年子女的一方应当依照协议、人民法院判决或者调解确定的时间和方式，在不影响未成年人学习、生活的情况下探望未成年子女，直接抚养的一方应当配合，但被人民法院依法中止探望权的除外。

第三章　学校保护

第二十五条　学校应当全面贯彻国家教育方针，坚持立德树人，实施素质教育，提高教育质量，注重培养未成年学生认知能力、合作能力、创新能力和实践能力，促进未成年学生全面发展。

学校应当建立未成年学生保护工作制度，健全学生行为规范，培养未成年学生遵纪守法的良好行为习惯。

第二十六条　幼儿园应当做好保育、教育工作，遵循幼儿身心发展规律，实施启蒙教育，促进幼儿在体质、智力、品德等方面和谐发展。

第二十七条　学校、幼儿园的教职员工应当尊重未成年人人格尊严，不得对未成年人实施体罚、变相体罚或者其他侮辱人格尊严的行为。

第二十八条　学校应当保障未成年学生受教育的权利，不得违反国家规定开除、变相开除未成年学生。

学校应当对尚未完成义务教育的辍学未成年学生进行登记并劝返复学；劝返无效的，应当及时向教育行政部门书面报告。

第二十九条　学校应当关心、爱护未成年学生，不得因家庭、身体、心理、学习能力等情况歧视学生。对家庭困难、身心有障碍的学生，应当提供关爱；对行为异常、学习有困难的学生，应当耐心帮助。

学校应当配合政府有关部门建立留守未成年学生、困境未成年学生的信息档案，开展关爱帮扶工作。

第三十条　学校应当根据未成年学生身心发展特点，进行社会生活指导、心理健康辅导、青春期教育和生命教育。

第三十一条　学校应当组织未成年学生参加与其年龄相适应的日常生活劳动、生产劳动和服务性劳动，帮助未成年学生掌握必要的劳动知识和技能，养成良好的劳动习惯。

第三十二条　学校、幼儿园应当开展勤俭节约、反对浪费、珍惜粮食、文明饮食等宣传教育活动，帮助未成年人树立浪费可耻、节约为荣的意识，养成文明健康、绿色环保的生活习惯。

第三十三条　学校应当与未成年学生的父母或者其他监护人互相配合，合理安排未成年学生的学习时间，保障其休息、娱乐和体育锻炼的时间。

学校不得占用国家法定节假日、休息日及寒暑假期，组织义务教育阶段的未成年学生集体补课，加重其学习负担。

幼儿园、校外培训机构不得对学龄前未成年人进行小学课程教育。

第三十四条　学校、幼儿园应当提供必要的卫生保健条件，协助卫生健康部门做好在校、在园未成年人的卫生保健工作。

第三十五条　学校、幼儿园应当建立安全管理制度，对未成年人进行安全教育，完善安保设施、配备安保人员，保障未成年人在校、在园期间的人身和财产安全。

学校、幼儿园不得在危及未成年人人身安全、身心健康的校舍和其他设施、场所中进行教育教学活动。

学校、幼儿园安排未成年人参加文化娱乐、社会实践等集体活动，应当保护未成年人的身心健康，防止发生人身伤害事故。

第三十六条　使用校车的学校、幼儿园应当建立健全校车安全管理制度，配备安全管理人员，定期对校车进行安全检查，对校车驾驶人进行安全教育，并向未成年人讲解校车安全乘坐知识，培养未成年人校车安全事故应急处理技能。

第三十七条　学校、幼儿园应当根据需要，制定应对自然灾害、事故灾难、公共卫生事件等突发事件和意外伤害的预案，配备相应设施并定期进行必要的演练。

未成年人在校内、园内或者本校、本园组织的校外、园外活动中发生人身伤害事故的，学校、幼儿园应当立即救护，妥善处理，及时通知未成年人的父母或者其他监护人，并向有关部门报告。

第三十八条　学校、幼儿园不得安排未成年人参加商业性活动，不得向未成年人及其父母或者其他监护人推销或者要求其购买指定的商品和服务。

学校、幼儿园不得与校外培训机构合作为未成年人提供有偿课程辅导。

第三十九条　学校应当建立学生欺凌防控工作制度，对教职员工、学生等开展防治学生欺凌的教育和培训。学校对学生欺凌行为应当立即制止，通知实施欺凌和被欺凌未成年学生的父母或者其他监护人参与欺凌行为的认定和处理；对相关未成年学生及时给予心理辅导、教育和引导；对相关未成年学生的父母或者其他监护人给予必要的家庭教育指导。

对实施欺凌的未成年学生，学校应当根据欺凌行为的性质和程度，依法加强管教。对严重的欺凌行为，学校不得隐瞒，应当及时向公安机关、教育行政部门报告，并配合相关部门依法处理。

第四十条　学校、幼儿园应当建立预防性侵害、性骚扰未成年人工作制度。对性侵害、性骚扰未成年人等违法犯罪行为，学校、幼儿园不得隐瞒，应当及时向公安机关、教育行政部门报告，并配合相关部门依法处理。

学校、幼儿园应当对未成年人开展适合其年龄的性教育，提高未成年人防范性侵害、性骚扰的自我保护意识和能力。对遭受性侵害、性骚扰的未成年人，学校、幼儿园应当及时采取相关的保护措施。

第四十一条　婴幼儿照护服务机构、早期教育服务机构、校外培训机构、校外托管机构等应当参照本章有关规定，根据不同年龄阶段未成年人的成长特点和规律，做好未成年人保护工作。

第四章　社会保护

第四十二条　全社会应当树立关心、爱护未成年人的良好风尚。

国家鼓励、支持和引导人民团体、企业事业单位、社会组织以及其他组织和个人，开展有利于未成年人健康成长的社会活动和服务。

第四十三条　居民委员会、村民委员会应当设置专人专岗负责未成年人保护工作，协助政府有关部门宣传未成年人保护方面的法律法规，指导、帮助和监督未成年人的父母或者其他监护人依法履行监护职责，建立留守未成年人、困境未成年人的信息档案并给予关爱帮扶。

居民委员会、村民委员会应当协助政府有关部门监督未成年人委托照护情况，发现被委托人缺乏照护能力、怠于履行照护职责等情况，应当及时向政府有关部门报告，并告知未成年人的父母或者其他监护人，帮助、督促被委托人履行照护职责。

第四十四条　爱国主义教育基地、图书馆、青少年宫、儿童活动中心、儿童之家应当对未成年人免费开放；博物馆、纪念馆、科技馆、展览馆、美术馆、文化馆、社区公益性互联网上网服务场所以及影剧院、体育场馆、动物园、植物园、公园等场所，应当按照有关规定对未成年人免费或者优惠开放。

国家鼓励爱国主义教育基地、博物馆、科技馆、美术馆等公共场馆开设未成年人专场，为未成年人提供有针对性的服务。

国家鼓励国家机关、企业事业单位、部队等开发自身教育资源，设立未成年人开放日，为未成年人主题教育、社会实践、职业体验等提供支持。

国家鼓励科研机构和科技类社会组织对未成年人开展科学普及活动。

第四十五条　城市公共交通以及公路、铁路、水路、航空客运等应当按照有关规定对未成年人实施免费或者优惠票价。

第四十六条　国家鼓励大型公共场所、公共交通工具、旅游景区景点等设置母婴室、婴儿护理台以及方便幼儿使用的坐便器、洗手台等卫生设施，为未成年人提供便利。

第四十七条　任何组织或者个人不得违反有关规定，限制未成年人应当享有的照顾或者优惠。

第四十八条　国家鼓励创作、出版、制作和传播有利于未成年人健康成长的图书、报刊、电影、广播电视节目、舞台艺术作品、音像制品、电子出版物和网络信息等。

第四十九条　新闻媒体应当加强未成年人保护方面的宣传，对侵犯未成年人合法权益的行为进行舆论监督。新闻媒体采访报道涉及未成年人事件应当客观、审慎和适度，不得侵犯未成年人的名誉、隐私和其他合法权益。

第五十条　禁止制作、复制、出版、发布、传播含有宣扬淫秽、色情、暴力、邪教、迷信、赌博、引诱自杀、恐怖主义、分裂主义、极端主义等危害未成年人身心健康内容的图书、报刊、电影、广播电视节目、舞台艺术作品、音像制品、电子出版物和网络信息等。

第五十一条　任何组织或者个人出版、发布、传播的图书、报刊、电影、广播电视节目、舞台艺术作品、音像制品、电子出版物或者网络信息，包含可能影响未成年人身心健康内容的，应当以显著方式作出提示。

第五十二条　禁止制作、复制、发布、传播或者持有有关未成年人的淫秽色情物品和网络信息。

第五十三条　任何组织或者个人不得刊登、播放、张贴或者散发含有危害未成年人身心健康内容的广告；不得在学校、幼儿园播放、张贴或者散发商业广告；不得利用校服、教材等发布或者变相发布商业广告。

第五十四条　禁止拐卖、绑架、虐待、非法收养未成年人，禁止对未成年人实施性侵害、性骚扰。

禁止胁迫、引诱、教唆未成年人参加黑社会性质组织或者从事违法犯罪活动。

禁止胁迫、诱骗、利用未成年人乞讨。

第五十五条　生产、销售用于未成年人的食品、药品、玩具、用具和游戏游艺设备、游乐设施等，应当符合国家或者行业标准，不得危害未成年人的人身安全和身心健康。上述产品的生产者应当在显著位置标明注意事项，未标明注意事项的不得销售。

第五十六条　未成年人集中活动的公共场所应当符合国家或者行业安全标准，并采取相应安全保护措施。对可能存在安全风险的设施，应当定期进行维护，在显著位置设置安全警示标志并标明适龄范围和注意事项；必要时应当安排专门人员看管。

大型的商场、超市、医院、图书馆、博物馆、科技馆、游乐场、车站、码头、机场、旅游景区景点等场所运营单位应当设置搜寻走失未成年人的安全警报系统。场所运营单位接到求助后，应当立即启动安全警报系统，组织人员进行搜寻并向公安机关报告。

公共场所发生突发事件时，应当优先救护未成年人。

第五十七条　旅馆、宾馆、酒店等住宿经营者接待未成年人入住，或者接待未成年人和成年人共同入住时，应当询问父母或者其他监护人的联系方式、入住人员的身份关系等有关情况；发现有违法犯罪嫌疑的，应当立即向公安机关报告，并及时联系未成年人的父母或者其他监护人。

第五十八条　学校、幼儿园周边不得设置营业性娱乐场所、酒吧、互联网上网服务营业场所等不适宜未成年人活动的场所。营业性歌舞娱乐场所、酒吧、互联网上网服务营业场所等不适宜未成年人活动场所的经营者，不得允许未成年人进入；游艺娱乐场所设置的电子游戏设备，除国家法定节假日外，不得向未成年人提供。经营者应当在显著位置设置未成年人禁入、限入标志；对难以判明是否是未成年人的，应当要求其出示身份证件。

第五十九条　学校、幼儿园周边不得设置烟、酒、彩票销售网点。禁止向未成年人销售烟、酒、彩票或者兑付彩票奖金。烟、酒和彩票经营者应当在显著位置设置不向未成年人销售烟、酒或者彩票的标志；对难以判明是否是未成年人的，应当要求其出示身份证件。

任何人不得在学校、幼儿园和其他未成年人集中活动的公共场所吸烟、饮酒。

第六十条　禁止向未成年人提供、销售管制刀具或者其他可能致人严重伤害的器具等物品。经营者难以判明购买者是否是未成年人的，应当要求其出示身份证件。

第六十一条　任何组织或者个人不得招用未满十六周岁未成年人，国家另有规定的除外。

营业性娱乐场所、酒吧、互联网上网服务营业场所等不适宜未成年人活动的场所不得招用已满十六周岁的未成年人。

招用已满十六周岁未成年人的单位和个人应当执行国家在工种、劳动时间、劳动强度和保护措施等方面的规定，不得安排其从事过重、有毒、有害等危害未成年人身心健康的劳动或者危险作业。

任何组织或者个人不得组织未成年人进行危害其身心健康的表演等活动。经未成年人的父母或者其他监护人同意，未成年人参与演出、节目制作等活动，活动组织方应当根据国家有关规定，保障未成年人合法权益。

第六十二条　密切接触未成年人的单位招聘工作人员时，应当向公安机关、人民检察院查询应聘者是否具有性侵害、虐待、拐卖、暴力伤害等违法犯罪记录；发现其具有前述行为记录的，不得录用。

密切接触未成年人的单位应当每年定期对工作人员是否具有上述违法犯罪记录进行查询。通过查询或者其他方式发现其工作人员具有上述行为的，应当及时解聘。

第六十三条　任何组织或者个人不得隐匿、毁弃、非法删除未成年人的信件、日记、电子邮件或者其他网络通信内容。

除下列情形外，任何组织或者个人不得开拆、查阅未成年人的信件、日记、电子邮件或者其他网络通讯内容：

（一）无民事行为能力未成年人的父母或者其他监护人代未成年人开拆、查阅；

（二）因国家安全或者追查刑事犯罪依法进行检查；

（三）紧急情况下为了保护未成年人本人的人身安全。

第五章　网络保护

第六十四条　国家、社会、学校和家庭应当加强未成年人网络素养宣传教育，培养和提高未成年人的网络素养，增强未成年人科学、文明、安全、合理使用网络的意识和能力，保障未成年人在网络空间的合法权。

《未成年人网络保护条例》[①]

（2023 年 9 月 20 日国务院第 15 次常务会议通过，现予公布，自 2024 年 1 月 1 日起施行。）

第一章　总　　则

第一条　为了营造有利于未成年人身心健康的网络环境，保障未成年人合法权益，根据《中华人民共和国未成年人保护法》、《中华人民共和国网络安全法》、《中华人民共和国个人信息保护法》等法律，制定本条例。

第二条　未成年人网络保护工作应当坚持中国共产党的领导，坚持以社会主义核心价值观为引领，坚持最有利于未成年人的原则，适应未成年人身心健康发展和网络空间的规律和特点，实行社会共治。

第三条　国家网信部门负责统筹协调未成年人网络保护工作，并依据职责做好未成年人网络保护工作。

国家新闻出版、电影部门和国务院教育、电信、公安、民政、文化和旅游、卫生健康、市场监督管理、广播电视等有关部门依据各自职责做好未成年人网络保护工作。县级以上地方人民政府及其有关部门依据各自职责做好未成年人网络保护工作。

第四条　共产主义青年团、妇女联合会、工会、残疾人联合会、关心下一代工作委员会、青年联合会、学生联合会、少年先锋队以及其他人民团体、有关社会组织、基层群众性自治组织，协助有关部门做好未成年人网络保护工作，维护未成年人合法权益。

第五条　学校、家庭应当教育引导未成年人参加有益身心健康的活动，科学、文明、安全、合理使用网络，预防和干预未成年人沉迷网络。

第六条　网络产品和服务提供者、个人信息处理者、智能终端产品制造者和销售者应当遵守法律、行政法规和国家有关规定，尊重社会公德，遵守商业道德，诚实信用，履行未成年人网络保护义务，承担社会责任。

第七条　网络产品和服务提供者、个人信息处理者、智能终端产品制造者和销售者应当接受政府和社会的监督，配合有关部门依法实施涉及未成年人网络保护工

① https：//www.gov.cn/zhengce/content/202310/content_6911288.htm，最后浏览 2023-12-06

作的监督检查，建立便捷、合理、有效的投诉、举报渠道，通过显著方式公布投诉、举报途径和方法，及时受理并处理公众投诉、举报。

第八条 任何组织和个人发现违反本条例规定的，可以向网信、新闻出版、电影、教育、电信、公安、民政、文化和旅游、卫生健康、市场监督管理、广播电视等有关部门投诉、举报。收到投诉、举报的部门应当及时依法作出处理；不属于本部门职责的，应当及时移送有权处理的部门。

第九条 网络相关行业组织应当加强行业自律，制定未成年人网络保护相关行业规范，指导会员履行未成年人网络保护义务，加强对未成年人的网络保护。

第十条 新闻媒体应当通过新闻报道、专题栏目(节目)、公益广告等方式，开展未成年人网络保护法律法规、政策措施、典型案例和有关知识的宣传，对侵犯未成年人合法权益的行为进行舆论监督，引导全社会共同参与未成年人网络保护。

第十一条 国家鼓励和支持在未成年人网络保护领域加强科学研究和人才培养，开展国际交流与合作。

第十二条 对在未成年人网络保护工作中作出突出贡献的组织和个人，按照国家有关规定给予表彰和奖励。

第二章 网络素养促进

第十三条 国务院教育部门应当将网络素养教育纳入学校素质教育内容，并会同国家网信部门制定未成年人网络素养测评指标。

教育部门应当指导、支持学校开展未成年人网络素养教育，围绕网络道德意识形成、网络法治观念培养、网络使用能力建设、人身财产安全保护等，培育未成年人网络安全意识、文明素养、行为习惯和防护技能。

第十四条 县级以上人民政府应当科学规划、合理布局，促进公益性上网服务均衡协调发展，加强提供公益性上网服务的公共文化设施建设，改善未成年人上网条件。

县级以上地方人民政府应当通过为中小学校配备具有相应专业能力的指导教师、政府购买服务或者鼓励中小学校自行采购相关服务等方式，为学生提供优质的网络素养教育课程。

第十五条 学校、社区、图书馆、文化馆、青少年宫等场所为未成年人提供互联网上网服务设施的，应当通过安排专业人员、招募志愿者等方式，以及安装未成年人网络保护软件或者采取其他安全保护技术措施，为未成年人提供上网指导和安全、健康的上网环境。

第十六条 学校应当将提高学生网络素养等内容纳入教育教学活动，并合理使用网络开展教学活动，建立健全学生在校期间上网的管理制度，依法规范管理未成年学生带入学校的智能终端产品，帮助学生养成良好上网习惯，培养学生网络安全和网络法治意识，增强学生对网络信息的获取和分析判断能力。

第十七条　未成年人的监护人应当加强家庭家教家风建设，提高自身网络素养，规范自身使用网络的行为，加强对未成年人使用网络行为的教育、示范、引导和监督。

第十八条　国家鼓励和支持研发、生产和使用专门以未成年人为服务对象、适应未成年人身心健康发展规律和特点的网络保护软件、智能终端产品和未成年人模式、未成年人专区等网络技术、产品、服务，加强网络无障碍环境建设和改造，促进未成年人开阔眼界、陶冶情操、提高素质。

第十九条　未成年人网络保护软件、专门供未成年人使用的智能终端产品应当具有有效识别违法信息和可能影响未成年人身心健康的信息、保护未成年人个人信息权益、预防未成年人沉迷网络、便于监护人履行监护职责等功能。

国家网信部门会同国务院有关部门根据未成年人网络保护工作的需要，明确未成年人网络保护软件、专门供未成年人使用的智能终端产品的相关技术标准或者要求，指导监督网络相关行业组织按照有关技术标准和要求对未成年人网络保护软件、专门供未成年人使用的智能终端产品的使用效果进行评估。

智能终端产品制造者应当在产品出厂前安装未成年人网络保护软件，或者采用显著方式告知用户安装渠道和方法。智能终端产品销售者在产品销售前应当采用显著方式告知用户安装未成年人网络保护软件的情况以及安装渠道和方法。

未成年人的监护人应当合理使用并指导未成年人使用网络保护软件、智能终端产品等，创造良好的网络使用家庭环境。

第二十条　未成年人用户数量巨大或者对未成年人群体具有显著影响的网络平台服务提供者，应当履行下列义务：

（一）在网络平台服务的设计、研发、运营等阶段，充分考虑未成年人身心健康发展特点，定期开展未成年人网络保护影响评估；

（二）提供未成年人模式或者未成年人专区等，便利未成年人获取有益身心健康的平台内产品或者服务；

（三）按照国家规定建立健全未成年人网络保护合规制度体系，成立主要由外部成员组成的独立机构，对未成年人网络保护情况进行监督；

（四）遵循公开、公平、公正的原则，制定专门的平台规则，明确平台内产品或者服务提供者的未成年人网络保护义务，并以显著方式提示未成年人用户依法享有的网络保护权利和遭受网络侵害的救济途径；

（五）对违反法律、行政法规严重侵害未成年人身心健康或者侵犯未成年人其他合法权益的平台内产品或者服务提供者，停止提供服务；

（六）每年发布专门的未成年人网络保护社会责任报告，并接受社会监督。

前款所称的未成年人用户数量巨大或者对未成年人群体具有显著影响的网络平

台服务提供者的具体认定办法，由国家网信部门会同有关部门另行制定。

第三章　网络信息内容规范

第二十一条　国家鼓励和支持制作、复制、发布、传播弘扬社会主义核心价值观和社会主义先进文化、革命文化、中华优秀传统文化，铸牢中华民族共同体意识，培养未成年人家国情怀和良好品德，引导未成年人养成良好生活习惯和行为习惯等的网络信息，营造有利于未成年人健康成长的清朗网络空间和良好网络生态。

第二十二条　任何组织和个人不得制作、复制、发布、传播含有宣扬淫秽、色情、暴力、邪教、迷信、赌博、引诱自残自杀、恐怖主义、分裂主义、极端主义等危害未成年人身心健康内容的网络信息。

任何组织和个人不得制作、复制、发布、传播或者持有有关未成年人的淫秽色情网络信息。

第二十三条　网络产品和服务中含有可能引发或者诱导未成年人模仿不安全行为、实施违反社会公德行为、产生极端情绪、养成不良嗜好等可能影响未成年人身心健康的信息的，制作、复制、发布、传播该信息的组织和个人应当在信息展示前予以显著提示。

国家网信部门会同国家新闻出版、电影部门和国务院教育、电信、公安、文化和旅游、广播电视等部门，在前款规定基础上确定可能影响未成年人身心健康的信息的具体种类、范围、判断标准和提示办法。

第二十四条　任何组织和个人不得在专门以未成年人为服务对象的网络产品和服务中制作、复制、发布、传播本条例第二十三条第一款规定的可能影响未成年人身心健康的信息。

网络产品和服务提供者不得在首页首屏、弹窗、热搜等处于产品或者服务醒目位置、易引起用户关注的重点环节呈现本条例第二十三条第一款规定的可能影响未成年人身心健康的信息。

网络产品和服务提供者不得通过自动化决策方式向未成年人进行商业营销。

第二十五条　任何组织和个人不得向未成年人发送、推送或者诱骗、强迫未成年人接触含有危害或者可能影响未成年人身心健康内容的网络信息。

第二十六条　任何组织和个人不得通过网络以文字、图片、音视频等形式，对未成年人实施侮辱、诽谤、威胁或者恶意损害形象等网络欺凌行为。

网络产品和服务提供者应当建立健全网络欺凌行为的预警预防、识别监测和处置机制，设置便利未成年人及其监护人保存遭受网络欺凌记录、行使通知权利的功能、渠道，提供便利未成年人设置屏蔽陌生用户、本人发布信息可见范围、禁止转载或者评论本人发布信息、禁止向本人发送信息等网络欺凌信息防护选项。

网络产品和服务提供者应当建立健全网络欺凌信息特征库，优化相关算法模型，采用人工智能、大数据等技术手段和人工审核相结合的方式加强对网络欺凌信息的识别监测。

第二十七条　任何组织和个人不得通过网络以文字、图片、音视频等形式，组织、教唆、胁迫、引诱、欺骗、帮助未成年人实施违法犯罪行为。

第二十八条　以未成年人为服务对象的在线教育网络产品和服务提供者，应当按照法律、行政法规和国家有关规定，根据不同年龄阶段未成年人身心发展特点和认知能力提供相应的产品和服务。

第二十九条　网络产品和服务提供者应当加强对用户发布信息的管理，采取有效措施防止制作、复制、发布、传播违反本条例第二十二条、第二十四条、第二十五条、第二十六条第一款、第二十七条规定的信息，发现违反上述条款规定的信息的，应当立即停止传输相关信息，采取删除、屏蔽、断开链接等处置措施，防止信息扩散，保存有关记录，向网信、公安等部门报告，并对制作、复制、发布、传播上述信息的用户采取警示、限制功能、暂停服务、关闭账号等处置措施。

网络产品和服务提供者发现用户发布、传播本条例第二十三条第一款规定的信息未予显著提示的，应当作出提示或者通知用户予以提示；未作出提示的，不得传输该信息。

第三十条　国家网信、新闻出版、电影部门和国务院教育、电信、公安、文化和旅游、广播电视等部门发现违反本条例第二十二条、第二十四条、第二十五条、第二十六条第一款、第二十七条规定的信息的，或者发现本条例第二十三条第一款规定的信息未予显著提示的，应当要求网络产品和服务提供者按照本条例第二十九条的规定予以处理；对来源于境外的上述信息，应当依法通知有关机构采取技术措施和其他必要措施阻断传播。

第四章　个人信息网络保护

第三十一条　网络服务提供者为未成年人提供信息发布、即时通讯等服务的，应当依法要求未成年人或者其监护人提供未成年人真实身份信息。未成年人或者其监护人不提供未成年人真实身份信息的，网络服务提供者不得为未成年人提供相关服务。

网络直播服务提供者应当建立网络直播发布者真实身份信息动态核验机制，不得向不符合法律规定情形的未成年人用户提供网络直播发布服务。

第三十二条　个人信息处理者应当严格遵守国家网信部门和有关部门关于网络产品和服务必要个人信息范围的规定，不得强制要求未成年人或者其监护人同意非必要的个人信息处理行为，不得因为未成年人或者其监护人不同意处理未成年人非必要个人信息或者撤回同意，拒绝未成年人使用其基本功能服务。

第三十三条　未成年人的监护人应当教育引导未成年人增强个人信息保护意识

和能力、掌握个人信息范围、了解个人信息安全风险，指导未成年人行使其在个人信息处理活动中的查阅、复制、更正、补充、删除等权利，保护未成年人个人信息权益。

第三十四条　未成年人或者其监护人依法请求查阅、复制、更正、补充、删除未成年人个人信息的，个人信息处理者应当遵守以下规定：

(一)提供便捷的支持未成年人或者其监护人查阅未成年人个人信息种类、数量等的方法和途径，不得对未成年人或者其监护人的合理请求进行限制；

(二)提供便捷的支持未成年人或者其监护人复制、更正、补充、删除未成年人个人信息的功能，不得设置不合理条件；

(三)及时受理并处理未成年人或者其监护人查阅、复制、更正、补充、删除未成年人个人信息的申请，拒绝未成年人或者其监护人行使权利的请求的，应当书面告知申请人并说明理由。

对未成年人或者其监护人依法提出的转移未成年人个人信息的请求，符合国家网信部门规定条件的，个人信息处理者应当提供转移的途径。

第三十五条　发生或者可能发生未成年人个人信息泄露、篡改、丢失的，个人信息处理者应当立即启动个人信息安全事件应急预案，采取补救措施，及时向网信等部门报告，并按照国家有关规定将事件情况以邮件、信函、电话、信息推送等方式告知受影响的未成年人及其监护人。

个人信息处理者难以逐一告知的，应当采取合理、有效的方式及时发布相关警示信息，法律、行政法规另有规定的除外。

第三十六条　个人信息处理者对其工作人员应当以最小授权为原则，严格设定信息访问权限，控制未成年人个人信息知悉范围。工作人员访问未成年人个人信息的，应当经过相关负责人或者其授权的管理人员审批，记录访问情况，并采取技术措施，避免违法处理未成年人个人信息。

第三十七条　个人信息处理者应当自行或者委托专业机构每年对其处理未成年人个人信息遵守法律、行政法规的情况进行合规审计，并将审计情况及时报告网信等部门。

第三十八条　网络服务提供者发现未成年人私密信息或者未成年人通过网络发布的个人信息中涉及私密信息的，应当及时提示，并采取停止传输等必要保护措施，防止信息扩散。

网络服务提供者通过未成年人私密信息发现未成年人可能遭受侵害的，应当立即采取必要措施保存有关记录，并向公安机关报告。

第五章　网络沉迷防治

第三十九条　对未成年人沉迷网络进行预防和干预，应当遵守法律、行政法规和国家有关规定。

教育、卫生健康、市场监督管理等部门依据各自职责对从事未成年人沉迷网络预防和干预活动的机构实施监督管理。

第四十条　学校应当加强对教师的指导和培训，提高教师对未成年学生沉迷网络的早期识别和干预能力。对于有沉迷网络倾向的未成年学生，学校应当及时告知其监护人，共同对未成年学生进行教育和引导，帮助其恢复正常的学习生活。

第四十一条　未成年人的监护人应当指导未成年人安全合理使用网络，关注未成年人上网情况以及相关生理状况、心理状况、行为习惯，防范未成年人接触危害或者可能影响其身心健康的网络信息，合理安排未成年人使用网络的时间，预防和干预未成年人沉迷网络。

第四十二条　网络产品和服务提供者应当建立健全防沉迷制度，不得向未成年人提供诱导其沉迷的产品和服务，及时修改可能造成未成年人沉迷的内容、功能和规则，并每年向社会公布防沉迷工作情况，接受社会监督。

第四十三条　网络游戏、网络直播、网络音视频、网络社交等网络服务提供者应当针对不同年龄阶段未成年人使用其服务的特点，坚持融合、友好、实用、有效的原则，设置未成年人模式，在使用时段、时长、功能和内容等方面按照国家有关规定和标准提供相应的服务，并以醒目便捷的方式为监护人履行监护职责提供时间管理、权限管理、消费管理等功能。

第四十四条　网络游戏、网络直播、网络音视频、网络社交等网络服务提供者应当采取措施，合理限制不同年龄阶段未成年人在使用其服务中的单次消费数额和单日累计消费数额，不得向未成年人提供与其民事行为能力不符的付费服务。

第四十五条　网络游戏、网络直播、网络音视频、网络社交等网络服务提供者应当采取措施，防范和抵制流量至上等不良价值倾向，不得设置以应援集资、投票打榜、刷量控评等为主题的网络社区、群组、话题，不得诱导未成年人参与应援集资、投票打榜、刷量控评等网络活动，并预防和制止其用户诱导未成年人实施上述行为。

第四十六条　网络游戏服务提供者应当通过统一的未成年人网络游戏电子身份认证系统等必要手段验证未成年人用户真实身份信息。

网络产品和服务提供者不得为未成年人提供游戏账号租售服务。

第四十七条　网络游戏服务提供者应当建立、完善预防未成年人沉迷网络的游戏规则，避免未成年人接触可能影响其身心健康的游戏内容或者游戏功能。

网络游戏服务提供者应当落实适龄提示要求，根据不同年龄阶段未成年人身心发展特点和认知能力，通过评估游戏产品的类型、内容与功能等要素，对游戏产品进行分类，明确游戏产品适合的未成年人用户年龄阶段，并在用户下载、注册、登录界面等位置予以显著提示。

第四十八条　新闻出版、教育、卫生健康、文化和旅游、广播电视、网信等部门应当定期开展预防未成年人沉迷网络的宣传教育，监督检查网络产品和服务提供者履行预防未成年人沉迷网络义务的情况，指导家庭、学校、社会组织互相配合，采取科学、合理的方式对未成年人沉迷网络进行预防和干预。

国家新闻出版部门牵头组织开展未成年人沉迷网络游戏防治工作，会同有关部门制定关于向未成年人提供网络游戏服务的时段、时长、消费上限等管理规定。

卫生健康、教育等部门依据各自职责指导有关医疗卫生机构、高等学校等，开展未成年人沉迷网络所致精神障碍和心理行为问题的基础研究和筛查评估、诊断、预防、干预等应用研究。

第四十九条　严禁任何组织和个人以虐待、胁迫等侵害未成年人身心健康的方式干预未成年人沉迷网络、侵犯未成年人合法权益。

第六章　法律责任

第五十条　地方各级人民政府和县级以上有关部门违反本条例规定，不履行未成年人网络保护职责的，由其上级机关责令改正；拒不改正或者情节严重的，对负有责任的领导人员和直接责任人员依法给予处分。

第五十一条　学校、社区、图书馆、文化馆、青少年宫等违反本条例规定，不履行未成年人网络保护职责的，由教育、文化和旅游等部门依据各自职责责令改正；拒不改正或者情节严重的，对负有责任的领导人员和直接责任人员依法给予处分。

第五十二条　未成年人的监护人不履行本条例规定的监护职责或者侵犯未成年人合法权益的，由未成年人居住地的居民委员会、村民委员会、妇女联合会，监护人所在单位，中小学校、幼儿园等有关密切接触未成年人的单位依法予以批评教育、劝诫制止、督促其接受家庭教育指导等。

第五十三条　违反本条例第七条、第十九条第三款、第三十八条第二款规定的，由网信、新闻出版、电影、教育、电信、公安、民政、文化和旅游、市场监督管理、广播电视等部门依据各自职责责令改正；拒不改正或者情节严重的，处 5 万元以上 50 万元以下罚款，对直接负责的主管人员和其他直接责任人员处 1 万元以上 10 万元以下罚款。

第五十四条　违反本条例第二十条第一款规定的，由网信、新闻出版、电信、公安、文化和旅游、广播电视等部门依据各自职责责令改正，给予警告，没收违法所得；拒不改正的，并处 100 万元以下罚款，对直接负责的主管人员和其他直接责任人员处 1 万元以上 10 万元以下罚款。

违反本条例第二十条第一款第一项和第五项规定，情节严重的，由省级以上网信、新闻出版、电信、公安、文化和旅游、广播电视等部门依据各自职责责令改正，没收违法所得，并处 5000 万元以下或者上一年度营业额百分之五以下罚款，并可以责令暂停相关业务或者停业整顿、通报有关部门依法吊销相关业务许可证或者吊销营业执照；对直接负责的主管人员和其他直接责任人员处10万元以上100万元以下罚款，并可以决定禁止其在一定期限内担任相关企业的董事、监事、高级管理人员和未成年人保护负责人。

第五十五条　违反本条例第二十四条、第二十五条规定的，由网信、新闻出版、电影、电信、公安、文化和旅游、市场监督管理、广播电视等部门依据各自职责责令限期改正，给予警告，没收违法所得，可以并处10万元以下罚款；拒不改正或者情节严重的，责令暂停相关业务、停产停业或者吊销相关业务许可证、吊销营业执照，违法所得100万元以上的，并处违法所得1倍以上10倍以下罚款，没有违法所得或者违法所得不足100万元的，并处10万元以上100万元以下罚款。

第五十六条　违反本条例第二十六条第二款和第三款、第二十八条、第二十九条第一款、第三十一条第二款、第三十六条、第三十八条第一款、第四十二条至第四十五条、第四十六条第二款、第四十七条规定的，由网信、新闻出版、电影、教育、电信、公安、文化和旅游、广播电视等部门依据各自职责责令改正，给予警告，没收违法所得，违法所得100万元以上的，并处违法所得1倍以上10倍以下罚款，没有违法所得或者违法所得不足100万元的，并处10万元以上100万元以下罚款，对直接负责的主管人员和其他直接责任人员处1万元以上10万元以下罚款；拒不改正或者情节严重的，并可以责令暂停相关业务、停业整顿、关闭网站、吊销相关业务许可证或者吊销营业执照。

第五十七条　网络产品和服务提供者违反本条例规定，受到关闭网站、吊销相关业务许可证或者吊销营业执照处罚的，5年内不得重新申请相关许可，其直接负责的主管人员和其他直接责任人员5年内不得从事同类网络产品和服务业务。

第五十八条　违反本条例规定，侵犯未成年人合法权益，给未成年人造成损害的，依法承担民事责任；构成违反治安管理行为的，依法给予治安管理处罚；构成犯罪的，依法追究刑事责任。

第七章　附　　则

第五十九条　本条例所称智能终端产品，是指可以接入网络、具有操作系统、能够由用户自行安装应用软件的手机、计算机等网络终端产品。

第六十条　本条例自2024年1月1日起施行。

《中小学教育惩戒规则》(试行)[①]

(2020年9月23日教育部第3次部务会议审议通过，自2021年3月1日起施行。)

第一条　为落实立德树人根本任务，保障和规范学校、教师依法履行教育教学和管理职责，保护学生合法权益，促进学生健康成长、全面发展，根据教育法、教师法、未成年人保护法、预防未成年人犯罪法等法律法规和国家有关规定，制定本规则。

第二条　普通中小学校、中等职业学校(以下称学校)及其教师在教育教学和管理过程中对学生实施教育惩戒，适用本规则。

本规则所称教育惩戒，是指学校、教师基于教育目的，对违规违纪学生进行管理、训导或者以规定方式予以矫治，促使学生引以为戒、认识和改正错误的教育行为。

第三条　学校、教师应当遵循教育规律，依法履行职责，通过积极管教和教育惩戒的实施，及时纠正学生错误言行，培养学生的规则意识、责任意识。

教育行政部门应当支持、指导、监督学校及其教师依法依规实施教育惩戒。

第四条　实施教育惩戒应当符合教育规律，注重育人效果；遵循法治原则，做到客观公正；选择适当措施，与学生过错程度相适应。

第五条　学校应当结合本校学生特点，依法制定、完善校规校纪，明确学生行为规范，健全实施教育惩戒的具体情形和规则。

学校制定校规校纪，应当广泛征求教职工、学生和学生父母或者其他监护人(以下称家长)的意见；有条件的，可以组织有学生、家长及有关方面代表参加的听证。校规校纪应当提交家长委员会、教职工代表大会讨论，经校长办公会议审议通过后施行，并报主管教育部门备案。

教师可以组织学生、家长以民主讨论形式共同制定班规或者班级公约，报学校备案后施行。

第六条　学校应当利用入学教育、班会以及其他适当方式，向学生和家长宣传讲解校规校纪。未经公布的校规校纪不得施行。

学校可以根据情况建立校规校纪执行委员会等组织机构，吸收教师、学生及家

① http://www.moe.gov.cn/srcsite/A02/s5911/moe_621/202012/t20201228_507882.html，最后浏览2023-12-06

长、社会有关方面代表参加，负责确定可适用的教育惩戒措施，监督教育惩戒的实施，开展相关宣传教育等。

第七条 学生有下列情形之一，学校及其教师应当予以制止并进行批评教育，确有必要的，可以实施教育惩戒：

（一）故意不完成教学任务要求或者不服从教育、管理的；

（二）扰乱课堂秩序、学校教育教学秩序的；

（三）吸烟、饮酒，或者言行失范违反学生守则的；

（四）实施有害自己或者他人身心健康的危险行为的；

（五）打骂同学、老师，欺凌同学或者侵害他人合法权益的；

（六）其他违反校规校纪的行为。

学生实施属于预防未成年人犯罪法规定的不良行为或者严重不良行为的，学校、教师应当予以制止并实施教育惩戒，加强管教；构成违法犯罪的，依法移送公安机关处理。

第八条 教师在课堂教学、日常管理中，对违规违纪情节较为轻微的学生，可以当场实施以下教育惩戒：

（一）点名批评；

（二）责令赔礼道歉、做口头或者书面检讨；

（三）适当增加额外的教学或者班级公益服务任务；

（四）一节课堂教学时间内的教室内站立；

（五）课后教导；

（六）学校校规校纪或者班规、班级公约规定的其他适当措施。

教师对学生实施前款措施后，可以以适当方式告知学生家长。

第九条 学生违反校规校纪，情节较重或者经当场教育惩戒拒不改正的，学校可以实施以下教育惩戒，并应当及时告知家长：

（一）由学校德育工作负责人予以训导；

（二）承担校内公益服务任务；

（三）安排接受专门的校规校纪、行为规则教育；

（四）暂停或者限制学生参加游览、校外集体活动以及其他外出集体活动；

（五）学校校规校纪规定的其他适当措施。

第十条 小学高年级、初中和高中阶段的学生违规违纪情节严重或者影响恶劣的，学校可以实施以下教育惩戒，并应当事先告知家长：

（一）给予不超过一周的停课或者停学，要求家长在家进行教育、管教；

（二）由法治副校长或者法治辅导员予以训诫；

（三）安排专门的课程或者教育场所，由社会工作者或者其他专业人员进行心理辅导、行为干预。

对违规违纪情节严重，或者经多次教育惩戒仍不改正的学生，学校可以给予警告、严重警告、记过或者留校察看的纪律处分。对高中阶段学生，还可以给予开除学籍的纪律处分。

对有严重不良行为的学生，学校可以按照法定程序，配合家长、有关部门将其转入专门学校教育矫治。

第十一条　学生扰乱课堂或者教育教学秩序，影响他人或者可能对自己及他人造成伤害的，教师可以采取必要措施，将学生带离教室或者教学现场，并予以教育管理。

教师、学校发现学生携带、使用违规物品或者行为具有危险性的，应当采取必要措施予以制止；发现学生藏匿违法、危险物品的，应当责令学生交出并可以对可能藏匿物品的课桌、储物柜等进行检查。

教师、学校对学生的违规物品可以予以暂扣并妥善保管，在适当时候交还学生家长；属于违法、危险物品的，应当及时报告公安机关、应急管理部门等有关部门依法处理。

第十二条　教师在教育教学管理、实施教育惩戒过程中，不得有下列行为：

(一)以击打、刺扎等方式直接造成身体痛苦的体罚；

(二)超过正常限度的罚站、反复抄写，强制做不适的动作或者姿势，以及刻意孤立等间接伤害身体、心理的变相体罚；

(三)辱骂或者以歧视性、侮辱性的言行侵犯学生人格尊严；

(四)因个人或者少数人违规违纪行为而惩罚全体学生；

(五)因学业成绩而教育惩戒学生；

(六)因个人情绪、好恶实施或者选择性实施教育惩戒；

(七)指派学生对其他学生实施教育惩戒；

(八)其他侵害学生权利的。

第十三条　教师对学生实施教育惩戒后，应当注重与学生的沟通和帮扶，对改正错误的学生及时予以表扬、鼓励。

学校可以根据实际和需要，建立学生教育保护辅导工作机制，由学校分管负责人、德育工作机构负责人、教师以及法治副校长(辅导员)、法律以及心理、社会工作等方面的专业人员组成辅导小组，对有需要的学生进行专门的心理辅导、行为矫治。

第十四条　学校拟对学生实施本规则第十条所列教育惩戒和纪律处分的，应当听取学生的陈述和申辩。学生或者家长申请听证的，学校应当组织听证。

学生受到教育惩戒或者纪律处分后，能够诚恳认错、积极改正的，可以提前解除教育惩戒或者纪律处分。

第十五条　学校应当支持、监督教师正当履行职务。教师因实施教育惩戒与学生及其家长发生纠纷，学校应当及时进行处理，教师无过错的，不得因教师实施教育惩戒而给予其处分或者其他不利处理。

教师违反本规则第十二条，情节轻微的，学校应当予以批评教育；情节严重的，应当暂停履行职责或者依法依规给予处分；给学生身心造成伤害，构成违法犯罪的，由公安机关依法处理。

第十六条　学校、教师应当重视家校协作，积极与家长沟通，使家长理解、支持和配合实施教育惩戒，形成合力。家长应当履行对子女的教育职责，尊重教师的教育权利，配合教师、学校对违规违纪学生进行管教。

家长对教师实施的教育惩戒有异议或者认为教师行为违反本规则第十二条规定的，可以向学校或者主管教育行政部门投诉、举报。学校、教育行政部门应当按照师德师风建设管理的有关要求，及时予以调查、处理。家长威胁、侮辱、伤害教师的，学校、教育行政部门应当依法保护教师人身安全、维护教师合法权益；情形严重的，应当及时向公安机关报告并配合公安机关、司法机关追究责任。

第十七条　学生及其家长对学校依据本规则第十条实施的教育惩戒或者给予的纪律处分不服的，可以在教育惩戒或者纪律处分作出后 15 个工作日内向学校提起申诉。

学校应当成立由学校相关负责人、教师、学生以及家长、法治副校长等校外有关方面代表组成的学生申诉委员会，受理申诉申请，组织复查。学校应当明确学生申诉委员会的人员构成、受理范围及处理程序等并向学生及家长公布。

学生申诉委员会应当对学生申诉的事实、理由等进行全面审查，作出维持、变更或者撤销原教育惩戒或者纪律处分的决定。

第十八条　学生或者家长对学生申诉处理决定不服的，可以向学校主管教育部门申请复核；对复核决定不服的，可以依法提起行政复议或者行政诉讼。

第十九条　学校应当有针对性地加强对教师的培训，促进教师更新教育理念、改进教育方式方法，提高教师正确履行职责的意识与能力。

每学期末，学校应当将学生受到本规则第十条所列教育惩戒和纪律处分的信息报主管教育行政部门备案。

第二十条　本规则自 2021 年 3 月 1 日起施行。

各地可以结合本地实际，制定本地方实施细则或者指导学校制定实施细则。

《未成年人学校保护规定》①

(2021年5月25日教育部第1次部务会议审议通过，自2021年9月1日起施行。)

第一章　总　则

第一条　为了落实学校保护职责，保障未成年人合法权益，促进未成年人德智体美劳全面发展、健康成长，根据《中华人民共和国教育法》《中华人民共和国未成年人保护法》等法律法规，制定本规定。

第二条　普通中小学、中等职业学校(以下简称学校)对本校未成年人(以下统称学生)在校学习、生活期间合法权益的保护，适用本规定。

第三条　学校应当全面贯彻国家教育方针，落实立德树人根本任务，弘扬社会主义核心价值观，依法办学、依法治校，履行学生权益保护法定职责，健全保护制度，完善保护机制。

第四条　学校学生保护工作应当坚持最有利于未成年人的原则，注重保护和教育相结合，适应学生身心健康发展的规律和特点；关心爱护每个学生，尊重学生权利，听取学生意见。

第五条　教育行政部门应当落实工作职责，会同有关部门健全学校学生保护的支持措施、服务体系，加强对学校学生保护工作的支持、指导、监督和评价。

第二章　一般保护

第六条　学校应当平等对待每个学生，不得因学生及其父母或者其他监护人(以下统称家长)的民族、种族、性别、户籍、职业、宗教信仰、教育程度、家庭状况、身心健康情况等歧视学生或者对学生进行区别对待。

第七条　学校应当落实安全管理职责，保护学生在校期间人身安全。学校不得组织、安排学生从事抢险救灾、参与危险性工作，不得安排学生参加商业性活动及其他不宜学生参加的活动。

学生在校内或者本校组织的校外活动中发生人身伤害事故的，学校应当依据有关规定妥善处理，及时通知学生家长；情形严重的，应当按规定向有关部门报告。

① http://www.moe.gov.cn/srcsite/A02/s5911/moe_621/202106/t20210601_534640.html

第八条　学校不得设置侵犯学生人身自由的管理措施，不得对学生在课间及其他非教学时间的正当交流、游戏、出教室活动等言行自由设置不必要的约束。

第九条　学校应当尊重和保护学生的人格尊严，尊重学生名誉，保护和培育学生的荣誉感、责任感，表彰、奖励学生做到公开、公平、公正；在教育、管理中不得使用任何贬损、侮辱学生及其家长或者所属特定群体的言行、方式。

第十条　学校采集学生个人信息，应当告知学生及其家长，并对所获得的学生及其家庭信息负有管理、保密义务，不得毁弃以及非法删除、泄露、公开、买卖。

学校在奖励、资助、申请贫困救助等工作中，不得泄露学生个人及其家庭隐私；学生的考试成绩、名次等学业信息，学校应当便利学生本人和家长知晓，但不得公开，不得宣传升学情况；除因法定事由，不得查阅学生的信件、日记、电子邮件或者其他网络通讯内容。

第十一条　学校应当尊重和保护学生的受教育权利，保障学生平等使用教育教学设施设备、参加教育教学计划安排的各种活动，并在学业成绩和品行上获得公正评价。

对身心有障碍的学生，应当提供合理便利，实施融合教育，给予特别支持；对学习困难、行为异常的学生，应当以适当方式教育、帮助，必要时，可以通过安排教师或者专业人员课后辅导等方式给予帮助或者支持。

学校应当建立留守学生、困境学生档案，配合政府有关部门做好关爱帮扶工作，避免学生因家庭因素失学、辍学。

第十二条　义务教育学校不得开除或者变相开除学生，不得以长期停课、劝退等方式，剥夺学生在校接受并完成义务教育的权利；对转入专门学校的学生，应当保留学籍，原决定机关决定转回的学生，不得拒绝接收。

义务教育学校应当落实学籍管理制度，健全辍学或者休学、长期请假学生的报告备案制度，对辍学学生应当及时进行劝返，劝返无效的，应当报告有关主管部门。

第十三条　学校应当按规定科学合理安排学生在校作息时间，保证学生有休息、参加文娱活动和体育锻炼的机会和时间，不得统一要求学生在规定的上课时间前到校参加课程教学活动。

义务教育学校不得占用国家法定节假日、休息日及寒暑假，组织学生集体补课；不得以集体补课等形式侵占学生休息时间。

第十四条　学校不得采用毁坏财物的方式对学生进行教育管理，对学生携带进入校园的违法违规物品，按规定予以暂扣的，应当统一管理，并依照有关规定予以处理。

学校不得违反规定向学生收费，不得强制要求或者设置条件要求学生及家长捐款捐物、购买商品或者服务，或者要求家长提供物质帮助、需支付费用的服务等。

第十五条　学校以发布、汇编、出版等方式使用学生作品，对外宣传或者公开使用学生个体肖像的，应当取得学生及其家长许可，并依法保护学生的权利。

第十六条　学校应当尊重学生的参与权和表达权，指导、支持学生参与学校章程、校规校纪、班级公约的制定，处理与学生权益相关的事务时，应当以适当方式听取学生意见。

第十七条　学校对学生实施教育惩戒或者处分学生的，应当依据有关规定，听取学生的陈述、申辩，遵循审慎、公平、公正的原则作出决定。

除开除学籍处分以外，处分学生应当设置期限，对受到处分的学生应当跟踪观察、有针对性地实施教育，确有改正的，到期应当予以解除。解除处分后，学生获得表彰、奖励及其他权益，不再受原处分影响。

第三章　专项保护

第十八条　学校应当落实法律规定建立学生欺凌防控和预防性侵害、性骚扰等专项制度，建立对学生欺凌、性侵害、性骚扰行为的零容忍处理机制和受伤害学生的关爱、帮扶机制。

第十九条　学校应当成立由校内相关人员、法治副校长、法律顾问、有关专家、家长代表、学生代表等参与的学生欺凌治理组织，负责学生欺凌行为的预防和宣传教育、组织认定、实施矫治、提供援助等。

学校应当定期针对全体学生开展防治欺凌专项调查，对学校是否存在欺凌等情形进行评估。

第二十条　学校应当教育、引导学生建立平等、友善、互助的同学关系，组织教职工学习预防、处理学生欺凌的相关政策、措施和方法，对学生开展相应的专题教育，并且应当根据情况给予相关学生家长必要的家庭教育指导。

第二十一条　教职工发现学生实施下列行为的，应当及时制止：

（一）殴打、脚踢、掌掴、抓咬、推撞、拉扯等侵犯他人身体或者恐吓威胁他人；

（二）以辱骂、讥讽、嘲弄、挖苦、起侮辱性绰号等方式侵犯他人人格尊严；

（三）抢夺、强拿硬要或者故意毁坏他人财物；

（四）恶意排斥、孤立他人，影响他人参加学校活动或者社会交往；

（五）通过网络或者其他信息传播方式捏造事实诽谤他人、散布谣言或者错误信息诋毁他人、恶意传播他人隐私。

学生之间，在年龄、身体或者人数等方面占优势的一方蓄意或者恶意对另一方实施前款行为，或者以其他方式欺压、侮辱另一方，造成人身伤害、财产损失或者精神损害的，可以认定为构成欺凌。

第二十二条　教职工应当关注因身体条件、家庭背景或者学习成绩等可能处于弱势或者特殊地位的学生，发现学生存在被孤立、排挤等情形的，应当及时干预。

教职工发现学生有明显的情绪反常、身体损伤等情形，应当及时沟通了解情况，可能存在被欺凌情形的，应当及时向学校报告。

学校应当教育、支持学生主动、及时报告所发现的欺凌情形，保护自身和他人的合法权益。

第二十三条　学校接到关于学生欺凌报告的，应当立即开展调查，认为可能构成欺凌的，应当及时提交学生欺凌治理组织认定和处置，并通知相关学生的家长参与欺凌行为的认定和处理。认定构成欺凌的，应当对实施或者参与欺凌行为的学生作出教育惩戒或者纪律处分，并对其家长提出加强管教的要求，必要时，可以由法治副校长、辅导员对学生及其家长进行训导、教育。

对违反治安管理或者涉嫌犯罪等严重欺凌行为，学校不得隐瞒，应当及时向公安机关、教育行政部门报告，并配合相关部门依法处理。

不同学校学生之间发生的学生欺凌事件，应当在主管教育行政部门的指导下建立联合调查机制，进行认定和处理。

第二十四条　学校应当建立健全教职工与学生交往行为准则、学生宿舍安全管理规定、视频监控管理规定等制度，建立预防、报告、处置性侵害、性骚扰工作机制。

学校应当采取必要措施预防并制止教职工以及其他进入校园的人员实施以下行为：

（一）与学生发生恋爱关系、性关系；

（二）抚摸、故意触碰学生身体特定部位等猥亵行为；

（三）对学生作出调戏、挑逗或者具有性暗示的言行；

（四）向学生展示传播包含色情、淫秽内容的信息、书刊、影片、音像、图片或者其他淫秽物品；

（五）持有包含淫秽、色情内容的视听、图文资料；

（六）其他构成性骚扰、性侵害的违法犯罪行为。

第四章　管理要求

第二十五条　学校应当制定规范教职工、学生行为的校规校纪。校规校纪应当内容合法、合理，制定程序完备，向学生及其家长公开，并按照要求报学校主管部门备案。

第二十六条　学校应当严格执行国家课程方案，按照要求开齐开足课程、选用教材和教学辅助资料。学校开发的校本课程或者引进的课程应当经过科学论证，并报主管教育行政部门备案。

学校不得与校外培训机构合作向学生提供有偿的课程或者课程辅导。

第二十七条　学校应当加强作业管理，指导和监督教师按照规定科学适度布置家庭作业，不得超出规定增加作业量，加重学生学习负担。

第二十八条　学校应当按照规定设置图书馆、班级图书角，配备适合学生认知特点、内容积极向上的课外读物，营造良好阅读环境，培养学生阅读习惯，提升阅读质量。

学校应当加强读物和校园文化环境管理，禁止含有淫秽、色情、暴力、邪教、迷信、赌博、恐怖主义、分裂主义、极端主义等危害未成年人身心健康内容的读物、图片、视听作品等，以及商业广告、有悖于社会主义核心价值观的文化现象进入校园。

第二十九条　学校应当建立健全安全风险防控体系，按照有关规定完善安全、卫生、食品等管理制度，提供符合标准的教育教学设施、设备等，制定自然灾害、突发事件、极端天气和意外伤害应急预案，配备相应设施并定期组织必要的演练。

学生在校期间学校应当对校园实行封闭管理，禁止无关人员进入校园。

第三十条　学校应当以适当方式教育、提醒学生及家长，避免学生使用兴奋剂或者镇静催眠药、镇痛剂等成瘾性药物；发现学生使用的，应当予以制止、向主管部门或者公安机关报告，并应当及时通知家长，但学生因治疗需要并经执业医师诊断同意使用的除外。

第三十一条　学校应当建立学生体质监测制度，发现学生出现营养不良、近视、肥胖、龋齿等倾向或者有导致体质下降的不良行为习惯，应当进行必要的管理、干预，并通知家长，督促、指导家长实施矫治。

学校应当完善管理制度，保障学生在课间、课后使用学校的体育运动场地、设施开展体育锻炼；在周末和节假日期间，按规定向学生和周边未成年人免费或者优惠开放。

第三十二条　学校应当建立学生心理健康教育管理制度，建立学生心理健康问题的早期发现和及时干预机制，按照规定配备专职或者兼职心理健康教育教师、建设心理辅导室，或者通过购买专业社工服务等多种方式为学生提供专业化、个性化的指导和服务。

有条件的学校，可以定期组织教职工进行心理健康状况测评，指导、帮助教职工以积极、乐观的心态对待学生。

第三十三条　学校可以禁止学生携带手机等智能终端产品进入学校或者在校园内使用；对经允许带入的，应当统一管理，除教学需要外，禁止带入课堂。

第三十四条　学校应当将科学、文明、安全、合理使用网络纳入课程内容，对学生进行网络安全、网络文明和防止沉迷网络的教育，预防和干预学生过度使用网络。

学校为学生提供的上网设施，应当安装未成年人上网保护软件或者采取其他安全保护技术措施，避免学生接触不适宜未成年人接触的信息；发现网络产品、服务、信息有危害学生身心健康内容的，或者学生利用网络实施违法活动的，应当立即采取措施并向有关主管部门报告。

第三十五条 任何人不得在校园内吸烟、饮酒。学校应当设置明显的禁止吸烟、饮酒的标识，并不得以烟草制品、酒精饮料的品牌冠名学校、教学楼、设施设备及各类教学、竞赛活动。

第三十六条 学校应当严格执行入职报告和准入查询制度，不得聘用有下列情形的人员：

(一)受到剥夺政治权利或者因故意犯罪受到有期徒刑以上刑事处罚的；

(二)因卖淫、嫖娼、吸毒、赌博等违法行为受到治安管理处罚的；

(三)因虐待、性骚扰、体罚或者侮辱学生等情形被开除或者解聘的；

(四)实施其他被纳入教育领域从业禁止范围的行为的。

学校在聘用教职工或引入志愿者、社工等校外人员时，应当要求相关人员提交承诺书；对在聘人员应当按照规定定期开展核查，发现存在前款规定情形的人员应当及时解聘。

第三十七条 学校发现拟聘人员或者在职教职工存在下列情形的，应当对有关人员是否符合相应岗位要求进行评估，必要时可以安排有专业资质的第三方机构进行评估，并将相关结论作为是否聘用或者调整工作岗位、解聘的依据：

(一)有精神病史的；

(二)有严重酗酒、滥用精神类药物史的；

(三)有其他可能危害未成年人身心健康或者可能造成不良影响的身心疾病的。

第三十八条 学校应当加强对教职工的管理，预防和制止教职工实施法律、法规、规章以及师德规范禁止的行为。学校及教职工不得实施下列行为：

(一)利用管理学生的职务便利或者招生考试、评奖评优、推荐评价等机会，以任何形式向学生及其家长索取、收受财物或者接受宴请、其他利益；

(二)以牟取利益为目的，向学生推销或者要求、指定学生购买特定辅导书、练习册等教辅材料或者其他商品、服务；

(三)组织、要求学生参加校外有偿补课，或者与校外机构、个人合作向学生提供其他有偿服务；

(四)诱导、组织或者要求学生及其家长登录特定经营性网站，参与视频直播、网络购物、网络投票、刷票等活动；

(五)非法提供、泄露学生信息或者利用所掌握的学生信息牟取利益；

(六)其他利用管理学生的职权牟取不正当利益的行为。

第三十九条 学校根据《校车安全管理条例》配备、使用校车的，应当依法建立健全校车安全管理制度，向学生讲解校车安全乘坐知识，培养学生校车安全事故应急处理技能。

第四十条 学校应当定期巡查校园及周边环境，发现存在法律禁止在学校周边设立的营业场所、销售网点的，应当及时采取应对措施，并报告主管教育部门或者其他有关主管部门。

学校及其教职工不得安排或者诱导、组织学生进入营业性娱乐场所、互联网上网服务营业场所、电子游戏场所、酒吧等不适宜未成年人活动的场所；发现学生进入上述场所的，应当及时予以制止、教育，并向上述场所的主管部门反映。

第五章　保护机制

第四十一条　校长是学生学校保护的第一责任人。学校应当指定一名校领导直接负责学生保护工作，并明确具体的工作机构，有条件的，可以设立学生保护专员开展学生保护工作。学校应当为从事学生保护工作的人员接受相关法律、理论和技能的培训提供条件和支持，对教职工开展未成年人保护专项培训。

有条件的学校可以整合欺凌防治、纪律处分等组织、工作机制，组建学生保护委员会，统筹负责学生权益保护及相关制度建设。

第四十二条　学校要树立以生命关怀为核心的教育理念，利用安全教育、心理健康教育、环境保护教育、健康教育、禁毒和预防艾滋病教育等专题教育，引导学生热爱生命、尊重生命；要有针对性地开展青春期教育、性教育，使学生了解生理健康知识，提高防范性侵害、性骚扰的自我保护意识和能力。

第四十三条　学校应当结合相关课程要求，根据学生的身心特点和成长需求开展以宪法教育为核心、以权利与义务教育为重点的法治教育，培养学生树立正确的权利观念，并开展有针对性的预防犯罪教育。

第四十四条　学校可以根据实际组成由学校相关负责人、教师、法治副校长(辅导员)、司法和心理等方面专业人员参加的专业辅导工作机制，对有不良行为的学生进行矫治和帮扶；对有严重不良行为的学生，学校应当配合有关部门进行管教，无力管教或者管教无效的，可以依法向教育行政部门提出申请送专门学校接受专门教育。

第四十五条　学校在作出与学生权益有关的决定前，应当告知学生及其家长，听取意见并酌情采纳。

学校应当发挥学生会、少代会、共青团等学生组织的作用，指导、支持学生参与权益保护，对于情节轻微的学生纠纷或者其他侵害学生权益的情形，可以安排学生代表参与调解。

第四十六条　学校应当建立与家长有效联系机制，利用家访、家长课堂、家长会等多种方式与学生家长建立日常沟通。

学校应当建立学生重大生理、心理疾病报告制度，向家长及时告知学生身体及心理健康状况；学校发现学生身体状况或者情绪反应明显异常、突发疾病或者受到伤害的，应当及时通知学生家长。

第四十七条　学校和教职工发现学生遭受或疑似遭受家庭暴力、虐待、遗弃、长期无人照料、失踪等不法侵害以及面临不法侵害危险的，应当依照规定及时向公安、民政、教育等有关部门报告。学校应当积极参与、配合有关部门做好侵害学生权利案件的调查处理工作。

第四十八条　教职员工发现学生权益受到侵害，属于本职工作范围的，应当及时处理；不属于本职工作范围或者不能处理的，应当及时报告班主任或学校负责人；必要时可以直接向主管教育行政部门或者公安机关报告。

第四十九条　学生因遭受遗弃、虐待向学校请求保护的，学校不得拒绝、推诿，需要采取救助措施的，应当先行救助。

学校应当关心爱护学生，为身体或者心理受到伤害的学生提供相应的心理健康辅导、帮扶教育。对因欺凌造成身体或者心理伤害，无法在原班级就读的学生，学生家长提出调整班级请求，学校经评估认为有必要的，应当予以支持。

第六章　支持与监督

第五十条　教育行政部门应当积极探索与人民检察院、人民法院、公安、司法、民政、应急管理等部门以及从事未成年人保护工作的相关群团组织的协同机制，加强对学校学生保护工作的指导与监督。

第五十一条　教育行政部门应当会同有关部门健全教职工从业禁止人员名单和查询机制，指导、监督学校健全准入和定期查询制度。

第五十二条　教育行政部门可以通过政府购买服务的方式，组织具有相应资质的社会组织、专业机构及其他社会力量，为学校提供法律咨询、心理辅导、行为矫正等专业服务，为预防和处理学生权益受侵害的案件提供支持。

教育行政部门、学校在与有关部门、机构、社会组织及个人合作进行学生保护专业服务与支持过程中，应当与相关人员签订保密协议，保护学生个人及家庭隐私。

第五十三条　教育行政部门应当指定专门机构或者人员承担学生保护的监督职责，有条件的，可以设立学生保护专兼职监察员负责学生保护工作，处理或者指导处理学生欺凌、性侵害、性骚扰以及其他侵害学生权益的事件，会同有关部门落实学校安全区域制度，健全依法处理涉校纠纷的工作机制。

负责学生保护职责的人员应当接受专门业务培训，具备学生保护的必要知识与能力。

第五十四条　教育行政部门应当通过建立投诉举报电话、邮箱或其他途径，受理对学校或者教职工违反本规定或者其他法律法规、侵害学生权利的投诉、举报；处理过程中发现有关人员行为涉嫌违法犯罪的，应当及时向公安机关报案或者移送司法机关。

第五十五条　县级教育行政部门应当会同民政部门，推动设立未成年人保护社会组织，协助受理涉及学生权益的投诉举报、开展侵害学生权益案件的调查和处理，指导、支持学校、教职工、家长开展学生保护工作。

第五十六条　地方教育行政部门应当建立学生保护工作评估制度，定期组织或者委托第三方对管辖区域内学校履行保护学生法定职责情况进行评估，评估结果作为学校管理水平评价、校长考评考核的依据。

各级教育督导机构应当将学校学生保护工作情况纳入政府履行教育职责评价和学校督导评估的内容。

第七章　责任与处理

第五十七条　学校未履行未成年人保护法规定的职责，违反本规定侵犯学生合法权利的，主管教育行政部门应当责令改正，并视情节和后果，依照有关规定和权限分别对学校的主要负责人、直接责任人或者其他责任人员进行诫勉谈话、通报批评、给予处分或者责令学校给予处分；同时，可以给予学校 1 至 3 年不得参与相应评奖评优，不得获评各类示范、标兵单位等荣誉的处理。

第五十八条　学校未履行对教职工的管理、监督责任，致使发生教职工严重侵害学生身心健康的违法犯罪行为，或者有包庇、隐瞒不报，威胁、阻拦报案，妨碍调查、对学生打击报复等行为的，主管教育部门应当对主要负责人和直接责任人给予处分或者责令学校给予处分；情节严重的，应当移送有关部门查处，构成违法犯罪的，依法追究相应法律责任。因监管不力、造成严重后果而承担领导责任的校长，5 年内不得再担任校长职务。

第五十九条　学校未按本规定建立学生权利保护机制，或者制定的校规违反法律法规和本规定，由主管教育部门责令限期改正、给予通报批评；情节严重、影响较大或者逾期不改正的，可以对学校主要负责人和直接负责人给予处分或者责令学校给予处分。

第六十条　教职工违反本规定的，由学校或者主管教育部门依照事业单位人员管理、中小学教师管理的规定予以处理。

教职工实施第二十四条第二款禁止行为的，应当依法予以开除或者解聘；有教师资格的，由主管教育行政部门撤销教师资格，纳入从业禁止人员名单；涉嫌犯罪的，移送有关部门依法追究责任。

教职工违反第三十八条规定牟取不当利益的，应当责令退还所收费用或者所获利益，给学生造成经济损失的，应当依法予以赔偿，并视情节给予处分，涉嫌违法犯罪的移送有关部门依法追究责任。

学校应当根据实际，建立健全校内其他工作人员聘用和管理制度，对其他人员违反本规定的，根据情节轻重予以校内纪律处分直至予以解聘，涉嫌违反治安管理或者犯罪的，移送有关部门依法追究责任。

第六十一条　教育行政部门未履行对学校的指导、监督职责，管辖区域内学校出现严重侵害学生权益情形的，由上级教育行政部门、教育督导机构责令改正、予以通报批评，情节严重的依法追究主要负责人或者直接责任人的责任。

第八章　附　则

第六十二条　幼儿园、特殊教育学校应当根据未成年人身心特点，依据本规定有针对性地加强在园、在校未成年人合法权益的保护，并参照本规定、结合实际建立保护制度。

幼儿园、特殊教育学校及其教职工违反保护职责，侵害在园、在校未成年人合法权益的，应当适用本规定从重处理。

第六十三条　本规定自 2021 年 9 月 1 日起施行。

《国家中长期教育改革和发展规划纲要(2010—2020年)》①

根据党的十七大关于“优先发展教育，建设人力资源强国”的战略部署，为促进教育事业科学发展，全面提高国民素质，加快社会主义现代化进程，制定本《教育规划纲要》。

序　言

百年大计，教育为本。教育是民族振兴、社会进步的基石，是提高国民素质、促进人的全面发展的根本途径，寄托着亿万家庭对美好生活的期盼。强国必先强教。优先发展教育、提高教育现代化水平，对实现全面建设小康社会奋斗目标、建设富强民主文明和谐的社会主义现代化国家具有决定性意义。

党和国家历来高度重视教育。新中国成立以来，在以毛泽东同志、邓小平同志、江泽民同志为核心的党的三代中央领导集体和以胡锦涛同志为总书记的党中央领导下，全党全社会同心同德，艰苦奋斗，开辟了中国特色社会主义教育发展道路，建成了世界最大规模的教育体系，保障了亿万人民群众受教育的权利。教育投入大幅增长，办学条件显著改善，教育改革逐步深化，办学水平不断提高。进入21世纪以来，城乡免费义务教育全面实现，职业教育快速发展，高等教育进入大众化阶段，农村教育得到加强，教育公平迈出重大步伐。教育的发展极大地提高了全民族素质，推进了科技创新、文化繁荣，为经济发展、社会进步和民生改善做出了不可替代的重大贡献。我国实现了从人口大国向人力资源大国的转变。

当今世界正处在大发展大变革大调整时期。世界多极化、经济全球化深入发展，科技进步日新月异，人才竞争日趋激烈。我国正处在改革发展的关键阶段，经济建设、政治建设、文化建设、社会建设以及生态文明建设全面推进，工业化、信息化、城镇化、市场化、国际化深入发展，人口、资源、环境压力日益加大，经济发展方式加快转变，都凸显了提高国民素质、培养创新人才的重要性和紧迫性。中国未来发展、中华民族伟大复兴，关键靠人才，基础在教育。

面对前所未有的机遇和挑战，必须清醒地认识到，我国教育还不完全适应国家经济社会发展和人民群众接受良好教育的要求。教育观念相对落后，内容方法比较陈旧，中小学生课业负担过重，素质教育推进困难；学生适应社会和就业创业能力

---

① http://www.moe.gov.cn/srcsite/A01/s7048/201007/t20100729_171904.html，最后浏览 2022-12-21

不强，创新型、实用型、复合型人才紧缺；教育体制机制不完善，学校办学活力不足；教育结构和布局不尽合理，城乡、区域教育发展不平衡，贫困地区、民族地区教育发展滞后；教育投入不足，教育优先发展的战略地位尚未得到完全落实。接受良好教育成为人民群众强烈期盼，深化教育改革成为全社会共同心声。

国运兴衰，系于教育；教育振兴，全民有责。在党和国家工作全局中，必须始终坚持把教育摆在优先发展的位置。按照面向现代化、面向世界、面向未来的要求，适应全面建设小康社会、建设创新型国家的需要，坚持育人为本，以改革创新为动力，以促进公平为重点，以提高质量为核心，全面实施素质教育，推动教育事业在新的历史起点上科学发展，加快从教育大国向教育强国、从人力资源大国向人力资源强国迈进，为中华民族伟大复兴和人类文明进步做出更大贡献。

第一部分　总体战略

第一章　指导思想和工作方针

(一)指导思想。高举中国特色社会主义伟大旗帜，以邓小平理论和“三个代表”重要思想为指导，深入贯彻落实科学发展观，实施科教兴国战略和人才强国战略，优先发展教育，完善中国特色社会主义现代教育体系，办好人民满意的教育，建设人力资源强国。

全面贯彻党的教育方针，坚持教育为社会主义现代化建设服务，为人民服务，与生产劳动和社会实践相结合，培养德智体美全面发展的社会主义建设者和接班人。

全面推进教育事业科学发展，立足社会主义初级阶段基本国情，把握教育发展阶段性特征，坚持以人为本，遵循教育规律，面向社会需求，优化结构布局，提高教育现代化水平。

(二)工作方针。优先发展、育人为本、改革创新、促进公平、提高质量。

把教育摆在优先发展的战略地位。教育优先发展是党和国家提出并长期坚持的一项重大方针。各级党委和政府要把优先发展教育作为贯彻落实科学发展观的一项基本要求，切实保证经济社会发展规划优先安排教育发展，财政资金优先保障教育投入，公共资源优先满足教育和人力资源开发需要。充分调动全社会关心支持教育的积极性，共同担负起培育下一代的责任，为青少年健康成长创造良好环境。完善体制和政策，鼓励社会力量兴办教育，不断扩大社会资源对教育的投入。

把育人为本作为教育工作的根本要求。人力资源是我国经济社会发展的第一资源，教育是开发人力资源的主要途径。要以学生为主体，以教师为主导，充分发挥学生的主动性，把促进学生健康成长作为学校一切工作的出发点和落脚点。关心每个学生，促进每个学生主动地、生动活泼地发展，尊重教育规律和学生身心发展规律，为每个学生提供适合的教育。努力培养造就数以亿计的高素质劳动者、数以千万计的专门人才和一大批拔尖创新人才。

把改革创新作为教育发展的强大动力。教育要发展，根本靠改革。要以体制机制改革为重点，鼓励地方和学校大胆探索和试验，加快重要领域和关键环节改革步伐。创新人才培养体制、办学体制、教育管理体制，改革质量评价和考试招生制度，改革教学内容、方法、手段，建设现代学校制度。加快解决经济社会发展对高质量多样化人才需要与教育培养能力不足的矛盾、人民群众期盼良好教育与资源相对短缺的矛盾、增强教育活力与体制机制约束的矛盾，为教育事业持续健康发展提供强大动力。

把促进公平作为国家基本教育政策。教育公平是社会公平的重要基础。教育公平的关键是机会公平，基本要求是保障公民依法享有受教育的权利，重点是促进义务教育均衡发展和扶持困难群体，根本措施是合理配置教育资源，向农村地区、边远贫困地区和民族地区倾斜，加快缩小教育差距。教育公平的主要责任在政府，全社会要共同促进教育公平。

把提高质量作为教育改革发展的核心任务。树立科学的质量观，把促进人的全面发展、适应社会需要作为衡量教育质量的根本标准。树立以提高质量为核心的教育发展观，注重教育内涵发展，鼓励学校办出特色、办出水平，出名师，育英才。建立以提高教育质量为导向的管理制度和工作机制，把教育资源配置和学校工作重点集中到强化教学环节、提高教育质量上来。制定教育质量国家标准，建立健全教育质量保障体系。加强教师队伍建设，提高教师整体素质。

第二章　战略目标和战略主题

(三)战略目标。到 2020 年，基本实现教育现代化，基本形成学习型社会，进入人力资源强国行列。

实现更高水平的普及教育。基本普及学前教育；巩固提高九年义务教育水平；普及高中阶段教育，毛入学率达到 90%；高等教育大众化水平进一步提高，毛入学率达到 40%；扫除青壮年文盲。新增劳动力平均受教育年限从 12.4 年提高到 13.5 年；主要劳动年龄人口平均受教育年限从 9.5 年提高到 11.2 年，其中受过高等教育的比例达到 20%，具有高等教育文化程度的人数比 2009 年翻一番。

形成惠及全民的公平教育。坚持教育的公益性和普惠性，保障公民依法享有接受良好教育的机会。建成覆盖城乡的基本公共教育服务体系，逐步实现基本公共教育服务均等化，缩小区域差距。努力办好每一所学校，教好每一个学生，不让一个学生因家庭经济困难而失学。切实解决进城务工人员子女平等接受义务教育问题。保障残疾人受教育权利。

提供更加丰富的优质教育。教育质量整体提升，教育现代化水平明显提高。优质教育资源总量不断扩大，更好满足人民群众接受高质量教育的需求。学生思想道德素质、科学文化素质和健康素质明显提高。各类人才服务国家、服务人民和参与国际竞争能力显著增强。

构建体系完备的终身教育。学历教育和非学历教育协调发展，职业教育和普通教育相互沟通，职前教育和职后教育有效衔接。继续教育参与率大幅提升，从业人员继续教育年参与率达到50%。现代国民教育体系更加完善，终身教育体系基本形成，促进全体人民学有所教、学有所成、学有所用。

健全充满活力的教育体制。进一步解放思想，更新观念，深化改革，提高教育开放水平，全面形成与社会主义市场经济体制和全面建设小康社会目标相适应的充满活力、富有效率、更加开放、有利于科学发展的教育体制机制，办出具有中国特色、世界水平的现代教育。

（四）战略主题。坚持以人为本、全面实施素质教育是教育改革发展的战略主题，是贯彻党的教育方针的时代要求，其核心是解决好培养什么人、怎样培养人的重大问题，重点是面向全体学生、促进学生全面发展，着力提高学生服务国家服务人民的社会责任感、勇于探索的创新精神和善于解决问题的实践能力。

坚持德育为先。立德树人，把社会主义核心价值体系融入国民教育全过程。加强马克思主义中国化最新成果教育，引导学生形成正确的世界观、人生观、价值观；加强理想信念教育和道德教育，坚定学生对中国共产党领导、社会主义制度的信念和信心；加强以爱国主义为核心的民族精神和以改革创新为核心的时代精神教育；加强社会主义荣辱观教育，培养学生团结互助、诚实守信、遵纪守法、艰苦奋斗的良好品质。加强公民意识教育，树立社会主义民主法治、自由平等、公平正义理念，培养社会主义合格公民。加强中华民族优秀文化传统教育和革命传统教育。把德育渗透于教育教学的各个环节，贯穿于学校教育、家庭教育和社会教育的各个方面。切实加强和改进未成年人思想道德建设和大学生思想政治教育工作。构建大中小学有效衔接的德育体系，创新德育形式，丰富德育内容，不断提高德育工作的吸引力和感染力，增强德育工作的针对性和实效性。加强辅导员、班主任队伍建设。

坚持能力为重。优化知识结构，丰富社会实践，强化能力培养。着力提高学生的学习能力、实践能力、创新能力，教育学生学会知识技能，学会动手动脑，学会生存生活，学会做人做事，促进学生主动适应社会，开创美好未来。

坚持全面发展。全面加强和改进德育、智育、体育、美育。坚持文化知识学习与思想品德修养的统一、理论学习与社会实践的统一、全面发展与个性发展的统一。加强体育，牢固树立健康第一的思想，确保学生体育课程和课余活动时间，提高体育教学质量，加强心理健康教育，促进学生身心健康、体魄强健、意志坚强；加强美育，培养学生良好的审美情趣和人文素养。加强劳动教育，培养学生热爱劳动、热爱劳动人民的情感。重视安全教育、生命教育、国防教育、可持续发展教育。促进德育、智育、体育、美育有机融合，提高学生综合素质，使学生成为德智体美全面发展的社会主义建设者和接班人。

专栏 1　教育事业发展主目标

指标	单位	2009 年	2015 年	2020 年
学前教育				
幼儿在园人数	万人	2658	3400	4000
学前一年毛入园率		74.0%	85.0%	95.0%
学前两年毛入园率		65.0%	70.0%	80.0%
学前三年毛入园率		50.9%	60.0%	70.0%
九年义务教育				
在校生	万人	15772	16100	16500
巩固率		90.8%	93.0%	95.0%
高中阶段教育*				
在校生	万人	4624	4500	4700
毛入学率		79.2%	87.0%	90.0%
职业教育				
中等职业教育在校生	万人	2179	2250	2350
高等职业教育在校生	万人	1280	1390	1480
高等教育**				
在学总规模	万人	2979	3350	3550
在校生	万人	2826	3080	3300
其中：研究生	万人	140	170	200
毛入学率		24.2%	36.0%	40.0%
继续教育				
从业人员继续教育	万人次	16600	29000	35000

注：* 含中等职业教育学生数；** 含高等职业教育学生数。

专栏 2　人力资源开发主要目标

指标	单位	2009 年	2015 年	2020 年
具有高等教育文化程度的人数	万人	9830	14500	19500
主要劳动年龄人口平均受教育年限	年	9.5	10.5	11.2
其中：受过高等教育的比例		9.9%	15.0%	20.0%
新增劳动力平均受教育年限	年	12.4	13.3	13.5
其中：受过高中阶段及以上教育的比例		67.0%	87.0%	90.0%

第二部分 发展任务

第三章 学前教育

（五）基本普及学前教育。学前教育对幼儿身心健康、习惯养成、智力发展具有重要意义。遵循幼儿身心发展规律，坚持科学保教方法，保障幼儿快乐健康成长。积极发展学前教育，到2020年，普及学前一年教育，基本普及学前两年教育，有条件的地区普及学前三年教育。重视0至3岁婴幼儿教育。

（六）明确政府职责。把发展学前教育纳入城镇、社会主义新农村建设规划。建立政府主导、社会参与、公办民办并举的办园体制。大力发展公办幼儿园，积极扶持民办幼儿园。加大政府投入，完善成本合理分担机制，对家庭经济困难幼儿入园给予补助。加强学前教育管理，规范办园行为。制定学前教育办园标准，建立幼儿园准入制度。完善幼儿园收费管理办法。严格执行幼儿教师资格标准，切实加强幼儿教师培养培训，提高幼儿教师队伍整体素质，依法落实幼儿教师地位和待遇。教育行政部门加强对学前教育的宏观指导和管理，相关部门履行各自职责，充分调动各方面力量发展学前教育。

（七）重点发展农村学前教育。努力提高农村学前教育普及程度。着力保证留守儿童入园。采取多种形式扩大农村学前教育资源，改扩建、新建幼儿园，充分利用中小学布局调整富余的校舍和教师举办幼儿园（班）。发挥乡镇中心幼儿园对村幼儿园的示范指导作用。支持贫困地区发展学前教育。

第四章 义务教育

（八）巩固提高九年义务教育水平。义务教育是国家依法统一实施、所有适龄儿童少年必须接受的教育，具有强制性、免费性和普及性，是教育工作的重中之重。注重品行培养，激发学习兴趣，培育健康体魄，养成良好习惯。到2020年，全面提高普及水平，全面提高教育质量，基本实现区域内均衡发展，确保适龄儿童少年接受良好义务教育。

巩固义务教育普及成果。适应城乡发展需要，合理规划学校布局，办好必要的教学点，方便学生就近入学。坚持以输入地政府管理为主、以全日制公办中小学为主，确保进城务工人员随迁子女平等接受义务教育，研究制定进城务工人员随迁子女接受义务教育后在当地参加升学考试的办法。建立健全政府主导、社会参与的农村留守儿童关爱服务体系和动态监测机制。加快农村寄宿制学校建设，优先满足留守儿童住宿需求。采取必要措施，确保适龄儿童少年不因家庭经济困难、就学困难、学习困难等原因而失学，努力消除辍学现象。

提高义务教育质量。建立国家义务教育质量基本标准和监测制度。严格执行义务教育国家课程标准、教师资格标准。深化课程与教学方法改革，推行小班教学。配齐音乐、体育、美术等学科教师，开足开好规定课程。大力推广普通话教学，使用规范汉字。

增强学生体质。科学安排学习、生活、锻炼，保证学生睡眠时间。大力开展“阳光体育”运动，保证学生每天锻炼一小时，不断提高学生体质健康水平。提倡合理膳食，改善学生营养状况，提高贫困地区农村学生营养水平。保护学生视力。

（九）推进义务教育均衡发展。均衡发展是义务教育的战略性任务。建立健全义务教育均衡发展保障机制。推进义务教育学校标准化建设，均衡配置教师、设备、图书、校舍等资源。

切实缩小校际差距，着力解决择校问题。加快薄弱学校改造，着力提高师资水平。实行县（区）域内教师、校长交流制度。实行优质普通高中和优质中等职业学校招生名额合理分配到区域内初中的办法。义务教育阶段不得设置重点学校和重点班。在保障适龄儿童少年就近进入公办学校的前提下，发展民办教育，提供选择机会。

加快缩小城乡差距。建立城乡一体化义务教育发展机制，在财政拨款、学校建设、教师配置等方面向农村倾斜。率先在县（区）域内实现城乡均衡发展，逐步在更大范围内推进。

努力缩小区域差距。加大对革命老区、民族地区、边疆地区、贫困地区义务教育的转移支付力度。鼓励发达地区支援欠发达地区。

（十）减轻中小学生课业负担。过重的课业负担严重损害儿童少年身心健康。减轻学生课业负担是全社会的共同责任，政府、学校、家庭、社会必须共同努力，标本兼治，综合治理。把减负落实到中小学教育全过程，促进学生生动活泼学习、健康快乐成长。率先实现小学生减负。

各级政府要把减负作为教育工作的重要任务，统筹规划，整体推进。调整教材内容，科学设计课程难度。改革考试评价制度和学校考核办法。规范办学行为，建立学生课业负担监测和公告制度。不得以升学率对地区和学校进行排名，不得下达升学指标。规范各种社会补习机构和教辅市场。加强校外活动场所建设和管理，丰富学生课外及校外活动。

学校要把减负落实到教育教学各个环节，给学生留下了解社会、深入思考、动手实践、健身娱乐的时间。提高教师业务素质，改进教学方法，增强课堂教学效果，减少作业量和考试次数。培养学生学习兴趣和爱好。严格执行课程方案，不得增加课时和提高难度。各种等级考试和竞赛成绩不得作为义务教育阶段入学与升学的依据。

充分发挥家庭教育在儿童少年成长过程中的重要作用。家长要树立正确的教育观念，掌握科学的教育方法，尊重子女的健康情趣，培养子女的良好习惯，加强与学校的沟通配合，共同减轻学生课业负担。

第五章　高中阶段教育

（十一）加快普及高中阶段教育。高中阶段教育是学生个性形成、自主发展的关键时期，对提高国民素质和培养创新人才具有特殊意义。注重培养学生自主学习、自强自立和适应社会的能力，克服应试教育倾向。到 2020 年，普及高中阶段教育，满足初中毕业生接受高中阶段教育需求。

根据经济社会发展需要，合理确定普通高中和中等职业学校招生比例，今后一个时期总体保持普通高中和中等职业学校招生规模大体相当。加大对中西部贫困地区高中阶段教育的扶持力度。

（十二）全面提高普通高中学生综合素质。深入推进课程改革，全面落实课程方案，保证学生全面完成国家规定的文理等各门课程的学习。创造条件开设丰富多彩的选修课，为学生提供更多选择，促进学生全面而有个性的发展。逐步消除大班额现象。积极开展研究性学习、社区服务和社会实践。建立科学的教育质量评价体系，全面实施高中学业水平考试和综合素质评价。建立学生发展指导制度，加强对学生的理想、心理、学业等多方面指导。

（十三）推动普通高中多样化发展。促进办学体制多样化，扩大优质资源。推进培养模式多样化，满足不同潜质学生的发展需要。探索发现和培养创新人才的途径。鼓励普通高中办出特色。鼓励有条件的普通高中根据需要适当增加职业教育的教学内容。探索综合高中发展模式。采取多种方式，为在校生和未升学毕业生提供职业教育。

第六章　职业教育

（十四）大力发展职业教育。发展职业教育是推动经济发展、促进就业、改善民生、解决“三农”问题的重要途径，是缓解劳动力供求结构矛盾的关键环节，必须摆在更加突出的位置。职业教育要面向人人、面向社会，着力培养学生的职业道德、职业技能和就业创业能力。到 2020 年，形成适应经济发展方式转变和产业结构调整要求、体现终身教育理念、中等和高等职业教育协调发展的现代职业教育体系，满足人民群众接受职业教育的需求，满足经济社会对高素质劳动者和技能型人才的需要。

政府切实履行发展职业教育的职责。把职业教育纳入经济社会发展和产业发展规划，促使职业教育规模、专业设置与经济社会发展需求相适应。统筹中等职业教育与高等职业教育发展。健全多渠道投入机制，加大职业教育投入。

把提高质量作为重点。以服务为宗旨，以就业为导向，推进教育教学改革。实行工学结合、校企合作、顶岗实习的人才培养模式。坚持学校教育与职业培训并举，全日制与非全日制并重。制定职业学校基本办学标准。加强“双师型”教师队伍和实训基地建设，提升职业教育基础能力。建立健全技能型人才到职业学校从教的制度。完善符合职业教育特点的教师资格标准和专业技术职务（职称）评聘办法。建立健全职业教育质量保障体系，吸收企业参加教育质量评估。开展职业技能竞赛。

（十五）调动行业企业的积极性。建立健全政府主导、行业指导、企业参与的办学机制，制定促进校企合作办学法规，推进校企合作制度化。鼓励行业组织、企业举办职业学校，鼓励委托职业学校进行职工培训。制定优惠政策，鼓励企业接收学生实习实训和教师实践，鼓励企业加大对职业教育的投入。

（十六）加快发展面向农村的职业教育。把加强职业教育作为服务社会主义新农村建设的重要内容。加强基础教育、职业教育和成人教育统筹，促进农科教结合。强化省、市（地）级政府发展农村职业教育的责任，扩大农村职业教育培训覆盖面，根据需要办好县级职教中心。强化职业教育资源的统筹协调和综合利用，推进城乡、区域合作，增强服务“三农”能力。加强涉农专业建设，加大培养适应农业和农村发展需要的专业人才力度。支持各级各类学校积极参与培养有文化、懂技术、会经营的新型农民，开展进城务工人员、农村劳动力转移培训。逐步实施农村新成长劳动力免费劳动预备制培训。

（十七）增强职业教育吸引力。完善职业教育支持政策。逐步实行中等职业教育免费制度，完善家庭经济困难学生资助政策。改革招生和教学模式。积极推进学历证书和职业资格证书“双证书”制度，推进职业学校专业课程内容和职业标准相衔接。完善就业准入制度，执行“先培训、后就业”“先培训、后上岗”的规定。制定退役士兵接受职业教育培训的办法。建立健全职业教育课程衔接体系。鼓励毕业生在职继续学习，完善职业学校毕业生直接升学制度，拓宽毕业生继续学习渠道。提高技能型人才的社会地位和待遇。加大对有突出贡献高技能人才的宣传表彰力度，形成行行出状元的良好社会氛围。

第七章 高等教育

（十八）全面提高高等教育质量。高等教育承担着培养高级专门人才、发展科学技术文化、促进社会主义现代化建设的重大任务。提高质量是高等教育发展的核心任务，是建设高等教育强国的基本要求。到2020年，高等教育结构更加合理，特色更加鲜明，人才培养、科学研究和社会服务整体水平全面提升，建成一批国际知名、有特色、高水平的高等学校，若干所大学达到或接近世界一流大学水平，高等教育国际竞争力显著增强。

（十九）提高人才培养质量。牢固确立人才培养在高校工作中的中心地位，着力培养信念执着、品德优良、知识丰富、本领过硬的高素质专门人才和拔尖创新人才。加大教学投入。把教学作为教师考核的首要内容，把教授为低年级学生授课作为重要制度。加强实验室、校内外实习基地、课程教材等基本建设。深化教学改革。推进和完善学分制，实行弹性学制，促进文理交融。支持学生参与科学研究，强化实践教学环节。加强就业创业教育和就业指导服务。创立高校与科研院所、行业、企业联合培养人才的新机制。全面实施“高等学校本科教学质量与教学改革工程”。严格教学管理。健全教学质量保障体系，改进高校教学评估。充分调动学生学习积极性和主动性，激励学生刻苦学习，增强诚信意识，养成良好学风。

大力推进研究生培养机制改革。建立以科学与工程技术研究为主导的导师责任制和导师项目资助制，推行产学研联合培养研究生的“双导师制”。实施“研究生教育创新计划”。加强管理，不断提高研究生特别是博士生培养质量。

（二十）提升科学研究水平。充分发挥高校在国家创新体系中的重要作用，鼓励高校在知识创新、技术创新、国防科技创新和区域创新中做出贡献。大力开展自然科学、技术科学、哲学社会科学研究。坚持服务国家目标与鼓励自由探索相结合，加强基础研究；以重大现实问题为主攻方向，加强应用研究。促进高校、科研院所、企业科技教育资源共享，推动高校创新组织模式，培育跨学科、跨领域的科研与教学相结合的团队。促进科研与教学互动、与创新人才培养相结合。充分发挥研究生在科学研究中的作用。加强高校重点科研创新基地与科技创新平台建设。完善以创新和质量为导向的科研评价机制。积极参与马克思主义理论研究和建设工程。深入实施“高等学校哲学社会科学繁荣计划”。

（二十一）增强社会服务能力。高校要牢固树立主动为社会服务的意识，全方位开展服务。推进产学研用结合，加快科技成果转化，规范校办产业发展。为社会成员提供继续教育服务。开展科学普及工作，提高公众科学素质和人文素质。积极推进文化传播，弘扬优秀传统文化，发展先进文化。积极参与决策咨询，主动开展前瞻性、对策性研究，充分发挥智囊团、思想库作用。鼓励师生开展志愿服务。

（二十二）优化结构办出特色。适应国家和区域经济社会发展需要，建立动态调整机制，不断优化高等教育结构。优化学科专业、类型、层次结构，促进多学科交叉和融合。重点扩大应用型、复合型、技能型人才培养规模。加快发展专业学位研究生教育。优化区域布局结构。设立支持地方高等教育专项资金，实施中西部高等教育振兴计划。新增招生计划向中西部高等教育资源短缺地区倾斜，扩大东部高校在中西部地区招生规模，加大东部高校对西部高校对口支援力度。鼓励东部地区高等教育率先发展。建立完善军民结合、寓军于民的军队人才培养体系。

促进高校办出特色。建立高校分类体系，实行分类管理。发挥政策指导和资源配置的作用，引导高校合理定位，克服同质化倾向，形成各自的办学理念和风格，在不同层次、不同领域办出特色，争创一流。

加快建设一流大学和一流学科。以重点学科建设为基础，继续实施“985 工程”和优势学科创新平台建设，继续实施“211 工程”和启动特色重点学科项目。改进管理模式，引入竞争机制，实行绩效评估，进行动态管理。鼓励学校优势学科面向世界，支持参与和设立国际学术合作组织、国际科学计划，支持与境外高水平教育、科研机构建立联合研发基地。加快创建世界一流大学和高水平大学的步伐，培养一批拔尖创新人才，形成一批世界一流学科，产生一批国际领先的原创性成果，为提升我国综合国力贡献力量。

第八章 继续教育

(二十三)加快发展继续教育。继续教育是面向学校教育之后所有社会成员的教育活动，特别是成人教育活动，是终身学习体系的重要组成部分。更新继续教育观念，加大投入力度，以加强人力资源能力建设为核心，大力发展非学历继续教育，稳步发展学历继续教育。重视老年教育。倡导全民阅读。广泛开展城乡社区教育，加快各类学习型组织建设，基本形成全民学习、终身学习的学习型社会。

(二十四)建立健全继续教育体制机制。政府成立跨部门继续教育协调机构，统筹指导继续教育发展。将继续教育纳入区域、行业总体发展规划。行业主管部门或协会负责制定行业继续教育规划和组织实施办法。加快继续教育法制建设。健全继续教育激励机制，推进继续教育与工作考核、岗位聘任(聘用)、职务(职称)评聘、职业注册等人事管理制度的衔接。鼓励个人多种形式接受继续教育，支持用人单位为从业人员接受继续教育提供条件。加强继续教育监管和评估。

(二十五)构建灵活开放的终身教育体系。发展和规范教育培训服务，统筹扩大继续教育资源。鼓励学校、科研院所、企业等相关组织开展继续教育。加强城乡社区教育机构和网络建设，开发社区教育资源。大力发展现代远程教育，建设以卫星、电视和互联网等为载体的远程开放继续教育及公共服务平台，为学习者提供方便、灵活、个性化的学习条件。

搭建终身学习“立交桥”。促进各级各类教育纵向衔接、横向沟通，提供多次选择机会，满足个人多样化的学习和发展需要。健全宽进严出的学习制度，办好开放大学，改革和完善高等教育自学考试制度。建立继续教育学分积累与转换制度，实现不同类型学习成果的互认和衔接。

第九章 民族教育

(二十六)重视和支持民族教育事业。加快民族教育事业发展，对于推动少数民族和民族地区经济社会发展，促进各民族共同团结奋斗、共同繁荣发展，具有重大而深远的意义。要加强对民族教育工作的领导，全面贯彻党的民族政策，切实解决少数民族和民族地区教育事业发展面临的特殊困难和突出问题。

在各级各类学校广泛开展民族团结教育。推动党的民族理论和民族政策、国家法律法规进教材、进课堂、进头脑，引导广大师生牢固树立马克思主义祖国观、民族观、宗教观，不断夯实各民族大团结的基础，增强中华民族自豪感和凝聚力。

(二十七)全面提高少数民族和民族地区教育发展水平。公共教育资源要向民族地区倾斜。中央和地方政府要进一步加大对民族教育支持力度。

促进民族地区各级各类教育协调发展。巩固民族地区义务教育普及成果，确保适龄儿童少年依法接受义务教育，全面提高普及水平，全面提高教育教学质量。支持边境县和民族自治地方贫困县义务教育学校标准化建设，加强民族地区寄宿制学校建设。加快民族地区高中阶段教育发展。支持教育基础薄弱地区改扩建、新建一批高中阶段学校。大力发展民族地区职业教育。加大对民族地区中等职业教育的支持力度。积极发展民族地区高等教育。支持民族院校加强学科和人才队伍建设，提高办学质量和管理水平。进一步办好高校民族预科班。加大对人口较少民族教育事业的扶持力度。

大力推进双语教学。全面开设汉语文课程，全面推广国家通用语言文字。尊重和保障少数民族使用本民族语言文字接受教育的权利。全面加强学前双语教育。国家对双语教学的师资培养培训、教学研究、教材开发和出版给予支持。

加强教育对口支援。认真组织落实内地省市对民族地区教育支援工作。充分利用内地优质教育资源，探索多种形式，吸引更多民族地区少数民族学生到内地接受教育。办好面向民族地区的职业学校。加大对民族地区师资培养培训力度，提高教师的政治素质和业务素质。国家制定优惠政策，鼓励支持高等学校毕业生到民族地区基层任教。支持民族地区发展现代远程教育，扩大优质教育资源覆盖面。

第十章 特殊教育

(二十八)关心和支持特殊教育。特殊教育是促进残疾人全面发展、帮助残疾人更好地融入社会的基本途径。各级政府要加快发展特殊教育，把特殊教育事业纳入当地经济社会发展规划，列入议事日程。全社会要关心支持特殊教育。

提高残疾学生的综合素质。注重潜能开发和缺陷补偿，培养残疾学生积极面对人生、全面融入社会的意识和自尊、自信、自立、自强的精神。加强残疾学生职业技能和就业能力培养。

(二十九)完善特殊教育体系。到 2020 年，基本实现市(地)和 30 万人口以上、残疾儿童少年较多的县(市)都有一所特殊教育学校。各级各类学校要积极创造条件接收残疾人入学，不断扩大随班就读和普通学校特教班规模。全面提高残疾儿童少年义务教育普及水平，加快发展残疾人高中阶段教育，大力推进残疾人职业教育，重视发展残疾人高等教育。因地制宜发展残疾儿童学前教育。

(三十)健全特殊教育保障机制。国家制定特殊教育学校基本办学标准，地方政府制定学生人均公用经费标准。加大对特殊教育的投入力度。鼓励和支持接收残疾学生的普通学校为残疾学生创造学习生活条件。加强特殊教育师资队伍建设，采取措施落实特殊教育教师待遇。在优秀教师表彰中提高特殊教育教师比例。加大对家庭经济困难残疾学生的资助力度。逐步实施残疾学生高中阶段免费教育。

第三部分 体制改革

第十一章 人才培养体制改革

(三十一)更新人才培养观念。深化教育体制改革，关键是更新教育观念，核心是改革人才培养体制，目的是提高人才培养水平。树立全面发展观念，努力造就德智体美全面发展的高素质人才。树立人人成才观念，面向全体学生，促进学生成长成才。树立多样化人才观念，尊重个人选择，鼓励个性发展，不拘一格培养人才。树立终身学习观念，为持续发展奠定基础。树立系统培养观念，推进小学、中学、大学有机衔接，教学、科研、实践紧密结合，学校、家庭、社会密切配合，加强学校之间、校企之间、学校与科研机构之间合作以及中外合作等多种联合培养方式，形成体系开放、机制灵活、渠道互通、选择多样的人才培养体制。

(三十二)创新人才培养模式。适应国家和社会发展需要，遵循教育规律和人才成长规律，深化教育教学改革，创新教育教学方法，探索多种培养方式，形成各类人才辈出、拔尖创新人才不断涌现的局面。

注重学思结合。倡导启发式、探究式、讨论式、参与式教学，帮助学生学会学习。激发学生的好奇心，培养学生的兴趣爱好，营造独立思考、自由探索、勇于创新的良好环境。适应经济社会发展和科技进步的要求，推进课程改革，加强教材建设，建立健全教材质量监管制度。深入研究、确定不同教育阶段学生必须掌握的核心内容，形成教学内容更新机制。充分发挥现代信息技术作用，促进优质教学资源共享。

注重知行统一。坚持教育教学与生产劳动、社会实践相结合。开发实践课程和活动课程，增强学生科学实验、生产实习和技能实训的成效。充分利用社会教育资源，开展各种课外及校外活动。加强中小学校外活动场所建设。加强学生社团组织指导，鼓励学生积极参与志愿服务和公益事业。

注重因材施教。关注学生不同特点和个性差异，发展每一个学生的优势潜能。推进分层教学、走班制、学分制、导师制等教学管理制度改革。建立学习困难学生的帮助机制。改进优异学生培养方式，在跳级、转学、转换专业以及选修更高学段课程等方面给予支持和指导。健全公开、平等、竞争、择优的选拔方式，改进中学生升学推荐办法，创新研究生培养方法。探索高中阶段、高等学校拔尖学生培养模式。

(三十三)改革教育质量评价和人才评价制度。改进教育教学评价。根据培养目标和人才理念，建立科学、多样的评价标准。开展由政府、学校、家长及社会各方面参与的教育质量评价活动。做好学生成长记录，完善综合素质评价。探索促进学生发展的多种评价方式，激励学生乐观向上、自主自立、努力成才。

改进人才评价及选用制度，为人才培养创造良好环境。树立科学人才观，建立以岗位职责为基础，以品德、能力和业绩为导向的科学化、社会化人才评价发现机制。强化人才选拔使用中对实践能力的考查，克服社会用人单纯追求学历的倾向。

第十二章　考试招生制度改革

(三十四)推进考试招生制度改革。以考试招生制度改革为突破口，克服一考定终身的弊端，推进素质教育实施和创新人才培养。按照有利于科学选拔人才、促进学生健康发展、维护社会公平的原则，探索招生与考试相对分离的办法，政府宏观管理，专业机构组织实施，学校依法自主招生，学生多次选择，逐步形成分类考试、综合评价、多元录取的考试招生制度。加强考试管理，完善专业考试机构功能，提高服务能力和水平。成立国家教育考试指导委员会，研究制定考试改革方案，指导考试改革试点。

（三十五）完善中等学校考试招生制度。完善初中就近免试入学的具体办法。完善学业水平考试和综合素质评价，为高中阶段学校招生录取提供更加科学的依据。改进高中阶段学校考试招生方式，发挥优质普通高中和优质中等职业学校招生名额合理分配的导向作用。规范优秀特长生录取程序与办法。中等职业学校实行自主招生或注册入学。

（三十六）完善高等学校考试招生制度。深化考试内容和形式改革，着重考查综合素质和能力。以高等学校人才选拔要求和国家课程标准为依据，完善国家考试科目试题库，保证国家考试的科学性、导向性和规范性。探索有的科目一年多次考试的办法，探索实行社会化考试。

逐步实施高等学校分类入学考试。普通高等学校本科入学考试由全国统一组织；高等职业教育入学考试由各省、自治区、直辖市组织。成人高等教育招生办法由各省、自治区、直辖市确定。深入推进研究生入学考试制度改革，加强创新能力考查，发挥和规范导师在选拔录取中的作用。

完善高等学校招生名额分配方式和招生录取办法，建立健全有利于促进入学机会公平、有利于优秀人才选拔的多元录取机制。普通高等学校本科招生以统一入学考试为基本方式，结合学业水平考试和综合素质评价，择优录取。对特长显著、符合学校培养要求的，依据面试或者测试结果自主录取；高中阶段全面发展、表现优异的，推荐录取；符合条件、自愿到国家需要的行业、地区就业的，签订协议实行定向录取；对在实践岗位上做出突出贡献或具有特殊才能的人才，建立专门程序，破格录取。

（三十七）加强信息公开和社会监督。完善考试招生信息发布制度，实现信息公开透明，保障考生权益，加强政府和社会监督。公开高等学校招生名额分配原则和办法，公开招生章程和政策、招生程序和结果，公开自主招生办法、程序和结果。加强考试招生法规建设，规范学校招生录取程序，清理并规范升学加分政策。强化考试安全责任，加强诚信制度建设，坚决防范和严肃查处考试招生舞弊行为。

第十三章　建设现代学校制度

（三十八）推进政校分开、管办分离。适应中国国情和时代要求，建设依法办学、自主管理、民主监督、社会参与的现代学校制度，构建政府、学校、社会之间新型关系。适应国家行政管理体制改革要求，明确政府管理权限和职责，明确各级各类学校办学权利和责任。探索适应不同类型教育和人才成长的学校管理体制与办学模式，避免千校一面。完善学校目标管理和绩效管理机制。健全校务公开制度，接受师生员工和社会的监督。随着国家事业单位分类改革推进，探索建立符合学校特点的管理制度和配套政策，克服行政化倾向，取消实际存在的行政级别和行政化管理模式。

(三十九)落实和扩大学校办学自主权。政府及其部门要树立服务意识，改进管理方式，完善监管机制，减少和规范对学校的行政审批事项，依法保障学校充分行使办学自主权和承担相应责任。高等学校按照国家法律法规和宏观政策，自主开展教学活动、科学研究、技术开发和社会服务，自主设置和调整学科、专业，自主制定学校规划并组织实施，自主设置教学、科研、行政管理机构，自主确定内部收入分配，自主管理和使用人才，自主管理和使用学校财产和经费。扩大普通高中及中等职业学校在办学模式、育人方式、资源配置、人事管理、合作办学、社区服务等方面的自主权。

(四十)完善中国特色现代大学制度。完善治理结构。公办高等学校要坚持和完善党委领导下的校长负责制。健全议事规则与决策程序，依法落实党委、校长职权。完善大学校长选拔任用办法。充分发挥学术委员会在学科建设、学术评价、学术发展中的重要作用。探索教授治学的有效途径，充分发挥教授在教学、学术研究和学校管理中的作用。加强教职工代表大会、学生代表大会建设，发挥群众团体的作用。

加强章程建设。各类高校应依法制定章程，依照章程规定管理学校。尊重学术自由，营造宽松的学术环境。全面实行聘任制度和岗位管理制度。确立科学的考核评价和激励机制。

扩大社会合作。探索建立高等学校理事会或董事会，健全社会支持和监督学校发展的长效机制。探索高等学校与行业、企业密切合作共建的模式，推进高等学校与科研院所、社会团体的资源共享，形成协调合作的有效机制，提高服务经济建设和社会发展的能力。推进高校后勤社会化改革。

推进专业评价。鼓励专门机构和社会中介机构对高等学校学科、专业、课程等水平和质量进行评估。建立科学、规范的评估制度。探索与国际高水平教育评价机构合作，形成中国特色学校评价模式。建立高等学校质量年度报告发布制度。

(四十一)完善中小学学校管理制度。完善普通中小学和中等职业学校校长负责制。完善校长任职条件和任用办法。实行校务会议等管理制度，建立健全教职工代表大会制度，不断完善科学民主决策机制。扩大中等职业学校专业设置自主权。建立中小学家长委员会。引导社区和有关专业人士参与学校管理和监督。发挥企业参与中等职业学校发展的作用。建立中等职业学校与行业、企业合作机制。

第十四章　办学体制改革

(四十二)深化办学体制改革。坚持教育公益性原则，健全政府主导、社会参与、办学主体多元、办学形式多样、充满生机活力的办学体制，形成以政府办学为主体、全社会积极参与、公办教育和民办教育共同发展的格局。调动全社会参与的积极性，进一步激发教育活力，满足人民群众多层次、多样化的教育需求。

深化公办学校办学体制改革，积极鼓励行业、企业等社会力量参与公办学校办学，扶持薄弱学校发展，扩大优质教育资源，增强办学活力，提高办学效益。各地可从实际出发，开展公办学校联合办学、委托管理等试验，探索多种形式，提高办学水平。

改进非义务教育公共服务提供方式，完善优惠政策，鼓励公平竞争，引导社会资金以多种方式进入教育领域。

（四十三）大力支持民办教育。民办教育是教育事业发展的重要增长点和促进教育改革的重要力量。各级政府要把发展民办教育作为重要工作职责，鼓励出资、捐资办学，促进社会力量以独立举办、共同举办等多种形式兴办教育。完善独立学院管理和运行机制。支持民办学校创新体制机制和育人模式，提高质量，办出特色，办好一批高水平民办学校。

依法落实民办学校、学生、教师与公办学校、学生、教师平等的法律地位，保障民办学校办学自主权。清理并纠正对民办学校的各类歧视政策。制定完善促进民办教育发展的优惠政策。对具备学士、硕士和博士学位授予单位条件的民办学校，按规定程序予以审批。建立完善民办学校教师社会保险制度。

健全公共财政对民办教育的扶持政策。政府委托民办学校承担有关教育和培训任务，拨付相应教育经费。县级以上人民政府可以根据本行政区域的具体情况设立专项资金，用于资助民办学校。国家对发展民办教育做出突出贡献的组织、学校和个人给予奖励和表彰。

（四十四）依法管理民办教育。教育行政部门要切实加强民办教育的统筹、规划和管理工作。积极探索营利性和非营利性民办学校分类管理。规范民办学校法人登记。完善民办学校法人治理结构。民办学校依法设立理事会或董事会，保障校长依法行使职权，逐步推进监事制度。积极发挥民办学校党组织的作用。完善民办高等学校督导专员制度。落实民办学校教职工参与民主管理、民主监督的权利。依法明确民办学校变更、退出机制。切实落实民办学校法人财产权。依法建立民办学校财务、会计和资产管理制度。任何组织和个人不得侵占学校资产、抽逃资金或者挪用办学经费。建立民办学校办学风险防范机制和信息公开制度。扩大社会参与民办学校的管理与监督。加强对民办教育的评估。

第十五章　管理体制改革

（四十五）健全统筹有力、权责明确的教育管理体制。以转变政府职能和简政放权为重点，深化教育管理体制改革，提高公共教育服务水平。明确各级政府责任，规范学校办学行为，促进管办评分离，形成政事分开、权责明确、统筹协调、规范有序的教育管理体制。中央政府统一领导和管理国家教育事业，制定发展规划、方针政策和基本标准，优化学科专业、类型、层次结构和区域布局。整体部署教育改革试验，统筹区域协调发展。地方政府负责落实国家方针政策，开展教育改革试验，根据职责分工负责区域内教育改革、发展和稳定。

(四十六)加强省级政府教育统筹。进一步加大省级政府对区域内各级各类教育的统筹。统筹管理义务教育，推进城乡义务教育均衡发展，依法落实发展义务教育的财政责任。促进普通高中和中等职业学校合理分布，加快普及高中阶段教育，重点扶持困难地区高中阶段教育发展。促进省域内职业教育协调发展和资源共享，支持行业、企业发展职业教育。完善以省级政府为主管理高等教育的体制，合理设置和调整高等学校及学科、专业布局，提高管理水平和办学质量。依法审批设立实施专科学历教育的高等学校，审批省级政府管理本科院校学士学位授予单位和已确定为硕士学位授予单位的学位授予点。完善省对省以下财政转移支付体制，加大对经济欠发达地区的支持力度。根据国家标准，结合本地实际，合理确定各级各类学校办学条件、教师编制等实施标准。统筹推进教育综合改革，促进教育区域协作，提高教育服务经济社会发展的水平。支持和督促市(地)、县级政府履行职责，发展管理好当地各类教育。

(四十七)转变政府教育管理职能。各级政府要切实履行统筹规划、政策引导、监督管理和提供公共教育服务的职责，建立健全公共教育服务体系，逐步实现基本公共教育服务均等化，维护教育公平和教育秩序。改变直接管理学校的单一方式，综合应用立法、拨款、规划、信息服务、政策指导和必要的行政措施，减少不必要的行政干预。

提高政府决策的科学性和管理的有效性。规范决策程序，重大教育政策出台前要公开讨论，充分听取群众意见。成立教育咨询委员会，为教育改革和发展提供咨询论证，提高重大教育决策的科学性。建立和完善国家教育基本标准。整合国家教育质量监测评估机构及资源，完善监测评估体系，定期发布监测评估报告。加强教育监督检查，完善教育问责机制。

培育专业教育服务机构。完善教育中介组织的准入、资助、监管和行业自律制度。积极发挥行业协会、专业学会、基金会等各类社会组织在教育公共治理中的作用。

第十六章 扩大教育开放

(四十八)加强国际交流与合作。坚持以开放促改革、促发展。开展多层次、宽领域的教育交流与合作，提高我国教育国际化水平。借鉴国际上先进的教育理念和教育经验，促进我国教育改革发展，提升我国教育的国际地位、影响力和竞争力。适应国家经济社会对外开放的要求，培养大批具有国际视野、通晓国际规则、能够参与国际事务和国际竞争的国际化人才。

(四十九)引进优质教育资源。吸引境外知名学校、教育和科研机构以及企业，合作设立教育教学、实训、研究机构或项目。鼓励各级各类学校开展多种形式的国际交流与合作，办好若干所示范性中外合作学校和一批中外合作办学项目。探索多种方式利用国外优质教育资源。

吸引更多世界一流的专家学者来华从事教学、科研和管理工作，有计划地引进海外高端人才和学术团队。引进境外优秀教材，提高高等学校聘任外籍教师的比例。吸引海外优秀留学人员回国服务。

（五十）提高交流合作水平。扩大政府间学历学位互认。支持中外大学间的教师互派、学生互换、学分互认和学位互授联授。加强与国外高水平大学合作，建立教学科研合作平台，联合推进高水平基础研究和高技术研究。加强中小学、职业学校对外交流与合作。加强国际理解教育，推动跨文化交流，增进学生对不同国家、不同文化的认识和理解。

推动我国高水平教育机构海外办学，加强教育国际交流，广泛开展国际合作和教育服务。支持国际汉语教育。提高孔子学院办学质量和水平。加大教育国际援助力度，为发展中国家培养培训专门人才。拓宽渠道和领域，建立高等学校毕业生海外志愿者服务机制。

创新和完善公派出国留学机制，在全国公开选拔优秀学生进入国外高水平大学和研究机构学习。加强对自费出国留学的政策引导，加大对优秀自费留学生资助和奖励力度。坚持“支持留学、鼓励回国、来去自由”的方针，提高对留学人员的服务和管理水平。

进一步扩大外国留学生规模。增加中国政府奖学金数量，重点资助发展中国家学生，优化来华留学人员结构。实施来华留学预备教育，增加高等学校外语授课的学科专业，不断提高来华留学教育质量。

加强与联合国教科文组织等国际组织的合作，积极参与双边、多边和全球性、区域性教育合作。积极参与和推动国际组织教育政策、规则、标准的研究和制定。搭建高层次国际教育交流合作与政策对话平台，加强教育研究领域和教育创新实践活动的国际交流与合作。

加强内地与港澳台地区的教育交流与合作。扩展交流内容，创新合作模式，促进教育事业共同发展。

第四部分 保障措施

第十七章 加强教师队伍建设

（五十一）建设高素质教师队伍。教育大计，教师为本。有好的教师，才有好的教育。提高教师地位，维护教师权益，改善教师待遇，使教师成为受人尊重的职业。严格教师资质，提升教师素质，努力造就一支师德高尚、业务精湛、结构合理、充满活力的高素质专业化教师队伍。

（五十二）加强师德建设。加强教师职业理想和职业道德教育，增强广大教师教书育人的责任感和使命感。教师要关爱学生，严谨笃学，淡泊名利，自尊自律，以人格魅力和学识魅力教育感染学生，做学生健康成长的指导者和引路人。将师德表现作为教师考核、聘任(聘用)和评价的首要内容。采取综合措施，建立长效机制，形成良好学术道德和学术风气，克服学术浮躁，查处学术不端行为。

(五十三)提高教师业务水平。完善培养培训体系，做好培养培训规划，优化队伍结构，提高教师专业水平和教学能力。通过研修培训、学术交流、项目资助等方式，培养教育教学骨干、“双师型”教师、学术带头人和校长，造就一批教学名师和学科领军人才。

以农村教师为重点，提高中小学教师队伍整体素质。创新农村教师补充机制，完善制度政策，吸引更多优秀人才从教。积极推进师范生免费教育，实施农村义务教育学校教师特设岗位计划，完善代偿机制，鼓励高校毕业生到艰苦边远地区当教师。完善教师培训制度，将教师培训经费列入政府预算，对教师实行每五年一周期的全员培训。加大民族地区双语教师培养培训力度。加强校长培训，重视辅导员和班主任培训。加强教师教育，构建以师范院校为主体、综合大学参与、开放灵活的教师教育体系。深化教师教育改革，创新培养模式，增强实习实践环节，强化师德修养和教学能力训练，提高教师培养质量。

以“双师型”教师为重点，加强职业院校教师队伍建设。加大职业院校教师培养培训力度。依托相关高等学校和大中型企业，共建“双师型”教师培养培训基地。完善教师定期到企业实践制度。完善相关人事制度，聘任(聘用)具有实践经验的专业技术人员和高技能人才担任专兼职教师，提高持有专业技术资格证书和职业资格证书教师比例。

以中青年教师和创新团队为重点，建设高素质的高校教师队伍。大力提高高校教师教学水平、科研创新和社会服务能力。促进跨学科、跨单位合作，形成高水平教学和科研创新团队。创新人事管理和薪酬分配方式，引导教师潜心教学科研，鼓励中青年优秀教师脱颖而出。实施海外高层次人才引进计划、“长江学者奖励计划”和“国家杰出青年科学基金”等人才项目，为高校集聚具有国际影响的学科领军人才。

(五十四)提高教师地位待遇。不断改善教师的工作、学习和生活条件，吸引优秀人才长期从教、终身从教。依法保证教师平均工资水平不低于或者高于国家公务员的平均工资水平，并逐步提高。落实教师绩效工资。对长期在农村基层和艰苦边远地区工作的教师，在工资、职务(职称)等方面实行倾斜政策，完善津贴补贴标准。建设农村艰苦边远地区学校教师周转宿舍。研究制定优惠政策，改善教师工作和生活条件。关心教师身心健康。落实和完善教师医疗养老等社会保障政策。国家对在农村地区长期从教、贡献突出的教师给予奖励。

(五十五)健全教师管理制度。完善并严格实施教师准入制度，严把教师入口关。国家制定教师资格标准，提高教师任职学历标准和品行要求。建立教师资格证书定期登记制度。省级教育行政部门统一组织中小学教师资格考试和资格认定，县级教育行政部门按规定履行中小学教师的招聘录用、职务(职称)评聘、培养培训和考核等管理职能。

逐步实行城乡统一的中小学编制标准，对农村边远地区实行倾斜政策。制定幼儿园教师配备标准。建立统一的中小学教师职务(职称)系列，在中小学设置正高级教师职务(职称)。探索在职业学校设置正高级教师职务(职称)。制定高等学校编制标准。加强学校岗位管理，创新聘用方式，规范用人行为，完善激励机制，激发教师积极性和创造性。建立健全义务教育学校教师和校长流动机制。城镇中小学教师在评聘高级职务(职称)时，原则上要有一年以上在农村学校或薄弱学校任教经历。加强教师管理，完善教师退出机制。制定校长任职资格标准，促进校长专业化，提高校长管理水平。推行校长职级制。

创造有利条件，鼓励教师和校长在实践中大胆探索，创新教育思想、教育模式和教育方法，形成教学特色和办学风格，造就一批教育家，倡导教育家办学。大力表彰和宣传模范教师的先进事迹。国家对做出突出贡献的教师和教育工作者设立荣誉称号。

第十八章　保障经费投入

(五十六)加大教育投入。教育投入是支撑国家长远发展的基础性、战略性投资，是教育事业的物质基础，是公共财政的重要职能。要健全以政府投入为主、多渠道筹集教育经费的体制，大幅度增加教育投入。

各级政府要优化财政支出结构，统筹各项收入，把教育作为财政支出重点领域予以优先保障。严格按照教育法律法规规定，年初预算和预算执行中的超收收入分配都要体现法定增长要求，保证教育财政拨款增长明显高于财政经常性收入增长，并使按在校学生人数平均的教育费用逐步增长，保证教师工资和学生人均公用经费逐步增长。按增值税、营业税、消费税的3%足额征收教育费附加，专项用于教育事业。提高国家财政性教育经费支出占国内生产总值比例，2012年达到4%。

社会投入是教育投入的重要组成部分。充分调动全社会办教育积极性，扩大社会资源进入教育途径，多渠道增加教育投入。完善财政、税收、金融和土地等优惠政策，鼓励和引导社会力量捐资、出资办学。完善非义务教育培养成本分担机制，根据经济发展状况、培养成本和群众承受能力，调整学费标准。完善捐赠教育激励机制，落实个人教育公益性捐赠支出在所得税税前扣除规定。

(五十七)完善投入机制。进一步明确各级政府提供公共教育服务职责，完善各级教育经费投入机制，保障学校办学经费的稳定来源和增长。各地根据国家办学条件基本标准和教育教学基本需要，制定并逐步提高区域内各级学校学生人均经费基本标准和学生人均财政拨款基本标准。

义务教育全面纳入财政保障范围，实行国务院和地方各级人民政府根据职责共同负担，省、自治区、直辖市人民政府负责统筹落实的投入体制。进一步完善中央财政和地方财政分项目、按比例分担的农村义务教育经费保障机制，提高保障水平。尽快化解农村义务教育学校债务。

非义务教育实行以政府投入为主、受教育者合理分担、其他多种渠道筹措经费的投入机制。学前教育建立政府投入、社会举办者投入、家庭合理负担的投入机制。普通高中实行以财政投入为主，其他渠道筹措经费为辅的机制。中等职业教育实行政府、行业、企业及其他社会力量依法筹集经费的机制。高等教育实行以举办者投入为主、受教育者合理分担培养成本、学校设立基金接受社会捐赠等筹措经费的机制。

进一步加大农村、边远贫困地区、民族地区教育投入。中央财政通过加大转移支付，支持农村欠发达地区和民族地区教育事业发展，加强关键领域和薄弱环节，解决突出问题。

健全国家资助政策体系。各地根据学前教育普及程度和发展情况，逐步对农村家庭经济困难和城镇低保家庭子女接受学前教育予以资助。提高农村义务教育家庭经济困难寄宿生生活补助标准，改善中小学生营养状况。建立普通高中家庭经济困难学生国家资助制度。完善普通本科高校、高等职业学校和中等职业学校家庭经济困难学生资助政策体系。完善助学贷款体制机制。推进生源地信用助学贷款。建立健全研究生教育收费制度，完善资助政策，设立研究生国家奖学金。根据经济发展水平和财力状况，建立国家奖助学金标准动态调整机制。

（五十八）加强经费管理。坚持依法理财，严格执行国家财政资金管理法律制度和财经纪律。建立科学化、精细化预算管理机制，科学编制预算，提高预算执行效率。设立高等教育拨款咨询委员会，增强经费分配的科学性。加强学校财务会计制度建设，完善经费使用内部稽核和内部控制制度。完善教育经费监管机构职能，在高等学校试行设立总会计师职务，提升经费使用和资产管理专业化水平。公办高等学校总会计师由政府委派。加强经费使用监督，强化重大项目建设和经费使用全过程审计，确保经费使用规范、安全、有效。建立并不断完善教育经费基础信息库，提升经费管理信息化水平。防范学校财务风险。建立经费使用绩效评价制度，加强重大项目经费使用考评。加强学校国有资产管理，建立健全学校国有资产配置、使用、处置管理制度，防止国有资产流失，提高使用效益。

完善学校收费管理办法，规范学校收费行为和收费资金使用管理。坚持勤俭办学，严禁铺张浪费，建设节约型学校。

第十九章　加快教育信息化进程

（五十九）加快教育信息基础设施建设。信息技术对教育发展具有革命性影响，必须予以高度重视。把教育信息化纳入国家信息化发展整体战略，超前部署教育信息网络。到 2020 年，基本建成覆盖城乡各级各类学校的教育信息化体系，促进教育内容、教学手段和方法现代化。充分利用优质资源和先进技术，创新运行机制和管理模式，整合现有资源，构建先进、高效、实用的数字化教育基础设施。加快终端设施普及，推进数字化校园建设，实现多种方式接入互联网。重点加强农村学校信息基础建设，缩小城乡数字化差距。加快中国教育和科研计算机网、中国教育卫星宽带传输网升级换代。制定教育信息化基本标准，促进信息系统互联互通。

（六十）加强优质教育资源开发与应用。加强网络教学资源体系建设。引进国际优质数字化教学资源。开发网络学习课程。建立数字图书馆和虚拟实验室。建立开放灵活的教育资源公共服务平台，促进优质教育资源普及共享。创新网络教学模式，开展高质量高水平远程学历教育。继续推进农村中小学远程教育，使农村和边远地区师生能够享受优质教育资源。

强化信息技术应用。提高教师应用信息技术水平，更新教学观念，改进教学方法，提高教学效果。鼓励学生利用信息手段主动学习、自主学习，增强运用信息技术分析解决问题能力。加快全民信息技术普及和应用。

（六十一）构建国家教育管理信息系统。制定学校基础信息管理要求，加快学校管理信息化进程，促进学校管理标准化、规范化。推进政府教育管理信息化，积累基础资料，掌握总体状况，加强动态监测，提高管理效率。整合各级各类教育管理资源，搭建国家教育管理公共服务平台，为宏观决策提供科学依据，为公众提供公共教育信息，不断提高教育管理现代化水平。

第二十章　推进依法治教

（六十二）完善教育法律法规。按照全面实施依法治国基本方略的要求，加快教育法制建设进程，完善中国特色社会主义教育法律法规。根据经济社会发展和教育改革的需要，修订教育法、职业教育法、高等教育法、学位条例、教师法、民办教育促进法，制定有关考试、学校、终身学习、学前教育、家庭教育等法律。加强教育行政法规建设。各地根据当地实际，制定促进本地区教育发展的地方性法规和规章。

（六十三）全面推进依法行政。各级政府要按照建设法治政府的要求，依法履行教育职责。探索教育行政执法体制机制改革，落实教育行政执法责任制，及时查处违反教育法律法规、侵害受教育者权益、扰乱教育秩序等行为，依法维护学校、学生、教师、校长和举办者的权益。完善教育信息公开制度，保障公众对教育的知情权、参与权和监督权。

（六十四）大力推进依法治校。学校要建立完善符合法律规定、体现自身特色的学校章程和制度，依法办学，从严治校，认真履行教育教学和管理职责。尊重教师权利，加强教师管理。保障学生的受教育权，对学生实施的奖励与处分要符合公平、公正原则。健全符合法治原则的教育救济制度。

开展普法教育。促进师生员工提高法律素质和公民意识，自觉知法守法，遵守公共生活秩序，做遵纪守法的楷模。

（六十五）完善督导制度和监督问责机制。制定教育督导条例，进一步健全教育督导制度。探索建立相对独立的教育督导机构，独立行使督导职能。健全国家督学制度，建设专职督导队伍。坚持督政与督学并重、监督与指导并重。加强义务教育督导检查，开展学前教育和高中阶段教育督导检查。强化对政府落实教育法律法规和政策情况的督导检查。建立督导检查结果公告制度和限期整改制度。

严格落实问责制。主动接受和积极配合各级人大及其常委会对教育法律法规执行情况的监督检查以及司法机关的司法监督。建立健全层级监督机制。加强监察、审计等专门监督。强化社会监督。

第二十一章　重大项目和改革试点

（六十六）组织实施重大项目。2010—2012 年，围绕教育改革发展战略目标，着眼于促进教育公平，提高教育质量，增强可持续发展能力，以加强关键领域和薄弱环节为重点，完善机制，组织实施一批重大项目。

义务教育学校标准化建设。完善城乡义务教育经费保障机制，科学规划、统筹安排、均衡配置、合理布局。实施中小学校舍安全工程，集中开展危房改造、抗震加固，实现城乡中小学校舍安全达标；改造小学和初中薄弱学校，尽快使义务教育学校师资、教学仪器设备、图书、体育场地基本达标；改扩建劳务输出大省和特殊困难地区农村学校寄宿设施，改善农村学生特别是留守儿童寄宿条件，基本满足需要。

义务教育教师队伍建设。继续实施农村义务教育学校教师特设岗位计划，吸引高校毕业生到农村从教；加强农村中小学薄弱学科教师队伍建设，重点培养和补充一批边远贫困地区和革命老区急需紧缺教师；对义务教育教师进行全员培训，组织校长研修培训；对专科学历以下小学教师进行学历提高教育，使全国小学教师学历逐步达到专科以上水平。

推进农村学前教育。支持办好现有的乡镇和村幼儿园；重点支持中西部贫困地区充分利用中小学富余校舍和社会资源，改扩建或新建乡镇和村幼儿园；对农村幼儿园园长和骨干教师进行培训。

职业教育基础能力建设。支持建设一批职业教育实训基地，提升职业教育实践教学水平；完成一大批“双师型”教师培训，聘任（聘用）一大批有实践经验和技能的专兼职教师；支持一批中等职业教育改革示范校和优质特色校建设，支持高等职业教育示范校建设；支持一批示范性职业教育集团学校建设，促进优质资源开放共享。

提升高等教育质量。实施中西部高等教育振兴计划，加强中西部地方高校优势学科和师资队伍建设；实施东部高校对口支援西部高校计划；支持建设一批高等学校产学研基地；实施基础学科拔尖学生培养试验计划和卓越工程师、医师等人才教育培养计划；继续实施“985 工程”和优势学科创新平台建设，继续实施“211 工程”和启动特色重点学科项目；继续实施“高等学校本科教学质量与教学改革工程”“研究生教育创新计划”“高等学校哲学社会科学繁荣计划”和“高等学校高层次创新人才计划”。

发展民族教育。巩固民族地区普及九年义务教育成果，支持边境县和民族自治地方贫困县实现义务教育学校标准化；重点扶持和培养一批边疆民族地区紧缺教师人才；加强对民族地区中小学和幼儿园双语教师培养培训；加快民族地区高中阶段教育发展，启动内地中职班，支持教育基础薄弱县改扩建、新建一批普通高中和中等职业学校；支持民族院校建设。

发展特殊教育。改扩建和新建一批特殊教育学校，使市(地)和30万人口以上、残疾儿童少年较多的县(市)都有一所特殊教育学校；为现有特殊教育学校添置必要的教学、生活和康复训练设施，改善办学条件；对特殊教育教师进行专业培训，提高教育教学水平。

家庭经济困难学生资助。启动民族地区、贫困地区农村小学生营养改善计划；免除中等职业教育家庭经济困难学生和涉农专业学生学费；把普通高中学生和研究生纳入国家助学体系。

教育信息化建设。提高中小学每百名学生拥有计算机台数，为农村中小学班级配备多媒体远程教学设备；建设有效共享、覆盖各级各类教育的国家数字化教学资源库和公共服务平台；基本建成较完备的国家级和省级教育基础信息库以及教育质量、学生流动、资源配置和毕业生就业状况等监测分析系统。

教育国际交流合作。支持一批示范性中外合作办学机构；支持在高校建设一批国际合作联合实验室、研究中心；引进一大批海外高层次人才；开展大中小学校长和骨干教师海外研修培训；支持扩大公派出国留学规模；实施留学中国计划，扩大来华留学生规模；培养各种外语人才；支持孔子学院建设。

(六十七)组织开展改革试点。成立国家教育体制改革领导小组，研究部署、指导实施教育体制改革工作。根据统筹规划、分步实施、试点先行、动态调整的原则，选择部分地区和学校开展重大改革试点。

推进素质教育改革试点。建立减轻中小学生课业负担的有效机制；加强基础教育课程教材建设；开展高中办学模式多样化试验，开发特色课程；探索弹性学制等培养方式；完善教育质量监测评估体系，定期发布测评结果等。

义务教育均衡发展改革试点。建立城乡一体化义务教育发展机制；实行县(区)域内教师、校长交流制度；实行优质普通高中和优质中等职业学校招生名额合理分配到区域内初中的办法；切实解决区域内义务教育阶段择校问题等。

职业教育办学模式改革试点。以推进政府统筹、校企合作、集团化办学为重点，探索部门、行业、企业参与办学的机制；开展委托培养、定向培养、订单式培养试点；开展工学结合、弹性学制、模块化教学等试点；推进职业教育为“三农”服务、培养新型农民的试点。

终身教育体制机制建设试点。建立区域内普通教育、职业教育、继续教育之间的沟通机制；建立终身学习网络和服务平台；统筹开发社会教育资源，积极发展社区教育；建立学习成果认证体系，建立“学分银行”制度等。

拔尖创新人才培养改革试点。探索贯穿各级各类教育的创新人才培养途径；鼓励高等学校联合培养拔尖创新人才；支持有条件的高中与大学、科研院所合作开展创新人才培养研究和试验，建立创新人才培养基地。

考试招生制度改革试点。完善初中和高中学业水平考试和综合素质评价；探索实行高水平大学联考；探索高等职业学校自主考试或根据学业水平考试成绩注册入学；探索自主录取、推荐录取、定向录取、破格录取的具体方式；探索缩小高等学校入学机会区域差距的举措等。

现代大学制度改革试点。研究制定党委领导下的校长负责制实施意见。制定和完善学校章程，探索学校理事会或董事会、学术委员会发挥积极作用的机制；全面实行聘任制度和岗位管理制度；实行新进人员公开招聘制度；探索协议工资制等灵活多样的分配办法；建立多种形式的专职科研队伍，推进管理人员职员制；完善校务公开制度等。

深化办学体制改革试点。探索公办学校联合办学、中外合作办学、委托管理等改革试验；开展对营利性和非营利性民办学校分类管理试点；建立民办学校财务、会计和资产管理制度；探索独立学院管理和发展的有效方式等。

地方教育投入保障机制改革试点。建立多渠道筹措教育经费长效机制；制定各级学校学生人均经费基本标准和学生人均财政拨款基本标准；探索政府收入统筹用于支持教育的办法；建立教育投入分项分担机制；依法制定鼓励教育投入的优惠政策；对长期在农村基层和艰苦边远地区工作的教师实行工资福利倾斜政策等。

省级政府教育统筹综合改革试点。探索政校分开、管办分离实现形式；合理部署区域内学校、学科、专业设置；制定办学条件、教师编制、招生规模等基本标准；推进县(市)教育综合改革试点；加强教育督导制度建设，探索督导机构独立履行职责的机制；探索省际教育协作改革试点，建立跨地区教育协作机制等。

第二十二章　加强组织领导

(六十八)加强和改善对教育工作的领导。各级党委和政府要以邓小平理论和“三个代表”重要思想为指导，深入贯彻落实科学发展观，把推动教育事业优先发展、科学发展作为重要职责，健全领导体制和决策机制，及时研究解决教育改革发展的重大问题和群众关心的热点问题。要把推进教育事业科学发展作为各级党委和政府政绩考核的重要内容，完善考核机制和问责制度。各级政府要定期向同级人民代表大会或其常务委员会报告教育工作情况。建立各级党政领导班子成员定点联系学校制度。有关部门要切实履行职责，支持教育改革和发展。扩大人民群众对教育事业的知情权、参与度。

加强教育宏观政策和发展战略研究，提高教育决策科学化水平。鼓励和支持教育科研人员坚持理论联系实际，深入探索中国特色社会主义教育规律，研究和回答教育改革发展重大理论和现实问题，促进教育事业科学发展。

（六十九）加强和改进教育系统党的建设。把教育系统党组织建设成为学习型党组织。深入学习马克思列宁主义、毛泽东思想、邓小平理论、“三个代表”重要思想以及科学发展观，坚持用发展着的马克思主义武装党员干部、教育广大师生。深入推动中国特色社会主义理论体系进教材、进课堂、进头脑。深入开展社会主义核心价值体系学习教育。

健全各级各类学校党的组织。把全面贯彻党的教育方针、培养社会主义建设者和接班人贯穿学校党组织活动始终，坚持社会主义办学方向，牢牢把握党对学校意识形态工作的主导权。高等学校党组织要充分发挥在学校改革发展中的领导核心作用，中小学党组织要充分发挥在学校工作中的政治核心作用。加强民办学校党的建设，积极探索党组织发挥作用的途径和方法。

加强学校领导班子和领导干部队伍建设，不断提高思想政治素质和办学治校能力。坚持德才兼备、以德为先用人标准，选拔任用学校领导干部。加大学校领导干部培养培训和交流任职力度。

着力扩大党组织的覆盖面，推进工作创新，增强生机活力。充分发挥学校基层党组织战斗堡垒作用和党员先锋模范作用。加强在优秀青年教师、优秀学生中发展党员工作。重视学校共青团、少先队工作。

加强教育系统党风廉政建设和行风建设。大兴密切联系群众之风、求真务实之风、艰苦奋斗之风、批评和自我批评之风。坚持标本兼治、综合治理、惩防并举、注重预防的方针，完善体现教育系统特点的惩治和预防腐败体系。严格执行党风廉政建设责任制，加大教育、监督、改革、制度创新力度，坚决惩治腐败。坚持从严治教、规范管理，积极推行政务公开、校务公开。坚决纠正损害群众利益的各种不正之风。

（七十）切实维护教育系统和谐稳定。加强和改进学校思想政治工作，加强校园文化建设，深入开展平安校园、文明校园、绿色校园、和谐校园创建活动。重视解决好师生员工的实际困难和问题。完善矛盾纠纷排查化解机制，完善学校突发事件应急管理机制，妥善处置各种事端。加强校园网络管理。建立健全安全保卫制度和工作机制，完善人防、物防和技防措施。加强师生安全教育和学校安全管理，提高预防灾害、应急避险和防范违法犯罪活动的能力。加强校园和周边环境治安综合治理，为师生创造安定有序、和谐融洽、充满活力的工作、学习、生活环境。

实　施

《教育规划纲要》是 21 世纪我国第一个中长期教育规划纲要，涉及面广、时间跨度大、任务重、要求高，必须周密部署、精心组织、认真实施，确保各项任务落到实处。

明确目标任务，落实责任分工。贯彻实施《教育规划纲要》，是各级党委和政府的重要职责。各地区各部门要在中央统一领导下，按照《教育规划纲要》的部署和要求，对目标任务进行分解，明确责任分工。国务院教育行政部门负责《教育规划纲要》的组织协调与实施，各有关部门积极配合，密切协作，共同抓好贯彻落实。

提出实施方案，制定配套政策。各地要围绕《教育规划纲要》确定的战略目标、主要任务、体制改革、重大措施和项目等，提出本地区实施的具体方案和措施，分阶段、分步骤组织实施。各有关部门要抓紧研究制定切实可行、操作性强的配套政策，尽快出台实施。

鼓励探索创新，加强督促检查。充分尊重人民群众的首创精神，鼓励各地积极探索，勇于创新，创造性地实施《教育规划纲要》。对各地在实施《教育规划纲要》中好的做法和有效经验，要及时总结，积极推广。对《教育规划纲要》实施情况进行监测评估和跟踪检查。

广泛宣传动员，营造良好环境。广泛宣传党的教育方针政策，广泛宣传优先发展教育、建设人力资源强国的重要性和紧迫性，广泛宣传《教育规划纲要》的重大意义和主要内容，动员全党全社会进一步关心支持教育事业的改革和发展，为《教育规划纲要》的实施创造良好社会环境和舆论氛围。

参考文献

陈大伟．师德修养与教育法规(第 2 版)[M]．北京：北京师范大学出版社，2012.

褚宏启．教育法制基础[M]．北京：北京师范大学出版社，2002.

褚宏启．教育政策学[M]．北京：北京师范大学出版社，2011.

范国睿等．教育政策的理论与实践[M]．上海：上海教育出版社，2011.

顾明远．新时代教育发展的指导思想——学习习近平总书记在全国教育大会上的讲话[J]．北京师范大学学报(社会科学版)，2019(1).

韩小雨，庞丽娟．我国义务教育教师的国家教育公务员法律身份及其保障制度[J]．教育学报，2010(2).

郝维谦，李连宁．各国教育法制比较研究[M]．北京：人民教育出版社，1999.

黄崴，胡劲松．教育法学概论[M]．广州：广东高等教育出版社，1999.

劳凯声，蔡金花．教师法律地位的历史沿革及改革走向[J]．中国教育学刊，2009(9).

劳凯声．论教育法在我国法律体系中的地位[J]．北京师范大学学报(社会科学版)，1993(4).

劳凯声．教育法论[M]．南京：江苏教育出版社，1992.

劳凯声．教育法学[M]．沈阳：辽宁大学出版社，2000.

劳凯声．中国教育法制评论(第一辑)[M]．北京：教育科学出版社，2002.

劳凯声．中国教育改革 30 年：政策与法律卷[M]．北京：北京师范大学出版社，2009.

劳凯声．重新界定学校的功能[J]．教育研究，2000(8).

劳凯声．教师法律身份的演变与选择[J]．中国教育学刊，2020(4).

李连宁，孙葆森．教育法制概论[M]．北京：教育科学出版社，1997.

李晓燕．教育法学(第 2 版)[M]．北京：高等教育出版社，2006.

梁明伟，刘志刚．法律规范行为：教育法制基础[M]．保定：河北大学出版社，2012.

刘复兴．教育政策的价值分析[M]．北京：教育科学出版社，2003.

阮成武．小学教育政策与法规[M]．北京：高等教育出版社，2006.

申素平．教育法学原理、规范与应用[M]．北京：教育科学出版社，2009.

申素平，郝盼盼．从教师法律地位的变化看《教师法》的修订[J]．中小学管理，2022(1).

沈宗灵．法理学[M]．北京：北京大学出版社，2001.

孙葆森．教育法学基础[M]．长春：吉林教育出版社，2000.

汤卫东．学校在学校体育伤害事故中的归责原则及法律责任[J]．体育学刊，2002(5).

童宪明．幼儿教育法规与政策[M]．上海：复旦大学出版社，2014.

王利明．民法侵权行为法[M]．北京：中国人民大学出版社，1993.

徐建平，茅锐，江雪梅．教育政策与法规[M]. 重庆：重庆大学出版社，2013.

杨颖秀．教育法学[M]. 北京：中央广播电视大学出版社，2006.

余雅风，劳凯声．改革开放30年中国教育法学研究的回顾与展望[J]. 教育研究，2009(2).

张乐天．教育政策法规的理论与实践(第2版)[M]. 上海：华东师范大学出版社，2009.

张乐天．教育政策法规的理论与实践(第3版)[M]. 上海：华东师范大学出版社，2015.

张维平．维护教育的公益性[J]. 求是，2005(5).

张文显．法理学(第五版)[M]. 北京：高等教育出版社，2018.

张新平．简论教育政策的本质、特点及功能[J]. 江西教育科研，1999(1).

朱旭东．论中国教师队伍建设的法律支撑——基于《教师法》修订的分析[J]. 中国教育学刊，2022(5).